KB023705

하트의 역사

하트의 역사

초판 1쇄 찍음 2007년 12월 15일
초판 1쇄 펴냄 2007년 12월 26일

지은이 올레 회스타
옮긴이 안기순

주간 강창래
편집 김영옥, 정광준 **교정교열** 김지혜 **디자인** 이인희
마케팅 양승우, 정복순, 최동민 **관리** 최희은

인쇄제본 상지사
종이 화인페이퍼

펴낸이 최정환
펴낸곳 도솔출판사
등록번호 제1-867호 **등록일자** 1989년 1월 17일
주소 121-841 서울시 마포구 서교동 460-8번지
전화 335-5755 **팩스** 335-6069
홈페이지 www.dosolbooks.com
전자우편 dosol511@empal.com

값은 뒤표지에 있습니다.

ISBN 978-89-7220-215-8 03900

A History of the heart

하트의 역사

| 마음과 심장의 문화사 |

올레 회스타 지음 안기순 옮김

일러두기

1. 이 책의 원서는 노르웨이 Spartacus forlag 출판사에서 펴낸 *Hjertets kulturhistorie*(2003)로, 저자의 동의를 얻어 Reaktion Books에서 나온 영어판 *A History of the Heart*(2007)를 우리말로 옮겼습니다. 단, 8장 '아시아의 심장과 마음'은 노르웨이어판과 영어판에 없는 글로, 이번에 저자가 새로 추가한 글입니다.
2. 이 책의 주제어인 'heart'는 심장, 마음, (사랑의 상징인) 하트 문양을 모두 가리키는 말인데, 'heart'의 문화사는 이 세 가지 의미로 채워집니다. 이 책에서는 'heart'를 문맥에 따라 주로 심장이나 마음으로 옮겼으나, 저자는 중의적인 의미에서 이 말을 쓰는 경우가 많으므로, 심장 뒤에 마음이 있고 마음 뒤에 심장이 있음을 염두에 두고 읽을 필요가 있습니다.
3. 본문 옆에 넣은 인명 · 용어 설명은 옮긴이 주입니다.

심장은 이성이 모르는 제 나름의 논리를 가지고 있다.

- 파스칼

이 책을 읽기 전에

A **History** of the **heart**

세월과 함께 중요한 책들이 탄생한다. 이는 저자들이 숱한 어려움과 장애에 부딪히면서도 자신의 글쓰기를 계속하고, 그것을 다른 사람에게 전달하려는 충동을 강렬하게 느끼기 때문에 가능한 일이다. 책의 운명은 지성의 삶과 문명의 역사와 밀접한 관계가 있다. 책이 꾸준히 사랑받는 이유는 독자들의 태도와 행동에 영향을 미치고 심장을 자극하며 그 삶에 개입하여 감정적으로나 지적으로 감동을 주기 때문이다.

이 책은 성 아우구스티누스 St. Augustinus가 말한 인간의 불안한 마음 cor inquietum에 대해 이야기한다. 불안한 마음이란 무언가 다르거나 더 나은 것을 추구하고 불안을 일으키는 안팎의 원인을 찾으려 애쓰는

마음이다. 이 책은 무엇이 인간의 마음을 자극하고 감동을 주는지 살펴보면서 서구 문화 및 그와 밀접한 관련이 있는 문화에서 심장이 상징하고 표현하는 의미를 다룬다. 내가 이 분야를 계속 연구하는 데도 마음의 이런 창의적인 힘이 바탕이 되었다.

심장은 인간 존재를 대표하는 주요 상징인데, 이를 다룬 전문 서적은 세계적으로 찾아보기 어렵다. 다만 이 책 참고문헌에 나와 있듯이 고맙게도 독일어권에 관련 서적이 몇 권 있어 도움이 되었다. 하지만 이 책은 심장을 다룬 여느 책과 다르다. 문화사 자료뿐만 아니라 최근의 인류학 지식까지 아우름으로써 과거의 미몽에서 벗어나 오늘날 심장의 인류학적 위상을 체계적으로 밝히려 했기 때문이다.

또한 심장의 역사를 논할 때 빠트리고 지나쳐온 이슬람 문화권과 페르시아 및 아랍 시詩의 중요성을 확인하고 유럽 그리스도교 문화와 아랍 이슬람 문화의 상호 영향과 의존 관계를 비중 있게 다루었다. 이렇듯 이 책의 내용은 여러 분야를 넘나든다. 종교사와 문학사, 사상사 문헌을 바탕으로 문화와 역사, 인류학을 넘나들며 인류가 심장에 대해 품었던 주요한 개념들을 소개한다.

독자의 이해를 돕고자 인용문과 참고문헌은 가급적 줄였다. 이 책처럼 광범한 내용을 다룰 때는 무엇보다 독자와의 소통에 신경써야 한다. 따라서 전문가만이 아니라 자신의 마음과 긴밀히 접촉하여 마음에 담긴 심오한 비밀을 깨닫고 싶어 하는 독자라면 누구나 쉽게 읽어내고 또 충분히 그럴 가치가 있는 책이기를 바란다.

차 례

제2부 다시 태어난 하트

서론

마음과 심장의 문화사

인류 문화사가 시작된 때부터 인간의 가슴속에서 펄떡거리는 심장은 커다란 수수께끼의 대상이었다. 기원전 3000년경 메소포타미아 지방에서 쓰여진 가장 오래된 글에서도 심장은 그 안에 어떤 운명을 담았든 인간 삶에서 항상 중심 자리를 차지했다. 심장은 신체나 정신 모두에서 생사의 문제를 대변한다. 또한 많은 종교와 인생관에서 사후의 일은 개인적 · 도덕적 측면에서 심장의 자질이 어떠한가에 달려 있다고 본다.

수메르 및 바빌로니아 영웅 길가메시[•]는 자기 인생에서 가장 결정적인 순간에 심장을 신에게 바친다. 왜 그랬을까? 고대 이집트인은 시체를 방부처리해 미라로 만들면서 내장

길가메시
Gilgamesh, 기원전 2000년 무렵 수메르 · 바빌로니아 등 고대 메소포타미아에서 널리 알려진 신화적 영웅이자 《길가메시 서사시》의 주인공.

가운데 유일하게 심장만 시체 안에 넣었다. 시체를 다시 봉하고 아마포로 감기 전에 가슴의 빈 공간에 심장을 넣은 것이다. 이집트인이 심장을 이토록 소중히 한 까닭은 무엇일까?

이집트인은 죽고 나서 사자死者의 영역으로 들어갈 때 심장을 가져가야 한다고 생각했다. 반면에 메소아메리카• 에 살던 아스텍인은 살아 있는 사람 수천 명의 가슴을 예리한 칼로 가른 뒤에 펄떡거리는 심장을 신에게 바쳤다. 이처럼 이집트인과 아스텍인이 심장을 대하는 태도만 봐도 심장이 여러 문화에서 다양한 의미를 지니고 사람들 사이의 차이를 잘 드러낸다는 사실을 알게 된다. 심장은 문화 차이를 잘 보여주는 사례인 셈이다. 그런 만큼 그리스도교인과 인본주의적인 서구인이 아스텍인의 냉혹한 풍습에 대해 의구심을 가질 법도 하다.

메소아메리카
Mesoamerica, 기원전 200년쯤부터 스페인이 신대륙을 발견하여 정복하기까지 멕시코 중부에서 중앙아메리카에 걸쳐 있던 고대문명 지역.

이 책은 인류가 심장을 어떻게 인식했고, 몇몇 중심 문화권에서 심장이 어떤 의미를 가졌는지 살펴본다. 또한 다양한 비유적 표현과 쓰임을 낳은 서양의 심장 개념이 역사적으로 어떻게 형성되었는지 알아본다. 단 설명이 장황해지지 않게 오랜 세월 직간접으로 서양 역사의 일부를 이루어온 주요 문화만을 다루려 한다. 이런 맥락에서 중동 문화도 비중 있게 살필 것이다. 유럽 그리스도교가 다른 지역 문화를 차용하고 서로 영향을 주고받으며 존재할 수 있었던 것은 바로 중동에 뿌리를 둔 유대교 때문이다. 이와 관련하여 수메르 및 바빌로니아 문화와 고대 이집트 문화도 중요하게 다루려 한다. 유대인은 고유의 정체성을 갖추기 위해 이웃 문화에 맞서가며 자신의 문화를 일구었기 때문이다. 이는 심장 개념에도 그대로 적용되는데, 유대인의 심장 개념은 바빌로니아인이나 이집트인과는 완전히 달랐다.

《신약성서》가 《구약성서》를 바탕으로 쓰이기는 했지만, 그리스도교와 유대교의 심장 개념은 또 다르다. 이는 그리스도교에서 예수 그리스도의 고통과 피가 차지하는 비중과 관계가 있다. 예수의 극적인 삶, 예수의 피와 심장은 폭넓은 해석과 상징적 표현의 대상이 되었고 중세를 거치면서 유럽 문화를 구성하는 구심점이자 밑거름으로 작용했다. 유럽 문화의 이러한 역사는 역설로 가득하다.

유럽 문화에 담긴 역설 가운데 하나는 유럽의 그리스도교 문화와 상반된다고 여겨온 이슬람 및 아랍 문화가 실제로는 유럽 문화에 상당한 영향을 미쳤다는 점이다. 심장 개념을 놓고 보면 두 문화의 차이점뿐만 아니라 아랍의 영향력도 함께 드러난다. 아랍 문화는 중세부터 오늘날까지 서구인의 정신에 다양한 방식으로 스며들었다. 나는 현대 서구 문화가 중세 전성기 동안 이슬람 및 아랍 문화의 영향을 받아 생겨났다고 본다. 이 책에서 이슬람 및 아랍 문화의 심장 개념을 중요하게 다룬 까닭이 바로 여기에 있다.

서구 문화를 이루는 주요 뿌리는 대개 두 갈래로 보는데, 하나는 유대교와 성서의 사고이고 다른 하나는 고대 그리스다. 서구의 종교적 믿음은 《성서》의 기록대로 아랍 및 셈족•

셈족
노아의 장자인 셈의 후손으로 전해지고 코카서스 인종에 속한다. 바빌로니아, 아시리아, 페니키아, 히브리 사람들을 말하며 오늘날의 아랍인과 유대인이 여기에 해당한다.

전통까지 거슬러올라가고, 서구의 예술과 철학 · 과학에서 나타나는 이성은 그리스 문화에서 크게 영감을 얻었다. 그러나 기원전 700년경 호메로스Homeros의 묘사를 보면 고대 그리스인은 지금의 서구인과 사뭇 달랐다. 이 책은 호메로스 작품에 나오는 심장(마음) 개념을 바탕으로 그리스도교 이전 호메로스 시대 사람과 현대인을 하나로 이어주는 공통분모가 있는지 살펴본다. 또한 나의 선조인 바이킹에 대해서도 똑같은 질문을 던질 것이다.

노르웨이인의 선조인 바이킹은 자비롭지 않았다. 그들은 광포했고 심지어 인간도 제물로 바쳤다. 교살당한 자의 신인 오딘● 은 성스러운 나무에 목을 매달아 자신을 자신에게 제물로 바친다. 이것이 주술 행위를 통해 자신의 한계를 뛰어넘기 위해서인지, 삶의 수수께끼를 풀기 위해서인지는 분명하지 않다. 노르웨이인의 심장(마음) 개념은 여러 면에서 여전히 신비에 둘러싸여 있다. 이는 아스텍인의 경우도 마찬가지다.

오딘
Odin, 북유럽 신화에 나오는 최고신.

이 책은 아스텍 문화에 한 장을 할애했다. 아스텍 문화에서 심장은 피비린내가 진동하고 소름 돋도록 오싹하다. 이는 우리의 이해 수준을 넘어선다. 인신공양 의식이 널리 행해진 다른 메소아메리카 문화처럼 아스텍인의 냉혹한 행위가 문화에서 비롯된 현상이라는 점을 납득하기란 어려운 일이다. 스페인 정복자들이 아스텍의 인신공양 문화를 근절할 의무가 있다고 여긴 근거가 여기에 있다. 그리하여 스페인 정복자들은 그리스도교 교회의 축복을 받으며 아스텍 문화를 철저히 뿌리뽑았다. 유럽인은 불과 몇 년 사이에 아스텍 문명을 비롯한 여러 메소아메리카 문명을 파괴했고 막대한 보물을 약탈했다. 그 결과 16세기에 멕시코 인구는 2500만 명에서 100만 명으로 격감했다. 그렇다면 과연 어느 쪽이 더 냉혹한가? 이교도 아스텍인인가 아니면 인도주의자를 자처한 서구인인가? 심장에는 온갖 종류의 감정이 깃든다. 창조의 감정이 들기도 하고 파괴의 감정이 들기도 한다. 그렇다면 인간이란 대체 어떤 존재인가? 이 책 2부에서는 현대 서구 문화에 나타나는 심장의 은유를 추적해봄으로써 이 질문에 답하고자 한다.

2부에서는 유럽과 서구의 인간관에 초점을 맞추었기 때문에 다른 문화는 간단히 언급만 하고 상세히 설명하지는 않았다. 이는 사상사의 몇몇 탁월한 성취들을 제대로 다루지 못했다는 뜻이다. 이를테면 고대 인도와 고대 중국, 힌두교, 불교, 도교, 아프리카 문화가 그렇다. 창의적이고 숭고한 자질 면에서는 이들 문화의 인간관이 서구 그리스도교 문화의 인간관에 결코 뒤지지 않지만, 지면이 한정되어 있고 논의의 주요 가닥을 놓쳐서는 안 되겠기에 부득이 설명을 생략할 수밖에 없었다. 평정, 명상, 내면의 조화를 중시하는 불교와 비교할 때 서구인은 목적에 사로잡혀 지위와 원초적 권력을 추구하는 이기적인 물질주의자처럼 보인다. 하지만 서구 심장의 역사를 깊이 있게 다루려다 보니 다른 문화권에 대한 설명은 뒤로 미룰 수밖에 없었다.(이를 보완하고자 저자는 한국어판에서 노르웨이어판과 영어판에는

없는 8장 '아시아의 심장과 마음'을 추가했다.-옮긴이)

심장이 의미하는 바를 확실히 이해하기란 쉽지 않다. 심장은 무엇보다 이미지와 상징으로 해석해야 하기 때문이다. 심장은 단순히 몸에 혈액을 공급하는 신체 장기만이 아니라 양심이 자리한 곳이기도 하다. 나쁜 마음은 심장을 찌르거나 갑자기 찾아오는 통증으로 느껴진다. 양심과 영혼은 동전의 양면과 같아서 영혼 또한 심장에 존재한다. 심장에는 사랑과 다양한 종류의 감정도 존재한다. 따라서 인간은 사랑에 따른 고통과 연민 등 갖가지 감정을 심장을 통해 순수하게 신체적 · 감각적으로 경험한다. 그러면서 심장은 이런 다양한 감정을 대변하는 상징이 된다. 심장은 그 바깥에서 사회나 개인에게 발생하는 일에 공감의 반응을 보이거나 그 징후를 나타내기 때문이다. 수사학에서는 이런 이미지를 환유[•]라고 부른다. 환유는 어떤 현상의 일부분을 가지고 전체 현상을 대신하는 수사법이다. 따라서 환유를 사용하면 하나의 표현으로 신체와 정신 양 측면을 나타내고, 한 단어로 문자적 의미와 비유적 의미를 아우를 수 있다. 심장이 서구 문화에서 주요 상징이 된 까닭은 이런 환유적 성격에서 기인한다. 물론 심장이 주요 상징이 되지 못했다면 서구인은 심장 대신 뇌의 지력을 증진시켰을 것이다. 그러나 뇌는 사실일 뿐 이미지가 아닌데 반해 심장은 사실인 동시에 이미지다.

환유
Metonymy, 사물을 직접 가리키는 대신 사물의 속성이나 그 사물을 연상시키는 가까운 낱말을 대신 쓰는 수사법.

구어口語에는 심장을 비유적으로 쓰는 표현이 많다. 마음이 가뿐하

다거나 마음이 아프다거나 기쁨의 원천인 마음을 빼앗겼다는 표현에서 마음은 곧 심장을 뜻한다. 인간은 마음의 소리에 항상 귀 기울이며 자기 마음에 충실하다면 더 바랄 것이 없다. 스칸디나비아 언어에서는 그리스도교 이전의 고대 인류학에서 유래한 '간으로부터 곧장' 말한다는 표현을 쓰기도 하지만, 보통은 마음(심장)이 꽉 차야 하고 싶은 말이 입으로 나오기 마련이다. 심장에서 나오는 것은 정직하기에 진실하지 못한 사람을 가려낸다. 그래서 부정직한 사람의 심장은 제자리에 있지 않고 소매에 달려 있다는 표현도 있다. 그 밖에도 심장에서 유래한 관용 표현을 들면 '너그럽다have a big heart', '마음이 찢어지는heartbreaking', '겁에 질리다have our heart in our mouths' 등이 있다. 마음에 타격을 입으면 심장이 쥐어짜이거나 으깨진다고 말한다. 또한 '외우다learn by heart'라는 표현에서도 보듯이 심장은 지성과도 관계가 있다.

심장에 빗댄 표현 가운데는 개인의 성품과 인간적 · 도덕적 자질을 말하는 경우가 많다. '인정 많은good-hearted', '냉혹한heartless', '매정한hard-hearted', '상냥한soft-hearted', 따뜻한/차가운 심장의 소유자라는 표현이 그러하다. 심장(마음)이 얼마나 자상하고 연민을 느끼는가가 인간성의 척도다. 그러므로 심장(마음)의 자질이 드러나 고통스럽고 당혹스러우며 낙담하게 되더라도 인간은 자신의 심장(마음)을 찾아야 한다. 그러나 헨리크 입센Henrik J. Ibsen의 희곡 《페르귄트》● 에서와 마찬가지로 마음을 통제하고

● 《페르귄트》 Peer Gynt. 몽상을 쫓아 방랑하던 페르 귄트가 늙어서 고향에 돌아와 아내인 솔베이지의 사랑으로 구원받는다는 이야기.

찾는 일은 우리 몫이 아니라고 말할지도 모르겠다. 하지만 이것이 바로 이 책에서 이야기하려는 바다. 인간의 마음을 찾는 일은 고대 그리스에서 이미 인간에게 주어진 신성한 명령으로 규정했고, 델피에 있는 아폴론 신전 입구 위에도 새겨져 있다. "너 자신을 알라Gnoti Seavton!"

심장의 자질은 이론의 차원을 넘어선다. 그렇다고 해서 심장이 무엇인지, 심장이 무엇을 나타내는지에 대한 사고나 이론적 설명이 실제 삶에서 중요하지 않다는 뜻은 아니다. 말이 그저 말로 그치지 않고 실행을 촉진한다는 점은 인간 삶이 내포한 위대한 역설 가운데 하나다. 말은 자신이 지칭하는 것을 실제로 만들어낸다. 언어의 마법이다. 심장도 마찬가지다. 심장은 그 자체로 언어와 언어가 지칭하는 대상 사이의 야릇한 이중의 관계를 나타낸다. 따라서 심장은 하나의 단어이면서 개념이다. 풍부하고 복잡한 내용의 이미지를 내포한 의미심장한 단어다.('심장'이면서 '마음'인 'heart'의 중의적 의미를 염두에 둔 설명이다.-옮긴이) 심장에 대해 말할 때 그것이 가슴에서 규칙적으로 움직이는 신비로운 심장을 가리키는지, 아니면 은유적 표현으로 쓰여 여러 상징적 가치와 태도 및 개인의 자질을 가리키는지는 쉽게 판단할 문제가 아니다. 만약 '심장'이라는 단어가 상징으로 쓰여 여러 의미를 내포한다면 그때는 용례에 따라 의미가 달라진다. 마음의 감정과 단어, 개념은 이처럼 긴밀히 연결되어 있다. 그러므로 이 책은 마음(심장) 언어에 대한 연구이면서 언어의 마음(심장)

대한 연구이기도 하다.

몸에 지닌 심장과 이미지나 상징으로 존재하는 심장과의 떼려야 뗄 수 없는 관계는 노벨문학상을 받은 노르웨이 작가 시그리드 운세트Sigrid Undset의 글에 잘 나타나 있다. 운세트는 《아서 왕 이야기와 원탁의 기사Fortællinger om kong Arthur og ridderne av Det runde bord》(1915) 결말에 이렇게 썼다. "세월이 흐르면서 관습과 관행이 상당히 변하고 신념 또한 변하기 때문에 인간은 많은 것을 두고 다르게 생각한다. 하지만 인간의 심장만큼은 세월이 흘러도 조금도 변하지 않는다." 이 인용문에서 심장은 감정과 사랑, 특히 에로틱한 열정을 은유한다. 운세트의 책은 서구인의 마음을 형성하는 데 크게 기여한 기사도 시대의 에로틱한 열정을 다루었다. 운세트는 인간의 에로틱한 사랑과 열정만큼은 변하지 않고 언제 어디서나 같다고 단언한다. 이 말이 진실이라면 인간은 고정된 존재다. 하지만 그렇게 보지 않는 사람도 많다.

많은 이들이 인간은 태어나면서부터 변화의 여지가 많은 미완성의 존재라서 살아가는 동안 학습이 필요하고 인위적 · 의식적으로 자신을 만들어가야 한다고 생각한다. 이 생각이 옳다면 인간은 지구상에서 가장 적응력이 뛰어난 존재인 동시에 가장 불안정하고 예측 불가능한 존재다. 이처럼 불안정성과 불확실성을 안고 사는 인간은 무언가 변하지 않는 확고한 중심을 찾으려는 소망과 욕망을 지닌다. 그러면서 심장은 사랑과 정신과 양심이 존재하는 가치 있는 장소로 자리매김한다. 서구 문화에서 심장의 이런 역할은 예수 탄생 수세기 뒤의 그리스도교에 바탕을 둔다.

운세트의 심장 은유를 논의의 출발점으로 삼는다면 감정과 에로틱한 열정이 도덕적으로 옳지 못할 때 문제가 된다. 위 운세트의 표현은 정확하게 말해서 인간 본질에 대해 긍정적이지 않다. 그의 표현은 서구 인본주의 전통의 핵심을 거스른다. 서구 인본주의 전통은 인간이 자유롭게 자신을 형성하고 또한 그럴 책임이 있다는 입장을 분명히 한다. 이때 문제는 마음의 교육이고 그리스도교 전통에서도 마음과 마음가짐의 변화가 주요 주제가 되었다. 하지만 우리는 심장에 대해 감정적이고 에로틱한 이미지를 떠올리고 운세트의 말마따나 자연법칙처럼 불변하는 것으로 여긴다. 이렇게 단언하고 나면 인간은 언제나 열정에 사로잡혀 있다는 이야기가 된다. 만약 이것이 사실이라면 오늘날에 더욱 심각한 문제일 수 있다. 개인과 집단, 사회가 대량살상 무기를 마음껏 휘두를 수 있는 상황에서 오늘날의 민주주의와 문명이 열정에 사로잡힌 인간의 손아귀에 들어간다면 위험하기 때문이다. 그 열정의 본질이 정치적이든 종교적이든 에로틱하든 말이다.

인간이 열정에 사로잡혀 있다는 운세트의 주장은 인간 마음의 한 측면, 즉 어둠의 핵심에만 적용된다. 마음의 반대 측면은 긍정적이고 창의적인 힘의 영역으로 파스칼은 이를 일컬어 "심장은 이성이 모르는 제 나름의 논리를 가지고 있다."고 표현했다.

수피
일부 이슬람교도가 신봉하는 일종의 신비주의 신념 또는 사상인 수피즘Sufism을 따르는 사람.

마음의 두 모습은 여러 문명에서 다루어졌고, 수피[●]와 그리스도교 신비주의자를 포함하여 진리를 추구하는 많은 사람들이 이르고자 하는 목적지다. 낭만주의가 감정을 이성보다 우위에 두면서 추구하는 바도 이 같은 창의적인 근원이다.

여러 차이점이 있긴 하지만, 심장은 여러 문화에서 중심 역할을 하는 듯하다. 심장은 인류가 공통으로 소유하는 것이어서 상이한 문화 사이에 다리를 놓아 서로에 대한 이해를 돕는다. 모든 문화에는 공통의 심장(마음) 언어가 존재하기 때문에 우리는 언어 · 종교 · 문화의 차이를 뛰어넘어 본능적으로 서로를 이해할 수 있다.

아니면 심장(마음)이 서로 통한다는 표현은 그저 상투적인 것일 뿐일까? 스페인 정복자와 아스텍인의 충돌이나, 오늘날 중동 지역에서 유대인과 팔레스타인 사람의 관계을 보면 그런 것도 같다. 서로 다른 문화에 속한 사람들 사이에는 틈이 존재하고 근본 태도에서 차이가 나기 때문에 타자 또는 다른 세계 사람 뿐만 아니라 자신을 이해하기 위해서라도 이런 틈과 분열, 차이의 본질을 파악할 필요가 있다. 자신의 정체성을 이해하기 위해서는 스스로를 타인과 비교해 봐야 한다. 무언가를 이해하려면 유사점과 연관성만큼이나 차이점과 균열 또한 따져봐야 한다. 우리 세대를 이해하는 데도 같은 원칙이 적용된다. 지난 시대와 문화 발달의 단속적인 도약을 이해하지 않고서는 현대를 이해하기 어렵다. 오늘날 서구 문화의 복잡성을 이해하려면 다른 문화와의 유사점과 차이점을 고려해야 하는데, 비교

문화 연구가 그리 쉽지는 않다. 어쩔 수 없이 자기 문화의 관점으로 다른 문화를 바라보고 이해하기 때문이다. 이렇듯 인간은 자신에게 익숙한 관점에서 다른 것을 이내 비슷하게 만들고, 비슷한 것은 다르게 만든다. 다른 문화에 유사한 형태가 있더라도 그 기능과 의미는 다를 수 있고 반대 경우도 마찬가지라는 사실을 사람들은 곧잘 잊어버린다. 이제 문화 이해의 출발점인 차이점과 유사점, 분열과 통합에 대한 이야기를 시작해보자.

제1부

문명과 하트

A History of the heart

이제 서로를 바라보는 게 두렵지 않은 우리 영혼이 깨어나는 좋은 아침.
사랑은 사랑을 눈 돌리지 못하게 만들고 이 작은 방을 우주로 만들어요.
해양탐험가라면 신세계로 떠나게 하고 다른 이들에게는 지도를 주어 딴 곳으로 가라고 해요.
그리고 우리는 우리 세계를 하나로 만들어요. 하나씩 가진 둘을 하나로 만들어요.
그대 눈에 내가 있고 내 눈에 당신이 있어요. 참되고 꾸밈없는 마음이 얼굴에 깃드나니
매서운 바람의 북쪽이나 해지는 서쪽이 없는 더 나은 반쪽을 어디서 찾을 수 있을까요.
사라지는 것들은 서로 잘 섞이지 못한 탓.
둘의 사랑이 하나이고 그것이 당신과 나라면
우리가 사랑하고 그 사랑이 줄어들지 않는다면
아무도 사라지지 않으리!

—존 던, 〈당신과 함께하는 좋은 아침The Good Morrow〉

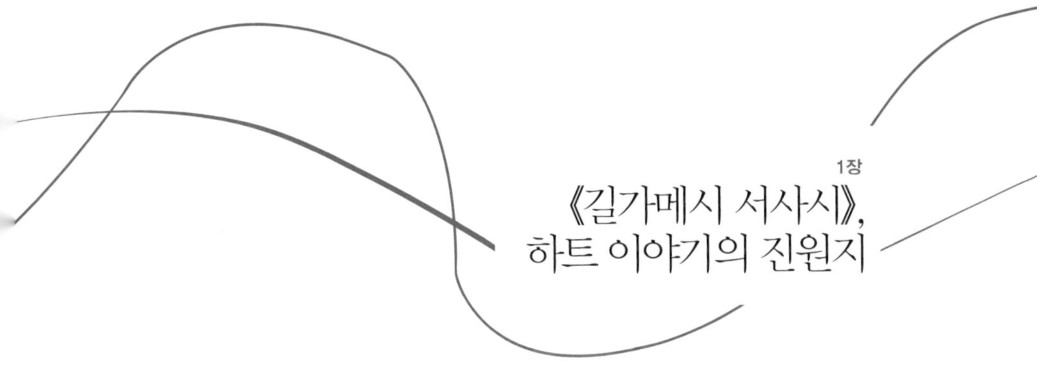

1장

《길가메시 서사시》, 하트 이야기의 진원지

메소포타미아는 심장에 얽힌 이야기의 진원지다. '강 사이에 놓인 땅' 이라는 뜻인 메소포타미아는 인간의 문화사가 시작된 곳으로, 이곳에서 전해져오는 가장 오래된 이야기는 5000년 전으로 거슬러올라간다. 이슈타르[•]에 관한 서사시가 그것인데, 일부는 기원전 3100년쯤에 쓰인 것으로 짐작된다. 이 서사시에는 당시 크게 숭앙받던 사랑과 전쟁의 여신 이난나Inanna가 나온다. 아카드인은 이난나를 이슈타르라 불렀다. 셈족 갈래인 아카드인은 수메르를 정복한 민족으로, 수메르 원주민에 동화되어 그들 신화뿐만 아니라 사회 구조까지 받아들였다. 그 뒤 여러 세기 동안 이 땅에 들어온 다른 침입자나 정복자들도 서로 유산을 주고받으며 변화

이슈타르
Ishtar, 바빌로니아 신화에 나오는 미와 사랑과 전쟁의 여신.

를 거듭하는 통상의 동화 과정을 거쳤다. 이슈타르에 얽힌 이야기 가운데는 수메르 및 바빌로니아의 《길가메시 서사시Gilgamesh Epoth》가 가장 유명한데 기원전 2000년쯤에 쓰인 것으로 짐작된다.

《길가메시 서사시》에 나오는 심장은 오늘날까지 이어지는 문화사에 줄곧 등장하는 것과 무척 닮았다. 《길가메시 서사시》는 심장의 힘과 사랑의 기술에 대한 이야기이며 기본적인 생명력과 죽음이라는 수수께끼, 자연과 문화의 갈등에 대한 이야기다. 이 위대한 서사시에는 근본적으로 정반대인 삶의 요소를 두 영웅의 우정을 통해 하나의 주제로 절묘하게 담아냈다. 두 영웅은 바로 자연의 자녀인 엔키두Enkidu와 우루크[•]를 다스리는 수메르의 왕이자 문명의 왕인 길가메시다. 각각 자연과 문화를 대변하는 두 영웅의 관계는 처음에 순탄하지 않았다. 야성의 엔키두가 선하고 평화로운 존재라면 길가메시는 우루크 여성들을 범하고 백성을 억압하는 폭군이었기 때문이다. 신이 엔키두를 창조한 까닭은 바로 이런 난폭한 길가메시를 길들이기 위해서였다.

우루크
Uruk, 오늘날의 이라크 남부에 있던 수메르의 고대 도시국가.

엔키두는 최초의 '고결한 야만인'이자 자연의 자녀로서 야생의 동물과 식물이 한데 어울리는 천국 같은 곳에서 문명의 영향을 받지 않고 생활한다(유대인은 《구약성서》를 쓰면서 고대 메소포타미아 지방의 이웃 민족에게서 천국과 홍수의 개념을 끌어왔다). 생태 친화적 자연보호론자를 대변하는 영웅 엔키두는 야생동물과 함께 생활하면서 풀과 야생초만을 먹고 사냥용 그물과 사냥꾼이 파놓은 함정을 없앤다.

엔키두의 이런 행동에 불만을 품은 사냥꾼들이 위대한 사냥꾼 길가메시에게 도움을 요청한다. 길가메시는 이런 일을 처리하는 데 통달한 자다. 그는 엔키두를 힘으로 억누르기보다는 정신을 제압하는 심장의 힘과 세련된 사랑의 기술로 길들이고자 한다.

길가메시는 사랑의 여신 이슈타르의 신전에서 사랑의 기술을 숙련한 여사제 헤타이라Hetaera에게 엔키두를 찾아가 유혹하라고 지시한다. 헤타이라가 엔키두를 유혹하는 데 성공하면서 두 사람은 6일 동안 밤낮으로 사랑을 나눈다. 하지만 성적 만족만으로는 엔키두를 영원히 사로잡기 어렵다는 사실을 깨달은 헤타이라는 문명의 산물을 미끼로 엔키두를 유혹하기 시작한다. 그녀는 엔키두에게 가장 맛깔스러운 음식을 먹이고 술에 취하도록 만들며, 아름다운 옷을 입히고 향기로운 향료를 발라준다. 이제 엔키두는 이런 호사스러움에 흠뻑 빠져든다. 엔키두의 심장은 기쁨으로 가득 차오르고 얼굴은 열정으로 빛난다.

그러나 엔키두는 일곱째 날이 되자 양심의 가책을 느끼고 동물들에게 돌아가 예전처럼 자연의 삶을 살고자 한다. 그런데 동물들은 낯설게 변한 엔키두를 보고 근처에 얼씬도 하지 않는다. 이 이야기에 담긴 고대의 지혜는 오늘날 우리에게도 교훈을 준다. 일부 몽상가들이 주장하듯 문화적 존재인 인간이 자연으로 돌아가는 일은 자연법칙에 역행할 뿐만 아니라 가능하지도 않다는 사실을 역사 최초의 문명인들은 이미 깨달았던 것이다.

이렇게 해서 헤타이라는 엔키두를 문명의 본거지 우루크를 지배하는 길가메시에게 여봐란 듯이 데려간다. 이제 두 영웅은 힘을 겨루고 결국 길가메시가 승리한다. 하지만 길가메시는 엔키두가 자신에게 필적할 만한 상대라는 사실을 깨닫고 마음을 고쳐먹는다. 그는 엔키두와 대결하기 전에는 사악한 존재였지만 새롭게 덕을 갖추고 영웅답게 행동하기 시작한다. 이는 두 영웅이 맺은 우정의 결과다. 두 영웅의 심장과 심장이 통하면서, 길가메시는 성격이 바뀌고 우정이 지향하는 가치와 미덕을 따르고자 한다. 힘을 합한 두 영웅은 천하무적이다. 거대한 숲에 들어가 위험한 나무를 쓰러뜨리고 엔키두의 고향을 위협하는 괴물 훔바바를 무찌른다. 이 모두가 엔키두와 그가 지닌 지식과 힘 덕택이다.

하지만 이슈타르 여신이 길가메시의 눈부신 활약을 보면서 엔키두의 운명은 끝장나고 만다. 길가메시를 보는 순간 사랑에 빠진 이슈타르는 길가메시에게 남편이자 애인이 되어달라고 애원한다. 그러나 길가메시는 이슈타르의 구애를 거절한다. 애인에게 식상하면 가차없이 파멸시키는 이슈타르의 성질을 알기 때문이다. 길가메시는 구애를 거절한 대가를 톡톡히 치른다. 이슈타르가 하늘의 황소를 보내 길가메시와 엔키두를 공격한 것이다. 두 영웅은 막강한 힘을 휘둘러 하늘의 황소를 가까스로 해치우지만 이는 신의 힘에 도전한 셈이다. 고대 문화에서 황소와 황소의 뿔은 대표적인 신의 상징이다. 하늘의 황소를 죽이는 순간 우레가 내리친다. 길가메시와 엔키

두는 황소의 배를 갈라 심장을 꺼내 태양의 신 샤마슈Shamash에게 제물로 바친다. 문화사에서 등장하는 최초의 심장 제물인 셈이다. 이때 제물로 바쳐진 하늘 황소의 심장은 두 영웅의 심장을 대신한다. 두 영웅은 황소의 신성한 심장을 신의 제단에 바치면서 신과 자신의 심장을 하나로 연결한다. 영웅들이 심장을 제물로 바친 점은 심장이 수메르 문화에서 그만큼 중요한 위치를 차지했음을 말해준다. 실제로 심장은 공감을 자아내는 기관으로 길가메시와 엔키두를 한마음으로 묶는 역할을 한다. 그러므로 인간은 심장을 지닌 데 대해 신에게 감사해야 마땅하다. 하지만 이슈타르는 하늘 황소를 잃은데다 무례하게도 엔키두가 황소의 다리 한 짝을 개에게 던져주듯 자기에게 던지자 불같이 화를 낸다. 이슈타르는 엔키두를 치명적인 질병으로 공격한다. 엔키두만 없애면 길가메시를 손에 넣을 수 있기 때문이다. 문화적 존재인 인간의 내면에는 처음부터 고통과 공감과 사랑이 함께 자리한다.

엔키두가 죽자 길가메시는 친구만이 아니라 깊은 우정이 가져다준 모든 것을 상실하며, 죽음이라는 새로운 문제를 해결하기 위해 여생을 바친다. 엔키두의 눈에서 죽음에 대한 두려움을 읽은 길가메시는 그 두려움의 실체를 자신의 심장으로 깨닫는다. '메멘토 모리memento mori(죽음을 기억하라)', 즉 자신 또한 죽으리라는 죽음의 경고를 맞닥뜨린 것이다! 길가메시는 비록 3분의 2쯤은 신이지만 불멸의 존재는 아니다. 엔키두의 몸이 썩는 모습을 본 길가메시는 자신

을 불멸의 존재로 만드는 삶의 의미나 영약을 찾아 길을 나선다(일종의 통과의례).

길가메시는 불안한 마음을 가진 최초의 인물(성 아우구스티누스의 '불안한 마음'을 예시하는)로서, 삶과 죽음의 수수께끼에 대한 해답을 찾고 그 해답을 스스로 인정할 때까지 결코 안정을 얻지 못한다. 《길가메시 서사시》의 화자는 창조주에게 "어째서 길가메시에게 불안한 심장을 주셨습니까?"라고 묻는다. 길가메시는 계곡을 지나 산을 넘어 홀로 사막을 방황한다. 조력자가 나타나 길가메시를 땅 위나 땅 아래로 이끌기도 한다. 언제나 새로운 도전이 그를 기다린다. 몇몇 도전은 잘 이겨내지만 결정적인 순간에 실패를 맛보기도 한다. 게다가 자신을 불멸의 존재로 만들어줄 식물을 찾아내지만 제대로 간수하지 못하고 뱀에게 빼앗겨 정작 뱀이 영생을 얻는 어이없는 일이 발생한다. 주어진 시험을 모두 통과하지 못한 길가메시는 신이 아니라 죽음을 피할 수 없는 인간일 뿐이다. 이것은 길가메시가 시련을 겪으며 얻은 교훈이기도 하다. 불멸의 길을 추구하고 방황하면서 현명해진 길가메시는 '만물을 보아온 사람'이라는 이름을 얻는다. 그는 대홍수에도 살아남아 신성한 존재가 된 우트나피시팀●을 찾아가 삶의 수수께끼에 대한 해답을 얻으려 하지만, 그의 의문을 풀어주기에 충분한 대답을 듣지 못한다. 결국 길가메시는 만물은 영원하지 않고 외부의 것은 모두 헛되다는 사실을 깨닫는다. 이런 깨달음은 세상이 항상 공정하지만은 않

우트나피시팀 Utnapishtim, 바빌로니아 신화에 나오는 대홍수 이야기의 주인공, 인간 가운데 유일하게 영생을 얻은 인물로 《구약성서》의 노아에 해당한다.

다는 지혜를 노래한 바빌로니아 시들에서도 나온다. 이런 시는 악이 승리할 때도 있고 기도한다고 해서 다 이루어지지는 못하며 신은 인간에게 일어나는 일에 무관심하다고 노래한다. 인간은 자신의 운명을 스스로 정하려 하지만 세상을 지배하는 신성한 법칙의 통제를 받는다. 그러므로 행복에 가까워진 인간이란 죽을 수밖에 없는 자신의 본질을 인정하고 깊은 지혜로 심장이 감지해낸 신성한 법칙에 순종하는 인간이다. 길가메시가 엔키두에게 "우루크에는 그대 같은 지혜를 가진 자가 없다. 누가 그대의 마음에 이렇듯 놀라운 통찰력을 주었는가?"라고 물은 까닭도 이 때문이다. 길가메시는 길을 처음 떠날 당시에는 영웅적인 업적을 쌓고 훌륭한 처신을 하리라 꿈꾸었지만 이제는 스스로 놀라운 통찰력을 얻어 "연약한 지혜를 가슴에 안고 돌아와 여행 기록을 돌 위에 새긴다."

수메르인이 인류 역사에 공헌한 점 가운데 하나는 바로 사후의 삶과 죽은 자의 영역에 대해 질문한 일이다. 특히 아카드인이 이슈타르라 부른 이난나 신화를 보면 죽은 자의 영역에 대한 개념과 지하세계를 탐험하는 이야기가 등장한다. 다시 한 번 강조하지만 이런 이야기의 중심에는 심장이 있다. 이슈타르 서사시에는 신들이 서로를 해치려고 심장을 병들게 하는 장면이 나온다. 신들은 또 속세와 세상의 지배권을 둘러싸고 전쟁을 벌이기도 한다(역사적 · 민족적 기원과 세대가 다른 여러 신이 경쟁한다). 지상의 삶과 전쟁을 지배하는 신이 이슈타르라면 죽은 자의 세계를 지배하는 신은 에레슈키갈

Ereshkigal이다. 이슈타르가 죽음을 이겨내기 위해 죽은 자의 세계에 들어가자 혼돈이 일어난다. 결코 넘어서는 안 되는 경계를 넘었기 때문이다. 이슈타르가 죽은 자의 세계를 여행하는 동안 입은 옷이 하나씩 벗겨지고, 마침내 발가벗은 그녀 앞에 언니인 에레슈키갈이 나타나 증오에 가득 찬 눈길을 던진다. 그러자 그녀는 돌로 변한다. 수메르 신화에서는 죽은 자의 세계에 있는 이슈타르를 누군가 나타나 대신하면 그녀가 생명을 되찾고 대낮의 빛으로 돌아온다고 한다(이런 대리 고통 개념은 그리스도가 치른 십자가의 고통과 죽음보다 역사적으로 오래되었다). 아카드 신화에서는 태양신이 죽은 자의 세계로 노래하는 사람을 보낸다. 이슈타르가 지하 세계로 가버려 지구상의 모든 생명이 성장을 멈추어버린 때문이다. 노래하는 사람은 이슈타르의 심장에 새로운 용기를 불어넣어 삶을 직시하고 사악한 언니와 죽은 자의 세계에 대적하여 스스로를 해방하도록 이끈다(그리스의 오르페우스 신화를 참고하라). 그의 노래는 두 적수의 심장에서 일어나는 감정을 뒤바꾼다. 이슈타르는 이제 더는 심장의 고통을 느끼지 않지만 에레슈키갈은 갑작스레 심장의 고통을 느끼면서 "네 노래로 내 심장을 터뜨리지 마라!"고 외친다. 윌리엄 셰익스피어William Shakespeare와 오늘날 유행가를 통해 종종 만나는 심장 이미지, 즉 깨지거나 산산이 부서진 심장 이미지의 기원은 이렇듯 5000년 넘게 거슬러올라간다.

오늘날 관점에서 볼 때 수메르인의 심장 개념에는 흥미로운 측면

이 많다. 예를 들어 수메르 문명에서 황홀경ecstasy이 중요한 위치를 차지했다는 점은 청교도적인 서구인에게는 충격으로 다가올 것이다. 황홀경이나 도취는 다산多產과 풍요를 기원하며 신에게 바치는 축제 내용 가운데 하나였다. 특히 대지와 풍요의 여신이기보다는 심취와 사랑과 에로티시즘의 여신으로서 이슈타르를 기리는 축제에서는 더했다. 수메르 문명은 신의 대리자 역할을 담당하던 왕(실제로는 양치기 신 두무지Dumuzi 또는 탐무스Tammus)과 이슈타르의 대리자 역할을 하던 신전 여사제 간의 성적 의식을 통해 생명의 불꽃과 삶의 기쁨을 샘솟게 하는 신성한 기원을 확인했다. 이에 대한 찬양이 이슈타르를 노래한 시에 등장한다.[1]

내 고귀한 사제가 신성한 허리를 움직이려 한다.

그녀는 심장을 즐겁게 할 잠자리를 원했다.

그녀는 허리가 나긋나긋해지는 잠자리를 원했다.

그의 매끈한 손이 내 허리를 타고 흘러내렸다.

양치기 신 두무지가 내 허벅지에 크림과 우유를 부었다.

그는 내 은밀한 곳의 거웃을 어루만졌다.

그는 내 자궁을 축축이 적셨다.

그는 내 은밀한 곳에 손을 얹었다.

그는 향기롭고 감미로운 침대에 나를 눕혔다.

달콤한 사랑이 내 심장 옆에 누워 있다.

기원전 600년쯤, 바빌론에 포로로 잡혀간 유대인 사제들은 성서를 다시 쓰면서, 여신 중심의 생명력을 멀리하고 야훼Yahweh를 유일신이자 구세주(남성 통치자) 및 가부장제도의 고귀한 수호자로 내세웠다. 원래 야훼에게 아세라Ashera라는 아내가 있다는 내용도 성서에서 뺐다. 유대인은 당시(《구약성서》에 등장하는 솔로몬의 노래에 그때 상황이 담겨 있다) 중동 지역에 팽배하던 다산의 종교와 구별하여 그들만의 정체성을 세우고 싶었던 것이다. 따라서 유대인의 종교에서는 야훼의 아내와 더불어 황홀경 또한 사라졌다.

바빌로니아 문화는 인간의 장기 가운데 간을 중요하게 생각했다. 수메르인에게 심장은 강인한 행동을 유발하는 장기가 아니라 다정해서 몹시 상처입기 쉬운 장기였다. 신뿐만 아니라 인간도 전쟁을 벌이고 적의를 품으면서 상대방의 심장을 공격하려 했다. 그래서 현실적인 수메르인은 심장이 아니라 피로 가득 찬 커다란 간을 생명력의 근원으로 삼았다. 다른 어느 문화를 살펴봐도 고대 메소포타미아인만큼 간을 높이 떠받든 문화는 드물다. 가령 수메르인은 간에 미래의 비밀이 감춰져 있다고 여겨 미래를 예언할 때 간을 이용했다. 반면에 예민하고 지각력 있는 심장은 그야말로 감정의 장기였다. 이집트인이 영향을 받은 측면은 바로 심장에 대한 이런 입장이었다.

2장

이집트인은 왜 미라에 심장만을 남겨놓았나

현대인은 성서에 담긴 관념이 어디까지나 유대교나 그리스도교에서 비롯한다는 점을 별반 의심하지 않고 받아들이는 편이다. 하지만 역사를 보면 이는 그릇된 생각이다. 예를 들어 심장을 중요하게 생각한 유대인은 좀더 오래된 지역 종교의 영향을 직접 받았다. 그중에서도 이집트 파라오 숭배의 영향을 크게 받았다. 물론 이 영향 관계가 단순하지는 않다. 두 종교의 유사성에 대해서는 논쟁의 여지가 있다. 형태와 표현은 비슷해 보이지만 실제 내용은 전혀 다른 예가 많기 때문이다. 예를 들어 이집트 문화와 유대 문화 모두 심장을 단단한 '돌'의 이미지로 연상했는데, 이집트 문화에서는 긍정적인 의미로 쓰였다면 유대인들은 부정적인 의미로 사용했다. 유사점이나 차이점만을 가지고 영향 여부를 판단하기는 어렵지만 유대 문화의 일부 개념이 이집트 문화에서 유래했다는 사실은 그다지 어렵지 않게 알 수 있다.

《구약성서》를 보면 신이 인간의 돌 같은 심장을 따뜻한 살덩어리 심장으로 바꿀 수 있다고 강조하는 내용이 나온다. 이는 유대인이 나일 강가에서 포로로 생활하던 시기 때부터 전해내려오는 오랜 전승의 일부로, 돌 심장을 지닌 이교도 이집트인과 자민족을 구별하려는 뜻이 담겨 있었다. 이런 점은 특히 〈출애굽기〉에 확연하게 드러나고 〈사무엘상〉 6장 6절에서도 엿볼 수 있다. "파라오나 이집트 사람들처럼 공연히 고집을 부릴 필요는 없습니다."

이집트에서 심장은 종교뿐만 아니라 우주론에서도 중요하고 상징적인 의미를 갖는다. 실제로 신학에서는 우주론과 창조 신화가 핵심이다. 개인에게 심장은 세상을 지배하는 무한한 태양이나 신과 같다. 내세에서 개인의 부활은 매일 떠오르는 태양에 비유된다. 이집트인은 여러 신을 섬겼고 신화도 다양하게 변주되어 후세에 전한다. 신들 간의 힘의 균형 또한 시대나 전해지는 신화에 따라 다르다. 그러므로 이 책에서는 관례적으로 통용되는 내용을 기준으로 삼고자 한다. 어느 시대건 인간과 종교 모두에서 심장은 중요한 위치를 차지했다. 이 기본 관념은 이집트 문화에서도 2000년 이상 흔들리지 않고 지속되었다.

이집트 종교에서 심장이 차지한 역할을 살펴보면 이집트인이 왜

그토록 심장을 중요하게 생각하고 사후에도 심장을 신체와 정신의 중심이라 믿었는지 알 수 있다. 그렇기에 이집트인은 심장이 미라 안에서 부패하지 않도록 보존하려 애썼다. 예를 들어《사자의 서》[●]에 적힌 종교 의식과 절차와 관련한 여러 글은 모두 영생을 보장하는 내용을 담았다. 이집트인은 심장이 영혼과 밀접한 관련이 있어 이를 통해 영혼을 판별할 수 있다고 생각했다. 더 나아가 영혼은 개인의 바[●]와도 긴밀하게 연결되어 있다고 생각했다. 따라서 이집트인은 사후에도 심장을 몹시 주의 깊게 다루어 시신과 함께 방부처리한 것이다. 방부처리한 뒤에 다시 시신 안에 넣은 장기는 심장뿐이다. 심장을 제외한 나머지 장기는 단지에 넣어 무덤 속 미라 옆에 놓았고 뇌는 그다지 중요하게 생각하지 않아 보관하지 않고 버렸다.

《사자의 서》
Book of the Dead, 영혼불멸의 부활 사상을 믿은 고대 이집트에서 미라와 함께 매장한 사후 세계의 안내서.

바
Ba, 영혼의 새.

스카라베
Scarabee, 고대 이집트에서 다산이나 풍요의 사징으로 신성시한 풍뎅이 모양의 부적.

이집트인은 이에 그치지 않고 의식에서 쓸 심장 모형을 만들고 심장을 보관할 작은 관도 만들어 미라 옆에 놓았다. 이처럼 이집트 고유의 심장 숭배가 발달한 것은 심판의 날에 죽은 자를 위해 증언해 줄 심장을 고이 보존하려는 뜻에서다. 심장의 방부처리부터 주술적 기능이 부여된 특별한 심장 상징물까지 모두 그러한 심장 숭배의 일환이었다. 심장 상징물로는 배처럼 생긴 심장석과 심장풍뎅이(스카라베[●])가 특히 눈에 띈다. 이런 물건들은 심장의 재탄생, 즉 저승에 있는 심장 주인의 부활을 상징했다. 심장풍뎅이는 커다랗고 짙푸른 왕쇠똥구리가 원조인데 날개가 달렸고 껍질이 날개를 덮어 보호한다. 이집트인은 왕쇠똥구리 모형을 세밀하게 제작하여 방부처리한 시신의 가슴 위에 올려놓았다. 그렇게 하면 심장, 즉 영혼이 시신에서 일어나 날개를 펴고 저세상으로 날아가리라 믿었다. 도자기와 돌과 보석으로 제작한 심장풍뎅이 수천 개가 이집트인 미라와 무덤에서 발견되곤 하는데, 그중 도금 모자이크에 새겨진 심장풍뎅이의 날개 편 모습은 특히 아름답다.

이집트 문화는 이미지와 상징으로 가득한 심미적인 문화로서 글을 쓸 때도 이미지를 활용했다. 이집트 문화를 보면 인간은 분명 상징으로 이루어진 인위적인 우주 안에 살고 있다. 이런 우주에서 많은 이미지를 담은 심장은 그저 다양한 상징 가운데 하나일 뿐이다. 그러나 상징에 대한 오늘날의 해석은 파라오 시대와 완벽하게 일치하지 않는다. 이집트인은 현대인이 이집트 문화사에서 접하는 수많은 수수께끼의 해답을 무덤까지 가져갔기 때문이다. 심장과 관련한 수수께끼도 마찬가지다.

고대 이집트 신화에서는 심장과 생명과 태양의 밀접한 관계를 왕쇠똥구리가 공 모양의 태양을 미는 형상으로 표현한 예가 많다. 여기에는 생태학적 근거가 있는데 신성함과는 거리가 멀다. 왕쇠똥구리는 작은 똥구슬을 쌓아두었다가 그 안에 알을 낳고 자신의 뿔로 똥구슬을 굴려 알을 보호하기 때문이다. 태양이 매일 땅 위로 솟아오르듯 왕쇠똥구리 알은 똥구슬 안에서 부화한다. 이렇듯 왕쇠똥구리와 태양은 이집트에서 가장 널리 쓰이던 화신化身의 상징이다. 왕쇠똥구리

가 빨로 굴리는 붉은색 똥구슬은 여러 신들이 머리에 인 태양, 하늘의 여신 누트Nut가 매일 밤 사라지게 만드는 태양과 비슷하다.

이집트인이 심장을 단단하고 차갑게 묘사한 이유는 저세상으로 이동하는 데 심장이 큰 역할을 담당한다고 생각했기 때문이다. 핵심 장기인 심장은 인간이 생전에 행한 모든 선과 악의 원인이자 증거다. 기억(지성)이 담긴 심장은 모든 상황을 알기 때문에 사후에 죽은 자를 판단할 수 있다. 심판의 날에 이르면 심장은 죽은 자의 동료가 되어 그를 위해 증언할 것이다. 심판의 날에는 심장석이나 심장풍뎅이로 형상화된 심장을 양팔 저울의 한쪽 접시에 올리고 반대편 접시에는 정의의 여신 마트Maat의 상징을 올린다. 심장과 마트의 무게가 같으면 죽은 자는 내세에 조화롭고 균형 잡힌 삶을 살게 된다. 이렇듯 결정적이고 중요한 상황에서는 살과 피로 만들어져 온갖 악을 품고 있는 믿음직스럽지 못한 심장보다는 심장석이 더 유리하다. 단단한 심장은 자기통제와 분별 있는 행동을 상징한다. 그러므로 심장석 아래 새겨진 "내 심장이여, 일어나 내게 불리한 증언을 하지 마라!"와 같은 주술적인 문장은 자기 심장을 전적으로 신뢰하지 못한 이집트인의 생각을 나타내면서 또한 정확하게 그렇게 행동하라고 권고한다.

심장풍뎅이에 새겨진 또 다른 문장을 보면 심장의 두 형태를 알 수 있다. 하나는 선천적 심장("어머니에게서 나온 내 심장")이고, 다른 하나는 후천적 심장("양육된 내 심장")이다. 심장의 이 같은 두 측면

은 죽음과 관계가 있으며, 세속 문헌과 종교 문헌 모두에 등장한다. 심장은 선천적으로 타고나거나 물려받는 신성한 장기이면서 주어진 규범과 이상에 따라 사회와 개인이 책임지고 형성해야 하는 장기인 셈이다. 특히 정의의 여신 마트가 세운 원칙에 맞게 심장을 양육해야 했다.

정의의 여신 마트는 진실하고 옳고 정당한 세상의 질서를 대표하고, 인간은 마트가 애당초 창조한 세상의 질서에 맞춰 행동해야 한다. 따라서 인간이 진실하고 온당하게 행동하려면 세상의 신성한 질서에 내포된 본질을 배워야 하는데, 이는 심장을 가져야만 가능하다. "네 심장을 북돋워서 마트에게 복종하라."는 주문이 적힌 까닭은 이 때문이다. 이 본질을 제대로 배우지 못하면 글자 그대로 '심장 없는' 냉혹한heartless 인간이 된다. 즉 '배움이 부족하여 냉혹한 사람이 되지 말라'는 이야기다. '배움'이란 심장을 통해 정의의 여신 마트의 신성한 말을 듣는 것, 즉 신을 깨닫고 인정하는 것이다. "당신이 내 심장을 창조했으니 내가 스스로 현명해진 것이 아니다." 심장은 인간 안에 존재하는 신성이 자리한 곳이기도 하다. 이집트에는 "귀 기울이는 심장"이라는 표현이 있다. 심장은 신의 목소리를 듣고 그 뜻을 알 수 있기 때문에 인간에게 심장이 있으면 세상 질서에 맞춰 살 수 있다고 생각한 것이다.

《사자의 서》는 죽음과 내세에 대한 이집트인의 생각을 알 수 있는 가장 오래된 문서다. 이 문서는 격언이나 지혜의 말을 포함한 종교

적인 기록 모음으로 기원전 3000년쯤 고왕국● 시대부터 쓰였으며 로마 시대까지 내용이 꾸준히 수정되고 첨가되었다. 이 문서에 수록된 격언과 주문은 죽은 자가 저승에 가서 확실하게 부활하도록 돕는 내용이다. 즉 살과 뼈를 갖추고 다시 일어나 현세에 바르게 산 사람들과 더불어 낙원에서 살도록 인도한다. 《사자의 서》 자체는 신왕국 기원전 1550년 이후 시대의 유산이지만 수록된 일부 운문은 고왕국의 피라미드 문자기록과 중왕국 기원전 2050~기원전 1650년의 석관에 새겨진 문자기록에서 유래하므로 모두 2500년에 걸쳐 이루어진 셈이다. 여기서도 심장은 죽은 자가 저승에서 행복한 삶을 살지, 불행한 삶을 살지 여부를 결정하는 데 중요한 위치를 차지했다.

고왕국
기원전 2650~기원전 2150년. 고대 이집트 문명 최초의 번영기인 제3왕조에서 제6왕조까지의 시대.

오시리스
Osiris, 이집트 신화에서 죽은 자의 신으로 숭배된 남신.

고대 이집트 종교에서 인간 부활에 대한 믿음은 태양을 중심으로 하는 우주관에 뿌리를 둔다. 인간의 부활은 다시 떠오르는 태양과 유사하다. 이집트인은 인간의 삶이 규칙적으로 박동하는 심장을 근본으로 삼듯이 지구의 모든 생명은 태양에 근원을 둔다고 믿었다. 그들은 태양이 저녁마다 수평선 아래 바다와 어둠 속으로 떨어지는 현상이 무척 감동스러웠다. 내일 태양은 다시 떠오를까? 이는 아스텍 문화의 태양 숭배 사상 저변에 깔린 물음이기도 했다. 이집트와 아스텍 문화 모두 다음날 다시 떠오르는 태양을 신의 선물이라 생각했다. 따라서 이집트인은 태양을 밤새 지하 세계에 보관하는 오시리스● 신을 숭배했다. 이집트인은 지하 세계를 부정적으로만 보지 않

았다. 태양은 지하 세계에서 양분을 얻고 새로운 힘을 얻기 때문에 다음날 하늘을 가로질러 떠오르는 것이다. 태양은 매일 다시 태어난다. 그렇기에 생명이 떠오르는 물(나일 강변에 사는 이집트인들은 말 그대로 생명이 물에서 직접 떠오른다고 믿었다)에 사는 악어는 태양신의 본성을 지닌 채 태양을 상징하는 붉은 원반을 머리에 인 모습으로 묘사된다. 따라서 하늘의 여신 누트와 마찬가지로 오시리스와 태양신 레Re도 생명의 신이다.

태양을 출산하는 이는 하늘의 여신 누트다. 누트는 매일 밤 태양을 사라지게 하고, 그 태양은 밤새 누트의 몸을 통해 여행한다. 그러다 아침이 오면 누트는 다시 태양을 출산한다. 그렇기에 고대 이집트 무덤에서 누트는 죽은 자의 관이나 미라를 굽어보는 하늘로 묘사된 예가 많고, 미라나 석관 내부에도 그려지곤 했다. 죽은 자를 미라로 만들어 관에 넣는 행위는 태양이 다음날 다시 태어나기 위해 누트의 몸으로 들어가는 일과 같은 것으로 받아들여졌다. 인간은 매일 누트에 의해 사라졌다가 다음날 새로 태어나는 태양신 레의 운명을 공유함으로써 사후에 신성화된다. 죽은 자는 저승에서 최고의 신 레처럼 되는 것이 목적이다. 이 목적은 죽은 자에 속한 영혼의 새 바Ba가 태양신 레와 함께 우주 여행을 떠나 제 몸과 재결합하여 매일 부활할 때 성취된다. 《사자의 서》 잠언 15장에는 심장과 태양신 레와 재생의 관계에 대한 내용이 나온다. "그대(레)는 그대의 넓은 심장으로 천국의 온 하늘을 가로질러 여행한다." 인간의 중심인 심장이 자신을 상징하는 날개 달린 풍뎅이나 바를 지닌 채 육체와 재결합하면 인간은 다시 한 번 완전한 존재가 된다. 태양신 레는 천국에서와 마찬가지로 인간 내면에서 타오르는 신성한 불이기 때문에 인간은 레를 인식할 수 있다. 인간이 우주의 광채와 그 신성한 근원을 인식할 수 있는 까닭은 바로 심장이 그런 광채를 지녔기 때문이다. 이집트 인류학에서 신체의 중심 장기로 인식된 심장은 이렇듯 이중의 의미를 띤다.

인류학

에버스 파피루스 와 스미스 파피루스 로 볼 때 고대 이집트 의사들은 심장의 생물학적 기능에 대해 잘 알았다고 여겨진다. 무엇보다 이집트 의사들은 인간의 맥박을 짚을 수 있었고 맥박이 심장의 기능이라는 사실을 알았다. 이집트인이 심장을 중심 장기로 생각한 데는 이런 생리학 식견이 바탕이 되었다. 이집트인이 심장에 대해 가진 고전적 생각은 심장이 인간의 중심이자 내면의 핵심이라는 것이었고, 이 생각은 일찍이 기원전 2000년쯤에 구체화되었다. 심장은 사고의 중심이면서 모든 지적 활동의 중심이었다. 오늘날의 심장 개념과 크게 다른 점이 있다면 이집트인은 심장으로 생각하고 판단한다고 믿었다는 점이다. 어

에버스 파피루스 Ebers Papyrus, 기원전 2000년대 중반 700여 종의 약과 811종의 처방을 모은 의학서.

스미스 파피루스 Smith Papyrus, 이집트의 수준 높은 의과학 기술에 대한 기록.

느 왕에 대해 언급하면서 "내 심장이 생각하는 것을 내 손이 이룬다."라고 표현한 옛 문헌도 있다. 특히 심장과 혀의 관계는 생각과 말의 관계만큼 긴밀하다. 심장과 혀는 사지四肢를 통제한다. 심장은 스스로 원하는 것을 생각하고, 혀는 심장이 원하는 대로 명령을 내린다. 결과적으로 사지 또한 심장의 뜻에 복종한다. 외부 세계에서 일어나는 일을 감지하는 것은 감각이지만, 무엇을 느낄지 판단하는 것은 심장이다. 혀는 심장의 뜻을 전달하고 사지는 심장의 뜻에 따라 움직인다.

심장(정신)과 혀(언어)는 똑같이 신성한 기원을 갖는다. 심장은 이집트 인류학에서 워낙 중요해서 인체의 다른 부위와는 격이 다르다. 이는 심장과 인체의 나머지 부위를 둘로 나누어 생각할 수 있음을 뜻한다. 심장은 인간의 자아이자 분신이다. 심지어 심장은 외로운 사람에게 대화상대도 되어준다. 따라서 이집트인은 오디세우스Odysseus처럼 자기 심장과 의논했다.

심장에는 지성이 자리한다. 따라서 심장이 없는 인간은 오늘날 심장의 의미처럼 냉담하고 냉혹한 인간이 아니라 바보면서 정신이 혼미한 멍청이다. 심장에 지성이 깃든다는 말을 곱씹어보면 이집트인이 돌 심장을 이상으로 여긴 까닭을 알게 된다. 단단한 심장은 차갑고 안정감이 있으며 분별력이 있기 때문이다. 심판의 날에 치를 시험에 통과하여 내세에서 신성하고 행복한 삶에 동참하려면 마땅히 그래야 한다.

다른 여러 문명국과 마찬가지로 고대 이집트에서는 인간의 인격에 대해 복합적이고 다양하게 생각했다. 한 인간의 인격은 무덤에 새겨진 비문을 통해 밝혀진다. 따라서 무덤의 비문에는 저세상을 향한 여행을 무사히 마치기 위해 죽은 자가 갖춰야 할 훌륭한 자질을 모두 나열한다. 이런 다양한 자질을 한데 모으는 것은 바로 심장의 역할이다. 심장은 개인의 특성을 한데 모아 개인적으로나 도덕적으로 고결한 존재를 만든다. 심장은 워낙 중요해서 그것만으로도 개인의 다른 모든 특성을 대체하고 본질이 되며 인격을 대변한다. 개인과 외부 세계의 근본적인 변화에 맞닥뜨린 이집트인에게는 심장을 개인의 핵심으로 견고하게 다져야 할 특별할 임무가 주어졌다. 심장이 제자리에 있지 않으면 인간은 그야말로 제정신이 아니고 피곤해지기 때문이다.

《사자의 서》에는 심장 때문에 발생할 가능성이 있는 갖가지 기분과 자기 분열을 기록한 잠언이 여러 편 있다.

보라. 내 심장이 몰래 움직여
혼자 아는 장소로 서둘러 간다….
그러나 나는 집에 앉아 심장을 기다린다….
나는 지켜보지만 심장은 잠이 든다.
심장은 내 몸 안에 없다.

심장은 또한 다양한 형태의 악의 징후가 나타나는 곳이다. 심장은 중요한 가치가 침범당하면 곧바로 알려준다. 이 경우 심장은 약해지거나 피곤해지며 신체적으로 과중한 부담을 안는다. 현명한 사람이 친구를 위해 바라는 최상의 것은 평온한 심장이다. 평온한 심장은 곧 정신적 균형과 휴식을 가리키기 때문이다. 평온한 심장은 도덕적이고 정신적으로 고결하다. 이집트인에게 심장과 개인의 고결성은 떼려야 뗄 수 없는 것이다. 인간은 악의 영향을 몸으로 느낀다. 악은 인간의 영혼이 거처하는 심장까지 공격한다. 이때 느끼는 고통은 개인을 마비시켜 영적인 존재로 살지 못하게 만든다. 따라서 현자들은 제자들에게 신조를 지키기 위한 무익한 다툼을 피하라고 가르쳤다. 신조란 여러 사람에게 두루 적용되지 않기 때문이다. 이런 관점은 《사자의 서》 잠언 13장에 기록되어 있다. "샛별이여! 내 길을 닦아다오. 내가 아름다운 서쪽 세상에 평화롭게 들어갈 수 있도록."

그러나 정신적 고통을 피하기 위해 고결한 상태를 유지하는 것만으로는 부족했다. 악과 고통은 외부에서 오기도 하기 때문이다. 일부 문헌에 따르면 이집트인의 가장 큰 소원은 심장이 인식하고 견뎌야 하는 고통을 덜어주고 제거하는 일이었다. 기원전 3000년쯤의 기록에 다음과 같은 지혜의 말이 나온다. "나쁜 것을 품은 사람은 자기욕구를 이루기보다 자기 심장이 나쁜 것에서 풀려나기를 더 원한다."[1] 이집트인은 심장을 통해 연민을 느꼈다. 연민의 뜻을 담은 관용구에도 심장이라는 단어를 넣어 "동정이란 사람의 심장이 누군가

에게 기울어지는 것"이라고 표현한다.

단단하고 견고한 심장을 지니면 가장 이상적이지만 신조와 지혜의 내용을 담은 고대 이집트 문헌에 따르면 이집트인은 심장이 유연하여 변형이 가능하다고 생각했다. 따라서 스승은 제자에게 심장을 견고하게 유지하라고 강력히 권고한다. "네 심장을 바람에 일렁이는 나뭇잎처럼 펄럭이지 마라." 인간에게 심장은 가장 약하면서도 가장 강한 부분이다. 또한 인체에서 가장 중요하면서도 가장 문제 많은 장기이기도 하다. 심장은 인간의 중심인 동시에 인간을 다양하게 만드는 힘이다. 그러면서도 외부의 인상과 영향, 또 내면의 욕구에 노출된 가장 취약한 장기이기도 하다.[2]

심장은 여러 요소로 이루어졌기 때문에 주어지는 대로 변하지 않는 장기가 아니라 다듬고 형성해야 하는 장기로 보아야 한다. 이집트 문화가 심장의 문화가 된 까닭은 이런 통찰을 통해 심장을 특별하게 다루었기 때문이다. 이집트인은 자신과 심장의 부조화를 제거하려고 노력했다. 이런 부조화를 피하는 일은 이집트인이 자주 말했듯이 "자신의 심장을 따름으로써" 가능했다. 하지만 이 말의 의미는 오늘날 우리가 생각하는 의미와는 완전히 다르다. '자신의 심장을 따르는 일'은 도덕적 권유로서 양심을 따르는 일도 아니고 일종의 초자아인 '내면의 목소리'를 따르는 일도 아니다. 이집트인에게는 그런 목소리가 존재하지 않았다. 외부 세계와 내면이 분리된 이중 세계에 살지 않았기 때문이다. 그들에게 '심장을 따른다'는 말은 사회, 즉 외부 세계를 받아들여 내면 세계와 균형을 이룸을 뜻했다.

그러나 심판의 날에 심장과 혀가 다르게 말할수록 혀의 증언은 점차 불만족스러워진다. 그 결과 내면의 세계와 외부 세계가 실제로 일치해야 한다는 생각이 부상한다. 즉 심장이 내면의 기억을 통해 정의의 여신 마트의 우주 법칙에 따라 증언하는 내용과 혀의 말은 일치해야 한다. 그렇지 못하면 혀와 심장 사이에 갈등이 생길 수밖에 없다. 중왕국의 이집트인이 '심장을 따르라' 를 이상으로 삼은 까닭은 바로 혀와 심장의 분리를 극복하기 위해서였다. 이로써 심장은 내면의 핵심 위치를 차지한다. 이와 맥락을 같이하는 개념으로 '심장의 소리를 들어라' 가 있는데, 훗날 유대교에서 찾아볼 수 있다. 이제 심장은 개인의 문제로 넘어왔지만, 고왕국에서 심장은 파라오의 뜻을 따랐다.

신왕국 시대부터 인간의 내면은 더욱 깊어진다. 심장은 신의 뜻을 따르면서 저세상에 더 눈길을 준다. 《구약성서》뿐 아니라 중동의 일부 종교와 문화에서도 발견되는 '마음을 다하여 신을 사랑하라' 의 개념과 유사하다. '심장의 소리를 듣는 일' 은 신의 법칙을 듣는 일로서 마음을 다해 신을 사랑하라는 개념의 바탕이 된다. 하지만 외부 세계와 구별되는 내면의 공간이 만들어지지 않고서는 이런 유형의 사랑을 요구하기는 어렵다.

이집트 문화에서 서서히 발달한 외면과 내면의 구별은 중동과 지중

해 인근 문명의 정신적 발달과 맥을 같이한다. 이런 구별은 유럽의 문화와 사고의 밑바탕을 이루었으며 결국 이원론으로 귀결된다. 이원론은 사상사 관점에서 보면 특히 생태학이나 인류학 차원에서 유럽 문화가 최악의 파괴적인 모습을 보이게 된 원인이다. 유럽인의 마음(심장)이 둘로 갈라진 이유를 이해하려면 유럽 문화의 근간 가운데 하나인 고대 그리스를 돌아봐야 한다. 이집트 문화가 심미적 이미지 문화라면 그리스 문화는 기록 문화 성향이 짙다. 고대 이집트인은 여러 면에서 수수께끼에 싸여 있어서 그들이 실제로 어떻게 살았는지는 알기 어렵다. 그러나 호메로스가 묘사했듯이 고대 그리스인이 고대 이집트인보다 덜 불가사의했다고는 장담하기 어렵다. 이 책이 다루는 심장의 역사에서 고대 그리스는 매우 중요하다. 고대 그리스인의 심장 개념은 그리스도교의 심장 개념과 완전히 다르기 때문이다.

3장

고대 그리스의 인간관과 심장

오, 에로스여! 언제나 싸움에서 승리하는 자여!
어떤 불멸의 신도 하루살이 인간도
그대한테서 벗어나지 못하네.
그대한테 사로잡힌 이는 미쳐버리고 마네.
그대는 착한 이의 마음조차 비틀어
스스로 파멸할 때까지 타락시키고…
여신 아프로디테는 자신의 뜻을 이루니
누구도 저항하지 못하네.

– 소포클레스, 《안티고네Antigone》

서구인에게 영혼psyche과 심장의 관계는 매우 긴밀하다. 그리고 심장은 분명 영혼을 상징한다. 그러나 모든 문화가 다 그렇지는 않다. 심지어 서구 문화의 뿌리라고 하는 고대 그리스에서도 영혼과 심장은 일치하지 않았다. 고대 그리스인이 생각하는 심장은 오늘날의 심장과 다르고 영혼 또한 서구 그리스도교에서 말하는 영혼과 완전히 다르다. 고대 그리스인은 심장보다 간과 폐에 훨씬 더 영적인 의미를 부여했다. 굳이 다른 문화의 역사를 살펴보지 않더라도 인간에게 영원하고 보편적인 것은 없다. 아마도 고대 이후로 단순히 인간의 이미지만이 아니라 인간 자신도 계속 변해왔을 것이다.

고대 그리스는 심장의 역사 연구에 둘도 없는 소재를 제공한다. 이 책에서 다루는 주제는 오랜 세월 동안 여러 단계를 거쳐 발달해 온 심장(마음) 개념인데, 가장 오래된 자료는 구전문화에서 찾아진다. 호메로스Homeros, 기원전 8세기 무렵의 작품이 대표적이다. 호메로스의 작품은 주제나 예술미가 탁월해서 문화 전반을 이해하기 위한 일반적인 참고 자료로서 손색이 없다. 여기서 문화 전반이란 호메로스가 《일리아스Ilias》와 《오디세이아Odysseia》를 쓴 때부터 기원전 400년 무렵 소크라테스와 플라톤의 철학에 힘입어 고대 그리스 문화 전성기를 이루던 때까지를 가리킨다. 이 기간 동안 미술과 철학과 과학이 엄청나게 발달했고 인간의 자기 이해와 인식 또한 변화했다.

인간에 대한 인식이 크게 달라진 것은 글쓰기와 문자문화의 결과다. '신화적 사고mythos'에서 '이성적 사고logos'로의 전환을 잘 보여주는 호메로스의 작품이 쓰여질 무렵 인간의 자기이해는 결정적이고 획기적인 변화를 겪는다. 인간은 글쓰기를 통해 스스로를 사고의 주제나 대상으로 삼기가 좀더 수월해졌다. 이는 혁신적인 변화다. 자기이해와 반성이 거꾸로 실제의 자기 자신에게 영향을 미치기 때문이다. 특히 이 과정에서 영혼은 이성의 법칙에 따라 다뤄지고 재형성된다. 반면에 호메로스의 인물들은 육체와 육체로 대변되는 것의 영향을 깊이 받았다.

호메로스 다음, 특히 기원전 400년 무렵의 그리스인은 영혼을 자기인식의 촉매나 중개자로 생각하기 시작했다. 결과적으로 인간의

영혼은 만들어졌다고 보는 것이 합리적이다. 하지만 이런 생각은 인간이 생동하는 우주에 살고 있고 세상과 자신에 대해 사고할 능력이 있음을 전제로 한다. 그렇다면 인간이 정신을 발견한 때는 자신이 육체적 충동의 주체인 동시에 생각의 주체라는 사실을 자각하면서부터라고 할 수 있다. 독일 문화사가 브루노 스넬Bruno Snell의 대표작 제목이 《정신의 발견Die Entdeckung des Geistes》(1946)인 까닭도 이 때문이다. 브루노 스넬은 호메로스에서 플라톤으로 옮겨가면서 인간관이 변화했음을 최초로 주장했다. 정신은 외부에서 오지만 영혼은 인간이 스스로 만들기 때문에 내면에 존재한다. 인간이 영혼을 만든 목적은 스스로를 지배하고 자기 안에서 사납게 날뛰는 힘을 통제하고 '절제' 하여 생각을 한데 모아 마음의 평정을 찾기 위해서다. 절제는 소크라테스와 플라톤이 주장했던 개념으로 일찍이 《오디세이아》에도 등장한다. 사상사에서 이러한 결정적 도약이 이루어지면서 감정 또한 본질적으로 변했다.

정신을 발견하고 영혼을 만들면서 부작용도 생겨났다. 인간과 인류학적 발달에 대한 지배적 견해의 그늘에서 벗어나기 어려워진 것이다. 독일 현상학자 헤르만 슈미츠Hermann Schmitz는 자신의 철학서 《몸Der Leib》(1965)에서 망각되고 억눌린 육체의 역사에 대해 말한다. 인간은 정신을 발견하고 자신을 생각의 주체로 삼으면서 육체를 은폐하기 시작한다. 더 이상 육체가 의미를 가진다거나 지식의 원천이 된다고 생각하지 않기 때문이다. 따라서 슈미츠는 스넬이 선도한 정신 발달사의 특징을 냉철하게 검토하면서 정신의 발견은 곧 육체의 은폐를 뜻한다고 주장했다. 이렇듯 육체를 억누르고 비하하는 태도가 멀리 볼 때 결국 육체와 정신, 감정과 이성의 이원론을 낳았다. 이원론은 그리스와 헬레니즘 문화, 그리고 서구 문화로 점차 확산되어 삶과 윤리, 자기인식과 삶의 방식에 막대한 영향을 미쳤다.

슈미츠는 인간 육체처럼 중요한 것을 가리고 숨기려 할 때, 특히 지성과 감정 면에서 인간이 무엇을 잃게 되는지 규명하고자 했다. 슈미츠는 인간의 창의적인 능력을 발현하고 육체의 잠재력을 온전히 되살리고자 했는데, 이를 위해 정신을 발견하기 이전 시기, 신화적 사고에서 이성적 사고로 전환하기 이전 시기, 즉 호메로스의 서사시가 쓰이기 이전 시대로 돌아간다. 그 시대를 전체적으로 폭넓게 증언하는 작품은 바로 구전문화에 뿌리를 둔 《일리아스》다. 또한 호메로스의 두 번째 작품으로 추정되는 《오디세이아》에서는 오디세우스라는 인물을 통해 자기인식과 자기성찰의 능력을 가진 새로운 인간형의 윤곽을 보게 된다.

호메로스 작품의 인물

호메로스가 《일리아스》에서 묘사한 인간은, 기원전 4세기 플라톤의 가르침에 바탕하여 등장하는 최고의 이성적 영혼을 소유한 인간에

는 미치지 못한다. 오늘날 관점에서 볼 때 호메로스의 인물은 '이성적' 이지 않다. 현대인의 생각에 인간이라면 당연히 갖춰야 할 자기 이성에 대한 인식이 없기 때문이다. 호메로스 작품의 인물은 즉각적인 인상과 감정, 충동, 돌발적인 생각, 신체 자극 및 열정의 지배를 받는 듯하다. 이를 현대인은 이해하기 어렵다. 호메로스의 주인공들은 감정적 충동과 열정을 영혼의 주관적 상태로 보지 않고 그들이 통제하기 어려운 외부의 힘 및 신의 충동으로 해석한다. 이 주인공들은 자기인식의 정도로 볼 때 합리적 이성이나 자유의지 또는 의식적 선택을 통해 자신들을 덮치는 충동을 막기는 어려울 것이다.

호메로스의 인물은 각기 다른 신체 부위에서 나오는 '목소리' 와 충동이 어우러진 교향곡과 같다. 그들은 자기 육체를 현대인처럼 단일체로 경험하는 것이 아니라 다양하고 독립적인 힘들이 어우러진 복합적인 존재로 경험한다. 스넬과 슈미츠에 따르면 호메로스의 인물에게는 현대인이 생각하는 육체가 없고 여러 개별적인 신체 부위와 사지가 있을 뿐이다. 호메로스 작품에 나오는 아킬레우스Achileus를 비롯한 영웅 들은 자신과 대화할 때 신체의 다양한 부위와 이야기를 나눈다. 횡격막과 심장에는 여러 충동의 거점들이 있고 인식과 감정과 충동이 일어날 때 자신들의 존재를 드러낸다. '나' 라는 인물에게 이런 신체 부위는 최상의 대화 상대다. 호메로스의 인물은 마치 다양한 감정과 열정, 충동, 사상이 공개적으로 각축을 벌이는 전투장과 같다. 여러 신체 부위에서 다양한 충동이 이는 가운데 개인이 치러야 할 '역량의 고투'는 여기에서 출발한다.

호메로스의 인물은 오늘날 우리가 말하는 정신의 고투를 어떻게 경험할까? 덴마크계 노르웨이 작가 루드비그 홀버르Ludvig Holberg의 《언덕 위의 예페Jeppe paa Bierget》(1722~1723)는 호메로스 작품의 현대판 풍자극이라 할 만한데, 주목할 만한 장면이 등장한다. 예페는 아내 닐레에게 비누를 사다주려고 손에 돈을 들고 시장으로 간다. 이때 신체 여러 부위에서 다툼이 일어나는데, 이것이 그의 의지나 의식적 자아와 상관없이 그를 지배한다. 그의 위장은 술에 대한 갈증을 채우기 위해 술집에 가고 싶어 하고, 그의 등은 닐레에게 맞는 데서 올 통증을 피하고자 시장에 가려 한다. 이때 통증을 피하려는 욕구는 위장이 경험하는 술에 대한 갈증만큼이나 크다. 이러지도 저러지도 못하는 곤란한 상태에 놓인 예페는(1막 5장) 각 신체 부위의 욕구 사이에서 몹시 괴로워한다.

> 다리야, 서둘러! 네가 움직이지 않으면 악마가 나를 갈가리 찢어놓을 거야! 아니, 이 못된 녀석들이 거역하는군. 또다시 술집으로 향하려 하다니 말야. 내 사지는 지금 서로 싸우고 있어. 위장과 다리는 술집으로 가길 원하고, 등은 시내로 향하길 원해. 빨리 움직여, 이 망나니야! 짐승아! 잘난 척하지 마! 아니, 악마에 씌었어. 또다시 술집으로 가고 싶어 하잖아.

이 장면은 예페의 우유부단한 마음속에서 일어나는 현상을 비유

적으로 또는 의인화해서 표현했다. 오늘날 사람은 호메로스 시대처럼 신체 부위나 내장이 진정한 자율성을 가지거나 서로 대화하는 현상을 쉽게 생각하지 못한다. 현대인은 의식적으로 선택한 일은 무엇이건 '정신적 삶'에서 일어난다고 보고 이를 도덕적이거나 지적인 과정으로 이해한다. 현대인은 의식 발달 이전 단계에 속하는 기초 충동보다 의식적인 이성과 도덕성을 우위에 놓는다. 그러나 호메로스의 작품은 현대인과 달리 외면과 내면, 신체와 정신을 구별하지 않았다.

육체를 뜻하는 그리스어 '소마soma'는 호메로스 작품에서 '시체'를 뜻한다. 소마는 전투가 끝난 뒤에 들판에 버려지거나 영혼이 죽은 자를 떠날 때 지상에 남겨진다. 소마는 영혼이 떠났을 때만 영혼과 다른 것으로 보이고 영혼도 마찬가지다. 물론 호메로스의 인물은 현대인과는 달리 육체에 대한 전반적인 이해가 부족했지만 그렇다고 마음에 비해 육체를 경시하지도 않았다. 그리스 문화와 소크라테스 이전의 인류학은 육체적 관점에서 바라볼 필요가 있고 육체와 마음을 분리해서는 안 된다. 육체와 마음의 분리를 호메로스의 사고방식에 투영하는 실수를 피하기 위해서다. 육체 전체를 가리키는 그리스어는 '아우토스autos'인데, 이는 '자신self'이라는 뜻이다. 호메로스의 인물에게 육체는 곧 자신이었다.

호메로스의 작품을 살펴보면 현대인이 생각하는 신체 장기로서 심장을 가리키는 낱말이 몇 가지 등장한다. '케르ker', '에토르etor',

'크라디에kradie' 등인데, 동일한 대상을 가리키는 단어가 하나 이상인 것으로 보아 똑같이 심장을 지칭한다기보다는 다양한 힘의 영역을 언급한다고 봐야 한다. 따라서 호메로스가 말하는 심장은 복합적이다. 그리스인은 각기 다른 낱말을 써서 심장과 횡격막 부위에 존재하거나 여기에서 비롯하는 감정과 충동을 구별했다. 그리스인이 이런 낱말을 문학에서 어떻게 사용했는지 살펴보면 그들이 얼마나 많은 감정에 대해 언급했는지, 그들이 심장을 얼마나 복합적으로 생각했는지 알 수 있다. 그만큼 그리스인은 가슴의 각기 다른 부위에 놓인 감정을 각기 다른 낱말로 표현했다. 그러나 호메로스가 각기 다른 단어를 써서 표현했을 때의 심장은 감정적으로나 육체적으로 분명했다. 특정한 신체 장기를 구별하기보다는 신체 반응을 구별했던 것이다.

호메로스 시대의 인류학 관점으로는 감정과 감각, 지성과 이성을 현대인의 방식처럼 구별하고 범주화하는 작업은 불가능하다. 따라서 호메로스의 작품에는 '이성'을 뜻하는 단일한 낱말이 없고 '이성적일 수 있는' 장기나 신체 부위가 몇 가지 등장한다. 호메로스가 지성과 이성적 판단, 의지를 나타내기 위해 가장 많이 쓴 낱말은 누스noos와 투모스thumos로 심장 부위에 자리한다. 투모스는 분노와 원한, 즉 비이성적인 감정으로 가득 찰 수 있다. 투모스는 호메로스 심리학의 중심 개념으로 육체와 정신의 결합을 나타내기 위해 '피의 마음blood-mind'으로 번역된다. 투모스는 특정 내장에 존재하지는 않지

만 특별히 육체적 긴장이 유발되는 상황에서 혈액이 심장과 근육으로 공급되는 현상과 관계가 있다.[1]

프레네스phrenes(횡격막) 또한 이성적인 단어다. 횡격막과 위장을 이성적으로 보다니 현대인으로서는 쉽게 납득하기 어려울 것이다. 그러나 호메로스는 충동이나 생각이 뇌나 머리가 아니라 심장이나 횡격막에서 나온다고 생각했다. 프레네스는 폐를 가리키는 낱말이기도 하다. 호흡이 프네우마●와 관련 있다는 이야기는 새삼스럽지 않다. 여기서 핵심은 이렇다. 충동이 느껴지는 곳, 그곳이 곧 충동의 근원이자 거처라는 점이다. 그곳은 다름 아닌 육체다. 호메로스의 작품을 번역할 때 자주 벌어지는 현상이지만 여러 문맥에서 이성을 뜻하는 단어인 누스와 투모스가 영어로 옮겨질 때는 하트Heart가 된다. 물론 문맥에 따라서는 그렇게 번역하지 않는 경우도 있다.

프네우마
pneuma, 생명의 원리로서의 숨, 공기, 영혼을 이르는 말.

호메로스의 인물들이 자기 것이 아닌 생각과 결핍된 자의식을 어떻게 보는지는 《일리아스》에 나오는 가짜 독백pseudomonologue이나 자신과의 대화를 통해 알 수 있다. 특히 영웅이 자신의 '관대한 투모스'와 대화하고 의논하면서 주고받은 관습적 표현을 살펴보면 된다. 이런 종류의 대화를 나눈 대표적인 인물은 《일리아스》의 오디세우스다. 그는 전쟁터에 서서 이렇게 노래한다.

감정이 무척 격해진 그가 자신의 관대한 투모스에게 말한다.

"아, 슬프도다! 대체 어떤 일이 닥칠런지? 내가 군중에 대한 공포에 사로잡혀 도망간다면 정말 불행한 일이다. 그러나 나 홀로 붙잡힌다면 더욱 불행한 일이다.

남아 있는 다나안인● 을 크로노스● 의 아들이 모두 쫓아버릴 테니. 하지만 어째서 나는 내 심장과 대화하고 있는가?"(《일리아스》 11편, 403행)

다나안인
Danaan, 다나우스Danaus의 백성. 《일리아스》에서는 대개 그리스인을 가리킨다.

크로노스
Cronos, 그리스 신화에 나오는 농경과 계절의 신으로 제우스의 아버지다. 자기 아들에게 지위를 빼앗긴다는 예언을 믿고 자식들을 차례로 잡아먹다가 제우스에게 쫓겨났다.

책의 다른 부분(《일리아스》 17편, 90행)에서는 아름다운 헬레네Helene의 남편이자 아트레우스Atreus의 아들 메넬라오스Menelaos가 "상처입어 괴로워… 나의 관대한 투모스(정신)에게 말한다."면서 탄식한다. 이 일화는 메넬라오스가 "하지만 어째서 나는 내 심장과 대화하고 있는가?"(97행)라고 말하면서 자신과의 '공허한' 대화를 중단함으로써 끝난다.

이를테면 플라톤 시대부터 오늘날까지 이상적 태도로 여겨지는 자기성찰과 숙고(절제) 등은 호메로스의 영웅들에게는 시간 낭비이자 공허한 개념이다. 전투 상황에 처해 있기 때문은 아니다. 자신이 신의 뜻에 따라야 한다거나 스스로 제어하기 힘든 충동과 육체의 힘에 지배받는다고 인식하는 한, 의식적인 자기성찰은 아무 소용이 없다. 호메로스 작품의 등장인물들은 '자신들 안에 생각이 존재한다'라고 여기지 않는다. 오히려 투모스에서 발생한 육체적 충동이 자신을 주도한다고 생각한다. 단 오디세우스는 예외다. 하지만 오디세우스의 늘어나는 자의식과 자기성찰은 《일리아스》에서 그다지 평가받지 못하고, 오히려 격렬한 분노에 휩싸인 아킬레우스가 이상적 영웅으로 부각된다. 오디세우스가 간교하고 약삭빠른 인물로 여겨지는 까닭은 이 때문이다.

그러나 호메로스는 새 인간형을 제시하면서 《오디세이아》를 끝맺는다. 호메로스가 제시한 새 인간형은 숙고를 통해 자기 마음과 욕구를 통제하는 인물로, 자기 심장과 대화하기 시작하면서 복수하려 한다거나 감정적으로 행동하려는 충동을 억제한다. 오디세우스에게 이런 변화가 일어난 때는 20년이 지나 고향 이타카에 가까스로 돌아왔을 때다. 오디세우스는 뻔뻔한 사내들이 자신의 정숙한 아내 페넬로페Penelope에게 구혼하느라 왕실에 득실거리고, 파렴치한 여자 노예들이 이들과 시시덕대는 모습을 목격한다. 그의 심장은 끓어오르고 가슴에는 그들의 파렴치한 행동에 대한 분노가 굽이친다.

> 하지만 그는 자기 가슴을 치면서 심장을 호되게 꾸짖는다. 그러면서 이렇게 말한다. "참아라, 심장아kradié, 너는 이보다 더 기막힌 일도 참지 않았느냐." 그래서 그는 가슴속에 있는 심장을 꾸짖고, 그의 심장은 계속 벌렁거리면서도 굳건히 참았다.(《오디세이아》 20편, 17~22행)

이 같은 자기성찰을 계기로 육체와 마음이 분리되기 시작한다. 그러나 내면의 인간에 대한 플라톤의 가르침에 이르기까지는 아직 갈 길이 멀다. 호메로스와 플라톤이 생각한 영혼은 서로 다른 두 인간

프시케
Psyche, 에로스가 사랑한 미소녀, 영혼의 화신.

키르케
Circe, 그리스 신화에 등장하는 마녀. 마술로 오디세우스의 부하들을 돼지로 바꾼다.

관을 대표한다. 호메로스 또한 영혼을 뜻하는 프시케•라는 말을 사용했지만 그에게 그리스도교식의 '영혼soul' 개념은 없다. 호메로스의 인물은 자기 육체를 단일한 본질을 가진 것으로 경험하지 않기에 영혼 또한 육체와 대립한다고 보지 않는다. 그들에게 육체는 영혼에서 빠뜨릴 수 없는 요소다. 이런 연유로 호메로스의 작품에는 영어의 'soul'이나 'spirit'에 해당하는 적절한 단어가 없다. 훗날 그리스에서 마음을 가리키는 말이 된 'psyche'는 애당초 생각이나 마음의 느낌과는 전혀 관계가 없었다.[2]

호메로스 작품에서 영혼, 곧 프시케는 인간에게 생동감을 주고 활력을 부여하는 삶의 본질이다. 생명이 꺼지면 생명의 호흡이 육체를 떠나고, 육체의 창백한 그림자만이 저승에 간다. 호메로스는 살아 있는 인간에게 영혼이 어떻게 작용하는지에 대해서는 아무 말도 하지 않는다. 영혼과 육체는 하나이기 때문이다. 하지만 영혼이 떠나고 난 뒤에 '육체'는 더 이상 육체가 아니라 시체soma다. 그러므로 영혼이 되려면 육체가 죽어야 한다. 영혼은 육체가 죽은 뒤에야 육체의 그림자로서 모습을 드러내기 때문이다.

호메로스의 작품에서 육체에 생기를 불어넣는 것은 심장도 아니고 피도 아니다. 《오디세이아》에서는 오디세우스가 저승에 있는 창백한 영혼에게 이승의 삶을 상기하고 생명의 호흡을 되찾게 하는 방법을 키르케•한테서 알아내는 장면이 나온다. 그 방법이란 오디세

우스가 제물로 바친 양의 피를 마시는 것이다. 오디세우스의 죽은 어머니 또한 '김이 무럭무럭 나는 검은 피'를 마신 뒤에 즉시 아들을 알아보고 말하기 시작한다. 이렇듯 당시에 널리 퍼진 피의 마술은 그리스도의 피를 이어받은 종교사에서 기본 요소가 된다.

충동과 행동을 촉구하는 육체의 실례를 모으면 호메로스가 생각한 인간관의 핵심을 알 수 있다. 현대인은 오늘날의 의미로서 개인, 인격, 정체성, 자아 등이 서구 인간관에서 필수 개념이라 생각한다. 하지만 호메로스의 작품에는 이런 개념이 없다. 내면적이고 정신적 개념인 자기인식, 도덕적 책임, 개인의 죄책감을 나타내는 단어 또한 없다. 호메로스의 인물들은 자아와 비아非我를 명확하게 구별하지 않는다. 그들은 외부에서 침범한 이질적 존재와 자신을 구별하지 않을 뿐만 아니라 자신의 감정과 행동도 구별하지 않는다. 두려움은 인간이 두려워하는 것을 닮기 마련이다. 그들에게 감정은 정신적 상태가 아니라 열정을 표출하는 행동과 충동 안에 존재한다. 호메로스의 인물은 구체적인 다양함 가운데 통일체로서 자신을 드러낸다. 따라서 상황이 전개될 때마다 자신을 드러낸 것이 팔인지 위장인지 심장인지 눈인지 분명히 밝힌다.[3]

바깥에서 침범한 힘이 자신을 규정한다면 인간의 도덕성은 바깥의 도덕성이어야 한다. 즉 개인은 바깥의 사회적 지위는 물론이고 외부 행동의 능숙함이나 기술areté에 따라 평가받는다. 이때 평가 기준은 명예다. 개인은 자신의 명예가 훼손당할 때 수치심을 느끼는

데, 이런 수치심은 자신의 명예를 다시 세우려고 행동할 때만 없앨 수 있다. 개인의 도덕성은 수치와 명예의 도덕성이기 때문이다. 인간은 명예와 사후 평판을 중요시하며 이는 외부 행동으로 결정된다. 이것이 바로 트로이 전쟁의 밑바탕을 이룬다. 트로이의 파리스Paris 왕자는 메넬라오스의 아내 헬레네를 유혹해 납치함으로써 메넬라오스의 명예를 실추한다. 그리스가 트로이를 상대로 전쟁을 벌인 까닭은 바로 이 때문이다. 《일리아스》는 트로이 전쟁이 일어난 지 10년째 되던 해이자 마지막 해를 묘사한다. 그 해에 아가멤논Agamemnon 왕은 전쟁의 전리품이자 아킬레우스의 아름다운 애인 브리세이스Briseis를 빼앗음으로써 아킬레우스의 명예를 손상한다. 명예를 손상당한 아킬레우스는 전쟁에 불참하겠다고 선언한다. 그러나 가장 친한 친구인 파트로클로스Patroclos가 트로이의 영웅 헥토르Hector의 손에 죽고 오디세우스가 아가멤논과 화해하라고 간청하자 뜻을 굽히고 전쟁에 참가한다. 명예 회복에 목말라 하고 복수심에 불타는 아킬레우스는 호메로스 인물의 전형이다. 아킬레우스의 자아는 무엇보다도 욕망과 분노를 담은 자신의 육체다. 그의 육체는 성애eros와 불화eris라는 상호보완적인 두 힘이 아무 제약 없이 행사되는 자아인 것이다.

그렇다면 호메로스는 가졌지만 현대인은 잃어버린 것은 무엇일까? 온갖 신체 반응과 물질 현상의 미묘한 차이를 나타내는 광범하고 풍부한 어휘다. 따라서 호메로스의 인물을 이해하려면 그의 작품에 등장하는 언어 표현부터 이해해야 한다. 즉 호메로스의 인간관을 이해하려면 호메로스의 언어를 이해해야 한다는 이야기다. 언어와 실재는 서로 떼어놓을 수 없기 때문이다. 호메로스가 구사한 육체 관련 어휘를 살펴보면 그의 시대에는 인간 내면에서 벌어지던 일과 인간이 자신을 어떻게 인식했는지 알 수 있다. 그런 어휘 가운데는 신성한 웃음을 가리키는 단어도 들어 있다. 이런 단어는 훗날 그리스도교 시대에는 억제된다.

웃음과 열정

호메로스의 인물과 현대 서구인에게 나타나는 육체와 이성의 관계가 얼마나 다른지 분명하게 드러나는 예는 바로 웃음이다. 현대인이 생각하는 바람직한 웃음은 아이러니와 풍자의 형태로 뇌에서 발산하는 지적 현상이다. 따라서 현대인은 어리석은 것을 비웃는다. 하지만 호메로스 시대의 멈출 수 없는 웃음은 위장에서 비롯한다. 프리드리히 니체Friedrich Nietzsche, 1844~1900가 재발견한 이런 종류의 깊은 웃음에는 세상에 대한 통찰과 견해가 담긴다. 이런 웃음은 신성한 기원을 가지며 의식적인 숙고보다 먼저 일어난다. 올림포스의 신들은 엄숙한 그리스도교 신과는 다르다. 예를 들어 그들은 바지를 내린 채 바람둥이 아프로디테의 침대에 누워 있는 '파렴치한' 아레스

Ares를 깜짝 놀라게 하고는 질펀히 웃는다. 아프로디테의 배신당한 남편 대장장이 헤파이스토스Hephaistos가 교묘한 그물로 둘의 밀애 장면을 덮친 것이다. "그러자 신들은 기쁨에 넘쳐 웃음을 터뜨렸다." 아프로디테가 사랑과 미의 여신이라는 점을 생각해보면 그녀의 도덕성을 거론하는 일은 부적절하다. 웃음으로 서로 화해하고 '죄인'이 풀려나며, 배신당한 남편은 웃음이 잦아들 때를 기다려 적절한 말로 자신의 명예를 회복한다.

고대 그리스 시대 웃음의 신은 디오니소스Dionysos로 알려져 있다. 디오니소스를 기리는 황홀한 축제에서는 육체를 초월하여 웃음과 욕망이 만난다. 인기를 누린 디오니소스 축제는 극장을 통해, 특히 디오니소스에게 바치는 희극을 통해 고대 그리스 이후에도 지속된다. 그리스인은 인간을 웃을 수 있는 유일한 존재로 정의한 최초의 사람들이었다. 웃음은 디오니소스를 따라다니던 에로틱한 사티로스●가 상징하는 갈망과 욕구와도 관계가 있다.

사티로스
Satyros, 그리스 신화에 등장하는 반인반수의 괴물로 술의 신 디오니소스의 시종.

육체에 속한 다른 여러 활동적인 힘의 영역과 더불어 에로틱한 성적인 힘은 고대인과 호메로스의 인물이 어떻게 다양한 열정에 사로잡혀 있었는지를 극적으로 보여준다. 그리스인에게 에로티시즘은 신성한 근원의 정수였고, 신성한 근원은 신과 인간과 동물의 형태로 자신을 드러냈다. 아프로디테와 활을 들고 그녀를 늘 따라다니는 작은 에로스Eros는 신의 영감을 받은 에로틱한 사랑을 대표한다. 에로스가 위험한 무기 활을 든 까닭은 '(사랑의) 불을 밝

히기 위해서' 만이 아니라 누군가를 상처입혀 희생자로 만들기 위해서다. 에로틱한 사랑은 언제나 상처입기 쉽고 실제로 상처입기 때문이다. 판[•]은 거칠고 동물적인 에로티시즘의 대명사다. 판은 자신과 밀접한 관련이 있는 디오니소스와는 지배 영역이 달랐다. 풍요와는 거리가 먼 디오니소스는 술의 신이면서 축제와 연극의 신이며, 육체적이고 에로틱하면서 심미적인 쾌락을 발산하는 신이다. 이런 모든 기능이 디오니소스 축제 동안 표현되었고, 여기에서 훗날 그리스 연극이 나왔다. 그리스 비극은 에로틱한 열정이 인간을 덮칠 때 발생하는 불행을 다루는 경우가 많다. 그러나 고대에도 에로티시즘에 대한 표현은 시기마다 달랐다. 이런 정신적 변화 과정에서 인간으로 하여금 자기 자신에 대해 의식적으로 사고하게 만든 것이 바로 에로티시즘이다. 에로티시즘이 점차 문제로 불거져 도덕성 문제를 낳았기 때문이다.

판
Pan. 그리스 신화에 나오는 목신牧神. 허리 위쪽은 사람이고 염소의 다리와 뿔을 가졌으며, 산과 들에 살면서 가축을 지킨다.

에로티시즘은 그리스인이 인류에게 선사한 커다란 선물 가운데 하나다. 그리스인은 에로티시즘을 예술로 바꿔 인간 안에 존재하는 가장 중요하고 훌륭하면서도 가장 추악하고 파괴적인 모습을 무대에 올렸다. 그러면서도 에로티시즘의 출발점인 성적 욕망에 대해서는 일말의 도덕적 판단도 내리지 않았다. 그리스인의 신화와 서사시, 시와 연극은 기쁘거나 슬플 때 사랑하는 사람 또는 사랑받는 사람이 겪는 기쁨과 갈등을 다룬다. 하지만 호메로스는 사랑의 문제에 이르러서는 침묵을 지켰다. 아직 사랑이 개념화되기 전이었기 때문이다. 그러면서도 호메로스는 에로틱한 목적을 추구하고 아름다운 헬레네를 차지하기 위해 싸우는 장면에서 영웅들의 마음에 침입한 다양한 열정과 들끓는 분노를 엄청나게 풍부한 어휘로 표현했다.

그리스인이 처음 원시적 에로티시즘을 대면했을 때 어떻게 느꼈는지는 수천 년이 지나도록 우리 언어에 남아 있는데, 바로 '판'에서 유래한 '패닉panic, 공포'이라는 낱말을 통해서다. 패닉은 '뿔 달린' 에로틱한 판이 동물적 충동에 휩싸여 겁탈하려 할 때 처녀들이나 님프●, 디오니소스의 무녀巫女들이 느낀 감정을 가리킨다. 판에서 유래한 패닉이라는 낱말은 먼 과거에 펼쳐졌던 감정적 삶을 여실히 증명해준다. '황홀한fascinating'이라는 낱말도 마찬가지다. 이 단어의 어원은 발기된 성기라는 뜻의 라틴어 '파스키누스fascinus'다. 낱말 자체는 감정과 언어의 관계에서 일어난 기나긴 변천사를 말해준다. 패닉과 같은 낱말이 중요한 까닭도 바로 이 때문이다. 현대인은 이런 단어를 통해 관련 기록을 찾기 힘든 당시에 인간이 무엇을 생각하고 느꼈는지 파악할 방법을 찾는다.[4] 어원학은 정신 활동의 역사를 말해주면서 구전과 신화적 전통에 대한 가장 오래된 문자기록을 보충하는 중요한 역할을 담당한다.

님프
Nymph, 바다, 산, 강, 목장 등에 사는 아름다운 정령.

판에서 패닉으로의 어휘 변화를 살펴보면 문화사에서 일어나는 정신 활동의 주요 변화, 즉 내면화라 불리는, 외부에서 내면으로의 변화를 알게 된다. 인간은 자신의 육체로 외부 현상이나 객관적 힘을 구체적으로 경험하고, 그러다 차츰 내면적이고 정신적이며 주관적인 상태에 이르렀다. 그러면서 언어를 좀더 많이 접하게 되었고 언어를 통해 자신을 표현하기에 이르렀다.

내면화는 판과 영혼의 화신인 프시케의 관계에서도 발생한다. 헬레니즘● 시대 이전에 둘은 적수이면서 외부의 경쟁 상대였다. 그러나 헬레니즘이 확산되는 과정에서 둘은 마치 동일한 물건의 상호보완적인 양면처럼 한 쌍으로 묘사되기 시작했다. 내면화가 발생한 뒤에 판과 프시케는 이원론의 일부인 충동과 정신성을 표현하기 위해 순전히 은유나 알레고리로 쓰였다.

헬레니즘
Hellenism, 그리스 고유의 문화와 오리엔트 문화가 융합하여 이루어진 문화. 헤브라이즘과 함께 유럽 문화의 근간을 이룬다.

신인동형론
神人同形論, 신에게 인간의 형상과 성질을 부여하는 관점.

이는 의식의 일반 경향과 일치한다. 원래 신은 종교와 숭배, 종교 의식의 일부였다. 그러다가 호메로스의 작품에서 보듯이 신화의 일부가 되었고, 그 다음에는 그리스 연극을 통해 문학으로 나타났다. 연극에서 신은 완전히 인간적이면서 정신적인 존재로 표현된다. 신의 모습은 인간적으로 바뀌고 외면은 내면화된다. 겉보기에 현대인에게 남은 것이라고는 인간이 스스로 소유한 힘을 조정할 수 있던 고대 세계에 대한 언어적 회상뿐이다. 결국 판, 에로스, 아프로디테, 디오니소스는 일련의 은유와 알레고리 같은 표현으로만 남았다. 또는 니체의 말대로 "은유와 환유, 신인동형론●의 움직이는 집합"이다. 호메로스 시대에는 이런 신적 존재들이 여전히 바깥 현실을 나타냈지만 마지막 주요 비극 작가인 에우리피데스Euripides 시대에는 순수하게 문학적인 이미지로 바뀌면서 내면의 정신 상태를 표현했다. 다양한 신체 장기와 감정과 생각 사이의 관련성을 살펴보면 호메로스의 인물과 20세기 서구인의 차이점을 알게 된다. 앞에서 언급했듯이 호메로스 작품에서 인간의 심장은 심장 안에도 머물지 않는다. 그렇다 하더라도 여전히 호메로스는 언어를 사용하여 우리에게 감정에 대해 말한다. 하지만 우리는 언어와 낱말만 들을 뿐 감정이나 열정은 듣지 못한다. 우리가 호메로스의 두 서사시를 읽을 때 경험하는 것은 호메로스 시대의 청중이나 후기 고대인이 읽었을 때 경험하는 것과 다르고, 당시 묘사된 열정 또한 다르게 해석한다. 호메로스의 인물과 바이킹 및 중세 사람들이 자신과 서로에 대해, 또한 삶에 대해 실제로 어떻게 느끼고 경험했는지는 여전히 수수께끼다. 아마도 심장(마음)의 언어와 언어의 심장(마음) 사이에는 결코 언어로 이을 수 없는 넓은 틈이 벌어져 있을 것이다.

그러나 심장의 언어를 깊이 들여다보고 그것이 시대와 지역에 따라 어떻게 발달해왔는지 파악하고 싶다면 무엇보다 언어를 통해 접근해볼 필요가 있다. 이런 까닭에 인류학적 관점에서 볼 때 호메로스의 인물에서 플라톤의 인물로 옮겨가는 전환기가 중요하다. 이 전환은 육체를 바라보는 태도의 전환이기도 하다. 플라톤이 과거에 지배적이던 '육체 문화'와 철저히 단절했기 때문에 현대인은 소크라테스 이전 사람들이 가령 디오니소스적으로 행동했을 때 어떻게 느끼고 생각했는지 이해하지 못한다.

디오니소스적인 것과 아폴론적인 것

프리드리히 니체는 소크라테스 이전 사람들과 그들의 복잡한 근원을 파악하려 했다. 그는 인류학과 역사에 바탕을 두고 그리스 문화의 원천을 파악하고자 했다. 니체는 계층화된 인간관을 통해 접근했는데, 인간의 다양한 계층은 호메로스와 아르킬로코스•의 작품이 설명해준다.

아르킬로코스
Archilochos, 그리스의 서정시인으로 불우한 환경에서 귀족 계급의 인습을 매도했다.

기원전 7세기 초에 파로스 섬에서 출생한 아르킬로코스는 '개인적' 서정시를 최초로 쓴 시인으로 여겨진다. 그의 시는 합창을 가미한 숭배 희곡, 찬양의 의미를 담은 무용과 숭배 축제에서 서정시가 담당하던 기능에서 벗어났다. 대신에 새롭고 개인적이면서 자의식 성향이 더 강한 '나'라는 인물을 통해 개인의 주관적 감정을 서정시에 표현했다. 이 서정시에서 심장은 훗날 심장이 시에서 갖는 기능을 획득한다. 아르킬로코스와 더불어 레스보스 출신의 사포Sappho가 이 새로운 장르에서 널리 알려진 작가다. 이 책에서 관심을 더 두는 작가는 아르킬로코스인데, 그는 현대인이 이해하기 어려운 잔인함과 노골적인 환멸, 명백하게 원시적인 활력을 표현했다. 아르킬로코스는 현대인이 거의 접해본 적 없는 인류학의 한 측면인 '디오니소스적인 것'을 대표한다.

니체는 《음악의 정신으로부터의 비극의 탄생Die Geburt der Tragödie aus dem Geiste der Musik》(1872)에서 아폴론적인 것과 디오니소스적인 것이라

는 상호보완적인 두 원칙을 근거로 호메로스와 아르킬로코스의 차이점을 강조했다. 아폴론적인 것과 디오니소스적인 것은 세상의 근본에 자리하면서 여전히 인간의 내면에서도 살아 움직이는 원시 충동을 말한다. 아폴론적인 것은 꿈과 비전, 조화로운 질서, 조직하고 한계를 설정하는 원칙(윤리와 지식, 시각적이고 서사적인 예술)을 대표한다. 한편 디오니소스적인 것은 분열되지 않는 열정과 도취, 황홀경, 창의적이고 서정적인 예술이 추구하는 모든 것을 대표한다. 디오니소스적인 황홀경에서는 아폴론적인 개성의 경계가 사라지고 인간은 무아지경에 빠져 세상의 창의적인 원칙, 즉 삶에 대한 욕망과 기쁨을 느낀다. 이런 힘을 경험하는 때는 디오니소스 축제와 연극이 상연되는 동안이다. 하지만 아폴론적인 평형추 덕택에 삶을 파괴하는 탐닉으로 끝나지는 않는다.

호메로스는 질서를 창조했다는 점에서 아폴론적이었던 반면에 전쟁을 좋아한 아르킬로코스는 잔인한 면에 있어서 디오니소스적이었다. "아르킬로코스는 호메로스와 나란히 섰을 때 증오와 경멸에 찬 울부짖음과 술에 취해 폭발하는 욕망으로 우리를 두렵게 한다."[5] 니체는 디오니소스적인 것에서 나온 이 깊은 개인적 목소리를 그리스 문화와 예술 발달에 존재하는 거대한 신비로 보았다. 디오니소스적인 것에서 터져나오는 열정과 생명력이 없다면 예술과 문화가 메말라버리기 때문이다. 니체의 견해로는 서구 문화에서 바로 그런 일이 일어났다. 서구 문화에서는 소크라테스에서 플라톤을 거쳐 그리스도교로 이어지는 도덕주의와 세상을 향한 경멸이 삶을 갈망하는 열정을 억제하여 쓰지 못하도록 만든다. 이는 우리가 생명과 예술을 지탱하는 육체의 깊은 곳에서 창의적인 힘과 접촉하는 빈도가 줄었음을 뜻한다. 그래서 아르킬로코스를 더 이상 이해하지 못하는 현대인은 그의 시를 인류학적 비밀 공간이라 할 디오니소스적인 목소리라고 생각하지 않고 '주관적인' 서정시로 치부한다.

니체는 아폴론적인 것은 디오니소스적인 것에서 형성된다고 보았다. 수수께끼는 어째서 "디오니소스적인 그리스가 아폴론적이어야 했는지의 문제다. …즉 어째서 기괴하고 복잡하며, 불확실하고 가증스럽고자 하는 의지를 단순하고 절제하며, 규칙과 개념에 순응하려는 의지로 바꾸어야 했는지의 문제다."[6]

절제하고 자제하고 질서를 지키려는 아폴론적인 의지는 그리스 문화를 창조한 바깥 모습이다. 니체는 아름다움을 창조하기 위해 혼돈의 힘과 투쟁하는 일은 주어지지 않고 획득된다고 강조한다. 예술은 논리와 마찬가지로 정복하는 것이고 의지의 힘으로 성취하는 것이며 투쟁해서 얻는 것이다. 아름다움은 그리스 문화의 성취이다. 여기서 우리의 논점은 플라톤주의의 형태로 아폴론적인 것을 형성하는 과정이 결국 억눌린 디오니소스적인 것과 육체에 이르는 과정라는 것이다. 이때 높은 것과 낮은 것, 이성과 생명력, 아폴론적인 것과 디오니소스적인 것 사이의 팽팽한 긴장 속에 사는 일은 무척 괴로울 수밖에 없다. 이는 그리스 문화에서 열정과 감정 또한 변화

를 겪는다는 것을 뜻한다.

'개인적' 서정시인들은 오디세우스가 예고했고 플라톤이 디오니소스적인 것을 억누름으로써 완성한 의식의 발달을 더 촉진했다. 그들은 디오니소스적인 것과 아폴론적인 것, 자율적인 육체와 자의식 강한 이성적 영혼, 열정과 열정의 일반 개념, 집합적 현상과 개인적 현상으로서의 서정성, 말로서의 언어(신화mythos)와 글로서의 언어(로고스logos) 사이의 경계에 존재한다. 기록 언어는 학자로서 플라톤이 글을 통해 주장한 인간관에서 처음 모습을 드러낸다.

새로운 인간관을 구축하려는 모험은 육체와 제어하기 힘든 육체의 열정을 거쳐야 한다. 이런 육체의 역사에서 중요하게 다뤄지는 동성애는 명백하게 자연스러운 것과 인위적으로 형성된 것 사이에서 야릇한 중간 위치를 차지한다. 인간관 측면에서 볼 때 초기의 개인적인 서정적 글과 사포의 인간관은 플라톤의 인간관으로 바뀐다. 이는 곧 레즈비언의 애정이나, 특히 성인 남성과 소년 간의 동성애가 '육체가 개입하지 않는' 일반적 사랑으로 바뀜을 뜻한다. 이런 동성애를 통해 성인 남성과 소년의 사랑을 축으로 감정과 지식이 교류되었다.

고대의 동성애

동성애는 다양한 형태를 지닌 감정적 삶이 시간과 장소에 따라 어떻게 결정되는지 보여주는 고전적인 예다. 문화사와 인류학 기록을 살펴보면 여러 문화에서 동성애를 병든 행동 또는 미쳤거나 사악하거나 비정상적인 행동으로 여겨왔고, 도덕적 결함이나 만족할 줄 모르는 성욕의 표현으로 생각해왔다. 이는 20세기 말까지 서구의 그리스도교 문화에서 관례상 통용되어온 생각이기도 하다. 고대 그리스에서 동성애는 사회적으로 허용되었고 실제로 상류층 지식인 사회에서는 흔한 일이었다.

동성애는 그리스의 여러 도시국가와 일부 사회 계층에 널리 퍼져 있었다. 그리스의 동성애는 언제나 성인 남자와 18세 이하 소년 사이에서 이뤄졌다. 이런 관계는 교사와 학생처럼 교육적인 관계이기도 했다. 예를 들어 아테네 북쪽에 자리한 테베에서는 어린 전사를 정예부대에 배치해 노련한 군인한테서 전투기술을 익히도록 했다. 특히 도리아인 사이에는 성인 남자와 소년의 성관계가 교육적 관례로 정착되어 있었다. 스파르타에서는 이런 성관계와 더불어 아이들을 남성으로 훈련시키는 일이 사회적 의무였다. 이처럼 고대에 철학자와 제자의 관계를 비롯하여 교사와 학생과의 관계는 정도 차이는 있지만 기본적으로 동성애적 관계였다.

그리스 사회의 동성애는 오늘날 서구의 동성애와 달리 문화에 깊이 뿌리내리고 있었다. 그리스 신들은 전혀 부끄러워하지 않고 동성애 관계를 맺었다. 그리스의 동성애는 전투기술 함양과 더불어 호메로스 시대의 윤리인 미덕과 긴밀히 연결되어 있었다. 트로이 전쟁은 한 여성을 차지하기 위해 벌어졌지만 아킬레우스가 전투에 참가하여 트로이를 멸망시키기로 결심한 것은 자신과 막사를 함께 사용하던 절친한 친구 파트로클로스의 죽음 때문이었다.

그리스인, 특히 아테네인은 어떤 형태의 사랑이든 '죄'로 생각하지 않았다. 최상위 계층에서 에로틱한 관계는 남성들 사이에서 이뤄졌다. 남성끼리의 관계는 남녀 관계보다 더 아름다우면서 남성다운 행동으로 비쳤다. 결혼은 가계 계승 및 아내가 낳은 자녀의 아버지가 남편임을 확실히 하기 위해 이뤄졌다. 그리스인은 가계 계승을 위해 여성과 결혼하면서도 소년과 동성애 관계를 맺고 자신의 쾌락을 위해 창녀와 성관계를 가졌으며 내연의 처도 거느렸다. 내연의 처를 두는 제도는 정치가 데모스테네스Demosthenes에 의해 합법화되었다. 자유시민인 성인이 젊은이와 동성애 관계를 맺는 일은 흔했다. 하지만 여성의 동성애 관계는 꽃병에 새겨진 그림과 사포의 시를 통해 판단해볼 때 존재하기는 했지만 남성의 동성애 관계보다는 덜 보편적이었다.

미셸 푸코Michel Foucault, 1926~1984는 3권으로 구성된 《성의 역사Histoire de la sexualité》 제2권 《쾌락의 사용L'usage des plaisirs》에서 고전 시대의 동성애 기능을 상세하게 설명한다. 그는 다양한 세대에 속한 사람들이

자신을 인식하고 연출하는 방식을 결정하는 '진실 게임'과 힘의 구조를 연구하면서 성의 역사에 대해 관심을 가지게 되었다. 그는 이런 연구를 통해 성에 대한 이해와 규제, 서로 다른 사회에서 개인이 성적 주체로서 스스로를 어떻게 보는지가 서로 다른 세대에 속한 남성의 자기인식에 일종의 촉매가 되었다는 점을 밝혔다.

이 점은 고대 그리스 시대에 놀라울 정도로 잘 들어맞는다. 푸코는 도시국가(폴리스) 아테네와 3~4세기의 고전 성숙기, 특히 플라톤의 대화편에 심취했다. 푸코는 성과 진리 체계와 이에 따르는 지식을 축으로 보고, 이 축을 중심으로 자기인식이 회전하면서 '너 자신을 알라'라는 신성한 모토가 출현했다고 판단했다. 그래서 동성애는 자녀 출산과 가족 형성을 보장하지 못하기 때문에 성인 남성과 소년이 맺는 관계는 심미적 차원과 쾌락에 초점이 맞춰졌고, 이는 도덕적으로나 사회적으로 정당성을 갖기가 쉽지 않았다. 그래서 동성애 관계에서 나타나는 복잡한 사회적 관계와 두 친구 간의 개인적 관계에 대한 토론이 이뤄졌고, 그 결과 이런 관계에서 지켜야 할 바람직한 행동 수칙을 담은 일련의 불문율이 발달했다. 이런 움직임은 동성애 관계에 문화적으로나 도덕적으로 과중한 부담을 지웠지만, 대신에 아름다우면서 심미적이고 도덕적으로 받아들여질 만한 것으로 자리잡았다. 이 과정에서 푸코는 에로스(성애)가 어떻게 재정의되는지를 밝히려 했다. 즉 에로스의 의미는 쾌락에서 유익한 것으로 바뀌었다가, 다음에는 소년이 성인 남성이 되고 스스로 사랑을 주는

자가 되면서 일시적인 것에서 지속적인 것으로 바뀌었다. 이런 동성애를 정당화하기 위해 우정이 필요했고, 이것은 플라톤이 주장한 영원한 우정, 즉 필리아*의 관계에 견줄 만했다. 플라톤은 아르킬로코스와 사포가 불행한 사랑 속에서 스스로 위로하기 위해 추구하던 보편적 특성을 발견한 것이다. 필리아는 에로스와 보통 사랑 사이에 존재하면서 남녀평등을 지향한다. 그리스 남성은 남성 지배 사회와 가부장제 수립을 통해 가모장제에 대항했는데, 동성애는 바로 이런 가모장제와 자연의 혼돈스러운 힘에 맞서 남성들이 벌인 투쟁에서 비롯했다.

필리아
Philia, 친구 · 국가 · 인류에 대한 비이기적인 사랑.

소피스트
Sophist, 원래 현자나 지식인을 뜻하는데, 아테네를 중심으로 당시 그리스 전역을 돌아다니면서 변론술과 입신출세에 필요한 백과사전식 지식을 가르치고 많은 보수를 받았다.

《향연Symposion》을 쓴 플라톤은 사랑의 본질과 관련하여 잘 알려진 대화편에서 새로운 개념의 우정을 발전시키면서 사상사 관점에서 그리스 에로티시즘에 변화를 주었다. 그는 소년에 대한 사랑에서 벗어나 쾌락을 자제하고 사랑과 우정을 나누는 영원한 존재가 되려는 욕구를 역설하면서 자제의 기술 또한 강조했다. 구애 행위와 신체적 쾌락이 구체적 상황에서 분리되어 이상적 개념이나 '영원한' 사상을 바탕으로 정당화된 것이다. 《향연》에서 이런 논의를 이끄는 이는 소크라테스이고, 여기서 참된 사랑은 진리에 대하 사랑으로 이해된다. 따라서 진리와 지혜를 사랑하는 사람은 진리의 친구인 철학자philosophos였고, 이런 철학자는 권력을 얻는 수단으로 웅변술과 지식을 사용한 소피스트*와 대비되는 존재였다. 현대의 철학자를 소피

스트가 아니라 철학자로 부르는 까닭은 바로 이 때문이다. 에로스도 마찬가지로 일련의 변화를 겪는다.

에로스의 대상은 소년에서 소크라테스가 주장하는 현인賢人으로 바뀐다. 현인은 자신의 아름답고 이성적인 영혼을 통해 창공 너머로 펼쳐지는 아름다움을 볼 줄 안다. 소크라테스에게 에로스의 대상은 아름다운 육체가 아니라 아름다운 영혼, 즉 예리한 통찰력을 갖춘 현명한 영혼이었다. 영혼은 아름다움 자체에 대한 통찰력을 갖고 있기 때문에 욕망과 신체적 쾌락으로 표현되는 모든 속박에서 벗어나 자신을 고양한다. 이와 같은 에로스의 개념 변화와 인식의 단계는 플라톤의 《향연》에 나와 있는데, 여기서 소크라테스는 사랑에 빠진 남성이 아닌 여성인 디오티마•의 입을 빌려 자신의 주장을 펼친다.

디오티마
Diotima, 전설상의 인물로 아카드 남동부 만티네이아의 무녀巫女.

> 사랑하는 대상에 이르거나 거기에 이끌리는 진정한 순서는 땅의 아름다움에서 시작해 다른 아름다움을 향해 한 단계씩 오르는 것입니다. 하나의 아름다운 형태에서 두 가지 아름다운 형태로, 다시 모든 아름다운 형태로, 그런 후에는 아름다운 실천, 아름다운 관념으로 오르는 것입니다. 그러고는 마침내 절대적인 아름다움의 관념에 이르러 아름다움의 정수가 무엇인지 깨달을 때까지 오릅니다.(211a)

이렇듯 에로스가 영혼을 채우는 진리에 대한 사랑으로 바뀌면서

일찍이 고대에서부터 영혼(프시케)이 에로스를 누르게 된다. 디오티마에 따르면 젊은이의 아름다운 육체는 광채를 잃는다.

> 만티네이아의 이방인이 말했다. "친애하는 소크라테스여, 사람들은 무엇보다 절대적인 아름다움에 대해 깊이 생각하며 살아야 합니다. 그대가 그 아름다움을 일단 바라보기만 하면 지금 그대의 넋을 빼앗은 황금도, 의복도, 잘생긴 소년도, 젊은이도 추구하지 않게 될 것입니다."

소크라테스 주장의 요점은 훌륭하고 아름답고 진실한 것을 보는 사람은 누구든지 '불멸의 존재가 될 만큼' 훌륭해진다는 이야기다. 이렇듯 사랑과 영혼, 진리와 영원한 삶의 연계는 플라톤주의를 참조한 그리스도교로 이어진다. 그리스도교는 플라톤주의를 활용하여 그리스도교 자체를 정당화하고 육체의 감각적 사랑을 격하했으며 인간의 진정한 동기와 힘과 그 실천을 이상주의로 감추었다.

젊은이에 대한 사랑을 처음에는 필리아 개념을 써서, 나중에는 플라톤주의를 통해 정당화한 이 같은 경로가 사상사 관점에서 볼 때는 장기적으로 서구 문화의 토대를 마련했다. 오늘날 서구 문화에서는 사랑이 사랑으로 받아들여지려면 보편적이거나 이상적인 성격을 띠어야 한다. 이런 의미에서 현대인은 모두 플라톤주의자다. 우리의 에로틱한 실천이 보편적 관념으로 정당화되지 않으면 우리는 결국 양심적이지 못한 자가 된다. 그리고 성적 행위에 가해지는 사회의 지배 규칙을 의도적으로 위반하는 경우에는 의식은 정반대이더라도 통념을 따를 수밖에 없다. 인간을 통제하고 인간의 감정을 채색하는 생각과 관념과 이상적 기대가 존재하기 때문이다. 따라서 인간이 육체를 변호하고 자발성과 감각적 쾌락, 자유로운 자기인식을 선언할 때라도 인간은 고도로 통제받기 마련이다.

인간의 타고난 순진무구함은 영원히 사라졌다. 성이 도덕적 주체 형성의 조건이 되는 의식 발달을 위해서 이는 불가피한 과정이다. 따라서 자신을 알기 위해 자신과 이야기하는 소크라테스식 대화에서 에로티시즘과 윤리는 동전의 양면과 같다. 소크라테스의 사유가 서구 문화에 이처럼 깊은 영향을 미친 것은 플라톤이 자신의 철학을 통해 소크라테스의 사유를 전달한 덕분이기도 하다. 서구인의 심장을 형성해온 이미지 가운데 하나가 바로 플라톤 철학에서 말하는 영혼이다.

플라톤의 인간관

호메로스 작품에서 육체와 결합된 복잡한 인간관은 이제 육체와 영혼으로 나뉜다. 육체와 영혼을 처음 분리한 이는 철학가 데모크리토스Demokritos다. 오르페우스교[•] 와 그 뒤의 피타고라스학파 역시 육체와 영혼을 분리했다. 육체와 영혼의

오르페우스교
오르페우스가 신의 계시를 받아 창시했다고 전해지는 고대 그리스 밀교密敎. 인간의 영혼이 육체의 속박에서 벗어나 영적 존재로서 영생과 영원한 행복을 얻는 것을 목적으로, 엄격한 수행과 특별한 제의를 행했다.

이원론은 시기적으로 플라톤 이전에 나타났지만 확고한 인간관을 수립하여 이원론적 전통을 더욱 발달시킨 이는 플라톤이다. 이성적 영혼이 인간의 중심이라는 플라톤의 인간관은 오늘날 서구 문화의 지배적 인간관이 되었다. 이런 인간관의 역사적 발전 경로에서 첫 단계는 《오디세이아》의 오디세우스가 자신과 나눈 대화에서 알 수 있다. 《일리아스》에서 《오디세이아》로 옮겨가는 인류학적 도약에서 가장 중요한 점은 인간 존재의 예측 불가능한 생각과 신성한 충동을 억누르는 과정에 의식적인 자기통제가 작용한다는 것이다. 이처럼 의식적인 자기통제 개념이 부상하면서 인간은 충동의 원천이 되는 힘과 거리를 두어 스스로를 객관화하며 좀더 예측 가능한 일반적 상황에 놓이도록 했다.

이렇듯 의식을 일깨우는 과정에서 감정은 개인적이고 의식적인 자아 형성과 관련하여 주관적이고 내면적인 성질의 것이 된다. 감정적 충동의 내면화가 이루어지는 가운데 자기성찰의 태도가 어떻게 생겨나는지는 오디세우스가 유모인 에우리클레이아Eurycleia에게 호소하는 장면에서 찾아볼 수 있다. 파렴치한 구애자들을 죽인 오디세우스는 그 광경을 보는 에우리클레이아에게 기쁨을 자제하고 통곡을 억제하라고 말한다. "그대의 심장으로 즐거워하되 솟아오르는 기쁨은 자제하라."(《오디세이아》 22편, 411행)

이런 유형의 대화에서 신체 장기는 은유적 표현이 되며 의식의 대상으로 바뀐다. 그러면 재해석을 거쳐 외부의 감정 충동이 내면화되

고 따라서 오늘날 쓰는 표현처럼 심장에 와닿았다거나 마음이 움직였다고 이야기하게 된다. 이런 은유로 쓰이면서 육체는 은밀하게 감춰지는 사적이고 정신적인 것으로 재해석된다. 또한 육체적인 것과 개인적이고 감정적인 것 사이의 유사성에 근거한 이미지가 사용된다. 육체와 내부 장기로 느끼는 반응이 은유적으로 서술되었다는 점은 감정에 대한 특정 인식을 입증할 뿐만 아니라 감정적 삶이 신화적인 호메로스 시대의 삶과 비교하여 변화했음을 보여준다. 이런 내면화는 플라톤에 이르러 완성되었고 오늘날까지 줄곧 서구인의 심장과 감정적 삶에 영향을 미치고 있다.

영혼psyche은 이중의 의미에서 서구 인류학의 중심 개념이다. 첫째, 영혼은 플라톤 이후 생각하는 능력 및 의식과 동일하게 여겨졌다. 둘째, 영혼은 인간에게 개인적인 또는 주관적인 정체성이나 고결성을 부여한다. 그러나 인간이 그 중심에 영혼을 지니거나 자아가 영혼에 새겨지는 일은 자연스럽지 않다.

소크라테스는 자아에 관심을 가지면서 영혼이란 육체 안에 존재하는 숨결에 불과한 것이 아니라고 말했다. 그렇다면 영혼은 자연의 산물이 아니라 문화의 역사적 산물이면서, 의식적 통제 및 욕망과 열정의 승화가 이루어지는 인간 발달 과정의 결과라 하겠다. 이런 발달 과정에서 생겨난 이득은 주체하기 어려운 욕망과 충동으로 끝없이 갈등하는 호메로스의 영웅과 자제력을 가진 소크라테스를 비교할 때 분명해진다. 하지만 20세기에 이르러 지그문트 프로이트

Sigmund Freud의 심리 분석이 등장하면서 자기절제로 인해 감정적 대가를 치러야 한다는 점을 충분히 인식하게 된다. 또한 과도기적 인물인 니체는 육체적 자발성은 자유인의 필수 조건이라고 주장하기에 이른다.

영혼의 구축은 집중화를 촉진하고 경험의 제한을 초래한다. 플라톤의 경우처럼 영혼의 표준 이미지에서 제한되거나 경시되고 억압되는 요소는 특히 감각과 감정과 육체의 언어다. 플라톤은 육체를 영혼의 무덤으로 보았다. 플라톤이 육체적이고 감각적인 것을 부정적으로 보았다는 점은 그가 시를 거부한 사실에서도 알 수 있다. 플라톤의 이상 국가에 들어가도록 허용된 작가는 호메로스뿐이었다. 호메로스의 단 한 편의 시만이 플라톤의 적의에 찬 심사를 통과했다. 이 시에서 오디세우스는 가슴을 치면서 벌떡거리는 심장에게 조용히 하라고 꾸짖는다.

> 그는 자기 가슴을 치면서 심장을 호되게 꾸짖는다.
>
> "참아라, 심장아, 너는 이보다 더 기막힌 일도 참지 않았느냐."
>
> …심장은 계속 벌렁거리면서도 굳건히 참았다.

《파이돈》
Phaedon, 감방에 갇힌 소크라테스가 사형에 처해 죽기 직전까지의 이야기를 파이돈이 에케크라테스에게 전하면서 영혼 불멸의 문제를 다룬 책. 플라톤의 이데아론도 여기서 등장한다.

오디세우스는 동요하는 자기 육체를 통제했다. 플라톤은 이런 내용을 대화편 《파이돈》* 에서도 언급했다. 여기서 소크라테스는 심미아스Simmias에게 영혼은 독립적이라고 강조하

면서 육체를 통제하기 위해 '천 가지 문제에서' 육체와 싸운다고 말한다. 이 싸움에서 영혼이 승리하면 영혼의 구성 요소와 이성을 포함한 모든 인류학적 구성 요소가 내적 조화를 이룰 것이다.

플라톤은 영혼의 삼분설과 마찬가지로 인간의 삼분할을 주장했다. 그는 대화편《파이드로스 Phaidros》와 특히《국가 Politeia》 제4권에서 말 두 마리 비유를 통해 잘 알려진 영혼의 삼분설을 가르쳤다. 플라톤은 욕망을 사악한 힘으로 보고 악마라 불렀다. 영혼의 이성적인 부분이 의지와 용기와 어우러져 영혼에 대한 통제권을 획득해야 한다. "영혼은 죽지 않는다. 나와 타인에게 일어나는 모든 움직임의 근원이기 때문이다. 영혼은 마차를 모는 사람과 날개 달린 준마 한 쌍으로 이뤄진 복합적 본질의 형상이라 할 만하다." 플라톤은《파이드로스》에서 마차를 모는 사람은 용기 있는 의지이고 두 마리 준마는 생각과 욕망이라고 말한다. 그러므로 욕망을 통제하려면 학습과 성찰을 통해 용기와 의지와 이성을 훈련해야 한다. 영생하면서 특별한 지위를 누리는 것은 오직 영혼의 이성적인 부분뿐이다. 영혼은 심장에 깃들지만 최고의 상기라 할 이성적인 부분은 머리에, 욕망은 아랫배에 자리한다.

플라톤이 영혼을 삼등분했다는 사실만 보더라도 그의 사상은 사상사에서 강조하는 것만큼 이원론적이지는 않다. 플라톤이 이원론자라는 주장은 그의 인류학적 관점이나 세계관, 인간관이 아니라 윤리학에서 비롯했을 것이다. 플라톤을 실제보다 더 이원론적인 사람으로 보이도록 만든 이는 플로티노스Plotinos, 205~270와 고대 후기의 신플라톤주의자들이다. 플로티노스는 육체적 충동과 감각적 쾌락을 통제하기 위해 도덕적 목표를 강화했다. 따라서 이성의 도움을 받은 영혼은 육체와 물질에서 자유로워지고 저세상에 이른다고 보았다. 플라톤과 플로티노스가 존재의 근원을 저세상에서 찾았다면 아리스토텔레스는 현실에서 찾았다.

아리스토텔레스에서 갈레노스까지

역사적 관점에서 볼 때 플라톤이 도덕적 초자아를 형성했다면 아리스토텔레스기원전 384~기원전 322는 영혼의 이성적인 부분, 특히 현실적인 부분을 통해 인간의 자아를 형성했고 그 형성 수단으로 수사학을 제시했다. 아리스토텔레스가 지식의 역사, 특히 자연과학 분야에 커다란 영향을 미쳤다면 플라톤은 형이상학과 인간 마음에 대한 연구를 풍요롭게 했다. 그런데 영혼과 정신에 대한 아리스토텔레스의 가르침이 중세 전성기에 성행한 사실은 곧잘 무시된다. 중세의 성 토마스 아퀴나스St. Thomas Aquinas는 당시 이원론에 반대하여 일원론을 발전시켰는데, 이는 아리스토텔레스의 전체론Holism(만물은 다양한 형태와 기능을 갖지만 서로에게 속해 있다는 관점)의 영향을 받은 것이다. 윌리엄 하비[●]와 르네상스 시대 해부학 연

윌리엄 하비
William Harvey, 영국의 의학자이자 생리학자로 혈액순환설을 제창하고 실험생리학을 진흥하여 근대 생물학 및 생리학의 선구자가 되었다.

구 또한 아리스토텔레스에게서 영감을 얻었고, 심장에 대한 연금술사들의 생각도 마찬가지다.

아리스토텔레스는 고대에 활약하던 심장 철학자였다. 그는 자연철학과 해부학에서 심장을 최고 위치에 두었다. 심장은 육체 발달 과정에서 다른 장기의 근원이다. 아리스토텔레스는 여전히 플라톤 이전의 창조 원칙을 고수했다. 심장은 혈액 생산의 근원이다. 피로 가득 찬 장기는 모두 심장을 통해 성장하기 때문에 여기서 육체 전체가 발달한다. 그러므로 영혼의 민감도와 성장 능력은 심장 안에 존재해야 한다. 영혼은 심장에 자리하면서 육체를 통제한다. 따라서 아리스토텔레스가 생각하는 영혼과 심장은 서로 밀접하게 연결된다. 심장이 생명의 중심인 까닭은 바로 영혼이 심장에 존재하기 때문이다.

플라톤과 마찬가지로 아리스토텔레스도 인간의 삼분설을 주장했다. 이것이 아리스토텔레스가 발전시킨 수사학의 밑거름이 된다. 수사학은 로마 시대가 출현할 때까지 서구 문화에서 널리 가르치던 기본 학문이었다. 그리스인이 열정을 억누르지 않고도 정복하려는 과정에서 수사학이 발전했다는 주장도 나올 법하다. 그리스인은 생각을 효과적으로 전달하기 위해 수사학을 사용했고, 수사학을 통해 인간 본질에 대한 그들의 통찰을 내보였다. 사람들이 연설자와 교사가 전하는 내용을 온전히 파악하기 위해서는 로고스logos(이성)를 통해 가르치고, 자신감을 불어넣는 에토스ethos(태도, 기풍)로 기분을 달래

주며 마음을 움직여서 열정과 파토스pathos(정열, 정념)를 일깨우도록 해야 한다고 수사학은 전한다. 플라톤과 아리스토텔레스가 주장한 인간의 세 가지 범주는 수사학의 세 가지 기능인 로고스, 에토스, 파토스에 각각 해당한다. 여기서 두 사람 모두에게 문제가 된 것은 에로틱한 열정과 분노, 노여움으로 나타나는 정념이다. 억누를 수 없는 분노를 어떻게 통제하고 승화시켜야 하는지는 문화사에서도 다루는 주제다. 수사학에서 파토스는 강하고 단도직입적인 감정으로서 윤리학을 이끌어낸 에토스를 수용할 여지가 없다. 열정과 윤리학이 통상 결합하지 못하는 까닭도 바로 이 때문이다. 비록 성스러운 분노와 노여움이 윤리의 개입과 성찰의 계기가 되기는 하지만 말이다.

아리스토텔레스는 전체론과 심신 상관의 사유방식을 통해 마음과 육체의 상호작용을 강조한다. 정신 상태가 변하면 육체와 그 움직임도 변한다. 여기서 아리스토텔레스는 히포크라테스•의 사상을 더욱 확장한다. 히포크라테스는 엠페도클레스•의 네 원소와 유사한 개념인 네 가지 체액에 근거한 체액론•을 발전시켰다. 히포크라테스는 인간이 나머지 우주와 마찬가지로 네 가지 기본 원소로 구성되었기 때문에 세계를 인식하고 이해할 수 있다고 주장했다. 이런 맥락에서 엠페도클레스는 혈액이 모든 기본 원소와 체액을 흡수하여 이를 기타 신체 부위에 활발하게 전달하기 때문에 생각은 심장 주변 혈액에 존재한다고 주장했다.

히포크라테스
Hippocrates, 그리스 의학자로 '의사의 아버지로 불린다. 체액론에 근거하여 인체의 생리와 병을 탐구했다.

엠페도클레스
Empedocles, 고대 그리스의 철학자. 우주의 만물은 물, 불, 공기, 흙의 네 원소로 이루어지며, 이것들이 사랑과 투쟁의 힘에 의해 결합하고 분리하면서 여러 가지 만물이 태어나고 멸망한다고 주장했다.

체액론
體液論, 인체는 물, 불, 공기, 흙의 네 원소로 이루어졌고, 인체는 여기에 상응하는 혈액, 점액, 황담즙, 흑담즙의 네 가지 체액으로 이루어진다는 이론. 이들 네 가지 체액의 조화가 깨졌을 때 병이 생긴다고 말한다.

아리스토텔레스는 심장을 강조함으로써 간과 심장, 두뇌 사이의 우위 다툼에 중요한 영향을 미쳤고 심장이 오늘날에 이르기까지 중심 위치를 유지하는 계기를 마련했다. 여러 문화에서 심장은 중심 장기 자리를 놓고 간과 경쟁한다. 여러 민족학자와 고고학자들의 주장에 따르면 사람들은 원래 간에 생명이 있다고 생각했고 이 명예로운 자리를 두고 심장과 경쟁하게 된 것은 나중 일이라고 한다. 특히 수메르 및 메소포타미아 전통과 소크라테스 이전의 그리스가 그러했다. 그리스 문화에 속한 가장 오래된 신화 가운데 하나인 프로메테우스• 신화에서 프로메테우스는 제우스를 비롯한 신들에게서 불을 훔쳐 인간에게 주었고, 이 때문에 몸이 묶인 채 매일 독수리에게 간을 쪼아먹히는 형벌을 치른다.

프로메테우스 Prometheus. 그리스 신화에 나오는 티탄족 이아페토스의 아들로 '먼저 생각하는 사람'을 뜻한다. 신들의 아버지인 제우스가 감추어둔 불을 훔쳐 인간에게 내줌으로써 인간에게 맨 처음 문명을 가르친 신이다.

그러나 기원전 5세기쯤에 간과 심장은 뇌의 도전을 받기 시작한다. 피타고라스학파에 속한 고대 의사 알크마이온Alcmaeon이 최초로 과학적 해부를 실시한 결과였다. 알크마이온은 감각과 이성이 모두 뇌 안에 존재한다고 주장했다. 위대한 의사이자 의술을 가르치던 히포크라테스 역시 생각하는 능력, 즉 누스nous(지성)는 야릇하고 움직임 없는 회색 물질 덩어리에 있다고 주장했다. 이런 주장을 계기로 이성과 의식이 심장과 혈액에 존재하는지, 아니면 머리와 뇌에 존재하는지를 두고 의학과 철학 분야에서 논쟁이 시작되었고 고대와 중세, 르네상스 시대를 거쳐 오늘날까지 계속되고 있다.

갈레노스
C. Galenos, 실험생리학을 확립한 고대 그리스의 의사.

알렉산드리아와 갈레노스•의 의학은 고대 의학의 절정기와 마지막을 장식했다. 히포크라테스의 네 가지 체액론을 계승한 갈레노스는 혈액과 쓸개와 점액 사이에 균형을 맞춤으로써 육체를 건강하게 유지하는 방법을 더욱 발전시켰다. 갈레노스가 장려한 수혈輸血이나 사혈瀉血은 오늘날까지 이어져 내려오는 중요한 치료법이다. 갈레노스가 개척한 새로운 지평은 네 가지 기질, 즉 다혈질, 점액질, 담즙질, 우울질에 대한 이론을 발전시켜 인간의 정신적 균형과 육체적 체액의 균형을 직접 연결한 점이다. 갈레노스는 현대 심리학의 선구자로서 오늘날에 이르기까지 인간 내면에 대한 과학적 견해에 광범위한 영향을 미친다. 또한 심장에 대한 그의 가르침은 사실상 하비가 등장하기까지 오랫동안 의학계를 독점했다.

고대 후기부터 중세를 거쳐 후기 르네상스에 이를 때까지 갈레노스의 심장 개념이 서구 문화뿐 아니라 아랍 문화에서 지배적 위치를 차지했다는 사실은 그다지 놀랍지 않다. 이는 과학에서 차지하는 관습적 사고의 위력을 잘 보여준다. 또한 논리적 사고 체계 및 기존 패턴과 은유를 통한 언어의 힘이 새로운 통찰력을 차단할 수 있음을 보여준다. 갈레노스는 간에서 심장으로 흐르는 혈류가 만들어내는 열의 근원이 심장이라고 생각했다. 이때 혈액은 허파에서 공기와 접촉한다. 이렇듯 원소와 장기가 상호작용하면서 생물학의 용광로가 생성되고, 혈액은 공기, 즉 정신(프네우마pneuma)이 담기면서 덥혀지고 정화되며 생기가 불어넣어진다. 이렇게 정신에서 비롯한 생명력

은 심장을 나와 동맥을 거친 뒤에 뇌를 포함하여 기타 신체 부위로 이동한다. 여기서 생명력은 외부 행위로의 전환을 담당하는 자연과 야성의 정신으로 바뀐다. 이 같은 심장 개념의 핵심은 육체라는 공작소의 심장 용광로에서 생성되는 열이다. 갈레노스가 심장을 표현하기 위해 사용한 은유는 당시 생산 공정에서 착상한 것이다. 갈레노스는 심장이 일종의 펌프라는 생각을 하지 못했다. 당시는 아직 펌프가 개발되지 않았기 때문이다.

인간이 이해하려 한 최초의 수수께끼 가운데 하나가 바로 가슴속에서 늘 규칙적으로 두근거리는 심장이었다는 점을 생각해보면 갈레노스가 자신의 이론을 통해 이 사실을 그토록 집요하게 입증하려 한 연유를 이해할 만하다. 그런데 혈액과 심장에 대한 갈레노스의 영적 개념은 훗날 예수의 피와 심장이 그리스도교에서 차지하는 영적 지위를 예비하고 이를 이론적으로 뒷받침하는 결과를 낳았다. 갈레노스의 이론이 오늘날까지 살아남은 데는 이런 이유도 일정 부분 작용했다. 실제로 심장에 얽힌 문제를 해결한 사람은 중국인이었다. 중국은 서구 의학의 대안이 될 만한 오랜의학 전통을 지니고 있다. 중국인들은 이미 기원전 2000년쯤에 심장이 혈액을 육체 전체로 내보내는 펌프라는 사실을 알았고, 이를 바탕으로 인간의 맥박을 설명했다. 《황제내경》● 을 보면 중국 의사들은 맥박 유형을 스물여덟 가지로 구별한다. 중국인은 경험에 근거한 실용적 태도를 견지했기 때문에 심장에 얽힌 수수께끼를 풀어냈다. 하지

《황제내경》 黃帝內經, 중국 진한 시대의 한의학 고서.

만 플라톤 이후의 서구인은 계층적이고 추상적인 사고 체계에 묶여 있었다.

플라톤의 유산

플라톤의 인간관이 서구 문화에 가장 널리 근본적으로 영향을 끼친 부분은 이성을 중요하게 여겨 인간 본성이 지닌 감각적이고 감정적인 측면을 통제한 점이다. 아래에 위치한 구성 요소의 가치를 낮게 판단하고 이를 경시하는 태도는 계층 모델의 필연적인 결과다. 여기서 이원론이 발생한다. 최고 위치에 자리한 이성적 영혼이 육체를 지배하면 육체의 다른 부분은 내면적이고 정신적인 것으로 규격화되고 축소되기 마련이다. 감정적인 것은 내면에 속한 것으로 축소되고, 의식적이고 보편적인 이성이 아니라 육체적이거나 감각적인 데서 발현하는 삶의 양태는 하나로 묶여 영혼psyche이라 불린다. 이 경우 이성은 늘 경계를 늦춰서는 안 된다. 플라톤이 괴물이라 부른 위험하고 파괴적인 힘이 육체를 통제하지 못하도록 해야 하기 때문이다.

감정에 대한 이성의 통제는 감정과 이성의 이론상 개념을 변화시킬 뿐 아니라 감정과 열정 자체도 바꾼다. 간단하게 정리하면 인간의 자질이 위축되고 사라지는 것이다. 또 다른 인식의 원천들이 고

갈되고, 인간은 예전과 다른 방식으로 자신의 감정을 느끼고 경험한다. 이렇게 되면 서구인은 플라톤 이전에 풍요로운 감정적 삶을 누리던 자신과는 다른 존재로 바뀐다.

플라톤주의의 테두리 안에서는 감정이 양적으로나 질적으로 축소될 뿐 아니라 더 이상 목적이 되지 못하고 쉽게 이성의 수단으로 전락한다. 따라서 외부의 목적과 이익을 이루기 위한 도구로 사용될 가능성이 있다. 그러나 이로 인해 이성 또한 수단이 된다. 의구심을 일으키지 않는 통제 수단이 되는 것이다. 또한 이성은 권력을 향한 문을 개방함으로써 정치 및 경제 권력, 특히 제도 권력이 자신의 목적과 이익을 위해 이성과 감정 둘 다 남용할 여지를 준다. 따라서 이성주의는 기술적 개념인 도구주의•로 전락한다.

도구주의
Instrumentalism, 개념의 가치는 행동 수단으로서의 유효성에 의해 정해진다는 이론.

17세기에 프랜시스 베이컨Francis Bacon은 이런 도구적 이상을 "아는 것이 힘이다."라는 표현으로 명쾌하게 정의했다. 이 정의에서 '힘'은 외부의 수단과 목적을 충족하기 위해 본질, 특히 인간의 본성을 개조하는 힘을 뜻한다. 플라톤식 자기통제는 자연과 세계를 지배하고 착취했다. 반면에 베이컨은 스스로 힘을 갖고 자기통제를 세계 통제로 변화시키는 진취적 기상을 인간에게 부여했다. 베이컨의 이런 생각은 사상사 측면에서 보면 20~21세기에 이른바 자유(실제로는 통제 불가능한) 시장이 힘을 행사하는 상업적 영향력의 바탕이 되었다.

우리 시대에는 지대한 매력을 지닌 물질적 재화나 시청각 대중매체가 제공하는 강력한 감각적 인상과 상업적 영향력을 연결함으로써 감정을 활용하게 되었다. 이는 플라톤의 유산을 평가한 헤르만 슈미츠와 여러 사상사가들의 의견이기도 하다. 현대 사상사의 아버지인 아서 러브조이Arthur O. Lovejoy는 대표작 《존재의 대사슬: 사상사 연구The Great Chain of Being : A Study of the History of an Idea》(1936)에서 그리스도교 신학뿐만 아니라 플라톤주의가 서구 문화에서 자연을 경시하고 착취하는 전제조건이 되었다는 점을 힘주어 강조했다. 플라톤은 자연을 물질로 생각하여 그 안에 영혼이 없다고 보았기 때문이다. 영혼의 목적은 정확히 물질과 육체에서 자유로워지는 것이다. 플라톤 심리학이 그리스도교 신학에 지대한 영향을 미친 까닭은 플라톤이 영생의 영혼을 다루었기 때문이고, 그 영생의 영혼은 이 세상이 아닌 다른 세상에서 비롯하며 육체가 죽은 뒤에 다시 영원불멸의 세계로 돌아가리라고 생각했기 때문이다. 이는 그리스도교 교리의 철학적 축소판이자 영혼에 대한 이런 학설이 그리스도교에서 오늘날까지 중추를 차지하는 까닭이기도 하다. 물론 21세기에 영혼이 차지하는 자리는 이야기가 전혀 다르지만 말이다. 하지만 플라톤의 이상, 즉 육체적이고 감정적이며 감각적인 것은 도덕적인 것과 의지와 이성에 종속되어야 한다는 개념은 오늘날까지 서구인의 마음에 고스란히 새겨져 있다. 비록 플라톤주의가 서구 문화에서 그리스도교를 신학적으로 인정하고 정당화하는 데 쓰이기는 했지만, 원래 성서의 인간관과 심장 비유는 플라톤의 것과 달랐다.

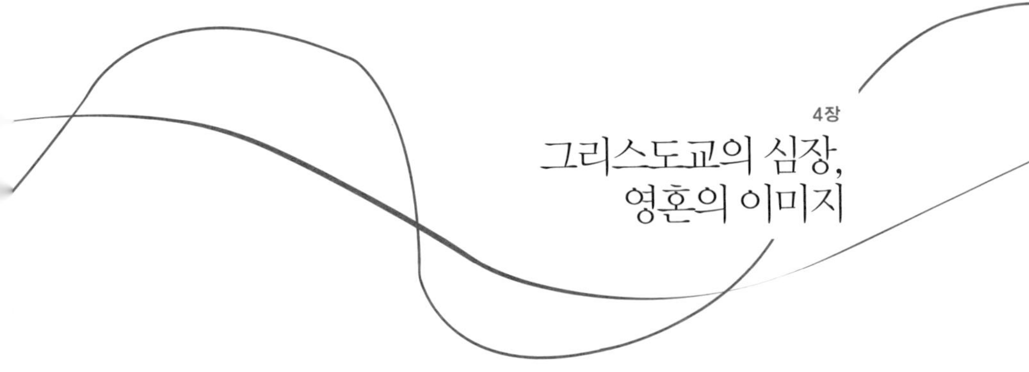

4장

그리스도교의 심장, 영혼의 이미지

괴물과 싸우는 사람은 주의해야 한다.
싸우다 스스로 괴물이 되지 않으려면.
– 프리드리히 니체

성서와 그리스도교는 플라톤의 인간관과 더불어 서구 문화에 가장 널리 확산된 심장 개념과 비유를 제공해왔다. 원래 성서적인 것이 무엇이었는지, 훗날 생겨난 신학은 무엇인지, 교회 제도와 관습의 결과는 어떠한지를 확정하는 일은 분명 쉽지 않다. 그리스도교는 최종적으로 주어진 것이 아니라 해석의 결과이기 때문이다.

성서에 나오는 심장의 비유들 또한 마찬가지다. 《구약성서》와 《신약성서》에서 심장은 인간이 신이나 도덕과 맺는 관계를 표현하면서 감정과 정서적 충동을 소유한다. 따라서 심장은 개인의 인간적 본성과 기질을 나타내는 이미지가 된다. 어떤 사람이 선량하다면 그 사람은 좋은 심장을 가진 것이고, 사악하다면 사악한 심장을 가진 것이다. 이 생각이 바로 근본주의의 바탕을 이룬다. 이런 생각은 제쳐두고라도 그리스도교의 근본을 이루는《신약성서》는 모든 사람 안에 선과 악이 존재한다는 개념을 바탕으로 한다. 본질적으로 심장에는 고정된 속성이 없다. 그리스도교에서《신약성서》에 근거한 이런 개념과 이에 따른 새로운 인간관이 발달하면서 심장이 영혼을 통해 고정된 속성을 획득했을 뿐이다. 또한《신약성서》에 등장하는 개념과 비유는《구약성서》와는 확연히 다르다.

《구약성서》

《구약성서》에 등장하는 심장 개념은 오래 지속된 전통의 일부로서 그 유래는 유대인의 이집트 이주 시기까지 거슬러올라간다. 어떤 면에서 보면 유대인이 팔레스타인 지방으로 이주하기 전에 메소포타미아에 거주하던 때까지 거슬러올라간다. 바빌로니아인은 영혼과 연결된 주요 장기로 간과 심장을 놓고 저울질했는데, 결국 현자들이 미래를 해석하고 예측하는 데 사용한 장기는 간, 특히 양의 간이었다. 그러나 유대인들은 의식적으로 과거의 동족과 거리를 두면서 영혼이 머무는 곳은 심장이라고 주장했다. 이 점에서 유대인은 이집트인과 밀접한 관련이 있다. 만약《구약성서》에 나오는 심장 비유가 고대 이집트의 영향을 받았다면 우리는 수천 년 전의 인류를 살펴봐야

하는 셈이다. 아주 초기의 이집트인은 신체의 심장과 정신의 심장을 거의 구별하지 않았다면 유대인들은 육체의 심장을 거의 강조하지 않았다. 유대인은 심장이 생명을 유지해주는 장기라는 인식이 없었다. 이런 측면에서 보면 유대인을 '영혼의 사람들pneumaticians' (그리스어 'pneuma'는 '호흡'을 뜻한다)이라고 부를 만하다. 그들에게 진정한 생명의 표식은 심장 박동이 아니라 호흡이었다. 신은 심장을 흙덩어리 안에 집어넣음으로써 인간을 창조한 것이 아니라 콧구멍에 공기를 불어넣음으로써 창조했다. 야훼 하느님께서 진흙으로 사람을 빚어 만드시고 코에 입김을 불어넣으시니, 사람이 되어 숨을 쉬었다."(〈창세기〉, 2장 7절) 사람은 마지막 숨을 내쉴 때 자신의 영혼 또한 내뿜는다. 여기서 심장이 동시에 멈춘다는 해부학적 사실은 언급되지 않는다.

심장은 레브leb/lev와 레바브lebab/levav로 불린다. 《구약성서》에서 자주 쓰이는 낱말인데 850번 이상 나온다. 그런데 현대인이 흔히 생각하듯이 《구약성서》에 등장하는 심장에 감정이 존재했는지는 분명하지 않다. 이 두 단어를 영어로 'heart'라고 번역하는 것도 정확하지 않아 자칫 오해를 살 수 있다. 《구약성서》를 보면 오늘날 서구인이 심장에 부여하는 비유적 해석과 인류학적 기능에 가까운 몇몇 낱말이 등장한다. 네페스nefes는 영혼soul으로 번역되는데, 원래의 뜻은 호흡, 즉 생명의 호흡이다. 하지만 네페스가 구체적인 해부학 용어로서 목, 호흡, 입 또는 심지어 허기虛飢를 뜻하며 목이나 가슴, 배 부근에 존재한다는 점에서는 오늘날의 시각과 차이가 있다. 네페스의 생명은 피에 존재한다고 여겨졌고, 현대인이 심장과 관련지어 생각하는 여러 의미를 지녔다. 열정 또한 네페스와 관련이 있어서 사로잡히거나 밀어붙인다는 뜻을 가졌다.

고대 유대인이 내장과 그 기능에 대해 가진 개념을 살펴보면 그들의 내면에 무척 복잡하고 모호한 인간상이 존재함을 알게 된다. 레브lev와 관련 있는 단어로는 네페스 말고도 호흡이나 신의 이해를 뜻하는 네샤마neshamah와 루아흐ruach가 있다. 루아흐는 힘, 바람, 호흡의 뜻을 포함하고 인류학 용어로는 정신이나 지성 등으로 쓰인다. 그러나 루아흐는 인류학 차원을 초월한다. 이런 종류의 정신을 불어넣을 수 있는 존재는 신뿐이기 때문이다.

다른 고대 문화처럼 유대교에서도 인격과 여기에 상응하는 심장 개념은 매우 복잡하고 모호하다. 그런데 레브는 주로 인간 존재의 내면과 중심이라는 관점에서 해석된다. 레브에는 좋고 나쁜 감정의 원천 또한 존재한다. 심장에는 의지와 소망, 언어와 욕망이 존재하기 때문에 의식적인 생각, 계획, 긍정적이고 부정적인 정신 활동과 연결된 특성 또한 존재한다. 마음(심장)은 신의 훈계를 간직하고(《잠언》, 3장 1절) "제 할 일을 계획하는"(《잠언》, 16장 9절) 곳이다. 그러나 마음(심장)을 '이성'으로 번역하면 정확하지 않다. 마음은 심장 안에 존재하는 더 깊은 이해이자 지혜이기 때문이다. "그러나 당신은 마음속의 진실을 기뻐하시니 지혜의 심오함을 나에게 가르쳐주소서."

(〈시편〉, 51장 6절) "마음이 슬기로운 사람을 현자라 부른다. 말이 부드러우면 그 가르침을 잘 받아들인다."(〈잠언〉, 16장 21절) 마음은 사람의 비밀을 숨기고 오직 하느님만이 마음의 비밀을 다 안다(〈시편〉, 33장 15절 및 44장 21절). 마음에 구현된 것은 신의 뜻이고 지혜이며 법이기 때문이다. 그러나 《구약성서》의 독자들은 성 아우구스티누스가 그랬듯 원죄● 와 죄를 '아담의 타락'과 연결된 육체 현상으로 보지 않았을 것이다.

원죄
아담과 하와의 타락으로 인한 인류의 죄.

마음(심장)은 인간에게 가장 중요한 감정을 대표할 뿐 아니라 존재와 도덕적 삶의 가장 중요한 측면을 가리킨다. 《구약성서》 가운데 가장 오래된 기록에서는 인간의 마음이 사악하다는 점을 강조한다. 인간이 자신의 속된 욕망을 추구하기 때문에 "주의 마음을 슬프게 하고" 신의 분노와 처벌을 받는다는 것이다(모세오경●). 인간이 신의 계명과 말을 받아들일 수 있다면 돌 심장은 교체되어야 한다. "나는 그들의 마음을 바꾸어 새 마음이 일도록 해주리라. 그들의 몸에 박혔던 돌 같은 마음을 제거하고 피가 통하는 마음을 주리라."(〈에제키엘〉, 11장 19절) 《구약성서》에 기록된 핵심 질문은 마음이 신의 사랑과 어떻게 연결되는가 하는 것이다. 〈신명기〉 6장 5~6절은 마음에 나타나는 그리스도교적 형이상학의 기본 원칙을 선언한다. "마음을 다 기울이고 정성을 다 바치고 힘을 다 쏟아 너의 하느님 야훼를 사랑하여라. 오늘 내가 너희에게 명령하는 이 말을 마음에 새겨라."

모세오경
《구약성서》 앞부분에 나오는 〈창세기〉, 〈출애굽기〉, 〈레위기〉, 〈민수기〉, 〈신명기〉를 말하며, 모세가 썼다고 전해진다. '토라Torah'라고도 불리며 유대교에서 가장 중요한 경전이자 율법이다.

이 말에 담긴 역사적 힘은 아무리 강조해도 지나치지 않다. 이 말은 그것이 표현하는 모든 뜻과 함께 지난 수천 년 동안 유대인과 유럽 그리스도교인의 마음에 깊게 새겨졌다. 성서는 사랑을 계명으로 삼았다. "너는 다른 사람을 먼저 사랑하지 말고 하느님을 먼저 사랑하라. 그러면 그의 백성에게 사랑을 돌려주실 것이다." 여기서 그의 백성은 '선택받은 사람', 즉 유대인으로서 인종이나 신념이 다른 사람을 포함하지 않는다. 신과 유대인의 사랑은 일종의 계약으로서 훗날《구약성서》에 기록된 여러 시기 동안 유대인이 중동에서 처한 어려운 정치적·인종적 상황을 염두에 두고 이해해야 한다. 유대인이 신을 사랑하면 신 또한 그들을 도울 것이다. 그러나 그들이 신의 계명에 복종하지 않으면 신은 벌을 내릴 것이다. 그러므로 유대인은 신을 두려워해야 했다. 사랑은 처벌과 복수에 대한 두려움과 위협과 걱정을 통해 유지된다. 열정적이고 질투 많은 신은 자신에게 복종하지 않는 인간과 변절자를 처벌하기 위해 전염병, 질병, 재앙, 흉작과 같은 강력한 수단을 사용한다. 현대인의 관점에서 이는 사랑이 아니라 특정 체제, 즉 유대인의 일신교와 가부장제를 유지하기 위한 권위주의적 권력 행사로 보인다. 유대인 여성에게는 종속적 역할이 주어졌다. 남편은 가족에게 '신'과 같은 존재로서 여성은 남편을 사랑하고 자식을 낳아주어 종족을 확실히 보존해야 했다. 아내의 부정은 근절되어야 했지만 비슷한 상황에 놓인 남성에게는 동일한 논리가 적용되지 않았다.

유대교의 신성에는 여성적인 측면이 없다. 따라서 신의 세계에서 여성이 중심이던 그리스와는 다르다. 유대교 신화에 등장하는 최초의 여신에 대한 내용은 바빌론 유수기 이후에 삭제되었다. 《구약성서》에서 하와를 통해 보게 되는 여성의 역할은 부정적이라서 남의 죄를 떠맡는 속죄양을 가리키거나 문학적 문맥에서는 '꾐에 쉽게 넘어가는 사람'으로 표현되었다. 하와는 사탄의 도구였고 남성을 유혹하는 여자였으며 따라서 타락의 책임을 져야 한다. 이런 논리는 그리스도교가 여성을 악마로 만들고 성性을 죄로 만드는 바탕이 되었다. 이런 면에서 남성 중심의 가부장제 위에서 성이 결코 죄가 아니었던 유대교와도 달랐다.

《신약성서》

《구약성서》와 《신약성서》를 가르는 시기는 마음(심장)에 결코 호의적이지 않은 때였다. 《신약성서》에서 마음은 무엇보다도 사악함의 온상으로 여겨진다. 《흠정역성서》[•]에서도 "사람의 마음은 어려서부터 악함을 품고 있어서."(〈창세기〉, 8장 21절)라고 표현되어 있다. 예수는 이따금 인간의 마음에 대해 불평했다. 특히 당시의 학자들과 이론가에 대해 불평했고, 음식에 대한 율법을 지키지 않는다는 이유로 젊은이들을 비난하는 위

〈흠정역성서〉
欽定譯聖書, Authorized [King James] Version of the Bible, 17세기 초영국 왕 제임스 1세의 후원 아래 계획하여 발행한 영역 성서.

선적인 바리사이파와 율법학자의 마음에 대해 불평하고 질책했다. 예수에겐 사람이 어떤 음식을 먹고 어떤 음식을 먹지 말아야 하는지가 아니라 바로 마음이 중요했다.

> 입에서 나오는 것은 마음에서 나오는 것인데 바로 그것이 사람을 더럽힌다. 마음에서 나오는 것은 살인, 간음, 음란, 도둑질, 거짓 증언, 모독과 같은 여러 가지 악한 생각들이다.(《마태복음》, 15장 18~19절)

위 구절은 엄격히 반유물론적 태도를 보인다. 유물론에서는 육체적인 것과 생리적인 것이 도덕적으로 전혀 중요하지 않기 때문이다. 외부에서 사람에게 들어온 것은 "모두 뱃속에 들어갔다가 그대로 뒤로 나가버리지 않느냐? 그것들은 마음속으로 파고들지는 못한다.' 하시며 모든 음식은 다 깨끗하다고 하셨다."(《마가복음》, 7장 19절) 예수는 마음의 종교를 여기에 상응하는 윤리를 갖춰 공식화했고, 임마누엘 칸트Immanuel Kant는 이를 철학적으로 해석하고 정당화했다. 동시에 위 구절에 쓰인 낱말에는 인류학적 의미와 생리학적 의미도 포함돼 있어서 심장과 혈액이 영양 과정에서 분리되어 있음을 암시한다. 이는 생리학에 대한 그리스인의 견해에서 갈라져나온 개념인데, 심장은 위장과 밀접하게 연결되어 있다. 여기서는 이집트인의 사유가 끼친 영향력이 더 명백히 드러난다. 잘 알려진 성서 구절 "마음에 가득 찬 것이 입으로 나오는 법"(《마태복음》, 12장 34절)에는 심장과 혀를 관련지은 이집트인의 생각이 나타나 있다. 입과 혀가 말하는 것은 언제나 마음을 드러낸다. 또한 마음이 몹시 사악하면 감각적이든 초감각적이든 관계없이 선과 사랑의 일반 상징이 될 수 없다.

바울로가 사랑의 장章으로 불리는 고린도교회 사람들에게 보낸 편지에는 마음에 대한 말이 한마디도 나오지 않는다. "믿음과 희망과 사랑, 이 세 가지는 언제까지나 남아 있을 것입니다. 이 중에서 가장 위대한 것은 사랑입니다."(〈고린도전서〉, 13장 13절) 《신약성서》는 예수의 마음에 대해서도, 마리아의 마음에 대해서도 언급하지 않는다. 마음에 대해서는 160번 정도 언급하기는 하지만 《구약성서》에 비교한다면 5분의 1정도밖에 되지 않는다. 그리고 마음의 은유를 이리저리 흩뜨려놓는 인물은 바로 열성적인 바울로다. 하지만 마음은 그리스도교의 중심 상징이고 마음의 변화는 신앙의 전제조건이다. 달리 표현하면 마음은 사람마다 다른 내용물이 담길 수 있으면서 크기도 늘이거나 줄일 수 있는 그릇과 같다. 시그리드 운세트가 인간 마음의 변화하지 않는 성질에 대해 쓴 것과는 대조적으로 그리스도교는 인간 마음은 결단코 변화 가능하다는 데서 출발한다. 이것이 그리스도교 윤리학의 근본 개념이다. 개신교 교리에 따르면 인간은 마음의 기질이 변하고 믿음을 가지면 구원받는다. 이 교리는 여러 사람에게 잘못된 안정성을 제공할 가능성이 있다. 반면 가톨릭에서는 죄 사함이 쉽지 않다. 가톨릭에서 죄 사함을 받으려면 말과 행동의 사악함을 적극 참회해야 한다.

그리스도교에서 마음은 영혼이 존재하는 곳이다. 가장 비밀스러운 생명과 죽음의 수수께끼를 푸는 열쇠는 신이 부여한 영혼이 깃든 인간 마음속에 감춰져 있다. 신이 부여한 영혼은 육체의 길을 따르지 않고 특정 조건만 충족한다면 구원받을 수 있다(아니면 영원히 상실할 수 있다). 마치 반짝이는 진주•가 죽음의 문턱을 넘어 영원한 천국으로 굴러들어가듯 말이다. 이런 영혼 교리가 발달한 것은 《신약성서》에 이르러서다. 또한 《구약성서》에 나오는 신의 사랑은 《신약성서》에 의해 보완되고 이와 동일하게 중요한 '이웃에 대한 사랑'으로 이어진다. "네 이웃을 네 몸같이 사랑하여라."(〈마태복음〉, 22장 39절) 다른 형태의 사랑은 모두 이 두 형태, 즉 신의 사랑과 이웃 사랑에 속한다. 더욱이 에로틱한 사랑이나 육체적 사랑은 죄와 수치의 근원이어서 사랑과 결합하지 않는다. 그리스도교는 바울로가 사랑과 관련하여 사용한 그리스어 낱말에서 아가페•라는 표현을 찾았는데, 이는 그리스인이 사용한 에로스eros와 상반되는 뜻을 지닌다.

스웨덴 신학자 안데르스 뉘그렌•은 대표작 《사랑에 대한 그리스도교의 개념Den kristna kärlekstanken》(1930)에서 에로스를 더 좁게 해석하여 인간이 고귀하고 영원한 신에게 이르고자 애쓸 때와 같이 동기가 있는 사랑으로 정의했다. 반면에 아가페는 죄 많은 인간임에도 사랑을 베푸는 신의 신성한 사랑과 같다고 보았다. 아가

진주
그리스도교는 물질적인 것은 저급한 것으로, 신령한 것은 고귀한 것으로 나누어 생각하는 경향이 있다. 인간을 마치 진흙에 묻힌 진주처럼 천한 육신에 갇힌 영혼의 소유자로 본다.

아가페
Agape, 아가페는 그리스도가 말했듯이 인류에 대한 하느님의 조건 없는 절대적인 사랑을 가리킨다. 같은 그리스어 '에로스'가 대상의 가치를 추구하는 이른바 자기 본위의 사랑을 의미한다면, 아가페는 대상 자체를 사랑하는 타인 본위의 그리스도교적 사랑을 나타낸다.

안데르스 뉘그렌
Anders T. S. Nygren, 아가페와 에로스의 차이점을 조리 있게 밝히고, 이 둘이 서양 그리스도교 사상에 미친 영향력을 추적했다.

페와 같은 유형의 사랑은 동기가 없고 자연 발생적이다. 모든 것을 감싸안는 것이 바로 신의 존재이자 본성이기 때문이다. 신은 곧 사랑이다. 그렇기에 신의 사랑을 끌어내기 위해 인간이 할 수 있는 일은 없다. 아가페는 신이 인간에 이르는 길이지만, 인간이 신에 이르는 길은 없다. 설사 그런 길이 있다 하더라도 인간은 이웃을 제 몸같이 사랑함으로써 신을 사랑해야 한다. 신이 인간을 사랑하는 것처럼 아무 동기 없이 자발적으로, 외부 동기나 조건 없이 이웃을 사랑해야 한다. 신이 죄인을 사랑하기 때문에 인간은 친구도 적도 똑같이 사랑해야 한다. 이웃 사랑은 종교에 뿌리내린 채 '올바른' 이타주의와 연민의 정도를 초월하는 개념이다. 사랑은 자아에 대한 사랑과 이기주의를 극복하게 해준다. 하지만 이때 사랑은 자신이 아니라 이웃과 신을 향한 사랑이어야 한다. 이와 별개로 신교와 가톨릭 사이의 논쟁거리 가운데 하나는 바로 에로스와 아가페가 조화를 이룰 수 있는지 여부다. 가톨릭은 에로스와 아가페가 본질적으로 다르지 않다고 믿는 반면에 마르틴 루터Martin Luther는 뉘그렌처럼 다르다고 보았다.

앞서 이야기했듯이 심장(마음)의 내용과 기능을 근거로 할 때 마음은 영혼과 동일하다. 심장은 영혼을 둘러싸고 있고 인간 영혼에 담긴 신성을 육체화한 것이다. 신성한 활력을 내뿜는 따뜻한 심장은 성서와 그리스도교 신학에서 생기 없고 거짓된 말과 마음에서 우러나온 말을 구별하는 기준이었다. 이를테면 〈마태복음〉 15장 8절에

서 이사야는 이렇게 말한다. "이 백성이 입술로는 나를 공경하여도 마음은 나에게서 멀리 떠나 있구나." 마음은 선하기도 하고 악하기도 할 뿐 아니라 스스로의 사악한 욕망을 안다. 바울로는 이런 개념을 바탕으로 육체의 도덕에 대해 설교했는데, 이는 수세기에 걸쳐 서구인의 마음에 각인되었다.

바울로

바울로는 그리스도교가 오랜 세월에 걸쳐 행해온 이원론 및 반육체의 태도를 옹호하기 위해 자주 희생양 역할을 떠맡았다. 물론 그럴만한 명분이 있었다. 바리사이파에서 개종한 신학자인 바울로는 그리스도교 신학과 인간관을 확고히 신봉하면서 이를 뜨거운 열정으로 전파했다. 바울로는 더 나은 내세를 지향하는, 당시 유행하던 오르페우스 교단의 전통과 이원론의 영향을 받았다. 이는 그리스도 출생을 전후로 중동 지역과 그리스 지역에서 핍박받던 사람들과 노예들 사이에 널리 퍼진 믿음이었다. 그러므로 바울로의 이원론이 플라톤의 영향을 받았다고 보기는 어렵다. 바울로의 육체관도 마찬가지다.

헤르만 슈미츠는 육체를 에로티시즘과 욕망의 처소로 보는 바울로의 견해, 즉 그의 육체적 도덕관을 순수하게 인류학적 관점에서 호메로스 시대의 관점과 비교하고자 했다. 슈미츠는 바울로에게서 보이는 육체관을 플라톤이 활약했던 고대가 아닌 소크라테스 이전 시대의 잔재로 보았다. 이런 육체관은 신체 장기나 사지가 독립적으로 작동하거나 개인이 책임질 수 없는 힘이 존재함을 뜻한다. 이런 관점에서 보면 바울로 육체관은 인간을 자연에서 비롯한 존재로 인정하는 데서 출발한다. "형제 여러분, 나는 여러분에게 영적인 사람을 대할 때와 같이 말할 수가 없어서 육적인 사람, 곧 교인으로서는 어린아이를 대하듯이 말할 수밖에 없었습니다."(〈고린도전서〉, 3장 1절) 바울로에게 죄는 인간 영혼에 생기는 것이 아니라 본성의 욕구에 따라 육체에서 생긴다. 슈미츠는 이런 관점을 가지고 〈로마서〉에 나오는 유명한 구절을 해석했다.

> 나는 내가 해야 하겠다고 생각하는 선은 행하지 않고 해서는 안 되겠다고 생각하는 악을 행하고 있습니다.
> 내 몸 속에는 내 이성의 법과 대결하여 싸우고 있는 다른 법이 있다는 것을 알고 있습니다.(〈로마서〉, 7장 19절, 23절)

바울로는 자율적인 육체와 사지 간에 벌어지는 싸움을 최초로 묘사했다. 이는 새로운 그리스도교적 정신이 선한 뜻을 통해 통제권을 획득해야 하는 싸움이다. 그런데 바울로의 육체 개념은 그의 도덕성만큼 이원적이지는 않다. 슈미츠에 따르면 사도 바울로가 생각하는 인간은 육체적 충동에 대한 통제권을 획득할 수 있는 영혼을 가지고 있지 않다. 이 점이 바로 바울로가 플라톤과 다른 면모다.

플라톤의 이성적 영혼psyche과 육체soma에 해당하는 바울로의 영혼pneuma과 육신sarka/sarks은 이원론적으로 대립하진 않는다. 바울로도 'Soma' 라는 단어를 자주 사용했는데, 영혼에 반대되는 의미로 사용하지는 않았다. 인간은 자신의 육체에서 자유로워지지도 않고 육체에 굴복하지도 않는다. 죄 많은 육체는 영혼을 통해 영감을 받아야 하고 그로 인해 신은 "여러분 안에 살아계신 당신의 성령을 시켜 여러분의 죽을 몸까지도 살려주실 것"(〈로마서〉, 8장 11절)이다. 바울로는 인간이 영혼에도 육신에도 존재한다고 보았다. 그래서 바울로는 인간의 육체를 성령이 머무는 성전으로 불렀다. "여러분은 자신이 하느님의 성전이며 하느님의 성령께서 자기 안에 살아계시다는 것을 모르십니까?"(〈고린도전서〉, 3장 16절)

육체를 영혼의 무덤으로 본 플라톤에서 육체를 인간 안에 존재하는 영혼의 성전으로 본 바울로의 도약은 엄청나다. 그러나 플라톤의 영향을 받은 신학자들은 재빨리 육체를 영혼의 감옥이자 성적 유혹이라는 죄의 소굴로 정의했다. 〈고린도전서〉 6장에 "여러분의 몸은 성령이 계시는 성전"이라는 구절이 나오는데도 말이다. 〈고린도전서〉 6장에서 바울로는 육체와 영혼의 상관관계를 강조한다. "몸은 음행을 하라고 있는 것이 아니라 주님을 섬기라고 있는 것입니다."(13절) 바울로는 또한 육체가 신성하다는 사실을 다시 한 번 상기시킨다. "여러분의 몸은 (…) 성령이 계시는 성전이라는 것을 모르십니까? 여러분의 몸은 여러분 자신의 것이 아닙니다."(19절) 바울로는 영적인 영혼이 아니라 모든 사람 안에 존재하는, 영감을 받거나 생기가 도는 육체적 심장(마음)에 대해 말하고 있다. "이제 여러분은 하느님의 자녀가 되었으므로 하느님께서는 여러분 마음속에 당신의 아들의 성령을 보내주셨습니다."(〈갈라디아서〉, 4장 6절) 성령은 영혼이 아니라 육체에 들어온다. (〈고린도전서〉, 6장 19절, 3장 16절 참조) 육체가 없으면 영혼도 없다. 영혼은 육체적이고 감각적인 방식으로 인간 안에 존재한다. 무덤에서 나오듯 또는 옷을 벗어던지듯 영혼은 육체에서 자유로워지지 않는다. 오히려 육체를 살림으로써 영에 의해 죄에서 자유로워지는 것이다.(〈로마서〉, 8장 11절 참조)

슈미츠는 순수하게 인류학적 관점에서 육체를 긍정적으로 바라봄으로써 그리스도교를 내면에서부터 이해하려 했다. 바울로가 해방을 경험하는 순간은 극단의 충동을 느끼는 육체가 사랑의 성령으로 가득 찰 때다. 세례와 성찬식은 믿는 사람에 대한 약속이다. 육체의 생사에 대한 약속이 아니라 그리스도의 고난과 하느님의 자비를 통한 육체의 부활에 대한 약속이다. 육체의 부활은 달콤한 당근과 같아서 육체의 모든 즐거움과 쾌락에 대해 채찍으로 사용되는, 지옥에 대한 끔찍한 공포를 심리적으로 상쇄해준다. 이리하여 현대인은 그리스도교 육체관이 표현하는 역사적으로 가장 장엄하고 효과적인 측면을 보게 된다. 바울로의 이야기는 수세기 동안 인간의 마음에

새겨졌다. 따라서 그리스도교에는 육체와 관련하여 매우 다른 두 개념이 존재한다. 하나는 육체의 가치를 높이고, 하나는 감각적이고 육체적인 것의 가치를 낮춘다. 사실 제도로서 그리스도교 전 교회의 바탕을 이루는 것은 바울로의 육체관인데, 바울로는 믿음을 통해 모든 그리스도교인이 하나의 육체, 즉 그리스도의 육체에 속한다고 주장했다. 이때 육체는 물론 상징적인 육체다. 억압받는 육체에 대한 그리스도교의 이야기는 고통스러우리만치 구체적이어서 유럽 문화에 속한 인간의 마음에 추악한 상처를 깊이 남겼다. 억압과 손상의 이야기가 피비린내를 풍기며 적포도주처럼 그리스도교 역사를 통과하여 오늘날까지 흐른다. 추앙받던 사도 바울로 또한 때로는 적법하지만 때로는 부당한 가부장권을 행사함으로써 점잖지 못한 성性의 역사를 장식했음에 틀림없다.

바울로는 유대인의 가부장적 여성관을 계승했고, 인간 타락의 책임을 여성에게 지우기까지 했다. 아담과 하와 모두 유혹을 받았지만 타락의 책임은 하와에게 있었다. 하와는 사탄의 꾐에 빠져 신의 명령을 어겼다.(〈디모데전서〉, 2장 14절) 그러므로 바울로는 남자가 여자를 가까이하지 않는 것이 좋다고 믿었다.(〈고린도전서〉, 7장 1절) 비록 복음서에서 에로스 자체는 죄가 아니더라도 남자가 여자를 가까이하면 쉽게 타락하기 때문이다. 육체의 욕정은 '사탄의 일' 이고, 인간이 결합해야 할 성령에게서 멀어지도록 유혹하는 수단이다. 육체의 욕정은 육체, 성(특히 여성), 성행위 등의 악마화를 유발하는데,

이런 악마화 현상이 역사에 나타난 예가 바로 마녀 재판이다.

그러나 그리스도교는 초기 몇 세기 동안 육체의 악마화에 성공하지 못했다. 사람들 입에 사탄이라는 말이 오르내리기 시작한 것은 중세, 특히 12세기부터였다. 인간이 사탄이라는 매혹적인 존재를 받아들일 만한 환경이 조성된 것이다. 예수도 바울로와 마찬가지로 육체를 거부하는 태도를 보이지는 않았고 오히려 창녀와 죄인을 축복했다. 창녀였던 막달라 마리아는 예수의 측근 가운데 한 사람이다. 그녀는 예수의 부활 이야기에서도 중심인물이다. 예수의 무덤이 비었다는 사실을 맨 처음 발견하고 부활한 예수를 가장 먼저 만나 그의 목소리를 들은 이가 바로 막달라 마리아다. 이렇듯 예수가 부활한 자신의 모습을 처음 내보인 이가 간음한 여자였음에도 바울로는 여성에 대해 관용을 보이지 않았다. 오히려 매춘 행위와 고린도의 창녀들을 맹렬히 비난하고, 매춘과 간통과 육신의 욕정을 냉혹한 눈으로 보았다. 바울로가 사용한 어휘와 표현의 파급력이 어찌나 컸던지, 초기 그리스도교 시대에 고린도에서 그가 벌인 활동뿐 아니라 그리스도교적 사랑의 핵심인 이웃 사랑을 뛰어넘는 유산을 남겼다.

> 여러분의 몸이 그리스도의 지체라는 것을 알지 못합니까? 그런데 그리스도의 몸의 한 부분을 떼어서 창녀의 몸의 지체로 만들어서야 되겠습니까? 절대로 그럴 수는 없습니다. 창녀와 관계를 하는 사람은 그 창녀와 한 몸이 되는 것을 모르십니까? 하느님께서 "두 사람이 한 몸이 되리라"

고 말씀하시지 않았습니까? 그러나 주님과 합하는 사람은 주님과 영적으로 하나가 됩니다. 그러니 음행을 물리치십시오. 인간이 짓는 모든 딴 죄는 자기 몸 밖에서 일어나는 것이지만 음행하는 자는 제 몸에다 죄를 짓는 것입니다.(《고린도전서》, 6장 15~18절)

그럼에도 바울로는 육체와 본성을 억누를 수만은 없다는 사실을 깨달았다. 그래서 통제된 형태이나마 욕망에 따라 행동할 만한 탈출구로 결혼을 제시했다.

(…) 남자는 여자와 관계를 맺지 않는 것이 좋습니다. 그러나 음행이 성행하고 있으니 남자는 각각 자기 아내를 가지고 여자는 각각 자기 남편을 가지도록 하십시오.(《고린도전서》, 7장 1~2절)

도덕성을 성적인 도덕성과 동일시한 바울로는 앞으로 2000년 동안 교회뿐 아니라 인간의 일상을 지배할 바탕을 마련했다. 바울로는 루터와 마찬가지로 성적 욕구가 불가피하다고 해서 미덕으로 삼지는 않았다. 그는 결혼 생활에서의 사랑, 어쨌거나 결혼 생활에서의 에로틱한 사랑을 포용할 만한 여지를 가지지 않았다. 모든 사랑에서 분리된 성과 에로티시즘이 그에게는 거의 원시적이고 꼴사나웠으며 육욕은 거의 동물적으로 여겨졌다. 이로써 그리스도교인의 성생활에서 에로틱한 사랑의 기술과 성스러움은 제거되었다. 복음은 육체

의 쾌락과는 아무 관계가 없었다.

바울로는 육체적 욕망을 비난함으로써 웃음과 여타의 쾌락 행위 또한 비난했다. 예수의 웃음과 관련한 내용이 성서에서 삭제되었고, 복음에도 웃음이 개입할 여지가 사라졌다. 웃음과 떼려야 뗄 수 없는 성행위의 격이 낮아진 만큼이나 서구인의 마음속에는 웃음 없이 지내야 하는 삶이 들어서기 시작했다. 웃지 않는 태도는 수세대를 거치면서 삶에 염증을 느끼도록 했고 삶을 불필요할 만큼 견디기 힘든 지경으로 만들었다. 웃음과 유머가 억제되자 삶을 원활하게 하고 우울하지 않게 만드는 윤활유가 사라져버렸다. 웃음이 금지되자 권력의 고삐가 풀렸다. 웃음은 권위주의에 반대하고 인간을 해방하는 속성이 있어서 모든 권력 계층을 뒤흔들 만했다. 그리스인의 신성한 웃음, 깊은 통찰력을 가졌기에 결코 꺼지지 않는 웃음의 불길이 그리스도교에는 들어서지 못했다. 그래서 마음속에 그리스도교 사상을 품었던 니체는 "웃음을 동반하지 않은 진리는 모두 거짓이라고 생각할 수 있다!"[1]라고 주장한 것이다.

고통은 심오한 삶의 진리 가운데 하나로서 그리스도교에서 가장 중요한 가르침의 바탕을 이룬다. 예수는 고통과 연민을 구체적으로 연결한 역사상 최초의 존재다. 그러나 신학자들이 예수의 고통에서 교리를 만들어내면서 예수가 겪은 고통의 구체적 장면은 잊힌 것 같다. 그리스도교 교리의 뚜렷한 특징은 타인, 즉 예수가 우리를 대신하여 고통을 겪고 우리가 저지른 악행의 대가를 지불한다는 것이다.

또한 잠재우기 어려운 열정과 원죄에서 구원받으려면 외부의 도움이 필요하다. 이 같은 '대리 고통' 교리는 열정과 고통이 서로를 정의하는 조건이라고 보는 순간 대안이 마련된다. 즉 개인의 연민을 아무것도 하지 않으려는 핑계로 보지 않고 능동적 본보기로서 예수의 자취를 따르는 행위로 보는 것이다.

바울로는 타락과 원죄 신화로 인해 에로틱한 사랑과 종교가 그 근원이 실제로 같더라도 그리스도교에서 긍정적으로 결합하기는 불가능하다고 생각했다. 프랑스 사상가 조르주 바타유Georges Bataille[2]는 에로티시즘이 인간 존재의 본성에 대한 의심을 인간 의식 안에 품게 한다고 주장했다. 에로틱한 사랑의 근원이 종교적이고 에로틱한 경험은 자기를 초월한다는 생각을 그리스도교가 거부함으로써 그리스도교에 존재하는 성스러움도 약화되었다고 바타유는 이야기한다. 종교사를 통해 확인하듯 세계의 다른 종교에서 에로티시즘은 성스러운 신비의 한 요소로서 중요한 위치를 차지한다. 서구 문화의 발상지 고대 그리스에서 에로틱한 사랑은 신성한 감정을 불러일으켰다. 따라서 현대인은 성행위에 대한 그리스도교의 비판적 견해가 초래한 역설적인 결과에 대해 생각해볼 필요가 있다. 오늘날 포르노그래피에서 보듯 에로티시즘이 천하고 열등한 것으로 전락하면 성행위 또한 그렇게 전락할 가능성이 있다. 여러 면에서 2000년의 세월을 지배하는 이 경향은 성 아우구스티누스가 중세 교회를 창설하기 이전의 부정적 출발점으로 다시 돌아간다. 즉 육체 문화를 인간 삶의 가장 친밀한 문화로 존중하기보다는 천박한 문화로 치부하는 경향으로 돌아가는 것이다. 이 과정에서 아우구스티누스는 바울로만큼이나 커다란 영향을 미쳤다.

성 아우구스티누스 ◆◆◆

고대 그리스 철학은 중세 신학과 교회 성직자들의 마음 개념에 막대한 영향을 끼쳤다. 신플라톤주의자 플로티노스의 사유가 특히 그러했다. 이런 와중에 성 아우구스티누스354~430가 마음에 대한 해석을 내놓았다. 당시 마음에 해당하는 라틴어 코르cor는 아니마anima, 아니무스animus, 멘스mens, 인텔렉투스intellectus, 라티오ratio 같은 말들과 사실상 같은 뜻으로 쓰였다. 이 라틴어 단어들은 영혼, 영, 이성 등을 뜻한다. 이는 분할할 수 없는 영혼psyche의 일부는 불멸의 비육체적인 존재라고 생각한 플라톤의 입장과 같다.

최초의 위대한 그리스도교 신학자 성 아우구스티누스는 마음의 신학을 발전시켰다. 그의 《고백록Confessions》(400)은 서구 문화사에서 처음 쓰인 자전적 저서인데, 성서를 제외하고 이 책만큼 문화 전반에 걸친 감정적 삶과 자의식에 깊은 영향을 준 예도 드물다. 성 아우구스티누스는 《고백록》을 통해 새로운 문학 장르를 선보이고 나아가 내면의 자아와 자의식에 초점을 맞춘 새 인간형을 소개했다. 물론 새로운 정신 상태가 등장하여 유럽 문화에 자취를 남기기까지는 많은 세월이 걸렸지만 말이다. 성 아우구스티누스는 동료 인간들에게 이렇게 고백한다.

> 내가 누구에게 이 말을 합니까? 내 하느님이신 당신께 하는 것이 아니라 당신 앞에서 나와 같은 사람들, 우연히 내 글을 읽게 될 사람들에게 말합니다. 그렇다면 목적이 무엇이겠습니까? 같은 글을 읽는 나를 포함한 모든 사람이 당신에게 엎드려 울부짖는 심연에서부터 깊이 생각하기 위해서입니다. 고백하는 마음과 신앙 생활보다 당신의 귀에 더 가까이 있는 것이 대체 무엇이겠습니까?[3]

성 아우구스티누스는 《고백록》에서 '불안한 마음'에 대해 썼다. 마음은 세상에 대한 사랑과 신에 대한 사랑으로 분리되어 있어 불안하다. 《고백록》 첫 장에는 인간은 오직 신 안에서만 휴식을 취할 수 있다는 잘 알려진 이야기가 나온다. 하나의 위대한 단일체 안에서 휴식을 취하려면 우선 자신을 욕망과 의지에서 자유롭게 하고 신의 법칙을 따라야 한다. 성 아우구스티누스는 신의 뜻과 인간의 마음에 새겨진 법칙을 구별했다. 인간이 경험을 초월한 신성을 깨달을 수 있는 것은 조물주가 인간의 마음에 신성한 불꽃을 불어넣었기 때문이다. 신성한 불꽃은 신과 하나가 된 뒤에 신의 말로 불붙고 성스러운 광채로 타오르면서 내면의 분리를 극복한다. 이 광채가 성 아우

구스티누스를 움직이는 힘이다. 그러므로 불타오르는 마음은 성 아우구스티누스의 개인 상징이다. 수세기 뒤에 그림에서는 그의 도상으로 자리잡았다.

신의 사랑은 인간의 마음을 각성하게 해준다. 《고백록》 2권 주요 부분에서 참회하는 죄인은 자신이 죄를 고백하는 까닭을 말하고, 중세를 거쳐 오늘날에 이르기까지 유럽 문화에 적용된 영혼과 마음에 대한 그리스도교적 비유에서 무엇이 중요한지 말한다.

> 고백하는 마음과 신앙 생활보다 당신 귀에 더 가까이 가기 위해서입니다. …주여, 도둑질을 하면 인간의 마음에 새겨진 당신의 법에 따라 벌을 받습니다. 하지만 사악한 행위 자체를 없애지는 못합니다. …주여, 내 마음을 보십시오. 그래서 내 마음이 바닥 없는 나락에 빠져 있을 때 불쌍하게 여겨주십시오. 이제 보십시오. 그 나락에서 무엇을 찾고 있는지 내 마음으로 하여금 당신에게 말하게 하십시오. 부질없이 방탕하게 지냈노라고 말하게 하십시오. 악의 꾐에 빠진 것이 아니라 악 그 자체입니다. …나는 소멸되기를 원했습니다. 자신의 실수를 사랑했습니다. …당신이 계신 하늘에서 떨어져 완전히 파괴되고 말 속된 영혼입니다.[4]

성 아우구스티누스의 신학과 플라톤이 체계를 세운 감정의 내면화 및 고대 후기에 플로티노스에 의해 행해진 육체적이고 감각적인 것의 도덕적 격하는 새로운 문화로 변모하면서 그리스도교 인간관으로 통합되었다. 이런 면에서 성 아우구스티누스는 고대 인간관과 관련 있는 새로운 인간관을 제시했다. 이제 내면의 정신적이고 초자연적인 영적 세계가 진정한 세계가 되었고, 마음은 내세를 추구하는 영혼의 처소가 되었다. 성 아우구스티누스는 저 하늘에 존재하며 인간을 벌하는《구약성서》의 신 야훼가 인간 안에 강렬한 죄책감과 죄의식의 형태로 내면화되어 참회의 삶을 살도록 한다고 생각했다.

성 아우구스티누스는 분명 고대 그리스를 격하했지만 유럽 문화의 바탕을 이룬 그리스 · 로마 문명과 그리스도교 사상을 통합했다. 성 아우구스티누스 자신은 그리스 문화 전통에 뿌리를 내리고 수사학자로서 교육을 받았다. 생활방식에서도 자연스러운 육체관을 주장하여 성격상 '그리스' 문화에 가까웠다. 그는《고백록》을 통해 육체를 거부하지 않는 문화 안에서 행한 자신의 성적 생활에 대해 상당히 많이 언급했다. 그는 32세에 세례를 받고 독실한 그리스도교인이 되었는데, 그리스도교로 개종하기 전까지의 이야기는 육체에 대항한 싸움의 연속이었다. 그는 19세에서 28세까지 마니교[●]를 신봉했다. 마니교는 세상을 인간이 전혀 통제하지 못하는 선과 악, 빛과 어둠으로 나눴다. 중세에는 세상을 경멸하는 태도가 나타났는데, 이는 마니교와 같은 종교의 영향이기도 하다. 따라서 에로틱한 것은 결정적으로 도덕적이지 않다고 여겨졌고 영혼과 성은 분리되었다. 성 아우구스티누스가 그리스도교로 개종하기까지 결정적으로 영향을 미친 플로티노스의 신플라

마니교
3세기에 페르시아 왕국의 마니가 창시한 종교로 고대 페르시아의 조로아스터교에서 파생했고 그리스도교와 불교의 여러 요소가 가미되었다. 마니교의 교의는 광명과 선, 암흑과 악의 이원론을 근본으로 한다. 문화와 종교 면에서 동양과 서양의 양 세계를 잇는 가교 역할을 했다.

톤주의는 바로 이런 전통의 일부로서 물질과 육체와 감각을 도덕적으로 깎아내렸다. 성 아우구스티누스는 플로티노스의 신학에 영향을 받아 인간의 진정한 목적은 초감각적인 데 있다고 확신했다. 이는 영혼을 죄의 문제에서 해방함으로써 이룰 수 있는 목적이었다.

성 아우구스티누스의 육체관에서 도덕성을 강화하는 주요소는 이성과 의지의 관계 변화였고, 이런 관계 변화는 서구인의 자의식에 상당한 영향을 미쳤다. 육체적 충동에 맞선 싸움에서 어느 정도 자유로운 인간의 의지는 과거 플라톤과 아리스토텔레스의 경우에 이성이 차지하던 자리에 들어섰다. 성 아우구스티누스는 인간이 도덕적으로 존재하려면 의지와 자유 선택이 선행되어야 한다고 주장함으로써 인간으로 하여금 자기 행동뿐 아니라 자신의 감정과 충동에 책임지도록 했다. 이처럼 모든 것을 개인이 책임져야 할 대상으로 만든 결과 불순하고 감각적인 생각조차 죄가 되었고, 무의식적인 생각 때문에 벌을 받고 영원한 지옥에 떨어질 수도 있었다. 성 아우구스티누스에게는 육체 안의 의지와는 독립된 무엇이 존재한다는 사실이 신학에서나 개인에게 딜레마였고, 의지로 통제할 수 없는 성적 꿈 때문에 괴로웠다. 그러나 의지는 자유롭지 않고, 인간은 사랑을 통한 신의 자비로만 구원받는다. 훗날 루터는 성 아우구스티누스의 이런 교리를 계승하여 선한 행동이나 이성, 의지가 아닌 '오직 믿음으로sola fides'• 만을 구원의 조건으로 삼았다. 인간의 의지는 자신 쪽으로 이기적이게 굽어 있다. 인간은

'오직 믿음으로'
루터가 이끈 종교개혁에서 '오직 믿음으로'는 '오직 말씀으로sola Scriptura', '오직 은총으로sola gratia'와 더불어 3대 구호의 하나였다.

결코 해결하지 못하는 딜레마에 빠진다. 스스로 모든 생각과 태도와 행동을 통제한다 하더라도 원죄의 결과로 지옥에 떨어지기 쉽기 때문이다. 성 아우구스티누스는 타락할 때 욕망(욕정)이 의지를 와해시킨다고 믿었다.

> 몇 가지 점에서 성 아우구스티누스는 원죄가 성행위의 사악한 욕정을 통해 모든 인간에게 전달된다고 믿은 것 같다. 따라서 그는 성행위 자체가 전염의 근원이라 생각하기에 이르렀다.[5]

타락 때문에 성행위는 성 전염성 질환으로 보아야 한다는 병리상의 비유도 아우구스티누스에게서 나왔다. 욕정은 전염의 근원이고 아담과 하와가 범한 죄에 대한 신의 처벌이다. 성 아우구스티누스처럼 자아에 대한 진실은 성적 특질에서 발견된다고 여기는 그리스도교는 완전히 프로이트적이다. 그러나 그리스도교가 프로이트와 본질적으로 다른 점은 개인이 구원받기 위해서는 인간의 성적 측면을 거부해야 한다는 점이다.

성 아우구스티누스의 유산과 중세 ◆◆◆

성 아우구스티누스가 성행위를 최악의 죄로 낙인찍고 더불어 중세

교회가 처벌과 구속을 마음대로 행함으로써, 크고 작은 죄로 인해 신이나 사탄의 처벌을 받을지 모른다는 공포가 증폭되었다. 육체적인 감정과 정념을 대하면서 두려움을 내면화하는 가장 효과적인 수단은 바로 지옥과 영원한 고통으로 대표되는 처벌에 대한 두려움이다. 현대인은 중세의 그리스도교인이 지옥에 대해 품은 두려움을 상상하기 어려울 것이다. 지옥에 대한 두려움은 도덕적으로 치명적인 '유혹'으로 치부된, 뿌리 깊은 육체적 욕망과 온갖 유사한 생각과 연결되어 개인과 삶의 창의적인 기쁨 및 자발적인 개인 발달을 계속 억압했다.

중세에 고안된 연옥[●]은 지옥에 대한 두려움을 강화했다. 연옥을 고안한 사람은 프랑스 성직자 피에르 르 망죄르Pierre le Mangeur였다. 그는 엄밀한 의미에서 '정화', '죄 씻음'을 뜻하는 연옥이라는 용어를 1170년대에 명사로 처음 사용했다. 연옥은 심판의 날에 이르러 죽은 자와 그 영혼이 천국이나 지옥으로 보내지기 전에 마지막으로 잠시 머무는 장소다. 이곳에서 죄인은 산 채로 형틀에 묶이거나 더 심하게는 고문을 당하고 말뚝에 묶인 채 불에 타면서 연옥과 지옥을 조금씩 경험해야 한다. 교황과 교회는 종교재판이 진행되는 동안 고문을 승인하는 정도에 그치지 않고 자백을 받아내기 위해 장려하기까지 했다. 교회가 개발하고 사용한 고문 방법은 추악함에 있어서 훗날 여러 테러 정권이 자행한 고문보다 못하지 않았다.

연옥
purgatory, 가톨릭의 교의 가운데 하나로 죽은 사람의 영혼이 죄를 씻기 위해 머무는 곳.

그리스도교에서 인간은 이승과 저승의 덫에 갇힌다. 이승에서는 육체의 열정과 유혹에 사로잡히고, 내세에서는 지옥의 영원한 저주가 계속 위협한다. 인간에게 지옥은 창의성을 발휘해 풍부하게 상상해야만 그려볼 수 있는 끔찍한 고통을 겪는 곳이다. 육체에 대한 교회의 비난, 지옥불의 교리, 기타 억압 수단 등은 인간에게 공포를 심었을 뿐 아니라 그리 바람직하지 못한 도덕심과 죄책감 등을 불러일으켰다. 인간은 논리적으로나 감정적으로 덫에 갇히고 말았다. 육체에 맞서 싸워봐야 이기지 못하기 때문에 육체는 사탄의 지배를 받는다. 그러므로 인간은 신의 뜻에 복종할 수밖에 없다. 여기서 역설이 등장한다. 인간은 자유의지를 가졌지만 이것만으로는 부족하다. 인간은 자기의지가 선을 선택하지 않기 때문에 신의 뜻을 따라야 한다. 하지만 신의 뜻은 인간의 의지와 이성의 한계 밖에 존재한다. 그러므로 인간은 신의 자비를 믿어야 하고 달리 구원받아야 한다. 즉 예수의 대리 고통을 통해 구원받아야 한다.

가톨릭을 중심으로 한 중세 전성기와 말기에는 예수의 고통과 인간 구원의 교리가 발전했는데, 피가 그것을 상징했다. 그러다 나중에 르네상스 미술과 특히 바로크 미술에서는 심장이 피를 대신한다. 피는 예수의 고통을 가시적이고 극적으로 표현한다. 중세와 르네상스 시대의 신학과 예술은 피 흘리는 예수의 모습을 묘사했다. 예수는 십자가를 지고 채찍을 맞으며, 가시 면류관을 쓰고 특히 십자가에 못박힐 때 항상 피를 흘린다. 마지막으로 로마 군인이 창으로 예

수의 옆구리를 찌르자 피와 물이 솟구친다. 성배에도 피를 담고, 인간들이 성찬식에서 마시는 성스러운 포도주도 사실은 피를 나타낸다. 1215년 교황 칙령으로 포도주는 실제 그리스도의 피가 되었고 빵은 그리스도의 육체가 되었다. 루터는 이를 미신이라 여겨 거부했다. 그는 '오직 믿음'으로 충분했다. 이를테면 베르니니• 같은 예술가들의 종교적 내용을 담은 작품은 인간의 죄가 정화의 샘에서 그리스도의 피로 씻기는 장면을 묘사한다. 오직 피만이 인간의 죄를 정화하고 모든 죄에서 자유롭게 한다. 가톨릭에서 최소 일 년에 한 번 이상 영성체를 받아 모시는 까닭은 인간 육체가 내세에서 확실히 부활하도록 돕기 위해서다. 인간의 연약한 살이 죄의 소굴에 굴복하지 않는다면 말이다.

베르니니
G. L. Bernini, 17세기 이탈리아의 조각가이자 건축가.

그리스도교는 에로티시즘을 비난했다. 사랑은 무엇보다도 신과 이웃을 향해야 하기 때문이다. 그리스도교에서 에로틱한 사랑은 신의 사랑에 맞설 뿐 아니라 신의 진정한 경쟁자이자 적인 사탄에게서 비롯한 유혹이다. 중세에 에로티시즘이 악마에 씌인 것이라고 비난받은 까닭은 바로 이 때문이다. 여성이 사탄에게 이용당하고 원죄에 책임이 있는 것으로 묘사한 《구약성서》의 타락 신화가 점차 바울로의 여성관과 연결됨으로써 여성은 악마로 비쳐졌다. 여성은 자신의 에로틱한 욕망 때문에 악마와 결탁하여 남성을 유혹한다. 여성은 악이 날뛰면서 바이러스처럼 번지는 장소다. 그래서 여성, 육체, 성행위는 악마의 삼인방을 구성한다는 이유로 모두 격하되고 금기시되

었다.[6]

이 같은 여성의 악마화가 마녀재판의 근거가 되었다. 종교재판의 영향을 받아 생겨난 마녀재판은 중세 말에 막강한 위력을 떨치면서 17세기에 절정에 이르렀다. 특히 개신교 국가에서 계몽 시대까지 계속된 마녀재판은 그리스도교인들이 실제의 죄와 상상의 죄에 대한 처벌을 둘러싸고 느낀 두려움의 표현이다. 처음에 교회는 마녀에 대한 믿음을 이교도적 미신이라 규정하고 근절해야 한다고 생각했다. 그러려면 속죄양이 필요했고, 처벌에 대한 사람들의 두려움을 부채질하면서 마녀 사냥의 토대가 마련되었다. 결국 1484년에 마녀가 존재한다는 내용의 교황칙서가 발표되었다. 종교개혁도 마녀재판에 종지부를 찍지 못했고, 오히려 스칸디나비아와 기타 개신교 국가에서는 정반대 현상이 일어났다. 마녀재판은 마녀와 악마와 지옥에 대한 믿음과 가르침을 더욱 공고히한 루터에게도 막중한 책임이 있고 이는 역사적 사실이다. 루터의 주장으로 마법에 대한 사람들의 믿음은 악마에 대한 믿음과 결탁했다. 또한 루터는 지옥 개념에 점진적으로 많은 변화를 주면서 지옥을 가톨릭에서 말하는 것보다 훨씬 무서운 장소로 만들었다.

1486년에 도미니크 수도회 수사인 하인리히 크라머Heinrich Kramer가 쓴《마녀의 망치Malleus Maleficarum》는 그리스도교에서 벌어진 무시무시한 움직임 가운데 여성과 성, 성행위를 악마시한 가장 기괴한 예라 하겠다. 1484년 교황 이노센트 8세가 갖가지 마법과 악을 유발할 가능성이 있는 악마와의 접촉을 금지하는 칙령을 발표한 뒤에 나온 이 책은 베스트셀러가 되어 1669년에 28쇄까지 찍었고 계속 개정판도 냈다. 또한 그 뒤 200년 동안 여러 마녀재판과 판결에 권위와 정당성을 부여하는 데 기반이 되었다. 이 책은 특히 여성과 관련하여 다음과 같이 주장했다.

> 여성은 남성보다 더 육체적이다. 육체적으로 혐오스러운 행위를 더 많이 하는 데서 분명히 알 수 있다. …여성에게는 결코 만족할 줄 모르는 치명적인 욕망이 존재한다. … 결코 채우지 못하는 세 가지가 있고 아무리 가져도 결코 충분하지 않은 네 번째 것이 있는데 바로 자궁으로의 진입이다. 여성은 어째서 욕망을 채우기 위해 악마와도 성행위를 하는가?[7]

육체와 성, 성행위에 대한 그리스도교의 비난은 너무도 준엄했기 때문에 모든 문화에서 인간 마음에 깊이 새겨졌다.

자신이 젊을 때 경험한 감각적 생활을 직시하면서 성 아우구스티누스 주교가 대변인 역할을 자임한 죄와 고해의 종교는 17세기 말에서 18세기 초까지의 경건주의•와 19세기에서 20세기까지의 종교 부흥 흐름에서 절정을 이루었다. 바울로와 성 아우구스티누스가 성과 성행위에 취한 비판적 태도는 20세기에 들어와 지그문트 프로이트에 의해 이른바 성의 혁명이 거세게 몰아칠 때까지 줄곧 서구 문화를 지배해왔다. 성 아

경건주의
Pietism, 17세기 말 독일 루터파 교회의 정통주의적 고정화固定化 경향에 반대하여 일어난 개신교 종교운동. 성서주의, 엄격한 종교생활, 금욕적 도덕의 실천 등을 특징으로 한다.

우구스티누스와 프로이트는 성적 특질을 인간의 진리와 내면의 삶을 설명하는 열쇠로 보았다는 점에서 유사하다.

성 아우구스티누스는 중세가 낳은 탁월한 신학자였다. 한편 중세 전성기의 가장 위대한 신학자 토마스 아퀴나스1225~1274는 신학의 출발점을 플라톤과 플로티노스보다는 아리스토텔레스에 두었기에 성 아우구스티누스만큼 이원론적 세계관을 갖지 않았다. 토마스 아퀴나스는 영혼에 대해서 성 아우구스티누스와 근본적으로 다르게 생각하지 않았지만 그는 일원론자였다. 무엇보다도 악을 결핍과 퇴락의 형태로 보았다는 점에서 그렇다. 이제 사탄은 완전한 존재가 되지 못하고 본질을 결여한 비존재로 전락한다. 성 아우구스티누스는 내세에 이르기 전 이승에서 겪는 불안한 마음에 평화와 휴식을 주지 않는 듯 보이지만, 토마스 아퀴나스는 이승에서 마음의 변화가 일어날 수 있다고 강조했다. 마음은 재탄생이 이루어지는 장소이기 때문이다. 마음의 변화는 태도 및 행동과 관련한 모든 것을 새롭게 바꿀 수 있다. "고리타분한 데서 벗어나 모든 것을 새롭게 하자. 우리의 마음, 목소리, 일을 새롭게 하자."

그러나 현대 서구인이 그리스도교 교리로 받아들인 것은 아퀴나스의 현실주의나 일원론이 아니라 플라톤과 플로티노스, 바울로에서 파생한 성 아우구스티누스의 육체관이다. 이성을 해방하고 발전시키는 방편으로 열정을 통제하면서부터 플라톤과 소크라테스의 미

덕이 이성에 있다는 사실은 잊혀졌다. 그리스도교는 계명이라는 형태를 통해 열정을 사랑과 두려움으로 둔갑시켰다. 하나의 열정을 두 극단으로 분리한 것이다. 이렇듯 둘로 나뉜 열정은 셋으로 분리된 신과 연결되었다. 민간설화에서 인간에게 벌을 주는 신이 머리 셋 달린 괴물로 등장하는 모습은 결코 놀랍지 않다.

중세의 인간관은 현대 그리스도교에 의해 정당성이 입증되었고, 경건주의의 이면에는 응징하는 자이자 고취하는 자로 활동하는 루터가 있었다. 루터는 여러 방식으로 개인의 내면화 과정을 이끌었고, 플라톤과 성 아우구스티누스는 내면화 과정을 위해 개인주의적 모더니즘의 초석을 놓았다. 루터는 죄가 크든 작든, 말로 표현되든 행동으로 표현되든, 태도로 나타나든 행동으로 나타나든 관계없이 모든 죄를 전적으로 개인의 양심 문제로 돌렸다. 개인은 심판의 날, 자신의 모든 생각과 행동에 대해 양심에 따라 오로지 신에게 대답해야 한다. 교회의 축복과 더불어 '네 믿음이 너를 구원했다' 는 원칙을 바탕으로 사악한 양심이 종종 마음 깊숙한 곳에서 자기용서로 이어지는 경우가 많았다.

인간적인 것은 모두 부정적인 것과 긍정적인 것으로 나뉘기 마련이다. 이는 그리스도교에도 적용된다. 긍정의 측면에서 그리스도교는 영적 힘을 대표함으로써 창의적인 에너지를 집중해 문화 전체에 발산했다. 일례로 영감의 가장 중요한 신학적 원천을 성 아우구스티누스에게 둠으로써 인류 역사상 가장 위대한 예술작품의 일부가 이 시기에 완성되었다.

오늘날에 이르러 감각적 에로티시즘에 대한 성 아우구스티누스의 견해에 부정적인 평가를 내리는 경향이 등장했다. 그렇다 하더라도 성 아우구스티누스 신학이 인간과 인간, 인간과 신의 화해를 돕는 따뜻한 사랑을 적극적으로 만든 사실을 가볍게 보아서는 안 된다. 성 아우구스티누스는 신의 존재의 핵심이 사랑이라 생각했기 때문에 사랑에 집중했고, 이런 사상은 유럽 문화에 흐르는 사랑의 전통과 관조적 신비주의의 기초가 되었다. 또한 이 두 측면은 중세 전성기에 베르나르두스•의 영향을 받으며 더 강화되었다. 진정한 사랑의 전통은 실이 계속 이어지듯 성 아우구스티누스에게서 시작하여 베르나르두스와 루터를 거쳐 한나 아렌트•에 이르기까지 유럽 문화를 따라 이어졌다. 한나 아렌트는 《성 아우구스티누스에 나타난 사랑의 개념Der Liebesbegriff bei Augustin》(1928)으로 자신의 지적 여정을 시작했는데, 이 작품은 그녀의 대표작 《인간의 조건The Human Condition》(1958)이 탄생하는 데 지대한 영향을 미쳤다. 이 책에서 아렌트는 적극적으로 행동에 나서는 논증적인 시민을 이상형으로 내세웠다.

베르나르두스
Bernardus, 중세 프랑스 신학자로 시토 수도회의 수사이자 신비주의자. 클레르보 대수도원을 설립하고 대수도원장직을 지냈다. 시토 수도회는 베네딕트의 계율에서 '청빈과 노동'을 강조하여 육체노동을 부단히 수행한 것으로 유명하다.

한나 아렌트
Hanna Arendt, 독일 태생의 유대인 철학사상가. 1·2차 세계대전 등 세계사적 사건을 두루 겪으며 전체주의를 통렬히 비판했다.

오늘날의 역사·인류학 관점에서 볼 때 성 아우구스티누스의 불안한 마음은 중세의 신학적 틀에서 벗어나 인간 보편의 모습을 나타낸다. 즉 자신과 사회보다 더 커다란 무엇이 존재한다는 직관과

깊은 감정을 드러낸다. 또한 마음이 가리키는 것을 따르면 그 일부가 될 수 있으며, 개인적 · 문화적으로 우리에게 주어진 것을 돌봄과 동시에 세계를 좀더 바람직하게 만드는 풍부한 잠재력을 깨닫게 하는 무엇이 있음을 알게 한다. 이런 불안함이 없다면 지상에 평화도 없다.

유럽에서 가장 위대하고 아름다운 창조물?

그리스도교를 바탕으로 중세 전성기와 르네상스 시대에 만들어진 예술작품에는 과학이 인간과 세계의 모습을 규정하기 이전 유럽 문화의 정수가 담겨 있다. 유럽에서 르네상스 시대만큼 위대한 예술 창작의 시대는 없었다. 전성기 고딕 예술과 바로크 음악, 일부 문학 작품만이 겨우 도전장을 내밀 뿐이다. 유럽 문화의 핵심을 신약 시대의 그리스도교와 고대 그리스라는 두 축으로부터 이어지는 혁신이라고 보고 여기에서 비롯한 가장 가치 있는 최고의 예술적 표현을 찾고 싶다면 르네상스 예술의 주제인 사랑에 주목할 필요가 있다. 사랑은 그리스도교의 정수일 뿐 아니라 호메로스에서 시작하여 소포클레스에 이르기까지 고대 예술에서도 다채롭게 다루어졌다. 예술작품을 살펴보면 고대 이후에 사랑의 개념이 어떻게 변화했는지 알 수 있다.

현대인이 그리스도교와 르네상스 예술가에게서 발견하는 마음은 고대의 마음과 다르다. 르네상스와 바로크 시대 회화에서 소재로 즐겨 사용된 활과 화살을 든 아모르•가 분명한 증거다. 회화를 살펴보면 사랑과 아모르가 심장과 관계있다는 사실을 알게 된다. 고대인은 사랑에 빠지거나 에로틱한 사랑을 나눌 때 심장 박동이 더 빨라진다는 사실을 알았다. 하지만 그들의 관점은 달랐다. 철학에서나 예술에서나 에로스와 심장은 직접적인 관계가 없었다. 고대 사랑의 역사에서 중요한 자리를 차지하는 플라톤의《향연》같은 작품도 심장에 대해서는 전혀 언급하지 않았다. 그리스와 로마의 신들도 심장에 대해 특별한 관심을 보이지 않았다. 아프로디테는 인간을 에로틱하게 유혹했지만 인간의 심장에는 손대지 않았다. 로마의 사랑의 여신 비너스도 마찬가지였다. 사랑의 여신을 묘사한 고대의 어느 조각상도 심장이 사랑의 장기라는 점을 분명히 밝히지 않았다. 잘 알려져 있듯이 젊은 에로스, 즉 로마 신화의 아모르는 화살을 가진 모습으로 묘사되는데, 그 화살이 심장을 겨냥하는지는 분명하지 않다. 아모르의 화살이 심장을 겨냥하는 이미지는 르네상스와 바로크 예술(초기에는 시)에 들어와서야 등장했다.

아모르
Amor, 로마 신화에 나오는 사랑의 신. 그리스 신화의 에로스에 해당한다.

활을 들고 아프로디테와 동행하는 에로스의 이미지가 널리 퍼진 것은 헬레니즘 시대였다. 현대인이 중세 말의 르네상스 시대, 특히 바로크 시대의 회화에서 보게 되는 마음의 시각화 또한 새로운 움직임이었다. 이는 호메로스의 영웅을 사랑하기도 하고 그들과 다투며

소일하던 변덕스러운 아프로디테의 모습에서 바로크 예술의 거장 베르니니의 성녀 테레사 조각상으로의 엄청난 도약을 뜻했다. 베르니니는 성녀 테레사가 아모르의 모습을 한 예수의 화살에 심장을 관통당하고 성스러운 황홀경에 빠져 정신을 잃는 장면을 조각했다. 성녀 테레사는 뜨겁고 하얀 화살촉이 어떻게 심장을 꿰뚫고 배를 관통했는지 자신의 입 모양을 통해 생생하게 전달한다. 이와 마찬가지로 무리요•의 그림이나 1620년 이후 루벤스•의 그림에서는 신 또는 예수의 사랑의 화살이 성 아우구스티누스의 심장을 관통하여 불을 지피며 성스러운 불길을 일으키는 모습이 묘사된다. 또한 서구 문화에서 심장이 상징하는 핵심 측면을 표현한 그림으로는 헨리 홀리데이Henry Holiday의 〈단테와 베아트리체Dante and Beatrice〉(1883)를 들 수 있다. 단테는 이승에서는 손에 쥘 방법이 없는 베아트리체를 거리에서 우연히 마주치자 자신도 모르게 심장에 손을 얹는다. 단테가 베아트리체와 결합할 수 있는 유일한 방법은 지대한 신의 사랑으로 둘의 영혼이 내세에서 한 번 더 만나는 길뿐이다. 그가 심장으로 느낀 사랑은 신성한 영감이었고, 작가 알리기에리 단테Alighieri Dante는 이 영감을 통해 심장 비유를 우화적으로 표현한 유럽 문학의 걸작 《신곡La divina commedia》을 쓰기에 이른다.

무리요
B. E. Murillo, 벨라스케스, 리베라와 함께 17세기 스페인 바로크 회화를 대표하는 화가.

루벤스
P. P. Rubens, 바로크 미술의 대표 화가로 대담한 명암 표현과 생동감 넘치는 관능적인 표현에 능했다.

고대의 에로스나 아모르의 화살, 성 아우구스티누스의 심장과 성녀 테레사의 심장에 꽂힌 화살은 곧 십자가에 매달린 예수의 옆구리

에 꽂힌 창과 겹친다. 성서에 묘사되었듯 예수가 창에 찔린 부위는 심장이 아니라 옆구리와 배였다. 사실 성서는 예수의 심장에 대해 거의 언급하지 않는다. 그러다 중세 전성기와 말기, 르네상스 시대와 특히 심장 상징화가 최고조에 달하던 바로크 시대에 이에 대한 재해석이 이루어졌다. 이때 피와 심장이 거의 동일시되었다. 이에 대해서는 이 책 후반부에서 다루고자 한다. 예수는 십자가에서 고통을 받았지만 신의 사랑으로 구원받았고, 자신의 신성한 사랑을 베풀어 희생함으로써 인류를 구원했다. 예수가 매달린 십자가 밑에는 예수의 육체와 영혼을 각각 사랑하는 두 마리아가 있었다. 어머니 마리아는 아들이 태어나고 얼마 지나지 않아 아들의 운명에 대한 예시를 받았다. "당신의 마음은 예리한 칼에 찔리듯 아플 것입니다."(〈누가복음〉, 2장 35절) 여기서 마음은 심장 안에 존재하는 본질적인 무엇이다. 따라서 고통은 심장 안에 존재한다. 어머니는 아들을 향한 모성애와 연민으로 괴로워한다. 심장이 오랜 역사를 거치면서 사랑과 열정, 고통과 연민의 이미지이자 상징이 된 데는 이 같은 배경이 자리한다.

또한 심장은 타인과 더불어 고통받거나 타인을 위해 고통받는 경우에 사랑이 행할 수 있는 화해와 구원의 이미지가 된다. 심장은 아마도 윤리나 법과 마찬가지로, 신학에서 갈라진 신앙 공동체를 회복해주기에 가장 적절한 장기로 언급될 것이다. 이때 관계 회복의 대상은 이웃이든 다른 민족이든 사회든 신이든 무관하다. 또한 인간의

연대감은 설사 상대방을 좋아하지 않거나 사랑하지 않는다 하더라도 타인을 포함하여 감정적으로 인간에게 의존하게 된다. 앙갚음의 도덕률을 파기함으로써 인간화를 이루는 것이 그리스도교가 서구 문화에 아로새긴 영적인 기여다. 유럽 최고의 예술과 문화에서 많은 부분이 이런 정신 상태와 인간관을 바탕으로 한다.

그리스도교는 예술과 과학, 이성적 사고와 더불어 서구 문화를 지탱하는 기둥 가운데 하나다. 비록 그리스도교의 도덕률(특히 성에 관한)이 여러 측면에서 삶을 손상하고 부패하게 했지만 그리스도교는 타인을 배려하는 좀더 인간적인 사회를 이룩하는 데 공헌했다. 이는 이웃을 사랑하라는 계명이 미친 역사적 영향력을 잘 보여준다. "너희는 남에게서 바라는 대로 남에게 해주어라."(〈누가복음〉, 6장 31절) 그리스도교에 이와 같은 교의가 없었다면, 유사한 상황에서 자신이 하는 일이 항상 보편적인 법의 원리가 되도록 행동하라는 정언명령定言命令을 주장한 칸트의 도덕철학은 나오지 못했을 것이다. 그리스도교에서는 개인과 타인, 이웃에 대한 배려가 개인의 자기구원에서 꼭 필요한 요소다. 이웃을 자기처럼 사랑하고 한쪽 빰을 맞거든 다른 빰을 대라는 부름은 '눈에는 눈, 이에는 이' 라는 식의 고대 유대인과는 다른 태도를 낳았다. 그리스도교 사고방식에서 볼 때 '눈에는 눈, 이에는 이' 라는 태도는 사악한 것이고 인간의 감정을 무감각하게 만들 뿐 아니라 사회 파괴의 악순환에 빠뜨린다. 이는 오늘날 우리가 중동에서 매일 접하는 현상이기도 하다.

서구의 개인주의는 문화와 사상사 관점에서 그리스도교가 전제되지 않는다면 존재하기 어렵다. 서구 개인주의는 개인의 구원을 중요하게 여긴다. 이상적으로 개인을 향해 연민을 느끼고, 개인을 존중하는 방식과 개인의 사회적 지위와 개인을 위한 법을 중요시하는 서구인의 면모는 중국처럼 집단 지향의 문화와 구별된다. 대표적인 예를 들어보자. 1989년 베이징 천안문 광장에서 학생들의 소요가 발생했을 때, 한 중국 젊은이가 홀로 늘어선 탱크를 막아섰다. 중국인들 눈에는 틀림없이 '미친 사람'으로 비쳤을 것이다. 이 젊은이의 모습을 담은 역사적 사진을 찍은 이는 바로 서구인이다. 젊은이의 일인 시위가 끝나자 그가 속했던 무리는 그의 신원이 중국 당국에 밝혀지지 않게 하려고 그를 보호했고, 그는 군중 안으로 유유히 사라졌다. 소요 장소가 유럽이었다면 이렇듯 상징적인 인물의 신원은 소요가 끝나기도 전에 이미 알려졌을 것이다. 이를테면 1968년 파리에서 발생한 학생 소요 사태 동안 손에 프랑스 국기를 들고 동료 시위 학생의 어깨에 올라탄 여학생의 예가 그러하다. 이처럼 중국 문화는 개인을 집단화하는 반면에 서구 문화는 집단을 개인화한다. 중국 문화에서는 마음이 집단 사회에 놓인다면 서구 문화에서는 마음이 개인을 위해 작용한다.

집단 및 공동 문화와 개인 문화의 관계는 문화의 유지와 생존에 매우 중요하다. 20세기 말에 이르러 서구 문화는 명백한 위기 또는

비극에 직면하면서 이기주의와 물질주의로 흘렀다. 공동 가치가 개인주의를 더 이상 억제하지 못하기 때문이다. 그러므로 그리스도교와 뿌리가 같은 이슬람교가 어떻게 개인을 통합함으로써 사회 질서와 종교 질서를 밀어붙였는지, 그 결과 여러 아랍 국가에서 어떻게 이슬람교와 《코란》이 가장 중요한 정신적 힘으로 부상했는지를 살펴본다면 무척 흥미로울 것이다. 최소한 이런 현상은 이슬람 문화에서 심장(마음)이 차지하는 역할과 관련이 있다.

5장

이슬람의 심장과 마음

내 마음으로 신을 앎으로써
나 또한 신에게 생명을 주었다.
– 이븐 아라비●

이븐 아라비
Ibn Arabi, 1165~1240, 스페인 태생으로 이슬람 최고의 신비사상가. 모든 존재의 근원은 하나라는 존재 일원론을 제창하여 신비주의를 철학의 하나로 발전시켰다.

이슬람 문화에서 심장은 감정적으로나 지적으로, 특히 정신적으로 매우 중요하다. 그렇기에 오래전부터 이슬람과 아랍 문화는 무엇보다도 심장의 문화라고 할 수 있다. 이슬람교에서 심장은 비유적 의미로도 쓰이면서 감각하고 직관하고 인지하는 객관적 장기다. 영감을 부여하고 계시하며 신성한 통찰력을 발휘하기도 한다. 이 점이 이슬람교와 그리스도교의 차이다. 그리스도교에서 심장은 영혼에 완전히 종속되고 대체로 영혼의 감정적 삶을 위한 여러 이미지 가운데 하나일 뿐이다.

이슬람교와 그리스도교의 또 다른 중요한 차이점은 창조주와 창조물과의 관계다. 이를 살펴본다면 한 종교가 다른 종교보다 활기차고 오늘날의 사회와 좀더 밀접한 관계를 맺는 까닭을 파악하는 데 도움이 될 것이다. 그리스도교의 신은 단 한 번에 세상을 창조했다. 그래서 그리스도교의 창조 역사는 끝난 반면에 이슬람교의 창조 역사는 신에게 정신적 영감을 받은 중개자를 통해 여전히 진행 중이다. 이슬람교의 신은 피조물, 예를 들어 인간의 일에 참여하는 존재로 인식된다. 이슬람교에서 인간이 신과 만날 수 있는 곳은 마음속이다. 인간이 신의 신성한 힘에 자신을 개방한다면 말이다. 따라서 "너 자신의 경정맥보다 너에게 더 가까이 있다."고 《코란》에 기록되어 있듯이 자기 자신보다 신과 더 가깝다고 여기는 까닭은 이 때문이다.

수피즘
Sufism, 신비주의 경향의 이슬람교 종파. 금욕과 고행을 중시하고 청빈한 생활을 이상으로 하며, 8세기 무렵 등장했다.

수피즘● 은 아랍 문화에서 마음의 개념이 별개의 교리이자 특별한 지적 실천으로 발전하도록 도왔다. 그런데 수피즘을 이해하려면 마호메트Mahomet, 570~632의 삶과 가르침을 잘 이해할 필요가 있다.

이슬람교는 21세기로 넘어오는 시점에도 일부 대륙에서 급속도로 팽창하고 있는 세계 종교다. 유럽은 이슬람 국가에서 대규모 인구가 이주하면서 이슬람교 세력이 늘고 있고 아프리카와 아시아는 특히 더 두드러진다. 이슬람교 팽창을 설명하는 일부 역사적 입장은 마호메트가 활동하던 시기와 마찬가지로 여전히 정치적 성향을 띤다.

오늘날 이슬람교는 억압받는 사람 편에 서서 정의를 대변한다고 주장하면서 현대 정치 상황에서 많은 아랍인이 격렬하게 표출하는 분노를 성스러운 것으로 정당화한다. 이슬람교는 자신의 마음을 따르는 것이 곧 신의 법칙을 따르는 것이라 말한다. 마음의 열정이 신성한 근원에서 비롯한다고 믿기 때문이다. 신의 목소리를 따르는 인간은 누구라도 다른 형태의 법을 따를 필요가 없다. 아랍 문화의 이런 정서는 오늘날 원리주의와 종교적 동기를 통해 폭력이 촉발하고 난무하게 된 까닭 가운데 하나일지 모른다. 그러나 이런 점은 아직까지 그다지 크게 부각되지 않고 있다.

이슬람교에서 신과 심장 사이의 밀접한 관계(거의 동일시되는)는 그리스도교의 유형과는 다르다. 특히 수피즘과 이슬람의 신비주의 때문에 그렇다. 수피들이 주도하는 신비주의는 이슬람교가 가진 이색적 측면인데, 여러 세대를 거쳐 이슬람교를 소생시키고 활력을 불어넣는 데 기여했고 제도적으로 화석화되는 현상을 방지했다. 이와는 대조적으로 그리스도교 신비주의는 시대에 뒤처진 기이한 사상으로 인식되었다. 그러나 사실은 수피즘도 어느 정도 시대에 뒤처지는 경향이 있고 오늘날 일부 이슬람 세계에서 억압당하는 형편이다. 이는 이슬람교 내에 정신적 침체와 권위주의적 폐쇄 현상, 집단적 교조화가 발생하고 있다는 징후이기도 하다.

이슬람교에서 심장이 중요해진 배경에는 마호메트의 삶과 가르침에 포함된 계시, 신의 현현 등 강력한 요소가 자리한다. 몇몇 측면에서 볼 때 이슬람교는 계시의 종교다. 이슬람교 교리 자체가 마호메트가 수년에 걸쳐 경험한 계시에 바탕하고 있기 때문이다. 마호메트

가 예언자라 불리는 까닭도 이 때문이다. 그의 예언적 사명은 여러 차례에 걸친 무아지경의 신비 체험으로 시작되었다. 예언자들과 천사들, 특히 대천사 가브리엘이 마호메트에게 모습을 드러냈다. 가브리엘은 꿈속에서 마호메트에게 신의 말씀을 전해주면서 성스러운 말씀을 읽고 말하고 설교하라고 명령했다. 이런 계시가 마호메트 가르침의 바탕이 되었다. 마호메트는 잠에서 깨어나자 마치 무언가가 자신의 심장에 새겨진 것 같았다고 한다. 심장이 신의 말씀과 영혼을 전달하는 메신저였던 것이다. 그런데 마호메트는 이런 계시를 계속 경험하면서도 3년 넘게 침묵하다가 대중을 가르치라는 또 다른 계시를 받은 612년에 이르러서야 대중을 가르치기 시작했으며 정치적으로도 종교적으로도 성공을 거두었다.

그러나 마호메트에겐 아직 부족한 점이 있었다. 그리스도교의 신이 모세 앞에 모습을 드러내고 십계명이 적힌 서판을 주었듯이 마호메트는 천국으로 올라가 성서를 가지고 돌아옴으로써 자신이 진정한 예언자라는 사실을 증명하라는 부름을 받았다. 이 사건은 또 다른 무아지경을 경험하는 동안 일어났다. 마호메트가 자신이 부리는 말 알부라크를 타고 천국에 이르자 가브리엘이 마호메트를 알라•의 옥좌로 안내한다. 여기서 마호메트는 알라의 입을 통해 자신이 다른 예언자들을 제치고 알라신의 선택을 받았다는 사실을 알게 된다. 이때 신은 마호메트에게 자신의 법이 새겨진 성스러운 《코란》을 준다. 심지어는 믿는 자와도 절

알라
Allah. 이슬람교의 절대 전능한 유일신. 인간의 지각으로 알 수 없는 절대적 인격신이라 여겨지기 때문에 신상이나 조각 따위로 나타내지 않는다.

대 공유해서는 안 되는 비밀스러운 통찰도 얻는다. 이처럼 처음부터 신비주의 성격을 띠었기 때문에 수피들은 이슬람교와 갈등을 일으키지 않고 자신만의 비밀스러운 진리를 추구하게 된 것이다.

이슬람교의 메시지는 간단하다. 이슬람교 교리는 다음과 같이 간단명료하게 서술된다. "알라 이외에는 신이 없고, 마호메트는 신의 예언자다." 마호메트는 처음부터 일신교를 주장했고, 특히나 그리스도교인도 아니고 유대인도 아닌 아랍인 사이에 존재하던 다신교에 직접 대항했다. 마호메트는 자신이 일신교를 주장하기 때문에 처음에는 유대인의 지지를 얻을 수 있으리라 희망했다. 게다가 자신의 생각과 신화적 인물의 여러 부분이 《구약성서》에서 직접 유래했기 때문이다. 유대교는 마호메트에게 큰 영감을 주었다. 성서에 나오는 아브라함은 아들 이스마엘과 함께 카바Ka' bbah를 창건한다. 마호메트는 유대인의 반대로 예루살렘에 들어가지 못하게 되자 메카에 자리한 카바를 이슬람교 중심지로 선택한다. 그로부터 이곳은 이슬람교 제1의 성소가 된다. 마호메트는 이렇게 천재성을 발휘하여 이슬람교를 통해 아랍 통일의 초석을 놓았다. 사실 카바는 마호메트가 나타나기 이전의 다신교 사회에서 줄곧 성스러운 장소로 숭배되던 곳이기 때문이다.

초기 이슬람교에서는 직역주의자가 막강한 지위를 차지했는데, 이는 오늘날까지 이어진다. 《코란》의 내용을 바탕으로 제정된 세속적 형법인 이슬람법(샤리아sharia)을 따르는 일부 이슬람 정권이 일례다. 그러나 마호메트 자신은 이슬람교에 광범한 해석의 가능성을 열어놓았다. 예를 들어 계시가 있고 난 뒤에도 자신의 경험을 조절하고 수정함으로써 이런 경향에 기여했고, 예언자와 그의 언행록(하디스•)다음에 형성된 구두 전승 과정에서도 재해석과 추측의 여지를 충분히 열어놓았다. 신성한 통찰과 능력을 소유한 이맘•과 수피는 새로운 형태의 창조와 진리를 대표한다. 이렇듯 이슬람교에서 보이는 창의적인 재해석과 신선한 신성 계시의 여지가 그리스도교와 유대교의 창조 교리에는 결여되어 있다. 더욱이 이슬람교는 교인에게 이것저것 엄격히 요구하지 않고 내세에서 세속의 쾌락을 풍성하게 누리는 삶을 약속한다. 마호메트에게는 이것이 지옥의 고통을 겪는 것보다 중요했다. 이를테면 성전聖戰인 지하드• 등을 통해 수많은 이슬람교 지도자가 순교하는 것은 믿는 사람 입장에서는 전혀 불행한 일이 아니다. 순교자들은 내세에서 자신의 노력과 희생을 보상받으리라 기대하기 때문이다. 이와 다른 측면에서 마호메트는 자제와 자비를 설교하기도 했다.

하디스
Hadith, 마호메트가 교우들과 나눈 언행을 기록한 문헌.

이맘
Imam, 이슬람교의 종교 지도자.

지하드
Jihad, 이슬람교 신앙을 전파하거나 방어하기 위해 이교도와 벌이는 투쟁. 이슬람교도 가운데 성인 남자는 이슬람법이 정하는 바에 따라 의무적으로 참가해야 한다.

이슬람교는 국가 종교로서 정치적으로 큰 성공을 거두었다. 이슬람교는 마호메트 사후 수십 년 만에 중동과 북아프리카 전역을 정복했고 시간이 흐르면서 인도와 페르시아에서부터 스페인 남부와 중앙아시아와 터키까지 세력을 확장했다. 이슬람교의 팽창은 독특한 문화 발달의 초석을 놓음으로써 시와 예술이 문화의 중심이 되도록 했다. 시 분야에서는 페르시아 언어와 고대 페르시아 전통, 아랍어와 아랍 전통이 만남으로써 주옥같은 세계적 작품이 탄생했다. 루미●, 하피즈●, 아타르●, 오마르 하이얌●, 사디●, 자미● 같은 시인이 대표적이다. 이슬람교가 이처럼 풍부하고 생생하며 창의적인 언어를 낳았다면 그리스도교가 지배하는 유럽은 몇 세기 동안 죽은 라틴어를 사용해 글을 써왔다. 이슬람교에서 종교와 시가 만나는 지점은 수피즘에서 쉽게 찾아지는데, 여기서 마음의 질은 매우 중요하다.

루미
Rumi, 13세기 페리시아 신비주의 문학의 대표 시인.

하피즈
Hafiz, 14세기 페르시아 시인으로 신비주의적인 시와 서정시에 뛰어났다.

아타르
Attar, 12~13세기 페르시아의 신비주의 시인. 《코란》의 장수章數에 맞춰 114편의 시를 저술했다고 전해지는데 현존하는 것은 아홉 편뿐이다.

오마르 하이얌
Omar Khayyam, 11~12세기 펠시아의 시인이자 수학자·천문학자.

사디
Sadi, 13세기 페르시아 신비주의 시인.

자미
Jami, 15세기 티무르 왕조 시대의 시인으로 신학·전기·음악에 관한 학술서도 남겼다.

수피즘에 나타난 마음의 지혜와 지혜의 마음 ◆◆◆

수피즘과 같은 다른 문화권의 비밀스러운 교리에 대해 서술하는 일은 마치 자동차 수리공이 양자역학의 본질을 설명하는 것과 같다. 또한 내부의 이유 때문에 외부에서 수피즘에 내해 판단하는 일은 자기모순이 될 가능성도 있다. 엄격한 의미에서 이슬람교는 비밀 종교로서 공개된 종교와는 본질적으로 다르다. 수피즘은 심오한 이론이 아니라 오직 해당 지역에서만 행해지는 수행이다. 따라서 틀에서 벗어나지 않은 관습화된 언어로 수피즘을 묘사하기는 어렵다. 수피즘의 내밀한 부분은 교인으로 입교하지 않아 자격이 없는 사람은 접근하기 어렵다. 이 원칙은 실제로 문화 환경과 상관없이 모든 신비주의에 적용되지만, 이 비밀스럽고 배타적인 이슬람 신비주의는 마호메트에게까지 기원이 거슬러올라간다. 즉 신에게서 직접 은밀한 통찰을 얻는 마호메트의 교리를 근거로 이슬람 사회에서 정통성을 획득한 것이다. 마호메트의 교리 가운데는 비밀스런 측면과 개인적 · 내적 해석이 필요하다는 내용이 있는데, 영적 지식을 중시하는 이슬람교 분파 시아파의 교의가 그러하다. 이슬람교의 주류인 수니파는 수피를 시아파라고 비난한다. 수니파는 개인적이고 비밀스러운 교리가 아닌 《코란》에 대한 관습적 해석을 바탕으로 한다.

이슬람교도는 자신들의 경전에 모든 진리가 담겨 있다고 주장하지 않는다. 《코란》에 수록된 진리보다 더욱 심오한 진리가 존재한다는 것이다. 이 내면의 궁극적 진리는 다른 모든 진리를 아우르기 때문에 수피는 평생 연구와 수련, 명상을 통해 자기성찰과 자기초월 속에서 그 진리를 추구한다. 수피즘만큼 진리를 철저하게 추구하는 종교는 찾아보기 힘들다. 수피가 종교적 감화를 받아 진리와 구원에 이르는 길을 찾으라는 소명을 받았다고 느끼는 경우에는 아내도 자식도 가정도 버릴지 모른다. 이런 점에서 수피는 방랑자다.

수피는 자신의 깊숙한 내면에 감춰진 신성한 속성과 학식 있고 선택받은 현자를 찾는다. 그런 사람은 대화와 토론, 명상과 기도, 노래와 춤을 통해 인간에게 깨달음을 주고, 인간의 깊은 내면에서 베일에 가려진 가장 심오한 통찰력을 발산한다. 이렇듯 심오한 통찰력은 어둠 속에 숨겨져 있다. 마치 메카에 자리한 정육면체 모양의 신전 안쪽 벽과 베일 뒤에 자리한 카바처럼 말이다. 수피는 깨달음을 추구할 뿐 아니라 스스로 빛이 되기 위해 빛의 근원과 빛 자체를 추구한다. 더욱 높은 수준으로 변모하여 재출현할 목적으로 자기계발보다는 탈현실화를 지향한다. 수피들이 강화하려는 것은 현대인이 말하는 개인주의적 자아ego가 아니라 모든 사리사욕과 외부의 필요와 욕망을 초월한 자기self다. 자아는 수피가 지향하는 목표를 달성하는 데 최대 장애다. 수피들은 생명력과 자기를 유지해주는 삶을 추구하고, 자신에게 고결성을 안겨줄 창의적인 힘을 추구한다. 자기 고결성은 스스로를 완성하고 겸허하게 사랑 안에서 하나가 되는 데 매우 중요한 요소다.

사랑은 그저 모든 것을 창조한 우주적 힘, 따라서 신과 동의어인 우주적 힘만은 아니다. 사랑은 인간 존재의 가장 깊은 곳에 자리한 심연으로서 어둠과 존재를 밝히고 수피에게 궁극적인 목적을 제시한다. 수피에게 그 자체로 목적인 것은 사랑뿐이다. 사랑은 곧 신이고, 신은 곧 사랑이기 때문이다. 따라서 수피즘에서는 사랑하는 자와 사랑받는 자 사이에 능동적인 관계가 성립한다. 사랑하는 사람과 사랑 자체를 사랑하는 인간만이 신에 이르고, 신은 자신을 사랑하는 인간의 마음에 스스로를 드러낸다. 사랑하는 인간은 신과 하나가 될 수 있다. 이렇듯 인간이 추구해야 할 목표는 바로 신과의 합일이고, 이 목표를 이루는 길은 바로 사랑이다. 그 길은 마음을 향해 나 있다. 사랑은 물질적으로나 신체적으로 심장 안에 존재하기 때문이다. 심장에서 모든 영향력이 나오고 교제와 상승이 시작된다.

수피즘의 인류학적 기반은 심장이 심장에게 말한다는 보편의 성격을 띠는 것 같다. 이는 말 없이도 이루어질 수 있다. 그러나 수피들은 마음 더 깊은 곳을 파고들어 '심장의 심장'을 찾는다. 즉 신과의 합일을 추구하는 것이다. 수피들은 신과의 합일이라는 개념을 발전시키기 위해 '심장의 과학'을 갈고 다듬었다. 신과의 합일은 다른 형태로 바꾸기 어려운 수피즘의 핵심인데, 이를 통해 가시적 세계가 출현한다. 신과의 이런 합일은 알 할라즈al-Hallaj가 8~10세기까지 계속된 수피즘의 역사에서 초기부터 출발점으로 삼았다.

알 할라즈는 신을 경험하기 위한 방법이자 전제조건으로 사랑을 처음 강조한 인물이다. 또한 비밀의 교리를 공개적으로 설교한 인물 가운데 하나다. 이런 이유로 전통을 고수하는 수피들의 공격을 받았고, 그 뒤에는 법과 세속의 권력자들의 공격을 받았다. 알 할라즈의 일부 주장은 고대 후기와 플로티노스의 주장과 유사하다. 유럽과 아랍 신비주의는 엑스터시와 신비적 운동이 빛을 보던 고대 후기에 뿌리를 내리고 있다. 또한 알 할라즈에게는 플로티노스의 신비적 합일unio mystica 외에도 마니교의 성향이 강하다. 마니교 또한 그노시스파[•]처럼 신비적 측면이 존재한다. 이들의 공통점은 육체를 부정적으로 본다는 점이다. 신플라톤주의자는 육체를 도덕적으로 열등한 물질로 구성된

그노시스파
Gnosticism, 헬레니즘 시대에 성행한 종파 가운데 하나로 '영지주의'라고도 한다. 육체를 부정적으로 보고 영혼을 긍정적으로 보았다. 또한 개인적인 깨달음을 통한 구원, 극단적인 선악 이원론 등을 추구하여 정통 기독교와 크게 달랐다.

영혼의 무덤으로 보았다. 마호메트와 《코란》은 육체와 에로티시즘에 대해 덜 부정적이었지만, 다수의 아랍 금욕주의자와 신비주의자는 육체를 영혼을 위한 속세의 껍질, 즉 내면보다 열등한 외부의 것으로 보았다.

알 할라즈는 육체를 속세의 껍질이라 불렀고, 그의 영혼은 어둠 속에서 내면의 빛을 추구했다. 그는 무아지경 상태에서 "나는 진리다."라는 유명한 말을 남겼는데, 당시에 이 말은 신성을 모독하는 이단의 말로 받아들여졌다. 결국 몇 년이 지난 922년에 알 할라즈는 체포되어 처형당한다. 그는 채찍으로 맞고 고문당하며, 십자가에 못 박히고 그것도 모자라 참수당한 뒤에 화형에 처해졌다. 알 할라즈가 처형된 다음 수피들은 공식적인 신학과 법체계를 어기지 않으려 했지만 알 할라즈가 주장한 교리는 그의 순교와 단호한 태도로 더 유명해졌다. 이후 많은 수피들이 알 할라즈의 주장을 바탕으로 마음 개념을 수립했다. 다음 시를 예로 들어보자.

> 나는 마음의 눈으로 신을 봤습니다.
> 나는 물었습니다. "당신은 누구십니까?"
> 신은 대답했습니다. 바로 "너 자신"이라고.

이런 신비 전통의 중심에서 알 할라즈에게 영감을 준 인물은 수피 시인 숨눔Sumnum이었다. 그는 다음 시로 유명하다.[1]

나는 세상에서 마음을 떼어놓았네.
내 마음과 그대는 갈라져 있지 않네.
선잠으로 내 눈이 감길 때
나는 눈과 눈꺼풀 사이에서 당신을 발견하네.

이처럼 신과의 합일을 주장하는 사상에서는 인간 자체가 신성하다. 인간 안에 사랑이 스며들어 있기 때문이다. 그러므로 수피즘과 이슬람교에서 신은 내세에만 존재하는 것이 아니라 이 세상에도 다음 세상에도 존재한다. 다만 어둠 속 베일에 가려져 있기 때문에 사랑으로 자신을 드러내고자 하는 완전하고 순수한 사랑만이 어둠을 밝힐 수 있다. 그리고 이 과정은 모두 마음에서 마음을 통해 일어난다. 마음은 영혼의 동의어다. 신은 자신을 사랑하는 인간의 마음속에 자신을 드러낸다. 그러므로 이슬람교와 수피즘에서 마음은 단지 비유에 그치지 않고 주관적이며 필수적이다.

수피즘은 비밀스러움을 추구했지만 자기 종교에 대한 정보를 제공하는 등 개방적인 측면을 개발하는 노력도 게을리하지 않았다. 수피즘은 특별한 재능을 타고난 제자를 선발하고 받아들였다. 그러나 모든 수피들이 학파나 특정 종파를 창설하거나 거기에 소속되지는 않았다. 수피즘은 신에 이르러 합일을 이루는 길을 발견하고 성취하는 기술을 개발해왔는데, 이 기술은 주로 정신 집중, 명상, 신의 지침을 담은 디크르[•], 기도, 다양한 종류의 신앙고백문

디크르
dhikr, 염송念誦, 신의 이름을 부르는 일.

등을 포함한다. 금욕 생활, 철야 예배, 단식을 수행하는 신자도 있었고 금욕 생활을 거부하는 신자도 있었다. 금욕 생활을 거부하는 신자로는 12~13세기 제2의 고전적 시기에 활동하면서 음악과 노래, 심지어 춤까지 개발한 루미를 들 수 있다. 루미는 다수의 수피들과 마찬가지로 시어詩語를 개발했다. 시와 문학은 처음부터 이슬람과 수피즘을 구성하는 중요한 부분이었다. 많은 사람들이 《코란》뿐 아니라 수피와 페르시아 및 아랍 문학을 통해서 이슬람교를 믿게 되었다.

이기주의와 외부를 향한 목적을 가진 자아는 대부분 신으로 향하는 길을 방해하기 때문에 신에게 이르기 위해서는 정신의 변화와 자아 정복, 신을 향해 삶의 방향을 전환하는 새로운 의식이나 경험이 요구된다. 신으로 회귀하는 여정은 신이 자기 종의 마음을 들여다보고 그 마음을 신성한 사랑으로 가득 채울 때 비로소 시작된다. 이런 순간을 타우바tauba(회개)라고 하는데 '마음의 전환'을 뜻한다. 신을 발견하고 신과 하나되는 여정은 평생 지속되는 고통스러운 과정이지만, 신비 체험과 구원의 통찰력으로 충만한 과정이기도 해서 여정의 목적과 가치에 대해서는 아무런 의심도 품지 않는다.

시인 아타르가 쓴 《새들의 회의Manteq ot-teyr》는 신과의 합일을 추구하는 여정을 기록한 글로 유명하다. 이 작품은 페르시아 신비주의 문학뿐 아니라 세계 문학의 걸작이다. 우화 형식을 써서 수천 마리의 새가 자신의 위대한 왕 시무르그•

시무르그
Simurgh, 세상 모든 식물의 씨를 지닌 지혜의 나무에 살면서 세상이 세 번 망하는 것을 보았을 만큼 오래 산 영조靈鳥.

를 찾기 위해 무리지어 날아올라 일곱 계곡과 사막과 황무지를 건너고 온갖 기후를 견디며 갖가지 어려움과 장애를 헤쳐나가는 과정을 그렸다. 대부분의 새는 가는 도중에 죽고 서른 마리만이 목적지에 도착한다. 이 새들은 시험을 통과했기 때문에 왕궁의 평화와 풍요로움과 아름다움을 경험해도 좋다는 허락을 받는다. 새들은 내면에 빛이 반사되어 퍼지자 외부와 내면이 구별되지 않는 상태에 이르고 무엇이 자신인지 또 무엇이 시무르그(신)인지 구별하기 어려운 경지에 이른다. 오랜 여행 끝에 마침내 시무르그 뒤에 베일로 겹겹이 쌓인 것을 보게 되고, 여행의 목적이 자신에게 이르는 길을 찾고 신과 자신이 하나라는 사실을 발견하는 것이었음을 깨닫는다.

> 위풍당당한 태양은 빛을 내뿜고, 외부 세계에 속한 서른 마리의 새는 서로의 얼굴을 보며 내면에 존재하는 시무르그의 얼굴을 응시했다. 그러자 자신들이 여전히 자기 자신이라는 사실과 이미 시무르그가 되었다는 사실을 그제야 깨닫고 놀랐다. 마침내 새들은 명상하는 가운데 자신이 시무르그이고, 시무르그는 서른 마리 새였다는 사실을 깨달았다. 새들이 시무르그를 응시하자 그곳에 시무르그가 있었고, 새들이 자신에게 눈을 돌리자 본인이 곧 시무르그임을 보았다. 새들은 자신과 신을 동시에 인식하면서 자신과 시무르그가 같은 존재라는 사실을 깨달았다.[2]

서구 세계에는 문화와 문화 사이에 놓여 정신을 무디게 만드는 베

일을 걷고 이슬람 및 아랍 예술과 문화의 창의적인 핵심을 통찰한 이들이 있었다. 프랑스인 앙리 코르뱅Henry Corbin과 독일계 미국인이자 하버드 대학 교수 안느마리 쉬멜Annemarie Schimmel이 그러하다. 쉬멜은 훌륭한 저서를 많이 남겼는데, 그중에서도《이슬람교의 신비주의적 차원Mystical Dimensions of Islam》(1975), 《신의 사자 마호메트 : 이슬람교의 예언자 숭배Muhammed is His Messenger : The Veneration of the Prophet in Islamic Piety》(1985), 《승리의 태양 The Triumphal Sun》, 《잘랄 앗 딘 루미의 작품 연구A Study of the Works of Jalaloddin Rumi》(1978) 등이 유명하다. 앙리 코르뱅은 위대한 종교 연구가 가운데 한 사람으로 이슬람 예술과 종교, 문화에 속한 아랍 지식인에게 마음이 어떤 자리를 차지하는지 연구했다. 그의 대표작으로는《이븐 알 아라비의 수피즘에 포함된 창의적 상상력 Creative imagination in the Sufism of Ibn Arabi》(1958)을 꼽을 수 있다.

이븐 알 아라비의 중심 사상은 심장 내면에는 창조력과 상상력이 존재하기 때문에 그 결과 이미지로 관념을 형성한다는 견해다. 심장은 감각적 본질과 정신적 본질을 인식하는 기관으로서 신체의 심장과 분리되지 않는다.

> 일반의 수피즘과 마찬가지로 이븐 아라비 또한 심장을 진정한 지식과 이해 가능한 직관을 생산하면서 신과 신성한 신비에 대한 영적 지식을 생산하는 장기로 본다. 간단히 말해서 '신비 과학'이라는 용어가 지칭하는 모든 것을 포함하는 장기인 셈이다. …현자의 심장(마음)은 '눈'이고, 신

은 이로써 자신을 알고 자기현현의 형태로 스스로를 드러낸다.[3]

이렇듯 신성한 창조력의 원천을 아랍어로는 힘마himma라 부른다. 힘마는 '마음의 창조력'으로 옮길 수 있는 복합적인 개념이다. 힘마의 이미지는 주관적이거나 '단순한' 이미지로 축소하기 어렵다는 점에서 특별하다. 힘마는 살아 있는 이미지로서 소크라테스가 들었던 다이몬•의 목소리에 비견할 만하다. 다시 말해 특별한 능력을 갖춘 개인이 매개 역할을 하는 객관적인 무엇이 될 수 있다는 이야기다. 일단 힘마가 이미지를 받아들여 발전시키면 이미지는 그 이미지를 전달하던 명상적 상상의 외부에 존재한다. 그러므로 상상의 내용은 주관적인 것으로 축소되지 않고 실제의 객관적인 이미지로 인식되어 정신을 살아 숨쉬는 존재로 만든다. 마음의 힘마는 사변적이고 숙고하는 기관으로서 물질적인 것에서 신성한 것(신플라톤주의와 그노시즘 참고)에 이르기까지 삶의 여러 층위와 영감의 원천을 반영하거나 나타낸다.

다이몬
Daimon, 원래 '초자연적 존재', '영적 존재'를 뜻하는 그리스어. 즉 신에 가까운 존재 또는 신과 인간의 중간적 존재를 의미하여, 훗날 그리스도교에 가서는 악마를 가리키게 되었다.

루미를 언급하지 않고서는 수피즘에 대해 이야기하기 어렵다. 그가 서구에 가장 널리 알려진 수피여서만은 아니다. 페르시아어로 글을 쓴 루미는 시를 통해 이슬람과 아랍 문화에 엄청난 영향을 미치고 이슬람교의 재생과 번창을 도왔다. 루미는 소아시아의 코니아에 살면서 많은 제자를 거느리며 존경받던 법학자였다. 그러던 어느 날 우연히 발생한 사건이 그의 삶을 송두리째 바꾸었다. 1244년 11월 29

일, 이리저리 떠돌던 탁발 수도승 샴스 앗 딘Shams ad-Din이 코니아에 도착한 것이다. 루미는 60세가 넘은 수도승을 만난 뒤에 개종하고 그의 제자가 되었다. 그러나 몇 년 후에 샴스는 질투심에 불타는 루미의 제자들 손에 암살당하고 만다. 루미는 크게 낙심했으나 이 커다란 슬픔은 결국 샴스의 이름을 빌린 《샴스의 명시선집Divan-e Shams》을 완성하는 계기가 되었다. 이 시집에 수록된 시들은 사랑과 슬픔을 노래하는데, 여기서 묘사된 사랑은 분명 지상의 사랑임에도 실제로는 신성한 사랑이다. 루미 시의 이런 특징은 대표작 《정신적인 마트나비 Mathnavi-ye Ma'navi》에서도 드러난다. 《정신적인 마트나비》는 2만 6000여 행으로 쓰인 방대한 양의 신비 서사시로서 《코란》 및 이슬람 수피의 전통과 관련한 문헌을 비롯하여 동양과 지중해 지역에서 인기를 끌며 전래된 이야기에서 여러 가지 소재를 취하고 우화, 전설, 그리고 고대 페르시아 구전문화의 강렬한 요소들을 담았다.

루미는 '탁발승의 회전춤●' 으로 유명한 메블레비Mevlevi(또는 마울라위야Mawlawiyah) 종파의 지도자이기도 했다. 루미는 페르시아의 오랜 전통의 일부를 계승함으로써 수피즘 초기 시절부터 무아지경의 춤, 신성한 음악과 시를 추구했다. 여기서는 특히 불꽃같은 열정과 뛰어난 시적 힘을 소유한 루미가 "사랑이 없다면 세상에서 생명이 사라질 것이다."[4]라는 할라즈의 말을 자주 상기한 연유와, 신성한 사랑을 어떤 방식으로 찬양했는지를 살펴볼 필요가 있다. 또한 루미는 수피가 된 까닭은 무엇이냐는 질문에

탁발승의 회전춤 Whirling Dervishes, 독특한 의상을 입고 마치 팽이를 돌리는 것처럼 몸을 선회하면서 무아지경에 빠지는 행위로 신과의 합일을 꾀한다.

마음의 순수성을 쫓았기 때문이라고 간단명료하게 대답했다.

루미는 플라톤과 플로티노스의 신플라톤주의의 영향을 받은 계층화된 우주에 살았다. 여기서 인간은 물질적이고 수동적인 존재에서 동물과 인간으로, 다시 이성적이고 정신적인 존재로 거슬러올라가 천사 단계를 거쳐 신성한 천상의 상태에 이른다. 루미의 풍부한 시적 이미지 안에서 인간은 단지 세상이라는 바다(신)를 이루는 물 한 방울이다. 물 한 방울인 인간은 바다에 담겨야 비로소 신성해진다. 하지만 루미는 여기에 머물지 않고 한 발 더 나아가 인간이란 신성한 존재가 되기 위한 전제조건이라고 말한다.

> 나의 이미지는 왕의 마음에 놓여 있다. 나의 이미지가 없다면 왕의 마음이 아플 것이다. (왕이 자기 자신이 되려면 스스로를 거울에 비춰봐야 한다.)
> 모든 영적인 존재에서 나오는 빛은 나의 생각에서 발산된다.
> 천국은 나의 참 존재 안에서 창조되었다.[5]

루미는 갈대 피리의 반주에 맞춰 춤추고 시를 읊고 노래부르면서 자신의 근원과 하나가 되는 신비 체험을 이끌어냈다. 또한 갈대 피리를 이미지로 사용하여 피리가 일깨우는 갈망의 종류와 음악의 원천에 대해 이야기했다. 다음은 잘 알려진 《정신적인 마트나비》 서문의 일부다.[6]

피리의 하소연은 그저 공기가 아니라 불길이오.
이 불길이 부족한 사람은 죽은 것!
피리에 영감을 불어넣는 것은 사랑의 불길이오.
포도주를 가득 채운 것은 사랑의 흥분이오.
피리는 불행한 연인들의 친구요.
그렇소. 피리의 선율이 마음속 깊은 곳의 비밀을 드러낸다오….
그러니 그대에게 소리치오. 사랑이여, 달콤한 광기여!
사랑은 세속의 우리 육체를 하늘로 들어올리지.
그런 뒤 바로 그 언덕에 이르러 기쁨으로 춤을 추게 한다오!
내 연인만이 입술로 나에게 닿았으니.
나 또한 피리와 마찬가지로 아름다운 선율을 터뜨리리라.
그러나 말하는 입술에서 떨어져나온 그는
비록 백 가지 목소리를 가졌어도 말을 하지 못한다오.
장미가 시들고 정원이 황폐해지면
나이팅게일의 노래는 더 이상 들리지 않는다오.
사랑받는 이는 둘도 없이 소중하오. 사랑하는 이는 신을 베일로 가릴 뿐.
사랑받는 이만이 살아남고, 사랑하는 이는 죽는다오.
사랑하는 이는 사랑이 더 이상 되살아나지 않음을 느낄 때
날개 잃은 새와 같아지니…
사랑은 이 비밀이 밝혀지길 갈망하오.
비추지 못한다면 거울이 무슨 쓸모가 있겠소?

그대의 거울[마음]이 비추지 않는 이유를 알고 있소?

거울 표면의 녹을 없애지 않았기 때문이라오.

루미가 쓴 많은 서정 연시는 사랑과 사랑의 불길과 마음을 찬양한다. 마음은 대우주를 반영하고 중개하는 소우주다. "나는 마음을 들여다보았다. 그 마음은 천 가지 파도를 타고 움직이는 세계의 공간, 바다였다."

마음은 뛰어난 통찰력을 갖고 숙고하며 사유하고 창의적이어야 했다. 하지만 이는 오늘날 서구 문화에 속한 현대인이 생각해내기 힘든 개념이다. 현대인은 이런 능력과 기능을 소유한 장기를 뇌로 보기 때문이다.

심장(마음)이 제공하는 통찰과 이미지는 많고도 다양하다. 통찰과 이미지의 원천이 되는 문화나 상황이 제각각이기 때문이다. 서로 다른 이미지는 나란히 존재하는 서로 다른 상상의 우주를 생성할 수 있다. 그 상상의 우주도 실재할 수 있다. 그러므로 우리는 관대한 태도를 취해야 한다. 복합적인 문화를 지닌 스페인 안달루시아 출신의 신비주의자 이븐 알 아라비는 자신이 남긴 유명한 시에서 서구인과 이슬람권 아랍인에게 이렇게 전했다.

내 마음은 어떤 형태도 갖지 않는다.

수도승이 머무는 수도원도, 우상을 섬기는 사원도 된다.

영양이 풀을 뜯는 목초지도, 믿는 자의 카바 신전도 된다.

계시의 법전인 《코란》도 된다.

사랑은 내가 지키는 믿음이다. 신의 낙타를 어디로 향하게 하더라도

사랑은 여전히 내 교리이고 믿음이다.

노르웨이 소설가 시그리드 운세트의 주장처럼 인간의 심장(마음)은 해부학상 한결같다고 할 정도로 개방된 소통의 창구다. 이븐 알 아라비의 말을 빌리면 마음은 모든 형태에 개방적이어서, 정치적이건 종교적이건 어떠한 이념에도 문을 열어놓는다. 반면에 편견으로 가득 차기도 하고 타인이나 자기와 다른 모든 생각에 폐쇄적이기도 하다. 개인의 견해가 더 이상 존재하지 않고 이에 대한 개인의 답변도 존재하지 않는 순간 마음은 죽는다. 마치 끝도 없는 변증법적 질문과 대답에 내몰린 공개 대화처럼 말이다. 마음을 소유한 것은 집단도 아니고 사회도 아닌 개인뿐이다. 집단이나 사회는 강한 공통 감정과 외골수의 열정을 만들어내어 구성원들을 함께 감정적으로 눈멀도록 한다. 집단의 열정은 외부 주장에 마음을 열지 않고 상대편에 적이라는 꼬리표를 붙이기 때문에 이븐 알 아라비가 마음을 채운다고 쓴, 모든 것을 포용하는 신성한 광채는 더 이상 존재하지 않는다. 대신 두루 포괄하는 신성한 영감과 세속의 문제를 혼동하는 고정된 열정만이 존재한다. 이븐 알 아라비의 개방적인 태도는 아랍 문화 안에서 대안의 목소리를 대변하면서, 집단적이고 편협한 정신

으로 스스로를 폐쇄하는 현대의 이슬람교 사회에 도전한다.

이븐 알 아라비는 시 형식을 빌려 이 책이 쓰려는 주요 주제 가운데 하나를 표현했다. 그의 시에서 심장은 신체적 감정과 언어 사이에 존재하는 무언가의 이미지거나 상징이다. 이는 어떤 것으로도 채워지며, 따라서 인간적인 모든 것과 우리가 신성하다고 여기는 모든 것이 인간을 구성하는 데 들어온다. 신성 그 자체는 수많은 베일에 가려 있어 인간이 접근하기 어렵고 따라서 표현할 수 없다는 사실을 아랍 문화만큼 잘 인식하고 있는 예도 드물다. 인간이 신성을 표현하려 애쓰는 순간부터 신성은 제한되고 인간의 것으로 전락하고 만다. 아랍식 사고방식에 강한 영향을 받은 요한 볼프강 폰 괴테Johann Wolfgang von Goethe는 "일시적인 것은 모두 비유에 불과하다."고 말했다. 스스로 성전을 치르며 순교자로 죽어간다고 말하는 원리주의자와 행동주의자는 근본적으로 신성모독자다. 신을 제외하고는 아무도 누가 구원받고 누가 구원받지 못하는지 결정하지 못하고, 누가 천국으로 가고 누가 지옥으로 가는지 결정하지 못하기 때문이다. 천국이나 지옥은 중세 전성기에 이야기된 것처럼 인간에게 완전히 이질적인 개념, 즉 '전적으로 다른 존재'에 대한 개념이라기보다는 원형적 관념을 은유한다.

오늘날에는 강력한 힘들이 서구 문화와 유대 문화, 아랍 문화 사이의 의사소통을 더욱 어렵게 만들고 있다. 이런 시대에 "개는 개를 먹지만 사람은 서로 먹을 수 없다."는 이슬람 사상가들의 지혜로 관

용의 미덕을 호소할 수 있을까. 이런 배경을 고려하여 이 시점에서 아랍 문화가 서구 문화에 얼마나 깊은 영향을 미쳤는지를 되돌아보는 것이 바람직하다고 여겨진다.

서구 문화에 미친 아랍 문화의 영향

잘 알려져 있듯이 로마 제국이 멸망한 뒤에 그리스 철학과 과학을 보존하고 더 나아가 발전시킨 이는 아랍인이었다. 라틴어 이름이 아비센나Avicenna인 이븐 시나•와 라틴어 이름이 아베로에스Averroës인 이븐 루슈드• 등은 위대한 중개자이자 철학자였다. 아리스토텔레스가 중세 그리스도교 전성기에 위대한 철학자로 부상한 데는 아베로에스의 아리스토텔레스 주석 작업이 큰 영향을 주었다. 아리스토텔레스에 대한 아베로에스의 해석을 계승하고 발전시킨 인물이 바로 토마스 아퀴나스다.

이븐 시나
Ibn Sina, 980~1037, 이슬람 철학자이자 의사. 이슬람 세계에서 아리스토텔레스 연구의 대가로 중세 유럽의 철학과 의학에 많은 영향을 주었다.

이븐 루슈드
Ibn Rushd, 1126~1198, 중세 이슬람 철학자. 신학과 법학을 공부했고 뒤에 철학과 의학에서 두각을 나타냈다. 아리스토텔레스의 여러 저작에 주석을 붙였다. 그의 주석은 새로운 철학적 기틀을 마련했으며, 13세기 이후 라틴 세계에 아베로에스 학파를 탄생시키는 계기가 되었다.

아랍 문화는 고대 그리스 철학과 과학을 전한 것 외에도 독자적으로 유럽 문화에 공헌했다. 연금술과 아랍 신비주의가 유럽에 보급된 것이다. 이렇듯 아랍 문화가 유럽에 미친 영향력의 다양한 징후는 르네상스 후기까지 나타났다. 르네상스 후기의 연금술과 신비주의는 주로 소피아sophia 전통과 관계있는 개별적인 정신 운동이었다. 고대 후기의 신비주의와 그노시즘에 뿌리를 둔 이 소피아 전통은 지식, 즉 철학의 근원이 심장에 있다고 보았다. 지혜를 뜻하는 소피아는 마음에서 자라는 꽃이나 마음에서 흘러나와 누구라도 마실 수 있는 샘물로 묘사되었다. 장미와 꽃은 아랍과 수피 예술에서 많이 쓰이던 이미지다.

이슬람교가 장악한 스페인 남부는 고대 전통이 유럽으로 전해지는 중요한 거점이었다. 스페인 남부나 안달루시아에는 이슬람 문화가 강하게 뿌리내렸고, 무어인 세력과 영역이 서서히 감소하던 13세기까지 이슬람의 영향 아래 있었다. 그러나 예술과 문화가 번성한 그라나다 왕국은 1491년 술탄•이 카스티야 왕국의 이사벨 1세와 아라곤 왕국의 페르난도 2세에게 항복할 때까지 존속했다. 그 시기 안달루시아 지방은 이슬람 문화뿐만 아니라 유럽 문화의 정점이기도 했다.

아베로에스도 살았던 코르도바•는 같은 시대 유럽 도시 가운데 지적으로 가장 풍요로운 삶을 누렸다. 고대 그리스 문화를 부흥시킨 르네상스는 남부 유럽의 기타 도시보다 200여 년 앞서 이곳에서 꽃피웠다. 그런데 그리스 철학과 과학만이 아니라 신비주의와 연금술 또한 안달루시아를 거쳐 유럽으로 진출했다. 적어도 유럽인의 정신 구조와 감성에 끼친 아랍의 영향력은 이만큼 중요하다. 아랍의 새로운 이상적 사랑은 음유시인의 시 형식을 빌려 안달루시아에서 오키타니아•나 프랑스 남부를 경유하여 유럽까지 확

술탄
Sultan, 이슬람교 나라의 군주.

코르도바
Cordoba, 안달루시아 지방 중앙에 위치한 도시.

오키타니아
Occitania, 프랑스 남부, 이탈리아 서부, 스페인 북부, 모나코 지역을 이르는 말.

산되었다.

그리스 옆에 살았던 아랍인은 인간 역사에서 가장 세련된 사랑을 표현한 사람들이다. 아랍 전통을 대표하는 《천일야화Alf laylah wa laylah》는 놀라우리만치 쾌활한 이야기를 담고 있다. 밤은 대담하게 연애의 모험에 나서는 시간이다. 유머와 미묘한 암시가 깃든 대화, 음악과 신비주의, 음식과 감각적 쾌락은 모두 아랍식 사랑의 기술 가운데 일부다. 베일로 얼굴을 살짝 가리고 노출이 심한 옷을 입고 추는 벨리댄스•는 아랍 전통으로 꼽히는 흔한 예다. 덧붙이자면 이렇게 베일로 가리는 데서 아랍 문화와 유럽 문화의 차이점이 드러난다. 유럽 문화에서는 베일을 벗는 것이 미덕이지만 아랍 문화에서는 베일로 가리는 것이 기술이자 미덕이다. 아랍인은 숨기기를 좋아하고 유럽인은 드러내기를 좋아한다.

벨리댄스
Belly Dance, 허리를 빠르게 흔들거나 뒤틀며 추는 춤으로, 이슬람권 여성들이 많이 춘다.

특히 상류층 여성은 구애하는 음악가와 음유시인으로 둘러싸였을 것이다. 이들이 노래한 연애시는 수도 없이 많다. 바스라 출신의 서정시인 알 아바스al Abbas는 "사랑의 열정을 알지 못하는 사람에게 좋은 것이라곤 없다."고 외친다. 현대인은 그에게서 음유시인의 면모를 본다. 음유시인Trabadour이라는 말은 음악이라는 뜻의 아랍어 'tarab'를 어원으로 삼는다. 최초의 오키타니아 음유시인인 아퀴텐의 윌리엄William of Aquitaine, 1070~1126은 스페인 남부에서 그저 전쟁만 치른 것이 아니었다. 코르도바 출신의 시인이자 철학자 이븐 하즘Ibn Hazm, 994~1064과 그의 유명한 시선집 《비둘기의 고리Tawq al-hamamah》가

윌리엄의 사랑관에 영향을 주었을 것이다. 하즘은 짝사랑인데도, 아니 짝사랑이기 때문에 에로티시즘을 전폭 찬양하면서 동시에 삶에서 가장 중요한 것, 즉 낭만적 사랑의 경우처럼 무조건의 구속력을 갖는 무언가를 사랑하길 원한다. 아랍 예술과 음유시인의 시를 살펴보면 양쪽의 심장 이미지가 유사하다는 점과 무엇을 이상으로 삼았는지 대부분 직관적으로 알 수 있다. 아랍 시에는 문학의 선구자가 많다. 궁정풍 사랑을 노래한 시인 가운데 주목할 만한 이는 이븐 다우드Ibn Daud, 909년 사망가 꼽힌다. 그는 안달루시아 출신의 이븐 아라비와 같은 종파에 속했고 관능미 가득한 시선집 《꽃의 책Kitab al-zahrah》을 썼다. 페르시아와 아랍의 연애 시편에서 신의 사랑과 여성의 사랑을 뜻하는 상징은 같은 예가 많고 영혼의 여성적 본질은 사랑이 품은 신비 가운데 하나다.

스페인 남부를 기반으로 한 아랍 문화가 유럽 문화 발전사에 중요한 영향을 미친 데 대한 이해는 아직도 부족하다. 사상사를 연구하는 이라면 누구나 아베로에스를 비롯한 아랍 철학자나 과학자의 중개자 역할을 부인하지 못할 것이다. 그러나 아랍 문화의 심장이 유럽 문화의 심장에 어떤 의미를 주었는지는 아직 연구되지 않았다. 이는 수피즘에서도 마찬가지다. 역사의 진행 방식은 이해하기 어렵고 역설적인 경우가 많다. 나비효과는 역사에도 적용된다. 작은 충격으로 거대한 참나무가 쓰러지듯 단 하나의 단어가 씨가 되어 문화 전체가 되기도 한다. 특히 아랍 이슬람문화와 유럽 그리스도교 문화

같은 말씀의 문화에서 그렇다. 성서가 없었다면 《코란》이 존재하기 어렵듯이 서구 문화는 아랍 문화가 없었다면 우리가 아는 모습과는 많이 달랐을 것이다.

하지만 가까운 친구일수록 좀 떨어져 있어야 좋은 법이다. 1000년 넘게 유럽의 그리스도교인과 아랍 이슬람교인 사이에는 적개심이 존재했다. 아랍 문화에 대한 서구인의 태도는 17세기, 특히 18세기에 들어와 바뀌었고, 19세기 낭만주의는 동양에 열광했다. 이때에 이르러 《코란》이 다수의 유럽 언어로 옮겨졌고 페르시아와 아랍의 고전시가 유럽에 알려졌다.

독일이 낳은 위대한 작가 괴테는 이슬람교를 인간적으로 묘사했고 이를 제대로 알리려 애썼다. 괴테는 이슬람교와 《코란》, 마호메트, 페르시아 작가 연구를 평생의 과제로 삼았다. 괴테가 이 연구에 너무도 심취한 나머지 그가 이슬람교도일 것이라고 확신하는 작가도 있었다. 괴테가 아랍 문화와 《코란》, 마호메트 등과 얼마나 밀접하고 심오한 관계를 맺었는지 알아보려면 세계 문학에서 정통성을 인정받은 작품 가운데 하나인 《서동시집 West-östlicher Divan》(1818)을 보면 된다. 이 작품 제목은 괴테가 좋아한 페르시아계 아랍 시인 루미와 하피즈가 남긴 주요 작품을 암시한다. 괴테가 아랍과 이슬람교에서 사랑을 상징하는 심장과 장미에 매혹된 사실은 새삼 놀랄 일이 아니다. 심장과 장미는 사디의 〈장미정원 Gulistan〉을 포함하여 아랍 문화의 여러 고전시에 등장하는 소재다. 작품에서 괴테가 표현한 내면의 광채와 그가 칭찬해마지 않는 '복된 갈망', 불길 안에서 죽음을 갈망하고 죽음을 통해 성취되는 존재("죽어서 이루리라Stirb und werde!")로 변하는 생명체는 순교자인 알 할라즈의 죽음을 암시한다.

괴테는 페르시아 및 아랍의 이슬람 예술과 문화에 대한 애정과 정신적 친밀감을 분명하게 표현했다(《코란》에서 인용한 시구도 있다).

> 신은 동양에 있다!
> 신은 서양에 있다!
> 북쪽이든 남쪽이든 땅은 모두
> 그의 손 안에서 평화롭다.

동일한 원천에서 싹텄지만 서로 다른 길로 나아간 두 문화를 잇는 다리가 되고자 했던 괴테의 면모는 거의 1세기가 지난 후에 러디어드 키플링Rudyard Kipling이 〈동서의 발라드Ballad of East and West〉에서 보인 면모와는 달랐다(러디어드 키플링은 〈백인의 짐The White Man's Burden〉에서 확인하듯 서양의 문화제국주의에 사로잡혔다.) "오, 동쪽은 동쪽이요, 서쪽은 서쪽이다. 둘은 결코 만나지 않을 것이다." 괴테는 "문명의 붕괴"를 구제하는 방법으로 공통의 기원에 대해 마음의 문을 열고 정치 · 종교 · 인종 · 문화의 모든 경계를 넘어 서로 대화하자면서 다음과 같이 주장했다.

마음을 열었을 때만

지구는 아름다워지리니.

유럽은 서구 문화에 미친 아랍의 영향에 대해 1500년쯤 신대륙를 발견하려던 유럽인의 항해가 세계 식민화의 토대를 마련한 일 정도로 인식한다. 고대 그리스의 과학적 유산을 중개하고 개발한 아랍인의 역할은 과학혁명과 르네상스에 출현한 새로운 세계관에 꼭 필요한 전제조건이었다. 또한 르네상스의 새로운 세계관은 유럽 문화가 외적으로 팽창하는 단계에 들어서기 위해 꼭 필요한 조건 가운데 하나였다. 신대륙 발견은 순식간에 정복 활동과 외국 문화 약탈로 변모했다. 이렇듯 파죽지세로 내닫던 정복의 파도에서 아랍의 영향을 받은 스페인 사람들이 괜히 앞장서 있던 것은 아니다. 스페인 사람들이 중남미에서 자행한 수준에 필적할 만한 잔학 행위는 세상 어디에서도 찾아보기 어렵다. 스페인 사람들은 수준 높은 중남미 문명을 단 몇 년 만에 폐허로 만들었다. 그들이 자신들의 폭력과 약탈을 정당화하기 위해 내세운 명분의 하나는 아스텍인 사이에 널리 퍼진 인신공양 관습이었다. 스페인 사람들은 살아 숨쉬는 인간의 가슴을 갈라 심장을 꺼내는 행위가 너무 잔인하고 짐승처럼 여겨졌기에 그들의 문화를 산산이 파괴해도 정당하다고 주장했다. 1531년에 멕시코 주교는 자기 관할 교구에서 500개 이상의 신전과 2만 개 이상의 우상을 파괴했다고 알렸다.

최악의 상황은 종교 문헌과 세속 문헌을 막론하고 거의 모든 아스텍 문헌이 파괴된 점이다. 이렇게 한 문명의 총체적 기억을 모조리 없앤 행위는 과연 누가 더 냉혹한지 의문을 제기한다. 죽어간 생명을 기준으로 인간의 가치를 평가한다면 대답은 분명하다. 16세기 말까지 아스텍인 대부분이 몰살당했기 때문이다. 전염병과 내부 혼란이 희생자를 많이 낸 원인이기도 하겠지만 메소아메리카 문명을 파괴한 주요 책임은 그리스도교인 정복자에게 있다는 사실은 의심하기 어렵다. 비교 문화 관점에서 보면 이 역사적 사건은 일련의 의문을 낳는다. 심장이 중요한 비중을 차지하는 두 문화의 만남이기 때문이다. 아랍 및 셈족에 기원을 두는 그리스도교에서 심장은 고통과 사랑의 이미지고, 이런 이미지는 '이웃 사랑' 개념을 통해 그리스도교의 중심 교리가 되었다. 이런 이유로 그리스도교인은 '유대인도 그리스인도 없다' 는 성서 원칙에 따라 타인에게 관대해야 한다. 그러나 이런 도덕률은 멕시코에서 다른 인종을 접하면서 뒤로 밀려났다. 멕시코에서 제물로 바쳐진 인간의 죽음과 심장은 그리스도교의 유럽과는 그 의미도 기능도 달랐다.

일찍이 16세기에 이런 모순을 인식한 몇 안 되는 유럽인 가운데 미셸 드 몽테뉴Michel de Montaigne가 있었다. 그는 다른 세계의 원주민이 더 냉혹한지 그리스도교 유럽인이 더 냉혹한지 의문을 제기했다. 이에 대해서는 이 책 11장에서 자세히 다루고자 한다. 몽테뉴는 이질적인 것을 거울 삼아 친숙한 것을 들여다본다는 점에서 놀랍도록 현

대적인 태도를 취한다. 그는 수필 〈식인종에 대하여Sur Cannibale〉에서 일부 브라질 인디언처럼 죄수를 죽여 먹는 일이 더 나쁜 행위인지, 내전이 벌어지는 동안 동족이 자행하는 비인간적 행동이나 스페인 정복자들이 죄수를 학대하고 고문하여 죽게 만드는 일이 더 나쁜 행위인지 물었다.

몽테뉴는 지중해 주변에 살던 사람들이 오랫동안 일상적으로 영향을 주고받으며 생활해온 것처럼 문화의 영향력이 세계적 현상이 되어가던 시대에 살았다. 그러나 세계화가 이루어지던 지난 500년 동안에는 서구 문화가 다른 문화에 일방적으로 영향을 끼쳤기 때문에, 몽테뉴가 제기한 질문은 여느 때보다 적절했다. 아스텍 문화는 이질적인 문화와 타인을 이해하려는 서구인의 능력과 자발성을 시험하기에 더할 수 없이 좋은 사례다. 이 시험의 결과는 서구인이 아스텍인의 심장 개념을 얼마나 이해하는지에 달렸다. 이는 결국 서구인의 자아 인식 능력에 달린 문제인데, 최소한 스스로 해명해야 할 문제이기도 하다. 또한 서구 문화에 부과된 세계적 책임을 짊어질 수 있는지를 묻는 문제이기도 하다. 신세계 발견 이후 세계가 점차 가까워지면서 문화 이해의 중요성은 더욱 커지는 듯하다. 그러므로 이 책은 서구 문화와 그 친연 관계에 있는 중동 및 지중해를 떠나서 저 먼 메소아메리카 문명의 최후를 살펴보고자 한다.

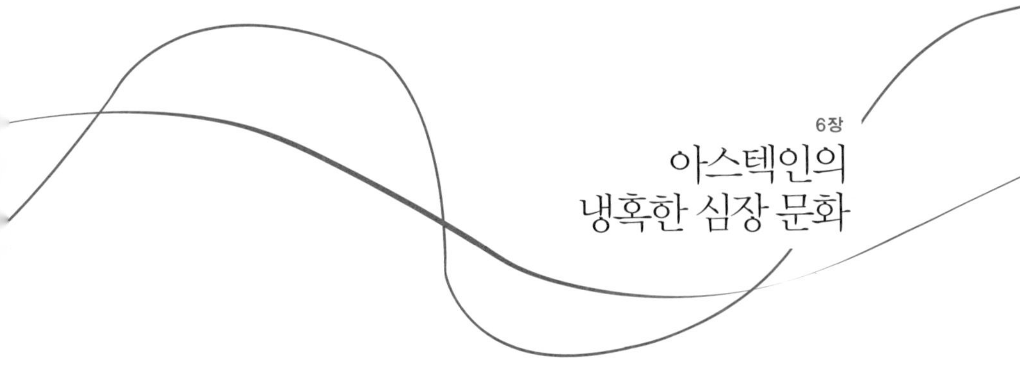

6장

아스텍인의 냉혹한 심장 문화

인간을 가장 숭고하게 만드는 것은 희생이다.

- 프리드리히 니체

아스텍 문화는 수준 높은 메소아메리카 문화 가운데 마지막을 장식한다. 아스텍 문화는 13세기에 성립하여 15세기에 절정에 이르렀다. 아스텍인은 초기 메소아메리카 문화를 계승했는데, 메소아메리카 문화의 기원은 북쪽에 있던 아스텍인이 멕시코에 도착하기 수세기 전으로 거슬러올라간다. 메소아메리카 문화는 종교의식을 치르는 사원과 피라미드가 세워진 다음 그곳이 점차 확대되면서 행정 중심지로 발달하는 특징을 띤다. 메소아메리카인의 종교는 세상이 어떻게 존재하게 되었고 어떻게 돌아가는지에 대해 설화나 신화로 설명하고, 태양과 천문 달력으로 지구에 사는 인간의 삶을 결정하는 우주진화론과 우주관에 기반하고 있다. 그들 가르침의 핵심은, 세상은 항상 움직이고 변한다는 점이다. 즉 세상은 근본적으로 불안정하다는 것이다. 혼돈과 파괴가 인간을 늘 위협하기 때문에 질서를 창조하고 유지하려면 신과 인간 모두 커다란 희생을 치러야 한다고 그들은 말한다.

아스텍인은 땅을 정복하면서 토착민들의 종교 관념과 신에 대한 개념도 받아들였다. 특히 아스텍인에 앞서 그 땅을 차지했던 톨텍인●과 마야인●과의 관계가 그랬다. 아스텍인이 믿은 신 가운데 케찰코아틀Quetzalcoatl은 이전에 살던 종족이 모시던 중심 신이었고, 아스텍인은 이전 문화의 종교에서 신화적 재료를 빌려온다. 깃털로 뒤덮인 뱀 모양의 이 신은 유럽인이 알지 못하는 메소아메리카 문화의 한 측면이면서 대단히 위협적이고 불안정한 세계에 대한 의문과 경탄이 뒤섞인 감정을 체현한 존재다. 이 신은 고대 노르웨이 문화에 등장하는 오딘의 모습을 연상하게 한다. 숫자의 마법을 포함한 메소아메리카인의 천문학적 통찰력 또한 바로 그런 의문 어린 경탄의 감정에서 나왔다.

톨텍인
Toltecs, 10~12세기에 아스텍인에 앞서 멕시코 고원 지대를 지배한 종족.

마야인
Maya, 멕시코 남부, 과테말라, 벨리즈 북부 등에 걸쳐 살던 중앙아메리카 원주민. 거대한 석조건물과 피라미드, 정교하고 아름다운 조각 예술품을 많이 남겼다.

아스텍인과 관련하여 유럽인에게 잘 알려진 심장 문화는 아스텍인의 일부 조상에게서 비롯했다. 유럽인이 아스텍인의 심장 문화를 잘 아는 까닭은 아스텍인이 행한 인신공양이 강조되어 알려졌기 때문이다. 유럽 정복자와 그리스도교 선교사들은 아스텍 문화를 파괴하면서 자신들의 탐욕스러운 약탈과 대량학살을 정당화하기 위해 이를 널리 선전했다. 메소아메리카 문화 가운데 가장 위대하고 오래된 마야 문화조차 피와 심장을 제물로 바쳤다. 마야인은 신과 우주에 양식을 제공할 목적으로 자신의 손가락을 베어 피를 제물로 바쳤다.

아스텍인은 인간을 제물로 바칠 때 대부분 포로로 잡은 전사를 희생양으로 선택했다. 그리고 신전 피라미드 꼭대기에 자리한 제단에 산 채로 올려놓고 부싯돌이나 흑요석 칼로 가슴을 가르고는 심장을 꺼냈다. 그래야 여전히 박동하는 심장을 태양신에게 바칠 수 있기 때문이다. 여성 또한 제물로 바쳤다. 어느 자료에 따르면 1487년에 거행된 의식에서만 8만 명이 인신공양으로 희생되었다고 한다. 그러나 이후 연구 결과를 보면 이런 규모의 희생 의식이 치러지지는 않았을 것 같다. 남아 있는 기록을 보면 당시 수도 테노치티틀란에서 거행된 신전 봉헌식에서 희생자는 4열로 늘어섰고 각 열의 길이는 4킬로미터였다고 한다. 스페인 사람들이 멕시코에 상륙할 당시에 인간 제물의 숫자가 엄청나게 많았다는 점만은 분명하다. "테노치티틀란에서만 매년 제물로 희생된 사람 수가 줄잡아 거의 1만 5000명에 달했다."[1] 당시에 아스텍인이 심장에 부여한 감정과 개념에 대해 그 인신공양의 희생자들은 어떻게 이야기할까? 스페인 정복자들은 이토록 야만적인 인신공양을 실시하는 문화는 어떤 희생을 치르고라도 없애야 한다고 믿었다. 그들은 아스텍의 문자기록마저 대부분 없애버림으로써 한 문명의 집단 기억을 빼앗았다. 하지만

이 와중에도 아스텍인의 문화적 원천은 일부 살아남았다. 더욱이 멕시코와 스페인 사람들은 신화와 관련하여 많은 기록을 남겼다. 아스텍인과 관련한 기록 가운데 몽테뉴가 활약하던 1558~1580년에 사하군[•]이 라틴어로 쓴 글이 가장 잘 알려져 있다. 삽화와 글에서 명확하게 드러난 사실은 종교적 신화와 제물 의식에서 심장이 가장 중요했다는 점이다. 인신공양 이면에는 심장이 대변하는 세 측면, 즉 우주와 나라와 인간 사이의 유사성에 대한 개념이 있었다. 우주 중심에 태양(심장으로도 묘사되는)이 있듯이 지구 중심에는 테노치티틀란을 수도로 삼은 멕시코가 있고 인간 존재의 중심에는 심장이 있다는 이치였다.

사하군
Sahagun, 당시 활동하던 프란체스코 수도회 선교사.

아스텍 창조 신화에서 세상은 창조되었다가 태양이 사라지면 소멸하고 다시 여러 번 창조된다. 스페인에 정복당했을 당시 아스텍인은 다섯 번째이자 마지막 시대를 맞이하고 있었다. 태초에 신들이 함께 모여 불을 피울 때까지는 사방이 어두웠다. 아스텍 신화에는 어떤 신이 자신을 불 속에 던져 태양을 다시 살리는 이야기가 나온다. 불 속에 자신을 던진 신은 즉시 수평선 위로 떠올라 태양으로 환생한다. 그러나 하늘을 가로지르는 태양의 여행은 다시 중단된다. 신이 자신을 불길 속에 희생시켜 태양에 양분을 제공해야만 태양은 다시 하늘을 가로지르게 된다. 이 신화는 아스텍인의 인신공양을 이해하는 데 매우 중요하다. 태양은 제물을 통해서만 매일 아침 다시 떠오를 힘을 얻는다. 즉 신들이 자신을 제물로 바치고 그런 뒤에도 인신공양을 거듭해야 가능하다는 것이다.

인신공양이 아스텍인 사이에서 이렇듯 대규모로 실시된 까닭에 대해서는 인구통계나 생태적으로 다양한 설명이 존재한다. 종교적 동기만으로는 이토록 광범한 인간 희생이 발생하기 어렵다. 또한 정치적 힘과 관련한 동기로도 이런 희생을 설명하기 어렵다. 종교를 내세워 그저 전쟁 포로의 수를 줄이려는 뜻이었다면 굳이 공들여 의식을 치르지 않고도 쉽게 그럴 수 있었다. 더욱이 제물로 바쳐진 사람 가운데는 적뿐만 아니라 자기 부족의 남자와 여자, 아이도 있었다. 그러므로 인신공양 이면에는 이 세상이 어떻게 다시 존재하고 소멸하는지에 대한 종교적 개념이 담겼다고 보아야 한다. 추측건대 희생제물의 규모는 시대와 시대 사이의 짧은 간격과 관계있다. 대부분의 문화와 종교에서 세상은 그리스도교가 말하듯 한 번에 모두 창조되거나 불교가 말하듯 수백만 년이나 수십억 년의 간격으로 창조와 파괴가 순환한다. 그러나 아스텍 문화의 순환 시기는 훨씬 짧고 다양했다. 아스텍 문화에서 불길의 시대는 52년● 의 두 배 이상 지속하지 못했다. 불길의 시대가 끝나면 세상도 소멸했다. 이는 다른 문화처럼 소멸을 '영원'의 관점이나 이론적으로 먼 장래의 일로 경험하지 않고 파괴가 언제나 임박해 있음을 뜻한다. 따라서 세상의 소멸을 적극 막아야 했고 그러려면 인신공양을 통해 피와 심장을 태양신에게 양식으로 제공해야 했다. 따라서 많은 사람의 희생이 필요했고 세상 끝에 이를수록 더 많이 필요

52년
메소아메리카 문명의 역법에서는 52년을 하나의 순환 주기로 본다.

했을 것이다. 종교와 점성술은 스페인 정복자들이 상륙할 당시에 대해 세상의 종말이 가까운 시기이자 아침과 저녁별의 신 케찰코아틀이 바다를 건너 동쪽에서 돌아오려던 시기와 일치한다고 분석한다. 코르테스•는 아스텍인의 이런 생각을 주저 없이 활용했다.

코르테스
H.Cortes, 아스텍 제국을 멸망시키고 멕시코를 스페인 영토로 만든 정복자.

아스텍인은 태양 중심의 우주관을 바탕으로 생리적 · 종교적 관점에서 심장을 인간의 중심으로 보았다. 소우주와 대우주, 육체와 우주 사이에 유사점이 있다는 생각은 다른 문화에도 존재하며, 현대인에게는 친숙한 개념이다. 그런데 아스텍인에게는 심장이 인간에게 생명력을 부여한다는 생각이 다른 문화보다 널리 퍼져 있었다. 심장을 가리키는 아스텍 낱말은 'yollotl' 라는 동사에서 유래하는데, '살다', '살게 하다', '태어나다' 라는 뜻이다. 살아 있는 따뜻한 심장은 인간에게 생명을 준다. 사하군은 "심장은 모든 것을 지배한다."고 기록했다. 우리가 아스텍인의 인신공양 의식에 포함된 생리학적 측면을 지나치지 않는다면 사하군의 말을 쉽게 이해할 수 있다. 르네상스 시대에 활약한 연금술사와 해부학자라면 이와 유사한 말을 했을 것이다. 그 밖에 아스텍 문화와 근대 이전 유럽 문화의 유사점은 아스텍 언어가 영혼과 '심장과 지성을 전혀 구별하지 않았다' 는 점이다.[2] 그러나 아스텍인에게 심장은 신성하고 우주적인 잠재성을 가지면서 심장과 지성의 관련성을 표현한 다른 어떤 언어보다 더 넓은 의미를 가졌다.

아스텍인이 왜 인신공양을 했는지는 그들 종교에서 심장이 차지한 위치를 살펴보면 알 수 있다. 그들은 인신공양이 없다면 나라와 백성 모두 멸망하리라 생각했다. 인간은 심장을 신과 태양에게 바침으로써 내세에서 가치 있는 삶을 보장받았다. 즉 제물이 된 사람은 신성해질 수도 있고 개인에게 최악의 운명이 될 지하 세계의 영원한 암흑에 갇히는 형벌을 피할 수도 있었다. 개인이 죽는 방식은 신성한 빛의 일부가 되느냐, 아니면 내세에서 영원한 어둠의 일부가 되느냐를 좌우하는 데 결정적 요소였다.

심장은 세상의 기원과 종말의 개념에서 중심 지위를 차지했을 뿐 아니라 내세에서 개인의 부활 가능성도 내비쳤다. 심장은 인간이 지구에서 일어나는 모든 일에 대해 가지는 인식과 경험의 중심에 있으면서, 지구의 삶을 시적으로 묘사하고 지혜를 노래한 아스텍 문학의 주요 소재가 되었다. 이 점은 1536~1565년에 익명으로 쓰인 고대 아스텍의 〈멕시코의 노래Cantares Mexicanos〉에 잘 표현되어 있다(이 노래는 사하군이 기록한 종교 시가와 다른 것이다). 인신공양에 대해 비판한 이 지혜의 시는 꽃과 심장과 태양을 주된 이미지로 썼다. 이 시에서는 형식 또한 중요한데, 시 형식이 개인의 형태를 결정하기 때문이다. 인간의 유동성은 세상의 불안정성과 유사하고 이집트와 같은 여러 심미적 문화처럼 능동적이고 예술적인 형식을 요구한다.

꽃과 새 또한 심장에게 말을 건넨다. 고결한 새(케찰•)의 노래는 지상에 없고 아름다운 음조로 천국에 울려퍼진다.

케찰
Quetzal, 중남미산으로 꼬리가 길고 깃이 아름다운 새.

나는 움직이는 심장으로 듣는다. 오, 노래하는 자여. 내 생각은 공중으로 솟아올라 하늘을 뚫는다. 나는 한없는 갈망으로 한숨짓는다. 나는 그를 완벽하게 안다. 카쿠안새와 벌새를, 그리고 하늘의 부름을 받았다는 것을.(《멕시코의 노래》, 2장 3행)

노래하는 자는 갈망으로 한숨지으며 하늘로 솟구쳐오르는 새이고자 할 때 새의 웅장함과 노래의 감미로움이 신성함에서 비롯한다는 사실을 깨닫는다. 이 관련성을 깨달은 것이 바로 심장이고, 고결한 새와 노래가 상상하는 이상으로 멀리 나는 것도 심장이다. 기뻐하는 심장에는 모든 감각이 압축되어 담기고 환상에 잠긴 눈으로 하늘에 있는 전지전능한 존재를 바라본다. "그렇다, 내 심장은 당신이 있는 곳을 바라본다. 당신을 바라본다. 이팔네모아• 여!" 그는 자신의 빛나는 심장을 닮은 사랑스러운 꽃도 신에게 바칠 것이다. 이 노래에서는 지상의 것과 천상의 것 사이에 유사점이 존재한다. 지상에서는 꽃과 고결한 새가 중심 상징이고, 천상에서는 태양이 신성한 것과 지상의 삶을 초월하는 목적을 상징한다. 꽃과 태양은 모두 심장, 즉 신성한 태양이 생명을 부여하는 인간의 피로 이뤄진 꽃을 상징한다. 꽃은 지상의 힘과 아름다움과 신성한 존재 모두를 상징한다. 이 모든 아름다움을 통해 심장은 자신이 어디 속하는지 기억한다. 전쟁 영웅은 자신이 어떤 종류의 죽음을 맞이할지 알고 있더라도 이런 종교적 인식에서 위로를 받았다. "전쟁터에서는

이팔네모아
Ipalnemoa, 아스텍인이 말하는 생명의 신.

무엇도 내 심장을 두렵게 만들지 못한다. 나는 돌칼을 사용하길 갈망한다. 그렇다. 내 심장은 전쟁터에서 죽기를 원한다."(16장 5행) 우리는 이런 관념 안에서 아스텍 문화의 심장 제물에 대한 설명을 읽어내고 잠재적 희생자 사이에서 반항이 일지 않은 까닭을 알게 된다. 노래가 제물 의식의 대안을 제시하거나 비난하지 않았다면 말이다. 노래와 개인의 연결을 거듭 강조하는 그 노래들은 오로지 '자기 심장과 대화하는' 방법을 습득한 인간에게만 속한다. 자기 심장과 대화할 수 있는 인간은 신의 심장과 합일할 수 있고 '꽃과 노래'가 만물에 존재한다는 사실을 경험할 수 있다.

현대인의 잣대로 아스텍인이 너무나 냉혹한heartless(문자 그대로 '심장 없는') 인간이라고 판단하는 일은 그 자체만으로도 인간의 감정이 상대적임을 알게 한다. 아스텍 문화에서 심장을 바치는 행위는 곧 심장을 구하는 행위였다. 현대인은 심장이 멎으면 인간이 죽는 것으로 보지만 아스텍인은 심장을 제물로 바침으로써 개인과 우주를 위해 심장을 계속 움직일 수 있다고 믿었다. 그래서 현대 문화는 고도로 발달한 심장 의학을 통해 가능한 한 오랫동안 심장의 생명을 유지하려 애쓴다. 현대인이 다른 문화의 감정 유형과 반응을 평가할 때 편견에 사로잡히는 까닭도 바로 이 때문이다. 과격하게 문화를 비판한 니체가 강조했듯이 현대인은 감정을 사고와 관념의 한 기능이라고 보지 않는다. 니체는 관념과 편견, 신념과 확신이 감정을 결정하며, 인간은 무엇이든 믿을 수 있고 그래서 무엇이든 느낄 수 있음을 통찰했다. 그러므로 현대인이 사악하다고 인식하는 대상이 다른 지역과 시대에는 미덕으로 여겨질 수도 있다.

> 잔인성은 인류가 누려온 가장 오래된 기쁨 가운데 하나다. 결과적으로 신 또한 잔인한 모습을 보며 활력을 얻고 축제 기분을 느낀다고 여겨졌다. …신이 행복해하는 인간을 바라보며 얼굴을 찡그리고 고통받는 인간을 바라보며 미소짓는 일은 당연하다. 신은 분명 연민을 느끼지 않는다! 경외의 대상인 강한 영혼에게 연민은 경멸스럽고 무가치한 것으로 여겨지기 때문이다.[3]

니체는 이렇게 쓰면서 그리스도교 윤리를 넌지시 비난했다. 이를테면 노르웨이인은 자신의 조상인 바이킹의 신념과 숭배 대상을 이해한다면 니체가 어떤 말을 하는지 파악할 수 있어야 한다. 바이킹은 자비로운 민족으로 알려지지 않았고 약함을 연민으로 보려 하지 않았다. 인신공양은 그리스도교 이전 시대의 북부 유럽에도 알려져 있었다. 바이킹이 생각한 이상적 심장은 훗날 그리스도교 유럽인보다는 대서양 북부 페로 제도 사람들이나 아스텍인과 더 많은 공통점을 가졌을 것이다.

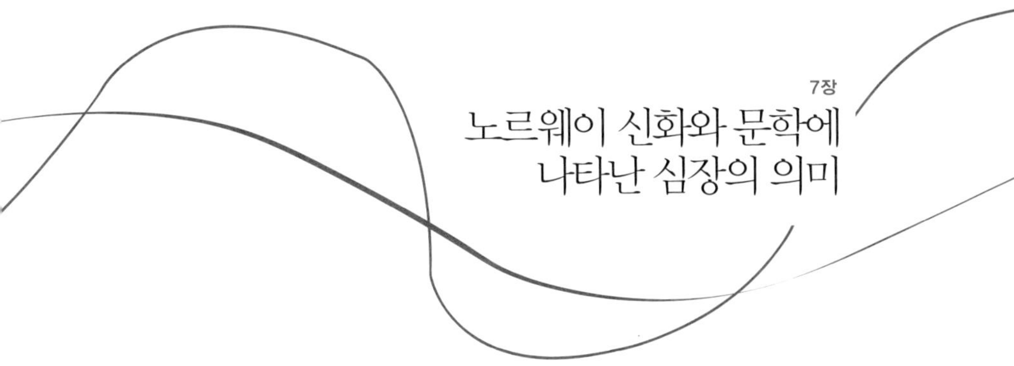

7장

노르웨이 신화와 문학에 나타난 심장의 의미

오늘날 서구인에게 이교도 신을 믿고 제물을 바친 바이킹은 여러 면에서 이집트인이나 아스텍인만큼이나 낯설다. 이 책에서는 노르웨이인의 심장 개념을 비非그리스도교 문명이자 비유럽 문명에 속한 것으로 분류했다. 유럽 그리스도교를 노르웨이의 이교 신앙보다 상위에 둘 경우 이질적인 고대의 특성을 이해하는 데 문제가 발생하기 때문이다. 메소아메리카인에 대해 먼저 이해한 뒤에 노르웨이인에 대해 살펴보면 친숙한 것에서 친숙하지 않은 것을 끌어내고, 친숙하지 않은 것에서 친숙한 것을 끌어냄으로써 자신과 타인 모두를 보다 잘 이해하게 된다. 아메리카와 유럽은 크리스토퍼 콜럼버스Christopher Columbus가 아메리카 대륙을 발견하기 수세기 전부터 역사적으로 관

계를 맺어왔다. 하지만 구세계와 신세계의 이런 관계는 콜럼버스 이후 노르웨이 문헌을 재발견하면서 밝혀졌다.

노르웨이 올라프 Olaf 왕은 스티클레스타 전투(1030년)에서 이민족에게 패하고도 승리의 순교자가 되었다. 그의 군대에는 용감한 아이슬란드 궁정시인 토르모 콜브루나르스칼 Tormod Kolbrunarskald이 군인으로 있었다. 바이킹 왕의 역사에 대한 책을 쓴 스노리 스툴루손●이 전하는 바에 따르면 전쟁터에서 자신의 심장을 관통한 화살을 뽑아낸 토르모는 촉에 묻은 지방을 바라보며 노르웨이인이라면 누구나 아는 유명한 말을 남겼다. "왕이 우리를 잘 먹여주었군. 심장 뿌리에 여전히 지방이 붙어 있으니 말일세!" 이는 수치심과 명예, 용기와 바이킹 왕에 대한 충성심을 죽을 때까지 소중하게 간직한 문화에서 높게 평가받아온 이상을 표현한 말이다. 이런 말솜씨는 인간이 사후에 자신의 이름을 명예롭게 남길 수 있는 확실한 방법이다. 토르모의 말은 그 안에 담긴 명쾌함 때문에 후손 대대로 전해내려왔다. 또한 그의 말은 당시에 어떤 감정이 숭앙되었는지, 노르웨이인의 마음은 어떠했는지 알려준다. 토르모의 말이 대대손손 회자된 까닭은 심장을 순전히 육체적 관점에서 언급하면서 그가 모든 위험과 죽음을 맞닥뜨리면서도 두려워하지 않고 침착하게 행동했기 때문이 아니라 심장을 용기의 거처로 보았기 때문이다. 노르웨이인의 심장 개념은 스노리 스툴루손의 산문 《에다》와 궁정시인의 시에서 확인할 수 있다.

스노리 스툴루손
Snorri Sturluson, 1178~1248, 아이슬란드의 시인이자 역사가이며 정치가. 북유럽의 역사와 신화에 해박했다. 저서로는 산문 《에다 Edda》가 전해진다.

심장은 옛 노르웨이 시에 자주 등장한다. 전투에서 상처를 입을 경우 전사할 가능성이 가장 높은 장기가 심장이기 때문이다. 심장은 생명의 중심이다. 그래서 신화의 영웅인 시구르 파프니스바니Sigurd Fafnisbani(독일 《니벨룽겐의 노래Niebelungenlied》의 주인공 지그프리트Siegfried와 비슷한 노르웨이 영웅)는 파프니라는 용을 죽일 때 그 심장을 먹고 피를 마시라는 충고를 받는다. 그렇게 하면 새의 노래를 해석하는 능력을 포함해서 용이 가진 힘과 능력이 그에게 옮겨진다는 것이다. 노르웨이 인류학은 심장의 신체적 특성이 인간의 용감성이나 비겁함 여부를 드러낸다고 보았다. 전사이면서 궁정시인이기도 한 에길Egil은 심장이 떤다는 표현을 썼다. 이는 용기가 부족하다는 뜻이다.

용감한 심장에 대한 더 자세한 설명은 《의형제 무용담Saga of the Foster Brothers》에서 찾아볼 수 있다. 이 책 17장에는 토르게이르Torgeir(토르모 콜브루나르스칼의 의형제)의 시체를 눕혀놓고 가슴을 열어 용감한 사람의 심장 생김새를 확인하는 장면이 나온다. 용감한 사람의 심장이 비겁한 심장보다 작다는 속설이 사실인지 아닌지를 확인하기 위해서다. 당시 사람들은 피가 심장을 떨게 만들고, 떠는 피가 공급되면 심장이 커지기 때문에 용감한 사람의 심장은 당연히 작아야 한다고 보았다. 용감한 심장은 피를 조금 담고 있어서 작고 단단하고 차갑다는 것이다. 해부해본 결과 토르게이르는 순전히 생리학적인 근거로 용감한 사람이었다는 결론이 나왔다. 무용담의 요약본에 따르면 그의 심장 크기는 기껏해야 호두 크기만 하고 단단하다고 했다. 즉 그는 두려움에 떨지 않았던 것이다. 토르게이르는 심장이 단단한 만큼 용기도 대단했다. 여기서 심장은 뒤이어 등장하는 유럽인의 심장보다는 고대 이집트인의 심장에 더 가깝다. 개인의 성격과 심장과의 육체적 관련성은 또 다른 신화적 영웅을 다룬《헬게 무용담Helge Saga》에도 등장한다. 이 이야기에는 헬게 훈딩스바네Helge Hundingsbane에 대한 글이 적혀 있다.

그는 전쟁터에서 두려움이 없고 대담하네.
그의 심장은 가슴속에서 뼈처럼 단단하네.(53행)

위 시는 실제 해부 결과가 아니라 오래전부터 전해져온 내용이지만 당시에 인간을 어떻게 인식했는지 말해준다. 심장은 전사戰士 문화에서 높게 평가받는 자질이 머무는 곳이다. 그러므로 정신 또한 심장에 자리했다. 심장이라는 단어는 애정이나 지성 등과 관련 있지만 무엇보다도 정신과 관계가 깊다. 노르웨이 역사 전문가 클라우스 폰 제Klaus von See는 용기나 그에 반하는 비겁함과 소심함 같은 자질은 순전히 해부학적 관계에서 비롯한다고 주장한다. 정신에 속한 태도에서 직접 비롯하지도 않고 의식적이고 개발된 자질에서 비롯하지도 않는다는 것이다. 그는 이 문제를 좀더 면밀히 검토했다.

현재 논쟁의 초점은 언급된 비유가 심장의 해부학적 구조와 관련 있는가

라는 점이다. 그들은 심장의 증상만이 아니라 작은 크기, 딱딱함, 피의 부재 등이 용기의 원인이라고 생각했다.[1]

노르웨이인의 이 같은 심장 개념을 확인해주는 예가 더 있다. 가장 힘센 거인 룽네Rungne와 전쟁과 천둥의 신 토르Thor 사이의 유명한 전투 장면이다. 노르웨이 신들에게 대항하던 룽네가 거인 가운데 가장 힘이 센 까닭은 심장이 돌로 되었기 때문이다. 룽네에게는 이런 자질이 너무나 명백하고 신화적으로도 중요하여 돌심장 룽네로 불린다. 감정적으로 단순한 존재를 상징하는 토르는 당연히 여러 신의 충동질에 자극받는다. 거인들은 어리석기는 하지만 자기보다 힘이 세고 위험한 존재를 잘 알았다. 토르는 오딘만큼 위험천만하게 영리하지는 않았지만 최고의 위치에 앉은 현명한 창조의 신이다. 토르는 단단한 심장을 가졌고 손에 망치를 들었으며 강력한 허리띠 메깅요르를 둘렀다. 그러므로 거인들은 토르가 도착할 때를 대비하여 세심하게 준비해야 했다. 거인들은 길이 약 14킬로미터에 폭이 약 5킬로미터인 거대한 찰흙 거인을 만들어 자신들의 거주지 요툰헤이멘• 앞쪽에 세웠다. 토르에게 겁을 주기 위해서였다. 그러나 거인들은 찰흙 거인에게 잘 맞는 심장을 찾는 데 어려움을 겪었다. 그들이 발견한 심장 가운데 가장 적당한 것은 암말의 심장이었다. 하지만 이것이 불행의 씨앗이었다. 암말의 심장은 크고 피로 가득하여 용감하지 못했기 때문이다.

요툰헤이멘
Jotunheimen, 스칸디나비아 반도에서 가장 높은 산지.

토르가 모습을 드러내자 암말의 심장이 너무나 격렬하게 떨어서 거인들 모두가 벌벌 떨면서 공포로 몸이 흠뻑 젖은 채 무더기로 쓰러지고 말았다. 결국 룽네는 토르가 휘두르는 무적의 망치를 피하지 못했다.

다른 고대 문화와 마찬가지로 노르웨이 문화에서도 지금의 우리가 보기에 심리적이고 주관적이라 생각되는 것이 그리스도교 이전만 해도 객관적인 것이었다. 위에 인용한 이야기에서 자연의 생리적인 특징이 그러하다. 개인이 통제할 수 없는 힘과 객관적 조건은 노르웨이 시대의 희생제의에서도 찾아볼 수 있다. 이교도 신을 믿었던 노르웨이 문화는 여러 면에서 피의 문화였다. 희생제의 기간에는 제의 참가자와 그 주변에 피를 뿌렸다. 피에는 주술적인 힘이 담겨 있다고 믿었기 때문이다.

인신공양 관습은 노르웨이 문화에도 존재했다. 물론 그리스도교의 영향으로 이 같은 숭배 의식은 곧 금지되었다. 그렇다 하더라도 여러 원시사회에서 식인 풍습이 존재하던 때 주요 문명에서는 인신공양이 이루어졌다는 사실을 눈여겨봐야 한다. 종교적 목적으로 인간의 가슴을 가르고 심장을 꺼내는 행위는 문명의 지표다. 인신공양과 의례상의 살인은 구별해야 한다. 의례상의 살인은 원시 고대 문화에 널리 퍼져 있었다. 노르웨이 문화에 대한 아주 오래된 문헌들을 살펴보면 바이킹과 독일 부족들에서 이루어지던 인신공양에 대해 알 수 있다. 로마인 타키투스Tacitus가 아랍어로 쓴 글과 덴마크 역

사가 삭소 그라마티쿠스Saxo Grammaticus의 글이 좋은 예다. 브레멘의 아담Adam of Bremen은 웁살라● 에서 행해진 인신공양에 대해 기록했다. 현대인이 바이킹의 인신공양에 대해 잘 알게 된 것은 노르웨이 바깥의 문헌을 통해서다. 아랍어, 라틴어, 독일어로 기록된 문헌은 바이킹과의 접촉과 그들의 종교적 관습에 대해 많이 다루었다. 또한 노르웨이 자료에도 직간접의 묘사가 일부 등장한다.

웁살라
Uppsala, 스웨덴 남동부에 위치한 도시.

위그드라실
Yggdrasil, 우주를 떠받치고 있다는 거대한 물푸레나무.

게이르트요브
Geirtjov, 삭스란드 Saxland의 왕.

노르웨이의 종교 의식에서 인신공양은 최고의 신이자 교살당한 자의 신인 오딘과 관계가 있다. 종교 역사학자 조르주 뒤메질Georges Dumézil은 오딘이 영감을 얻기 위해 생명의 나무 위그드라실● 에 기어올라가 스스로 목을 맨 사실을 상기하면서, 이는 곧 오딘이 동쪽에 기원을 둔 신이라는 사실을 증명한다고 주장한다. 제물로서 오딘의 죽음은 샤머니즘의 잔재다. 목을 매 바치는 제물의 경우는 대개 나무나 창 등으로 심장을 찔러 다시 죽였는데, 《고트렉의 무용담Gautrek's Saga》에 이에 관한 묘사가 등장한다.

> 나는 신에게 게이르트요브● 의 살인자
> 비카르Vikar를 바치려고 그를 나무 높이 매달았다.
> 내 창으로 왕자의 심장을 찔렀다….

이처럼 제물을 두 번 죽이는 까닭은 토르와 오딘에게 각각 바치기도 하고 별개의 기능을 가지기도 하기 때문이다. 교살하고 창으로 찔러 두 번 살해한 쓴 까닭은 실제적인 목적 외에는 없다. 우선 몸에서 피를 빼내 제물로 바칠 피를 얻고 시체를 희생제의에 쓰이는 나무에 매다는 것이다.[2]

노르웨이 문화는 인간을 지적 이성과 정신적 힘을 기준으로 미세한 등급까지 분류했다. 예를 들어 현명한 오딘은 자신이 창조한 세상이 궁금했다. 모든 것이 처음 생각과 달랐기 때문이다. 노르웨이 신들은 진리를 소유하지 않는다. 오직 진리만을 소유하고 스스로 진리 자체인 그리스도교 및 유대교의 신과는 다르다. "그대는 더 많이 아는가, 아니면 그렇지 않은가?" 이는 신비로운 산문 《에다》의 시편 〈볼루스파Voluspa〉에서 환상 속 여자 예언자의 물음이다. 이런 질문은 성서에서는 찾아보기 어렵다. 여성이 심오한 진리를 안다는 점 또한 여성 혐오증을 보이는 그리스도교에서는 생각하기조차 어려운 일이다. 그러나 노르웨이 사회에서 여성은 상당한 힘이 있었고 여성을 폭행하는 일은 비열한 행위로 간주되었다.

노르웨이 인류학의 지적 측면을 상징하는 것으로는 오딘이 소유한 두 마리 까마귀의 이름, 즉 후긴Huginn(정신)과 무닌Muninn(기억)이 있다. 정신은 이성적이고 실체가 있으며 인간의 중심으로서 심장보다 낫다고 여겨졌다. 노르웨이 문화에서 인간을 나눈 미세한 등급은 〈볼루스파〉 18행에서 볼 수 있듯이 호메로스의 구분과는 달랐다. "영혼은 오딘을 낳고, 생각은 호니르●를 낳고, 피는

호니르
Honir, 다리가 길고 우유부단한 신.

로두르● 와 생명의 온기를 낳는다."

노르웨이 문화는 감정이 풍부한 문화가 아니었다. 오늘날 시각에서 볼 때 바이킹은 인간적이지 않았다. 바이킹의 이런 특징은 약탈을 일삼고 파괴적인 그들의 성격뿐만 아니라 '피 독수리●' 의식을 비롯한 종교적인 전사 숭배와 관련 있는 잔인한 형벌을 보아도 알 수 있다. 이런 의식은 고문의 한 방법이라기보다는 마법 행위에 가까웠다. '피 독수리' 의식은 스노리 스툴루손의 '하랄 미발왕美髮王●'에 대한 이야기에서 처음 언급되었다. 이 이야기에서 에이나르Einar 백작은 신비에 싸인 할브단Halvdan을 오크니 제도에서 생포한 다음 등에 '피 독수리'를 새겼다. 스노리 스툴루손은 이를 다음과 같이 간결하게 설명한다.

로두르
Lodur, 최초의 인간에게 생명을 불어넣은 신.

피 독수리
Blood-eagle, 노르웨이 무용담에 나오는 고문 및 처형 방법이다. 희생자의 갈비뼈를 자르고, 자른 갈비뼈로는 피로 얼룩진 날개 모양을 만들어 폐를 꺼낸 뒤 상처에 소금을 뿌렸다. 노르웨이에서 독수리는 피와 죽음을 상징한다.

하랄 미발왕
Harald Fairhair, '아름다운 머리카락의 왕'이란 뜻인데, 이 왕은 노르웨이를 통일할 때까지 머리카락을 자르지 않겠다고 맹세하고 통일을 이루고 나서야 머리를 다듬어 이런 별명을 얻었다. 노르웨이의 여러 지역을 정복하고 872년에 통일 왕국을 세웠다.

> 그러자 에이나르 백작이 할브단에게 다가가 등에 독수리를 새겼다. 검으로 등을 찌른 후에 허리 부분까지 아래로 그어 내리고 갈비뼈를 모두 잘랐다. 그런 다음 폐를 끄집어냈다. 이것이 할브단의 운명이었다.[3]

폐가 독수리 날개를 연상시킨다고 본 모양이다. 에이나르는 '다른 사람보다 더 영리하기는 하지만' 비열한 외눈박이로 묘사된다. 에이나르가 숨어 있는 섬 위로 새나 인간을 닮은 무엇이 이따금씩 떠오르거나 떨어진다. 이 묘사에 이르면 외눈박이 오딘이 생각난다. 그러나

이 에피소드는 앵글로색슨 전통에서 나왔을지도 모른다. 색슨족은 적의 심장을 잘라내는 행위로 유명하다. 영혼이 머무는 폐를 잘라낸 것으로 보아 에이나르 백작의 행위는 주술 행위임에 분명하다.

앞에서 언급했듯이 감정과 심장을 연결시켜 생각한 것은 그리스도교가 출현하고 나서였다. 그리스도교가 들어오면서 일찍이 노르웨이에도 심장 개념이 생겨난다. 《에다》의 신화와 궁정시인의 글에서 심장과 관련한 여러 문학적 표현의 역사는 그리스도교 중세까지 거슬러올라간다. 우리는 노르웨이 문학이 12세기와 특히 13세기에 쓰였다는 사실을 기억해야 한다. 당시에는 대륙의 문학적 이상이 아이슬란드에 상당한 영향을 미쳤다. 여기서 우리는 슬픔과 비탄, 기쁨과 사랑이 존재하는 심장을 만나게 된다. 특히 그리스도교의 심장 비유는 〈하바말〉• 처럼 언뜻 보기에는 노르웨이답다고 생각되는 것 안에 스며들어 있다. 그러나 이 같은 교훈시는 동시대 유럽 문학에서 찾아볼 수 있다. 클라우스 폰 제는 좀 복잡한 주제를 다음과 같이 요령 있게 정리했다.

〈하바말〉 Havamal. 《에다》에 실린 서사시. '오딘의 노래'라는 뜻이며 예절과 도덕을 주로 다뤘다.

> 심장을 사람의 용기가 머무는 곳이라고 보는 은유와 신조는 심장에서 슬픔, 기쁨, 사랑, 선함 등의 감정 상태가 생겨난다는 것과 엄격히 구분해야 한다. 전자를 주장하는 사람은 순전히 해부학적 · 생리학적 관찰과 관념을 바탕으로 심장의 육체적 본질 안에서 인간의 용기나 비겁함의 원인을 찾는다. 반면에 후자를 주장하는 사람은 심장을 인간 심리의 중심으로 보

고 인간의 전형적인 감정 상태를 가장 감수성이 풍부하고 예민한 장기인 심장에 연결한다. 따라서 여러 감정 상태를 심장이 상처입거나 출혈하는 것으로 표현했다. 이는 내재화된 인간관을 전제하는데, 이런 인간관이 북쪽 지방에서 생겨난 때는 그리스도교와 성서에 담긴 풍부한 심장 비유가 전달되고 나서였다.[4]

노르웨이 문헌에 등장하는 심장 비유는 그리스도교의 영향을 많이 받았다. 따라서 노르웨이인은 그리스도교가 들어오기 전에 이야기되던 단단한 심장을 계속 유지하기 어려워졌다. 전사의 면모를 지닌 오딘의 광포함은 노르웨이 지역의 그리스도교화로 인해 길들여지고 재해석되었다. 그러나 이런 개종이 가능했던 까닭은 노르웨이가 유럽 문화에 물드는 과정에서 바이킹이 유럽 문화의 여러 분야와 장기간에 걸쳐 광범하게 접촉했기 때문이다. 바이킹은 유럽이 공동의 문화권을 형성하는 데 나름대로 공헌했는데, 무엇보다 영국과 유럽 대륙의 상당 지역(주로 프랑스)을 정복한 덕분이었다. 노르웨이 족장들은 노르망디뿐만 아니라 여러 지역을 다스렸다. 단단한 심장을 지닌 바이킹은 프랑스에서 사회적 힘이 발달하는 데 한몫을 했고, 그 결과 훗날 프랑스에서 새로운 심장 문화가 번성하게 되었다. 이 또한 역사의 많은 역설 가운데 하나다. 그러나 유럽 그리스도교가 노르웨이에 미친 영향력이 훨씬 더 컸다. 노르웨이 지역이 그리스도교로 개종하면서 노르웨이인은 새로운 인간관을 가지게 되었다. 이런 사실은 인간이 얼마나 쉽게 변모하는 존재인지, 또한 그리스도교의 힘이 얼마나 강력했는지 알려준다. 이 점은 중세 전성기에 등장하여 여러 방식으로 현대 서구인을 형성한 요소, 즉 심장과 관련한 새로운 비유에서 더 두드러지게 나타난다.

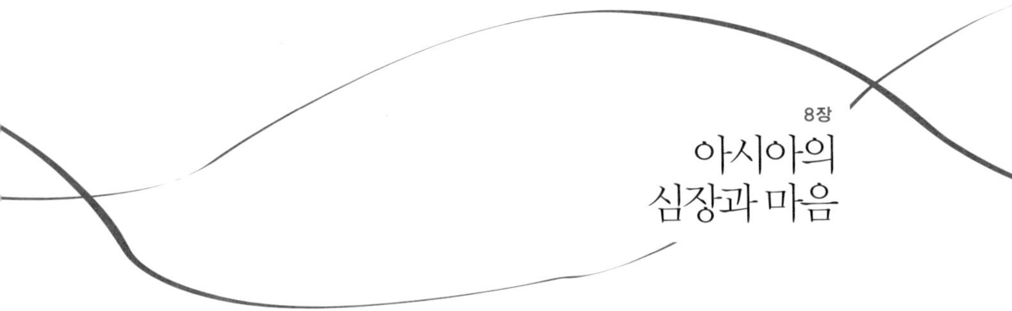

8장

아시아의 심장과 마음

마음 둘레에 벽이 쳐져 있다.
문이 있어야 집으로 쓸 수 있으리라.
– 노자

동양 문명이 육체적으로나 심리적으로, 의학적으로나 정신적으로 심장의 비밀을 탐색하기 시작한 시기는 서구인이 심장을 탐색하고 유럽 및 서구 문화권을 형성하기 훨씬 이전, 그리스도교 시대가 펼쳐지기 수세기 전이었다. 서양과 동양, 아스텍인의 냉혹한 행위와 이집트인과 바이킹의 돌처럼 단단한 심장(마음), 그리고 중국인의 지혜로운 마음, 서구의 낭만적 마음과 불교의 차분한 연꽃 같은 마음은 서로 다른 세계를 대표한다. 두 세계는 외부를 향하는 공격적인 세계와 내면을 향하는 평온한 명상의 세계라는 점에서 각각 다르다. 이는 다중 문화에 속한 인류가 스스로 맞닥뜨린 공통의 도전에 해답을 찾고자 시도하는 과정에서 나타난 문화의 차이이다.

종교 문제로 인해 촉발된 폭력과 정치적 테러가 범람하는 시대에 동양의 명상적이고 비폭력적인 태도가 인류를 폭력의 소용돌이에서 구원할 대안의 길(도道)이 될 수 있을지 모른다. 도는 마음을 표현하는 또 다른 언어로서 인간이 서로에게 마음을 개방하고 교훈을 얻는 방법이다. 다른 사람을 이해하려면 우선 자신의 마음을 한쪽으로 밀어놓아야 한다. 자신이 다른 사람을 이해하면 그의 일부가 되고, 그렇게 일부가 될 때 자신이 변하고 세상이 변한다. 이것이 동양의 사고방식이다. 물론 이것은 가능하지 않다. 아시아의 다양한 문화와 종교에 공통으로 되풀이해서 나타나는 사고방식이라 하더라도 말이다. 이런 공통의 요소는 마음과 마음의 특징과 관계가 있다. 그러므로 베다•로 대표되는 고대 인도 문화의 심장 개념과 유교 및 도교로 대표되는 고대 중국 문화와 더불어 힌두교와 불교의 심장 개념을 좀더 면밀히 살펴보고자 한다.

베다
Veda. 고대 인도의 성전聖典으로 인도에서 가장 오래된 제식문학의 집대성이다.

이런 종교와 삶의 철학은 거대한 인도와 중국을 넘어 동남아시아와 한반도, 일본에까지 전파되었다. 그런데 이런 종교와 문화가 내포한 심장 개념을 제한된 지면에서 다루는 일이 쉽지 않다는 사실을 우선 강조해야겠다. 이 책은 종교 연구가 아니라 심장에 얽힌 아시아 전통의 특징을 문화인류학 관점에서 고찰하려 한다. 또한 고대 중국과 더불어 고대 베다에 등장하는 심장 개념을 강조하려 한다. 이 두 가지가 아시아 심장 전통의 기반을 형성하기 때문이다.

베다와 고대 인도의 연꽃 마음

기원전 1500년경 아리아인과 같은 인도유럽 종족이 북부 인도를 침략하면서 '베다 시대' 가 시작되었다. 베다는 인류 역사상 가장 오래되고 탁월한 작품으로 꼽히며 《리그베다》•, 《야주르베다》•, 《사마베다》•, 《아타르바베다》•의 네 종류가 있다.

고대 인도 문화는 아리아인의 베다 문화가 수세기에 걸쳐 점진적으로 힌두교로 진화하는 복잡한 과정을 거쳤다. 부처와 불교는 인도 문화에서 거대한 전환점을 이루는데, 불교 또한 힌두교의 개념과 이미지를 끌어왔다. 불교는 신의 권능과 신의 왕국에 대한 종교가 아니라 인간의 속죄와 구원의 문제를 다루는 종교이기 때문에 엄격한 의미에서는 신학이 아니다. 불교에서 구원을 얻으려면 마음의 자질이 결정적으로 중요하다. 이런 원칙은 베다 전통과 힌두교에도 적용된다. 그러니 우선 《바가바드기타》•를 시작으로 고대 인도 문화, 즉 베다 문화와 힌두 전통에서 마음(심장)이 차지하는 위치를 살펴보자.

《리그베다》를 중심으로 하는 베다는 고대 인도인의 심장 개념을 알 수 있는 주요 원천으로 산스크리트•로 기록되었다. 기록 시기는 기원전 1500년쯤이지만 구전된 시기는 훨씬 이전으로 추정된다. '베다' 는 원뜻이 '알다' 로, 4대 베다를 더욱 철학적으로 설명한 후

《리그베다》
Rigveda, 인도에서 가장 오래된 종교문헌. 일종의 찬가 모음집.

《야주르베다》
Yajurveda, 베다 가운데 주문과 게송 모음집.

《사마베다》
Samaveda, 베다의 일부를 이루는 찬가 및 암송문.

《아타르바베다》
Atharvaveda, 좀더 대중적인 송가와 주문 모음.

《바가바드기타》
Bhagavada Gita, 고대 인도의 힌두교 경전의 하나. 산스크리트로 '신의 노래' 라는 뜻이며, 대서사시 《마하바라타》의 일부를 이룬다.

산스크리트
Sanskrit, 고대 인도-아리아어로 인도 힌두교도들이 쓰는 문어文語.

기 베다 문헌인 《우파니샤드》 (기원전 800년 이후)까지를 포함한다.

베단타 종교와 인간관에서는 심장이 두드러지게 중심 위치를 차지한다. 후기 베단타 사상에서 심장은 《우파니샤드》의 가르침처럼 자아 또는 아트만이 존재하는 곳이다. 《우파니샤드》는 여러 시편 속에서 심장에 존재하는 자아를 찬양하고, 이를 앎의 대상물로 삼았다. 《우파니샤드》에 따르면 심장에 존재하는 자아를 인식하는 길은 곧 베단타에서 말하는 모크샤moksha(해탈)에 이르는 길이다.

베다에 등장하는 심장(마음)은 산스크리트로 '흐리드hrid(또는 흐리다얌Hridayam)'인데 어원을 추적해보면 라틴어의 '코르cor'와 영어의 '하트heart'와 같다. 베다의 심장은 순전히 육체적인 공간이 아니라 정신적이고 영적인 내면의 공간을 가리킨다. 몇몇 문헌에서는 이 내면의 공간, 즉 '심장 안'에 존재하는 빈 공간을 가리켜 '마음(심장)의 동굴', '브라만의 거처'라 부른다. 마음의 동굴은 직관과 지식과 지혜의 원천이기도 하다.

《문다카 우파니샤드Mundaka Upanishad》 2권 2장에서는 마음의 동굴이 자아가 자리하는 곳이며, 그곳에서 자아가 우주의 브라만과 만난다고 설명한다.

《우파니샤드》
Upanishad, 산스크리트로 '스승 가까이 다가앉다'라는 뜻. 한두 경전 베다를 운문과 산문으로 설명한 철학적 문헌들. 현재 108가지가 알려져 있다.

베단타
Vedanta, 산스크리트로 '베다의 결론'이라는 뜻. 범신론적·관념론적 일원론으로 바라문 사상의 주류이며 인도 6파 가운데 하나. 시조는 바다라야나로 《우파니샤드》를 중시하며 범아일여의 사상을 견지한다.

아트만
Atman, 인간 존재의 영원한 핵으로 인도 철학의 가장 기본적인 개념 가운데 하나. 사후에도 살아남아 새로운 생명으로 다시 태어나거나 존재의 굴레에서 해방된다고 한다.

브라만
Brahman, 우주의 근본 원리이자 궁극적 실재.

1. 빛을 발하는 브라만은 마음의 동굴에 거하며 그곳에서 움직인다. 이는 만물의 위대한 바탕이다. 그 중심에 움직이고 숨 쉬고 명멸하는 모든 것이 존재하기 때문이다. 제자들이여, 자아는 조야한 동시에 섬세하고 사랑스럽고 대단하며 피조물이 이해하지 못하는 존재임을 깨달아라.

7. 만물을 알고 만물을 이해하고 세상의 모든 영광을 소유한 자아(아트만)는 찬란하게 빛나는 브라만의 처소에 놓여 있다. 자아는 육체의 심장 안에 거하면서 정신의 형태를 취하고 육체와 감각을 이끈다. 현명한 사람은 만물 안에서 행복을 부여하는 영원불멸한 자아(아트만)를 알아본다.

흐리드(심장)는 《리그베다》에 나오는 다음 구절처럼 마나스manas(지성, 생각)와 함께 등장하는 경우가 많다. "이 말이 그대의 심장hrida과 그대의 정신manas"을 기쁘게 할 것이다. 예를 들어 《아이타레야 우파니샤드Aitareya Upanishad》는 마음을 지식과 지혜의 원천으로 강조했다.

심장에 존재하는 정신은 의식이고 지각이며, 식별력, 지성, 지혜, 통찰력, 확고함, 사고, 신중함, 충동, 기억, 관념, 목적, 삶, 욕망, 통제다. 이 모든 것은 지성의 또 다른 이름이다.(III, 1~2)

심장이라는 단어는 은유적으로 인간에게 감춰져 있어 표현될 수 없는 것을 가리킨다. 결과적으로 내면의 마음을 뜻하는데, 외부적이고 명백한 것과는 상반되는 인간 내면의 심오한 영역과 연결된다. 신성과 접촉하려면 신에게 전하는 말이 마음의 심연을 통과해야 한다. 따라서 흐리드는 현세와 신성을 연결하는 초개인적인 것을 대표한다. 이렇듯 베다 종교에서 심장(마음)은 바로 신성으로 통하는 문이다. "마음에 일어나는 신성(마티mati)에 대해 말하라."(RV X, 91 {917}, 14) 그러므로 진리는 명상을 통해 마음속에 존재하게 된다. 인간을 자유롭게 하는 진리는 잠잠한 마음의 심연에서만 발견된다. 신성이 마음에 자리하면서 무한과 유한을 연결하기 때문이다. 《리그베다》는 신비로운 비유를 사용하여 이렇게 묘사한다.

> 전 우주는 그대의 집에, 바다 안에, 마음속에, 삶 속에 존재한다. 그대의 달콤한 파도가 바다의 끝, 바다와 만나는 지점까지 이르기를 기원한다.(IV, 58, 11)

"달콤한 파도"는 베다 종교의 봉헌식에 사용되는 버터를 가리키는 은밀한 단어로, 국자로 떠서 불에 봉헌하면서 동시에 기도와 찬양과 소망의 형식으로 인간 마음에도 봉헌한다. 베다에 등장하는 고대 요가Yoga는 '열'이나 '적열赤熱'을 뜻하는 타파스tapas로 불리는 경우가 많고, 고행을 통해 생성되는 내면의 열이나 에너지를 가리킨다. 따라서 마음의 적열은 신성의 표현이면서 동시에 신성에 이르는

수단이다. 베다는 마음의 순수에 이르는 방법을 가르칠 뿐 아니라 신성에 이르는 전제조건으로 불순한 것을 제거하는 방법을 알려준다. 결과적으로 마음은 나중에 등장하는 문화들에서처럼 은밀하고 신비로운 요소와 관계맺으면서 페르시아 문화로 확산되고, 나중에는 아랍 문화와 유럽 문화로 퍼져나갔다.

베다에는 마음과 연꽃의 비교가 등장한다. 마음과 연꽃의 이미지는 고대 초기부터 오늘날까지 인도와 동아시아 문화의 핵심 개념으로서 서양에서 장미가 차지하는 이미지와 거의 완벽하게 대응한다. 자신의 마음을 신성에 개방하고 지혜의 빛을 보는 일은 연꽃이 꽃봉오리를 열어 세상에서 가장 아름다운 꽃을 활짝 피우는 일과 같다. 만약 연꽃이 활짝 피어나기 전의 고요한 균형을 인간의 정신이 유지할 수 있다면 진리에 감명받고 겸손하게 만개하며 마음속에 존재하는 황금빛 광채를 언제나 드러낼 것이다. 연꽃이 꽃잎을 벌리며 아침 대기 안에 향기를 퍼뜨리듯 신선하고 순결하며 순수한 인간은 자신이 처한 환경 안에서 진정한 만족과 상냥함과 용서와 사랑의 향기를 발산한다.

《아타르바베다》는 인간의 심장을 연꽃에 빗대어 '아홉 개의 문이 달린 연꽃'이라 부른다. 이는 오늘날 우리가 알고 있는 심장을 놀라울 만큼 정확하게 표현한 말이다. 심장을 똑바로 세우면 마치 연꽃봉오리처럼 생겼고 우심방에 세 개, 좌심방에 네 개, 좌우심실에 각각 한 개씩 모두 아홉 개의 구멍(혈관)이 있다. 《아타르바베다》는 동맥을 가리키는 두꺼운 벽의 관을 다마니스dhamanis, 정맥을 가리키는 얇은 벽의 관을 시라스siras, 모세혈관을 가리키는 훨씬 가는 혈관을 스나바스snavas라 부른다.

《타이타리야 아랑야카Taittariya Aranyaka》에 수록된 찬가에서는 심장을 신의 거처라 부르면서 연꽃에 빗대어 설명한다.

목 아래 배꼽 위에 자리한 심장은
아래를 향한 연꽃 같다.
심장은 신의 거처임을 깨달으라.
심장은 신경에 둘러싸여 연꽃 봉오리처럼 아래를 향해 매달려 있다.
끝에는 섬세한 신경이 있다.
여기서 만물의 존재가 성립한다.
중심에는 위대한 불이 있어
사방으로 퍼져나가며 여기저기서 타오른다.
…
이 불길 가운데 지고의 존재가 있다.
그 존재가 바로 브라만이다. 그는 시바• 이고 인드라Indra다.
파괴되지 않는 지고의 존재이자 신 자체다.

시바
Shiva, 힌두교의 세 주신主神 가운데 하나로 파괴와 생식의 신. 네 개의 팔, 네 개의 얼굴, 과거와 현재와 미래를 투시하는 세 개의 눈이 있으며, 이마에 반달을 붙이고 목에 뱀과 송장의 뼈를 감았다.

가장 오래된 베다는 윤회에 대한 힌두교의 핵심 개념을 언급하지 않는다. 후기 《우파니샤드》에 들어서야 심장을 죽음

의 중심에 놓으면서 저세상으로 향하는 영혼의 문턱에 두었다. 죽음과 윤회의 의미는 《브리하다란야카 우파니샤드Brihadaranyaka Upanishad》에 등장한다.

> 육체와 정신이 허약해지면 자아가 생명의 모든 힘을 모아 심장으로 내려 보낸다. …자아는 심장의 빛에 의지하여 심장의 문을 통과한 후에 육체를 떠난다. 자아가 육체를 떠나면 기氣, prana가 따르고 육체의 모든 생명력이 따라나선다. 죽어가는 인간은 의식으로 변화하면서 육체를 떠나고, 이때 여태껏 행하고 경험하며 알았던 모든 것에 대한 인상도 함께 떠난다.

《브리하다란야카 우파니샤드》도 영적 · 정신적으로 심장의 중심 위치를 강조한다. 《브라마나Brahmana》(범서梵書) 3권 5장에는 "우리 안에 있는 심장은 바로 신 자체다."라는 글이 실려 있다.

심장(마음)은 명상의 대상이다. 인간은 심장을 이해함으로써 세상과 자신을 이해할 수 있다. 심장은 인격이 자리하거나 뿌리내린 곳이기 때문이다. 그러므로 자신의 심장이 곧 자신이자 자기 존재다.

고대 인도인의 심장 개념이 처음 나타난 곳은 고대 베다의 찬가집 《사마베다》에 포함된 《찬도기아 우파니샤드Chandogya Upanishad》로 추정되는데, 그 안에는 연꽃 심장(마음)을 언급한 글이 있다. 《찬도기아 우파니샤드》를 보면 수수께끼 같은 음절인 '옴om'이 눈에 띄는데, 이는 힌두교에서 가장 유명한 주문이자 신성한 음절이다. '연꽃 마음' 은 개인의 자유 및 구원과 관계가 있고, 아트만과 자아 및 자아의 영혼과 관련을 맺으면서 가장 깊숙한 심연에 자리한 마음과 브라만, 즉 세계의 영혼과 연결된다. 자아(아트만)와 브라만은 심장에서 만난다. 그러나 인간의 가장 깊숙한 내면에 자리한 것은 생리적인 것이 아니라 영적인 것이기 때문에 심장은 비실체적 내면 공간에 자리하면서 심장 내부의 동굴이나 빈 공간에 존재한다. '연꽃 마음' 의 주요 시 두 편에는 인도의 심장 전통이 고스란히 담겨 있다.

> 브라만의 도시에는 비밀스러운 거주지인 연꽃 마음이 있다. 이 안에는 공간이 있고 그 공간에는 이뤄진 욕망이 담긴다. 우리는 그 안에 담긴 것을 갈망하고 깨달아야 한다.
> 연꽃 마음 안의 공간은 저 너머 무한한 공간만큼이나 거대하다. 이 내면의 공간에는 천국과 지상, 불과 공기, 태양과 달, 번개와 별이 모두 들어 있다. 우리가 그것을 알든 모르든 상관없이 세상 만물은 이 내면의 공간 안에 포함되어 있다.(《찬도기아 우파니샤드》, 191)

《찬도기아 우파니샤드》의 다른 부분에서는 연꽃 마음을 브라만이 자아 안에 머무는 곳으로 설명한다.

> 그것은 브라만이고, 육체 안의 커다란 공空이며, 심장 안의 커다란 공이다. 브라만은 충만하면서 변하지 않는다. 따라서 브라만을 아는 사람 또

한 충만하고 변하지 않는 본성을 갖는다.(III, xii, 7~9)

자아(아트만)와 브라만이 융합하는 용광로로서 심장에 대한 설명은 이렇게 이어진다.

그 존재는 만물을 창조하고 모든 순수한 욕망이 그에게 속하며, 모든 상쾌한 향기와 즐거운 미각을 소유하고 이 모두에 넘쳐나며, 말과 다른 감각이 없고 불안과 갈망에서 자유롭다. 이는 연꽃 마음에 거하는 나의 자아(아트만)다. 그는 브라만이다. 나는 여기서 출발하여 그의 존재에 이를 것이다. 이런 믿음을 소유하고 의심을 품지 않는 자만이 결과를 얻을 것이다. 산딜리아• 는 이렇게 말했다.(III, xiv, 4)

편재하는 브라만은 심장의 하늘에서 찾아진다. 브라만이 심장에 거하기 때문에 심장을 브라마베스마Brahmavesma 또는 '브라만의 집' 이라 부른다. 물론 하늘은 무한한 브라만을 경계짓거나 제한하지 못한다!

산딜리아
Sandilya, 《우파니샤드》에 나오는 철학자.

베다에서 심장과 사랑은 긴밀하게 통합되어 자아의 가장 심오한 원천이 된다. 실제로 자아를 말로 옮기기는 매우 어렵다. 《문다카 우파니샤드》는 "사랑의 신은 이름과 형태를 초월한다. 그는 모든 곳에 존재하고 모든 것을 초월한다."고 전한다. 《문다카 우파니샤드》에는 이렇게 적혀 있다.

밝지만 감춰져 있는 자아는 심장 안에 거한다. 움직이고 열고 닫는 모든 것은 자아 안에 존재한다. 그는 사랑의 원천이다. 생각이 아니라 사랑을 통해 알려진다. 그는 삶의 목적이다. 이 목적을 달성하라! (112~113)

베다에서 카마Kama는 에로스, 즉 사랑의 신인데 추상적인 만물의 우주에서 처음 생겨난다. 카마는 최고의 신성이고 《아타르바베다》의 창조주다. 아직 태어나지 않았거나 독립적으로 존재하거나 물에서 태어난 존재로 다양하게 불리는 카마는 다르마Dharma(우주 법칙)의 자식으로 브라만의 심장에서 튀어나왔다고 한다. 이때 인간의 심장은 고동치는 우주와 나란히 펄떡거린다. 따라서 베다 인류학에서 정신과 마음은 끊임없이 소통한다. 흐름은 정신에서 심장으로, 심장에서 실재의 본질인 정신으로 움직인다.

《타이티리야 브라마나Taittiriya Brahmana》에는 심장에 바치는 아름다운 노래가 실려 있다. 이 노래는 오늘날에도 여전히 아슈람•과 사원에서 많이 불린다. 시바에게 바치는 루드람Rudram 찬가에도 그런 노래가 많은데, 심장과 심장 속 지고한 존재에게 우리의 모든 능력을 봉헌한다는 내용이다. 이 심장의 기도는 한 개인의 진정한 존재이자 브라만인 우주적 자아(푸루샤Purusha)를 재구성하기 위해 바친다. 인간은 자신의 우주적 힘을 개인 능력에 투입할 때만 우주에 속하는 진정한 심장으로 회귀할 수 있다. 이어지는 네 편의 기도는 종교와 인류학적 의미에서 심장이 중심에 자리한다는

• 아슈람 Ashram, 힌두교 수행자 마을

사실을 보여준다.

> 불Agni이 내 말Vak에 있고, 내 말이 심장hridaya에 있고, 심장이 내mayi 안에 있고, 내aham가 불멸의 존재amritam에 있고, 불멸의 존재는 브라만에 있을지어다.

> 바람Vayu이 내 숨결Prana에 있고, 내 숨결이 심장에 있고, 심장이 내게 있고, 내가 불멸의 존재에 있고, 불멸의 존재가 브라만에 있을지어다.
> 시바가 내 영혼에 있고, 내 영혼이 심장에 있고, 심장이 내게 있고, 내가 불멸의 존재에 있고, 불멸의 존재가 브라만에 있을지어다.

여기서 시바는 이샤나[●]로서 우주 이면에서 최고의 힘을 휘두르는 시바가 베다에 등장할 때의 형태다. 시바의 영혼은 열정적이고 의지력은 만물을 좌지우지한다. 신이 자신의 의지를 인간에 두면 인간은 자연스럽게 신에게로 이끌린다.

> 내 자아가 신의 자아에 있고, 신의 자아가 심장에 있고, 심장이 내게 있고, 내가 불멸의 존재에 있고, 불멸의 존재가 브라만에 있을지어다.

《마하바라타》[●]와 같은 힌두의 주요 작품은 심장을 자아의 기반으로 강조했다. 《바가바드기타》에 수록된 유명한 시에서 크리슈나[●]는

이샤나
Ishana, 불교에서 세계를 지키는 십이천신十二天神의 하나.

《마하바라타》
Mahabharata, 옛 인도의 대서사시.

크리슈나
Krishna, 인도의 신 가운데 가장 널리 숭배받는 신으로, 《마하바라타》의 주요 인물.

이렇게 말한다(《바가바드기타》, 15장 15절).

나는 모든 이의 심장에 거한다.
나로부터 회상이 이루어지고, 지식과 망각이 비롯한다.
나는 모든 베다를 통해 알려진다.
나는 베단타의 참된 편집자이고
베다를 아는 자다.

심장의 자질과 능력을 일부나마 얻으려면 순수한 심장이 필요하다. 즉 《바가바타 푸라나Bhagavata Purana》에서 말하는 해방된 자아가 필요하다.

모든 사람의 마음에 자리한 우주적 영혼Paramatma이자 진실한 신자를 후원하는 인격신 스리 크리슈나는 신자의 마음에서 물질적 쾌락을 향한 욕망을 씻어내고, 적절히 듣고 찬양하면 고결해지는 신의 메시지를 들으려는 욕구를 불러일으킨다.(SB 1.2.17)

《바가바드기타》는 순수한 의식을 구현한 크리슈나와 진정한 전사인 아르주나Arjuna 왕자가 선과 악의 거대한 전투를 눈앞에 두고 나눈 대화를 기록했다. 아르주나는 자신의 마음과 그에 반하는 충동 사이에서 갈피를 잡지 못하고 참전을 거부한다. 크리슈나는 아르주

나에게 존재, 즉 순수한 인식 안에 뿌리내리고 행동하라고 지시한다. 심장의 자질은 옳은 사고와 행동의 전제조건이다. 사랑이 없다면 악이 만연할 것이다. 크리슈나는 사랑이 진리이기 때문에 사랑을 아는 사람은 완전한 존재에 이를 것이고 올바르게 행동할 것이라고 아르주나에게 말한다.

> 그는 사랑으로 내 참모습을 안다. 내 참모습을 알 때 그는 존재 안으로 들어간다.(18: 55)

《바가바드기타》는 선과 악 사이의 우주적 전투를 묘사하면서 소우주와 대우주 사이의 상동관계에 대해서도 이야기한다. 육체라는 소우주에서 심장은 대우주의 영혼을 포함한다. 이는 크리슈나와 영웅 판다바Pandavas의 관계로 설명된다. 판다바에게 다르마라자Dharmaraja는 최고 연장자로서 마치 인간의 머리로 여겨지고 아르주나는 어깨, 비마Bhima는 내장, 나쿨라Nakula와 사하데바Sahadeva는 두 다리로 여겨진다. 이 다섯 형제가 한 육체를 이룬다. 이 육체에서 크리슈나는 심장이며, 육체는 심장 없이 살지 못하고 심장 또한 육체 없이 살지 못한다. 판다바와 크리슈나 사이의 떼려야 뗄 수 없는 관계는 마치 심장과 육체의 관계와 같은데, 이들을 카우라바Kauravas와 비교할 필요는 없고 오히려 수치스럽기까지 하다. 판다바는 수치스러운 일을 여러 번 겪는다. 몇 가지 곤경을 겪고 상실을 경험한다. 하

지만 이 모든 어려움을 이겨내고 크리슈나에 대한 믿음을 결코 잃지 않으며 다르마에 이르는 길에서 벗어나지 않는다. 위대한 왕의 자녀 판다바는 보통 인간보다 훨씬 더 많은 고통을 겪는다. 그러나 크리슈나가 언제나 그들 마음속에 새겨져 있기 때문에 곤경을 극복해낸다. 판다바는 무엇보다도 크리슈나를 사랑하고 존경하기 때문에 그의 말을 자신의 생명보다 소중하게 여긴다.

가장 오래된 베다에서부터 《바가바드기타》에 이르기까지 고대 인도 전통은 모두 지식을 강조했다. 지식(베다)과 이해는 법을 뜻하는 다르마와 구원을 뜻하는 모크샤의 전제조건이다. 또한 가장 심오하고 진실한 지식은 마음 가장 깊숙한 곳에서 찾을 수 있는데, 이는 정해진 모든 규칙을 지키는 명상을 통해 얻어진다. 지식을 집요하게 추구하는 일은 부처의 가르침에서 더욱 강화된다.

부처의 마음

이슬람교, 유대교, 그리스도교가 정치적으로 이용돼 폭력과 테러를 조장한 것과는 달리 불교는 폭력의 악순환을 불러오는 복수의 고리를 깰 만한 인생철학을 가졌다는 점에서 평화와 비폭력을 지향하는 종교처럼 보인다. 부처는 종교 창시자로서는 유일하게 스스로를 신의 예언자라거나 메신저라고 주장하지 않았고, '선한 명분'을 위해

피 흘리는 순교자임을 자처하지도 않았다. 현세에서의 평화만이 현세와 내세를 조정하고 구원한다고 생각하여 폭력과 복수 대신 관용과 자비를 설교했다. 불교는 철저히 마음의 자질과 결부되는 종교로서 중동 지역에 역사적 뿌리를 내린 종교와는 다르다.

불교에 따르면 인간의 목적은 감각과 현실의 고통을 극복하는 데 있다. 따라서 불교에서 말하는 물리적 심장은 베다 전통과 힌두교에서 말하는 심장과 일치하지 않는다. 불교에서 이상적으로 여기는 마음은 서구 유럽인이 낭만적으로 생각한, 즉 감정의 영향을 받고 거대한 파토스(격정)로 가득한 감각적 마음과는 다르다. 하지만 불교 전통의 심장 개념이 서구와는 다르더라도 마음이 교리의 핵심을 차지한다는 점만은 같아서 《반야바라밀다심경》, 줄여서 《반야심경般若心經》이라는 경전이 있을 정도다. 특히나 감각적인 욕망은 싸워서 극복해야 하기 때문에 이상적인 불교의 마음은 감각과 감정에 얽매이지 않고 지성과 영성과 심원한 의식에 연결되어야 한다. 그러나 지성은 심장과 연결되기보다 두뇌나 이성과 이어져야 하지 않을까? 불교의 마음은 아마도 심장이 아닌 다른 곳에 위치한 것이 아닐까? 이제 이런 의문들에 대한 답을 찾아보자.

이 책에서 부처의 삶과 가르침을 소개할 생각은 없다. 불교의 심장 개념을 특별히 주요 불교 종파인 대승불교 측면에서 살펴보고, 심장 개념을 밝히는 데 필요한 가르침만을 다루려 한다. 이런 관점에서는 마음의 경전을 가지고 논의를 시작하면 타당할 것이다.

《반야심경》은 불교에서 가장 짧은 경전이다. 또한 인간 삶의 목적을 압축적으로 표현한, 대승불교에서 가장 유명한 경전이기도 하다. 《반야심경》의 목적은 욕망과 고통을 상쇄하고 무無와 열반에 이르는 것이다. 주요 사상은 다음과 같다.

> 심오한 지혜를 터득하려는 훌륭한 혈통을 가진 아들과 딸들은 사물을 이렇게 인식해야 한다.
>
> 형태는 공空이다. 공空은 형태다.
>
> 공空은 형태와 다르지 않다. 형태는 공空과 다르지 않다.
>
> 이와 마찬가지로 감정, 분별, 조건, 의식은 곧 공空이다.

놀랍게도 이 경전은 마음을 전혀 언급하지 않다가 끝에 가서야 그 이름을 꺼낸다. "이제 초월의 지혜를 담은 마음의 경전을 끝맺는다." 어떻게 마음의 경전에서 마음을 직접 언급하지 않을 수 있을까? 그렇다면 여기서 마음은 단순히 불교의 중심이자 필수 개념을 은유적으로 표현한 것일까? 그렇다고 볼 수 있다. 이때 불교의 목적은 공空과 열반에 이르기 위해 마음을 비우는 것이다. 인간을 자아와 현세에 묶어두는 모든 것, 특히 욕망과 감정과 의지와 소망을 모두 비우는 것이다. 이때 마음은 인간의 모든 실패와 악함이 존재하는 곳으

로서 부정적으로 정의된다. 하지만 이는 성급한 결론이다. 불교에서 마음은 긍정적으로 풀이되기도 하여 판단의 기준이면서 동시에 목적이기 때문이다. 보살菩薩은 그 이름에 이미 각성을 통해 발전한다는 뜻이 담겨 있다. 인간의 목적은 마음을 비우는 동시에 마음을 정화하여 '순수한 마음', 즉 '지혜의 마음'을 얻는 것이다. 이때 마음을 정화하는 수단은 '각성'과 '지식'이다. 인간이 가진 경력, 권력, 물질적 부와 같은 외부 조건에 대한 욕망과 갈구는 악순환하면서 고통을 유발한다. 이런 고통의 악순환을 끊고 욕망과 자아를 중화시켜 자유로워지는 방법을 찾는 것이 인식의 목적이다. 이렇듯 자아는 구원과 공空을 얻고자 결단해야 한다. 이런 이유로 불교는 인간이 욕망에서 자유로워지는 방법과 무無로 융화하는 방법을 전파했다. 여기서 파생된 것이 바로 여섯 가지 완전한 미덕(바라밀다, 피안彼岸)과 다음 여덟 가지 방법이다. 정견正見, 정사正思, 정어正語, 정업正業, 정명正命, 정근正勤, 정념正念, 정정正定. 바른 방법은 무엇보다도 전념과 명상, 반성과 집중을 통해 인식과 지식을 넓히고 좀더 심오한 의식을 얻는 것이다. 《법구경法句經》에 이런 내용이 있다.

> 지혜는 명상을 하면 생겨나지만 명상을 하지 않으면 쇠퇴한다.

명상에 몰두하는 사람은 해를 끼치는 행위를 그만두고 마음의 지혜를 발전시켜 내면의 안식과 평안을 찾아야 한다. 내면의 안식과 조화는 주로 마음속에서, 그리고 마음과 더불어 인식할 수 있다. 따라서 반성과 명상은 지적이고 정신적인 활동이지만, 마음은 구원에 이르는 부처의 길이다. 불교는 바른 감정을 가지기보다는 모든 것에서 자유로워져 바른 길과 공空을 찾는 데 목적이 있기 때문에 불교에서는 인식을 촉진하는 마음의 기능을 강조한다.

보리시타, 사랑하는 마음 ◆◆◆

불교는 인간 본성을 두루 긍정적으로 보면서 인간 존재는 처음부터 부처가 될 가능성을 갖고 태어난다고 주장한다. 부처는 각성한 자를 뜻하는데 망상에서 깨어나 지혜와 자비의 빛을 본 자를 일컫는다. 이때 각성은 마음의 자질과 관계있는 기질의 변화를 뜻한다. 각성의 과정은 개인의 마음에 새겨진 부처의 마음을 깨달을 때 진행된다. 각성은 새로운 인식과 통찰력, 지혜와 사랑의 발산이라는 형태를 취하는데, 이는 부처의 마음에 깃는 본질적인 자질이다. 이런 자질을 산스크리트로 보리시타bodhicitta, 즉 보리심菩提心이라 부른다. 어원을 따져볼 때 이 단어는 산스크리트 보리bodhi와 시타citta의 합성어다. 보리는 '각성, 계몽'을 뜻하고 시타는 '정신, 영혼'을 뜻하므로 보리시타는 '각성된 정신'으로 해석된다. 이런 각성을 인식하고 경험하는 것은 마음이기 때문에 보리시타는 마음과 관계가 있고

'부처의 마음' 이라 불리는 경우가 많다. 보리시타의 핵심은 '자비'와 '이타주의', '생명 존중' 등이다. 부처의 마음은 '각성한 자비의 마음' 이라 불리기도 한다. 이는 두 가지 동등한 요소, 즉 지혜와 사랑으로 구성된다고 한다. 부처의 가르침에 따르면 이 두 요소는 마치 새의 날개와 같아 인간으로 하여금 고통을 극복하고 다른 사람에게 영감을 부여한다. "지혜 같아 보여도 사랑과 자비가 없다면 지혜가 아니다. 사랑처럼 느껴져도 지혜롭지 않으면 사랑이 아니다." 빛은 부처의 마음에서 발산하여 지혜로운 인간의 중심으로 들어간다. 이 빛은 정신과 마음의 부정성을 정화하고 각성되고 전지全知한 정신을 방해하는 장애물을 제거한다. 자비는 고통의 역설적 영향을 통해 부처의 마음을 연다. 고통의 악순환을 깨는 전제조건은 순수한 마음이다. 순수한 마음을 가진 사람은 고정된 견해에 집착하지 않기 때문에 모든 감각적 욕망에서 자유로워져 이 세상에 다시 태어나지 않는다.

대승불교에서는 마음을 닦는 명상법(바바나Bhavana)을 발전시켰다. 바바나는 대승불교 경전 《가가나가냐Gaganaganja》에서 주되게 이야기하는 내용으로 '자신의 마음에 천국을 숨겨둔 사람' 을 뜻한다. 대승불교를 믿는 첫 단계는 보리시타를 깨우치고 발전시키는 것이다. 보살은 보리시타를 가지고 육바라밀● 을 수행하기로 결심한다. 육바라밀은 부처의 정신에 이르는 과정으로 보시布施, 지계持戒, 인욕忍辱, 정진精進, 선정禪定, 참지혜智慧(반야바라밀)다. 여

육바라밀
六波羅蜜. 생사의 고해를 건너 열반의 피안에 이르는 여섯 가지 덕목.

기에 금욕과 자비를 더한 마음의 자질은 동료 인간을 돕고 그들에게 관용과 동정을 베푸는 기본 태도로서 무척 중요하다.

열린 마음과 분열된 마음 ◆◆◆

마음은 개발해야 한다. 마음은 여러 형태를 취하고 다른 힘으로도 채워지는 잠재력을 가지고 있기 때문이다. 순수하고 고귀한 마음의 반대편에는 열정적으로 소망하는 마음이 자리한다. 일부 불교 경전은 이성(정신)과 마음의 이중적 본질을 강조한다. 마음 또한 지성을 뜻하기 때문에 이성과 마음을 구별하는 일이 쉽지만은 않다. 선악 사이에서 갈라지는 마음과 이성의 이중성은 《앙구타라 니카야 Anguttara nikaya》(증지부경전增支部經典)에서 주되게 이야기하는 내용이다.

31. 수도승이여, 길들여지지 않은 마음만큼 다루기 힘든 것은 없다. 길들여지지 않은 마음은 참으로 다루기 힘들다.
32. 수도승이여, 길들여진 마음만큼 다루기 쉬운 것은 없다. 길들여진 마음은 참으로 다루기 쉽다.
33. 수도승이여, 길들여지지 않은 마음만큼 큰 해를 끼치는 것은 없다. 길들여지지 않은 마음은 참으로 큰 해를 끼친다.
34. 수도승이여, 길들여진 마음만큼 커다란 이익을 가져오는 것은 없다.

길들여진 마음은 참으로 커다란 이익을 가져온다.

39. 수도승이여, 길들여지지 않고 통제되지 않으며, 경솔하고 자제하지 않는 마음만큼 비탄을 초래하는 것은 없다. 이런 마음은 참으로 커다란 비탄을 초래한다.

40. 수도승이여, 길들여지고 통제되며, 신중하고 자제하는 마음만큼 커다란 행복을 느끼게 하는 것은 없다. 이런 마음은 참으로 커다란 축복을 안겨준다.

《법구경》에서도 마음과 이성은 사물과 소망에 붙어 집착하게 만든다고 강조한다. 다음 시는 이런 생각을 표현한다.

현상은 마음에 이어 일어나고, 마음의 지배를 받고, 마음으로 이루어진다. 불순한 마음으로 말하거나 행동하면 고통이 따른다. 수레의 바퀴처럼, 수레를 끄는 황소의 발자국처럼.

고통을 없애고 싶다면 이런 악순환의 고리를 끊어내야 한다. 순수하고 훌륭한 마음을 소유하지 않으면 이런 목적을 이루기 어렵다. 따라서 불교에서 마음은 인간과 종교, 윤리적이고 실존적인 개념의 핵심을 차지한다. 마음과 삶의 지혜에 대한 이런 개념을 파악한다면 고대 중국 문화를 어렵지 않게 이해하게 될 것이다. 고대 중국 문화에서 마음은 개인의 사적이고 윤리적인 자질을 재는 기준이고, 개인이 올바른 길을 발견하기 위해서는 지식과 지혜 또한 매우 중요하다.

동아시아와 고대 중국 문화, 유교와 도교에서의 마음

고대 중국 의학을 포함해서 중국 문화는 마음의 역사에서 특별한 위치를 차지한다. 오늘날에도 중국 의학은 서양 의학의 대안으로 뛰어난 역할을 담당하고 있다. 서양 의학은 기계적이고 화학적인 치료 방법을 바탕으로 하기 때문에 직간접으로 인체에 해를 줄 가능성이 많은 합성 약물을 사용하여 질병과 통증을 치료한다. 혈액 순환 원리만 해도 서구에서는 영국인 하비가 1628년에야 최초로 발견했지만, 중국인들은 2000년 전부터 맥박으로 나타나는 혈액 순환을 알고 있었고 마음의 장기인 심장의 구조와 기능에 대해서도 알았으며 엄밀히 과학적이거나 의학적이지는 않았더라도 실제로 심장을 해부해왔다. 기원전 수세기 전에 쓰인 《황제내경》에는 중국 의사들이 알고 있던 스물네 가지 맥박 유형이 적혀 있다.

한편 옛 동아시아 문화에서 마음이 담당한 정신적 역할에 대해 살펴보면 놀라운 사실을 발견하게 된다. 이는 성 아우구스티누스의 '불안한 마음'에 기반을 둔 유럽 문화의 개념과는 매우 다르다. 중국 고전 《심술心術》에 따르면 동아시아에서 마음은 평온하고 평화로워야 한다.

> 만약 우리 마음이 평온하다면 감각 또한 평온할 것이다. 감각을 조화롭게 하는 것은 바로 마음이다. 감각을 고요하게 유지하는 것도 마음이다.

우리는 이런 이상을 유교와 도교, 즉 중국 문화의 두 가지 주요한 철학 전통에서 만나게 된다.

중국 문화의 심장 개념에는 고대 그리스나 근대 이전 유럽인의 심장 개념과 확연히 구별되는 특징이 있다. 고대 그리스와 중세 유럽 문화는 여러 측면에서 사변적이고 경험과 실험에 기초하지 않았다. 고대 그리스 의사 갈레노스의 관념적인 심장 이해가 고대부터 르네상스 시대까지 줄곧 계승된 것이다. 그러나 동아시아와 중국 문화는 경험을 바탕으로 하는 더 실증적인 방법을 사용했다. 따라서 중국인은 심장을 실제 그대로 이해하여, 이 고동치는 심장이 육체의 나머지 부분에 혈액을 공급한다고 여겼다. 이렇게 육체를 하나의 유기체로 인식함으로써 서구 의학처럼 겉으로 드러나는 증상만을 치료하는 것이 아니라 몸 전체의 관점에서 치료했다.

이제 유교와 도교 전통과 일부 고전 문헌에 등장하는 심장(마음) 개념에 초점을 맞추면서 아시아 심장(마음) 전통의 여러 특징에 대해 알아보자.

유교와 도교

공자기원전 551~기원전 479는 중국, 한국, 일본, 베트남의 사상과 삶에 깊은 영향을 주었다. 공자는 개인과 정부의 윤리, 사회관계의 엄밀성과 정의와 진실을 강조했다. 공자는 이상적인 인간의 행동과 교육에 대해 실용적인 견해를 폈고, 한 개인이 자신의 삶을 어떻게 영위해야 하는지와 다른 사람과 어떻게 상호작용해야 하는지에 대해 실용적인 태도를 보였다. 자신이 참여할 사회와 국가의 형태에 대해서도 마찬가지였다. 유교의 마음 개념은 매우 활력적이고, 여러 측면에서 동아시아 문화의 마음 개념을 대표한다. 마음은 이성과 강렬한 감정이 한데 자리한 곳이다. 그렇기 때문에 공자는 마음의 자질과 기능을 문제삼았다. 공자는 비이성 또한 마음에 포함된다는 점을 잘 인식하고 있었다. 그럼에도 유교는 마음에 감추어진 더 심오한 지혜에 접근하고자 했다. 그러나 이런 지혜는 결코 쉽게 얻어지지 않기 때문에 공자 자신도 오랜 세월에 걸쳐 마음을 길들이고자 노력했다.

나는 나이 열다섯에 학문에 뜻을 두었고, 서른에는 뜻을 확실히 세웠다. 마흔에는 더 이상 의심을 품지 않았고, 쉰에는 하늘의 명을 깨달았다. 예순에는 남의 말을 듣기만 해도 그 이치를 알아 깨닫게 되었고, 일흔에는 무엇이든 하고 싶은 대로 해도 법도에 어긋나지 않게 되었다.

나이 일흔에 이르러서야 이성적이고 적절한 것만을 원하는 지혜를 갖게 되었다는 뜻이다. 공자는 마음이 인간을 지배한다고 생각했기 때문에 마음을 엄격히 다스렸다. 통치자인 임금도 마음을 통해 나라를 다스리기 때문에 자신의 마음을 다스릴 수 있어야 했다. 이런 생각을 바탕으로 초기 중국 사고에서 이성적인 마음을 정치와 연결짓는 표현이 등장했다. 공자는 이렇게 말했다.

먼저 자신의 마음을 바르게 다스려야 자신의 생활을 다스리게 된다.

먼저 자신의 생활을 바르게 다스려야 가정을 다스리게 된다.

먼저 가정을 바르게 다스려야 나라를 다스리게 된다.

먼저 나라를 바르게 다스려야 세상을 평화롭게 다스리게 된다.

그러므로 공자는 마음을 바르게 하고 어디에 가든 마음을 다하라고 가르쳤다.

노자가 창시한 도교는 동아시아 문화에서 또 하나의 중요한 전통이다. 학자들은 노자가 기원전 600~기원전 300년 사이에 태어났고 《도덕경道德經》을 쓴 인물이라고 추정한다. 노자는 '도道' 개념을 발전시켰고 그 의미를 우주의 내재적 질서나 특징으로까지 확대했다. 그는 '아무것도 하지 않는다'는 뜻의 '무위無爲' 개념을 강조했는데, 이는 인간이 어슬렁거리며 아무것도 하지 않아야 한다는 뜻이 아니라 분명한 의도나 강렬한 의지, 적극적이고 주도적 작위를 피해야 한다는 뜻이다.

노자는 선하고 평온한 마음을 유지하면서 서로 존중하고 자연과 더불어 살아가는 철학을 주창했다. 따라서 지성에 편중하는 현상과 체계적이고 이론적인 사고를 거부했다. 노자는 자연에 이상을 두었고, 단순하고 자연스러운 삶의 방식이 진리와 자유에 이르는 열쇠라고 이르면서 도시나 사회적으로 복잡한 삶의 방식에 반대했다. 이는 관습을 중시하는 유교에 배치되는 생각이었다. 이렇듯 도교와 유교는 반대되는 입장에 자주 놓이지만 실제로는 서로 영향을 주고받았다. 불교의 선종禪宗은 줄곧 대승불교의 변형으로 간주되었지만 여러 측면에서 도교 사상을 끌어왔다.

노자는 엄격한 행동 규칙을 규정하지 않고 추종자들에게 자연의 법칙을 이해하고 따르라고 권했다. 또한 직관을 발달시켜 개인의 역량을 키우며, 강요하지 말고 사랑이 담긴 삶을 영위하는 데 힘쓰라고 가르쳤다. 노자는 직관을 믿었고 직관의 목소리에 귀 기울이라고 강조함으로써 마음을 인간의 중심에 두었다. 그러므로 《도덕경》의 주제는 바로 마음의 자질이다. 비록 《도덕경》에 언급된 마음이 전적으로 긍정적인 의미만을 나타내지는 않지만 말이다. 《도덕경》에 실린 '마음에 대한 시'를 읽어보자.

10. 사랑과 조화

사랑하는 이를 돌보면 공평무사해진다. 마음을 열면 수용하게 된다. 세상을 수용하는 것은 도를 보듬는 것이다. 소유하지 않고 돌보고 창조하는 것, 요구하지 않고 주는 것, 권위를 사용하지 않고 통제하는 것이 바로 사랑이다.

37. 평온

자연은 욕망을 소유하지 않는다. 욕망이 없는 마음은 평온하다. 마음이 평온하면 온 세상이 평온해진다.

마음에 대한 중국 전통 ◆◆◆

유럽인이 동아시아와 중국의 사고를 이해하기는 쉽지 않다. 물질과 비물질, 육체와 정신의 이원론과 추상적인 반대 개념을 기초로 하는 서양식 사고방식은 동아시아의 사고방식과 다르다. 동아시아의 사고방식은 더 전체 지향적이어서 물질과 비물질이 합쳐져 전체 세상을 이룬다고 본다. 또한 표의문자인 한자 중심의 동아시아 언어는 서구의 표음문자로는 거의 옮기기 어렵고 반대 경우도 마찬가지다. 예를 들어 서구 언어에서 'heart'의 의미를 정확하게 반영하는 한자어는 없다. 다만 다양한 문맥에서 몇 가지 말이 다양한 뉘앙스를 가지고 사용된다.

고대 중국에서 마음(심장)의 중요성은 '심心'이라는 한자로 나타냈는데, 이 말로 다양한 감정을 표현한다. 중국에서는 감정과 감각과

이성을 포함하여 '심' 을 중심에 두는 표현이 많다. '심' 은 이성을 뜻하기도 하고 양심을 통한 도덕적 힘을 나타내기도 한다. 또한 전통적으로 사랑을 나타내는 다른 비유적 표현이 있기는 하지만, 현대 중국에서는 '붉은 하트' 로 사랑과 젊음을 나타낸다.

고대 중국의 《주역周易》에서 말하는 마음(심장)은 감정적인 삶의 중심이다. 고전 문헌에 의하면 심장은 한 인간의 핵심이면서 사고와 지성, 의지와 심오한 지혜의 원천으로 중국 인류학에서 중요한 위치를 차지한다. 심장이 등장하는 가장 오래된 중국 일화는 기원전 1027년경 은나라 또는 상 왕조에서 주나라로 바뀌는 과정에 등장한다. 중국 최초의 위대한 역사가 사마천司馬遷이 이 일화를 최초로 언급했다. 사마천의 기록에 따르면 격분한 왕은 부하가 현명한 인물인지 아닌지 여부를 비롯하여 개인적 자질을 판단하기 위해 부하의 가슴을 칼로 가르고 심장과 일곱 구멍(혈관)을 살폈다고 한다(이는 훗날 바이킹의 이야기와 유사하다). 이렇듯 심장과 지성의 관련성을 이해한다면 다른 고전 문헌에 등장하는 '심장을 거울로 삼아라' 와 같은 표현을 파악하는 데 도움이 된다. 심장을 거울로 삼는 까닭은 혈관을 통해 다른 장기들과 이어지는 심장이 세상을 받아들이고 세상과 상호작용한다고 생각했기 때문이다. 또한 침착한 심장의 기능을 강조한 문헌도 존재한다.

마음에 대한 초기의 체계적 인식은 《심술》에서 볼 수 있다. 이는 고대 중국의 마음 이론에 대한 책인데, 《관자》• 36편과

《관자》
管子, 춘추 시대 제나라의 사상가이자 정치가인 관중管仲이 지은 것으로 추정되는 책

37편에 요약되어 있다. 이 작품에는 인류학적 · 철학적 사상과 고도로 발달한 아시아의 일부 문화 및 종교의 이상이 기록되어 있다. 동양의 마음은 평정과 평안을 추구한다는 점에서 성 아우구스티누스의 '불안한 마음'으로 대표되는 서구의 이상과는 달랐다.

마음의 조화로운 평정은 일부 아시아 문화를 특징짓는 삶의 방식, 즉 관조적 성찰과 명상적 삶의 방식이 빚은 결과다. 이는 《심술》의 핵심을 구성하는 사상이기도 하다. 도교에 따르면 마음은 인간이 태어날 때부터 바른 길이 무엇인지 알아 그 길을 따르려는 충동을 느낀다고 한다(사회에 의해 부패되거나 잘못 인도되지 않는다면). 마음은 도와 매우 밀접해서 자기성찰과 지혜를 바탕으로 교화한다면 거의 도와 같아진다. 도교에서 말하는 준비되고 평화로운 심장은 인간을 신성한 영혼과 만나게 하는 매개체다. 일단 자신의 마음을 열면 근원에서 비롯한 여러 사물과 우주의 본질과 영혼을 도 자체에서 흡수하기 시작할 것이다.

《심술》에서 심장은 감각을 다스리는 육체의 지배자로 묘사된다. "심장은 마치 왕좌에 앉은 황제처럼 육체 안에 앉아 있다." 이는 육체의 모든 기능과 움직임이 두뇌가 아닌 심장에 의존함을 뜻한다. 이 책에서 우리는 마음과 세상사의 상관관계와 중국인의 실용적인 사고방식을 엿볼 수 있다.

마음이 평화로우면 땅에 평화가 깃든다.

마음에 질서가 있으면 땅에도 질서가 있다.

땅에 질서를 가져오는 것은 바로 마음이다.

마음으로 하여금 사물에 질서를 부여하도록 하는 것은 행위가 아니다. 마음 자체가 올바른 도를 따르는 것이다. 도의 가르침에 따르면 올바른 도는 행동이 아니라 비非행동, 즉 무위다. 마음의 기술인 《심술》은 행동을 억제하는 능력과 마음의 구멍(창)을 개방하는 능력으로 이뤄진다. 마음에 질서가 있다면 마음의 구멍은 아무런 행위가 없어도 저절로 열린다. 도교는 자연적인 마음을 믿기 때문에 문명이 부패한다 해도 더럽혀지지 않는다. 다른 학파, 특히 유교는 능동적인 마음의 미덕을 강조하여 상호작용하는 사회의 확정된 규범과 상호작용하는 마음이 육체와 개인을 적극적으로 다스리라고 주장한다. 하지만 도교에서 마음은 안정된 내면의 힘이다. 마음은 질서를 부여할 수 있지만 질서를 부여받지는 않는다. 따라서 마음은 올바른 도를 보증한다. 하지만 마음이 어떻게 올바른 길을 알 수 있을까? 특히 도교의 전통은 공空, 조화, 평정 등을 통해 올바른 길을 알 수 있다고 주장한다. 마음은 지식으로 충만해 있기 때문에 태어날 때부터 무엇이 올바른 길인지 안다는 것이다. 따라서 마음은 역설적이다. 마음은 평온하지만 행동을 조정하기 때문이다. 심장은 비어 있으되 7~9개의 구멍으로 영향을 받아들인다. 마음은 고요를 유지하면서도 계속 움직인다. 마음은 지식 속에 머무는 가운데 조용히 행동한다. 그렇게 해서 마음은 도를 나타낸다.

공자 이후의 시대에는 마음과 관련하여 두 가지 주요 개념이 존재한다. 하나는 철학자 순자로 대변되고 다른 하나는 맹자로 대변되는 개념이다. 두 사람 모두 기원전 4세기쯤에 활동했는데, 인간의 본성이 태어날 때부터 선한지 악한지를 놓고 의견을 달리했다. 이런 논쟁은 훗날 유교의 마음 개념에 중추 역할을 담당한다. 순자는 감각이 개입하는 욕망과 욕구를 가지고 태어나는 인간은 본성적으로 악하다고 믿었다. 즉 인간은 타고난 충동 덩어리 다른 사람과 평화롭게 생활하기에 적합하지 않다는 주장인데, 이는 플라톤의 생각과 유사하다. 결국 순자는 마음의 역할이 감정과 욕망을 자제하고 통제하는 것이라고 보았다.

맹자는 인간이 본질적으로 선하다는 사실을 증명하려 했다. 그는 인간의 마음속에 선이 존재하기 때문에 동정과 수치심을 즉각 느낄 수 있다고 했다. 따라서 맹자의 관점은 인간이 악하게 태어난다고 말하는 성서 및 그리스도교의 주장과 상반된다. 어쨌거나 인간의 본성이 선하고, 자연스러운 것이 최선이라는 생각은 도교에서 비롯했을 가능성이 있다. 그러나 맹자와 공자는 원래 선량한 인간의 본성은 평정심으로 보호해야 한다고 주장한다. 맹자는 마음을 비우지 않고 마치 농부가 밭을 갈듯이 마음도 닦기를 원했다. 또한 수치심과 자연발생적인 연민을 도덕성의 기반으로 보았다. 결국 두 철학자 가운데 순자가 밀려나고 맹자의 책은 유교에서 가장 중요한 13종의 경전인 '십삼경'에 포함되었다. 십삼경은 11~13세기 무렵 철학적으로 더욱 폐쇄적이고, 또 더욱 제도화된 신新유교 학파 '성리학'의 기반이 되었다.

한나라 이전과 서양의 그리스도교 시대 무렵까지 모든 중국 학파의 마음 개념은《심술》이나 맹자의 영향을 받아 육체의 중심으로서 마음과 세상사의 상관관계가 많은 문헌에서 언급된다. 도가道家의 논쟁에서 마음 중심 사고가 '천국과 지상의 마음' 식의 표현으로 여러 문헌에 등장했고 결국에는 도의 근본 원리와 동일시되었다. 따라서 심心이 도를 대신 하는 경우가 많았다. 유가儒家에서는 도의 개념을 이理(관습, 올바른 태도)가 대체했는데, 점차 심心을 이理와 동일한 개념으로 쓰기 시작했다.

《도덕경》은《장자莊子》와 더불어 중국인의 사고방식과 도교 사상의 핵심을 드러내는 문헌이다. 두 책에 등장하는 마음은 특별하면서도 일부 측면에서는 초기 중국 문헌과는 다른 입장을 취한다. 두 책은 마음이 주도권을 쥐는 데 대해 유보의 태도를 취하면서 '마음 비움'과 '무심無心'이라는 역설의 이상을 담고 있다. '무심'은 서구인에게는 비인간적으로 여겨지지만 중국 전통에서는 오히려 반대의 뜻을 갖는다. 특히《장자》2편에서 마음은 합창단을 이루는 여러 목소리의 하나처럼 육체의 다른 내부 장기와 관련을 맺는다. 또 같은 곳에 나오는 '완벽한 마음'이라는 표현은 변함없고 안정된 마음을 뜻한다. 마음이 능동적으로 다스리지도 개입하지도 않으면서 자신의 자리를 지키며 세상의 더욱 깊은 행로를 쫓아간다는 뜻이다. 무심하다는 것은 무언가를 이루려는 의식적인 목적에 따라 의도를 갖고 행하지 않는 태도다. 이런 사고는 초기 도교에서 유래하는데, 초기 도교는 전체를 이루는 부분들이 분화되지 않고 하나로 통합되어 있는 자연의 일부가 되고자 했다. 이런 상태는 의식적이고 분석적인 사고와 자신을 객체화하는 행동방식에 의해 파괴된다. 따라서 도교의 이런 사고방식에서는 마음의 공空이 이상이다. 빈 마음에는 어떤 욕망도 없고 마음에서 분리된 것을 아예 인식하지 않기 때문이다.

그러다 중국이 다시 통일을 이루었을 때, 마음 또한 중심적인 존재로 다시 한 번 격상하면서 인간 내면의 지배자로 받아들여졌다. 동아시아에서 서서히 영향력을 넓혀가던 선종 역시 성찰을 도에 이르는 방법의 하나로 생각했다. 인간은 의식을 통해 현상을 꿰뚫을 때 더 높은 새로운 차원에서 전체와의 조화를 회복한다. 인간이 산과 자연을 연구하는 동안에 산과 자연은 더 이상 산과 자연이 아니다. 하지만 산과 자연에 대한 고찰을 끝마쳤을 때에야 비로소 다시 산과 자연이 된다. 불교 경전《반야심경》의 목적이 마음을 비워 정화하는 것임을 기억할 것이다. 따라서 인도와 중국과 동아시아 전통은 똑같이 '빈 마음'을 이상으로 삼는다. 감각의 세계는 속임수이고 환영이며, 빈 마음은 욕망에서 자유로운 마음이다. 마음을 비울 때만 부처의 마음이나 올바른 도를 지킬 수 있어 놀랍도록 충만한 마음의 상태에 이르게 된다.

심장과 중국 전통 의학

중국 문화의 심장 개념은 일반적으로 다른 고대 문화보다 의학에 더 깊이 뿌리내리고 있고 의학과 철학이 긴밀히 이어지는 예가 많다. 가령 동아시아에서 육체와 정신의 상호작용을 가리키는 음양陰陽 개념은 의학, 인류학, 철학에서 중요하게 다뤄진다. 그러므로 심장과 관련지어 중국 전통 의학을 살펴보면서 이 장을 끝맺으려 한다.

중국 의학에 잘 알려진 심장 혈관이 중국 문화사를 통해 중국 인류학과 철학에 큰 영향을 준 사실은 앞에서 살펴보았다. 더욱이 중국은 2000년 전, 아니 3000~4000년 전부터 맥박과 심장의 관계를 인식해왔다. 이런 사실은 예부터 전해오는 의술과 의학 사상을 정리한《황제내경》에도 기록되어 있다. 이 의서는 기원전에 쓰여졌다. 고대에는 협심증과 급성 심근경색 같은 용어가 쓰이지는 않았지만 동맥 심장병과 관련한 임상적 징후를 묘사한 부분이 중국 전통 의학의 고대 문헌에 나와 있다는 사실은 놀랍다. 심장 박동의 리듬 또한 음양의 일부다. 중국 전통 의학의 밑바탕을 이루는 이 음양 원리는 육체가 궁극적으로 따라야 하는 자연법칙을 가리킨다. 또한 오늘날 육체를 하나의 유기적 통일체로 파악하는 데 유용한 시각을 제공한다. 오랜 철학적 사고를 활용한 고대 중국 의학은 음양오행 이론을 핵심으로 한다. 이 이론은 상당히 특이하게 생리와 병리, 병인病因에 대해 설명하고, 오늘날 전 세계에 널리 보급된 한약재 사용

의 기준을 제시한다. 음양 이론은 저마다 기능이 있는 내장 기관들이 상반된 음양 원리의 영향을 받는다고 말한다. 음양은 서로 의존하고 보완하고, 또 서로를 흡수하면서 조화를 이룬다. 이런 조화가 깨지면 질병이 발생하기 때문에 치료는 음양의 조화를 복구하는 데 목적이 있다.

음양 체계는 익히 알려져 있으므로 이에 대한 설명은 생략한다. 다만 심장을 이해하는 데 이 음양 이론이 아주 잘 들어맞는다는 점을 강조하고자 한다. 심장은 기氣와 상호작용하는 에너지의 징후이자 중심으로서 육체의 균형이 깨지는 때는 언제인지, 육체와 정신이 심장에 지나친 부담을 주는 때는 언제인지, 정신적 스트레스가 통증을 유발하는 때는 언제인지 등을 알게 해준다. 육체를 전체로 인식하고 인간의 심신 건강에 미치는 심장의 중요성을 인식하면 정신과 육체의 균형을 유지하기 위한 원리로 음양 개념을 받아들이게 된다. 음양 원리는 심장에 '반하여' 작용하지 않고 심장의 리듬에 '맞춰' 심장과 더불어 작용한다.

심장의 작용 방식 또한 정신에 영향을 미친다. 그렇기에 《황제내경》은 "심장이 영혼을 제어한다."고 기록했다. 중국 전통 의학은 육체를 전체로 볼 뿐만 아니라 심장이 나무木, 불火, 흙土, 쇠金, 물水이라는 자연의 다섯 가지 요소와 관계가 있다고 보았다. 이런 사고는 생태학 또는 '마음의 생태학'이라 할 수 있다. 여기서 자연은 인류가 사용하는 외부 대상일 뿐 아니라 인간 안에 합쳐진 일부분이기도 하다. 중국의 전통 격언은 인간과 자연의 상호관계에 대해 "육체는 눈에 보이지만 기는 보이지 않는다. 육체를 알려면 자연을 공부해야 한다."고 전한다. 오늘날에는 동아시아에서도 서구식 산업화와 세계적 소비주의가 팽창하면서 이런 생태학적 생활방식이 힘을 잃고 있다.

심장과 심장 박동에 대한 이해와 더불어 신경계에 대한 이해도 병행되었다. 중국인은 에너지의 동적 흐름인 기가 육체의 특정 경로를 따라 흐른다고 생각했고, 이를 바탕으로 침술을 발전시켰다. 침술은 통증을 치료하고 경감할 목적으로 두루 쓰이면서 지금은 세계로 퍼져나갔다. 침술은 한 개 이상의 침을 육체의 적절한 지점에 꽂아 에너지 소통 지점이나 신경을 자극함으로써 질병과 통증을 치료한다. 침술은 서구 의학이 치료하지 못하는 경우, 또는 화학 약물로 잘못 치료해 환자의 유기적 조직을 더욱 악화시키거나 자연 치유 능력을 떨어뜨리는 경우에 대안으로 이용된다.

중국 의학은 다양한 내장 기관의 기능을 유기적 전체로 파악하는 의술을 발달시켰고, 또한 그것이 육체뿐만 아니라 마음의 질병에 미치는 중요성을 인식했다. 인간의 여러 감정은 여러 신체 장기와 자연의 다섯 가지 요소에 상응한다. 심장은 내부의 황제로서 감정과 욕망을 조절하고 제한한다. 심장은 음陰의 장기다. 기와 혈액은 건강을 위해 육체에 영양을 공급한다. 혈액은 기의 어머니다. 심장은 혈액과 기를 순환시키기 때문에 육체의 중심 장기가 된다. 심장의 건

강은 혀의 색깔, 모양, 민첩성 등으로 판단할 수 있다. 실제로 중국 전통 의학에서 혀의 진단은 중요하다. 그러나 심장은 정신과 의식을 포함하기 때문에 다른 장기와 다르다. 심장의 감각을 정신적으로나 감정적으로 발달시키는 것이 중요한 까닭도 이 때문이다.

중국에는 심장의 감정과 열정을 통제하는 전통이 강하게 남아 있다. "꿈이 많은 심장은 문제도 많다."는 격언이 이를 잘 말해준다. 그 결과 사랑과 기쁨을 나타내는 표현과 비유는 심장보다는 음악에서 취하는 경우가 많고, 심장은 부정적인 감정을 표현할 때도 사용한다. 그러나 오늘날 대중문화에서도 사랑을 표현할 때 심장(하트)이 빈번히 쓰인다. 이는 12~13세기 유럽에서 나타난 현상이기도 한데, 세계화 시대에 심장이 사랑을 나타내는 인류 공통의 상징이 되었다고 결론내릴 만하다.

그러나 세계 모든 곳에서 같은 현상이 나타나지는 않는다. 유럽 문화의 이원론과 달리 아시아에 존재하는 전체론적 전통이 대표적인 예다. 상호보완적 음양 이론은 육체와 정신으로 나뉜 유럽의 이원론과는 다른 문화의 표현이다. 2부에서는 심장(마음) 개념과 관련지어 서구 문화에 존재하는 육체와 정신의 이원론을 더 면밀히 살펴보려 한다.

제2부

다시 태어난 하트

A History of the heart

내 안에 있는 그의 마음은 그와 나를 하나로 묶어준다.
그의 안에 있는 내 마음은 그의 생각과 감각이 이끌어준다.
그는 한때 자신의 것이었던 내 마음을 사랑한다.
나는 내 안에 머무르는 그의 마음을 소중히 여긴다.
진정한 사랑이 나의 마음을 갖고 나는 그의 마음을 갖는다.

– 필립 시드니 경

9장

중세 기사도 문화와 에로틱한 사랑의 분출

현대인은 감정을 둘러싼 많은 투쟁, 감정적 삶을 통제하는 외부 권위와 교회 권력에서 벗어나 사적 자유를 쟁취하려는 투쟁에서 출현했다. 르네상스 시대의 이런 투쟁은 몇 가지 의문을 낳았다. 즉 인간은 어떤 존재인지, 오늘날까지 이어지는 지배적 견해처럼 인간은 본래 '신의 형상'에 따라 창조된 대로 굳어진 것인지, 아니면 스스로 자기 모습을 자유롭게 형성하는지 말이다.

유럽에서 그리스도교가 정점에 이른 시기에 그에 대한 반발로 자기 마음의 감정을 따를 권리를 쟁취하려는 투쟁이 일어났다. 중세 전성기에 해당하는 12~13세기는 고딕 양식의 교회 뾰족탑이 하늘을 찌르던 때였다. 기사도가 널리 퍼진 이 시기에 육체의 세속적 삶을 살려는 사람들의 욕구 또한 분출했다. 이런 욕구는 현세에서의 자연적이고 열정적인 사랑이라는 강렬한 행위를 동반했다. 따라서 심장 문화사에서 중세 전성기는 중요한 위치를 차지한다. 이 중세 전성기 또는 기사도 시대에 새로운 전환이 찾아왔기 때문이다. 나는 이를 '감정적 전환'이라고 부르려 한다. '감정적 전환'은, 인간에게는 자신이 상상하는 모습으로 스스로를 창조해갈 능력이 있다고 믿는 자립적 현대인을 지향한다.

감정적 전환이 이뤄지기까지 역사적으로 많은 준비 과정이 필요했다. 1000년 이후의 경제 발전과 물질적 성장은 낙관주의와 삶에 대한 믿음을 낳았다. 이런 특별한 에너지가 발산하면서 기사도로 무장한 성채, 상인과 장인이라는 새로운 경제 엘리트를 주축으로 한 도시가 발달했다. 이 시기에는 정신 활동의 점진적 변화와 새로운 사고방식이 중요했다. 스스로 생각하는 능력과 철학, 신학적 사고가 급증한 사실이 이를 증명한다. 지적 세계가 더 자유로워지면서 다양한 성서 해석이 이루어졌다. 이렇게 해서 대안적인 종교운동이 많이 일어났고, 교회는 이런 운동을 가리켜 신을 인정하지 않는 이교도의 소행이라 몰아세웠다. 이런 새로운 시대를 표현하는 예술의 움직임은 건축과 조형미술에서 찾아진다. 음악에서는 그레고리오 성가*의 단선율 음악 대신 다성음악이 자리잡았다. 이 같은 변화의 중심에는 새로운 여성관이 자리하는데, 이제 여성이 새로운 세대의 문학에서 특징적인 표현 주제가 되었다. 또한

* 그레고리오 성가 Gregorian chant, 로마 가톨릭 교회에서 미사와 성무일과 시간에 부른 단선율 예배 음악. 교황 그레고리오 1세의 이름을 땄으며, 그의 재위 기간에 편찬되었다.

새로운 예술 표현과 여성관은 중세 전성기 특유의 사회 질서, 즉 기사도 정신과 연결되었다.

이 시대에는 기사도 문학이 기사들의 외부 환경에서 조성된 감정 생활의 특별한 발달과 형성을 대표한다. 특히 두 개의 문학 장르가 새로운 이상적 사랑을 개발하여 널리 퍼뜨렸다. 구어 형태인 노래와 음악, 문어 형태인 음유시인의 시와 궁정 로망스가 그러하다. 이 두 장르는 유럽인의 마음을 형성하는 데 상당한 영향을 미쳤다. 일반적으로 사랑 개념은 12세기에 만들어진 것으로 여겨진다. 이 시대의 이상인 기사도 사랑이나 궁정 로망스의 중심에는 바로 마음이 있다. 용어만 보더라도 이 같은 사랑은 성적 관계를 암시하며 당시 사회상을 알 수 있다. '궁정풍courtly' 이라는 단어는 '예의courtesy' 와 '고급 창녀courtesan' 와 마찬가지로 궁정을 뜻하는 프랑스어 '쿠르cour' 에서 유래했다. 이는 궁정과 성에서 발달한 일련의 예절로서 기사는 귀부인의 비밀스러운 호위무사나 미혼 여성의 기사 역할을 담당했다. 따라서 연애담과 노래에 묘사된 기사의 감정과 표현양식은 대체로 시민적이지 않고 귀족 계층의 문화가 배인 감정적 삶을 담아낸다.

기사도 문화는 유럽에서 삶의 방식이자 사회 체계로서 만들어진 가장 과장되고 가식적인 현상 가운데 하나다. 이는 다른 기사나 귀족에 대한 기사다운 행동 패턴에서 잘 나타나는데, 기사와 기사가 선택한 여성 사이에서도 그와 비슷한 행동 패턴이 새로운 연애 각본

에 따라 세밀한 규칙으로 정해졌다. 그러나 다채로운 성적 묘사들 가운데서 열정적이고 기사도적인 궁정 로망스를 구별해내기란 쉽지 않다. 특히 이를 구별하는 기준은 성적 절정의 여부였다. 기사도적 사랑은 초기에 성적 절정, 즉 열정적인 사랑을 주되게 표현하는 경향이 있었다. 반면에 궁정 로망스에서는 성적 절정을 표현하는 일이 우아하지 않다고 생각했다. 이는 특히 후기 음유시인의 노래와 13세기 일부 궁정 로망스에 해당하는데, 여기서 사랑은 더욱 세련된 정신적 사랑을 뜻했고 보편적이고 고결하며 열정적이고 안정적인 이상을 강조했다.

역사가들과 정신사가들은 자체의 이상을 지닌 기사도가 인류에 대한 현대인의 이상을 형성하는 데 공헌했다고 본다. 폭력은 완화되거나 점차 거부되었고 중세 시대에 팽배하던 상스러운 성행위와 호전적 행동은 차츰 밀려났으며, 대신 아름다운 단어와 예절이 자리잡았다. 특히 13세기에 기사는 자신의 여성을 마음속으로 사랑해야 했고, 그럴 수 있는 데서 기쁨을 느꼈다. 그러므로 궁정 로망스에는 에로스와 아가페, 세속적 사랑과 정신적 사랑이 혼재했다. 이런 이상적 사랑은 음유시인의 시를 통해 변경 지역을 포함하여 유럽 전역에 새로운 유행처럼 번졌다.

음유시인의 노래

기사도 시대의 생활양식은 오락과 예술이 잘 어우러졌다. 떠돌이 가수와 음유시인들이 류트●를 연주하고 사랑의 노래를 부르며 무대에 선 것도 이 시기였다. 음유시인의 노래와 독일에서 불린 사랑 노래는 12세기에 최전성기를 누리면서 13세기까지 번성했다. 이 문학 형식은 여러 나라에서 출현했는데, 트루바두르troubadour라고 불리는 음유시인과 십자군을 통해 유럽 전체로 퍼져나갔다. 스페인어 노래, 특히 카탈루냐●와 안달루시아의 노래는 독일과 프랑스 음유시인보다 시기적으로 앞서서 동양의 영향을 직접 받았다. 아랍식 생활양식과 예술의 영향력이 모습을 드러냈다. 남부 프랑스 방언인 옥시탕어 노래는 진정한 음유시인의 노래로, 유럽 문학과 유럽인의 지적 생활에서 중요한 위치를 차지했다.

류트
lute, 중세부터 18세기까지 유럽에서 널리 유행한 뜯는 현악기, 기타와 비슷하다.

카탈루냐
Cataluna, 바르셀로나 · 헤로나 · 레리다 · 타라고나 주를 포함하는 스페인 북동부 지역.

음유시인이 노래한 새롭고 이상적인 사랑에서 남성은 귀족 계급 여성에게 복종하고, 여성은 대부분 다른 남자와 결혼한다. 결혼과 사랑은 다를 뿐만 아니라 양립하기 어려웠던 것이다. 결혼은 열정의 바탕을 이루는 긴장을 파괴하기 때문이다. 남성이 여성의 사랑을 받을 만큼 훌륭한 숭배자가 되려면 기사가 갖춰야 할 모든 미덕을 습득해야 했고, 여성이 내놓는 모든 시험을 받아들여야 했다. 이때의 사랑은 금지된 사랑이었다. 결코 목적을 이룰 수 없기 때문에 고통

은 열정의 일부가 되고 열정만큼 크고 강렬했다.

궁정 로망스에 주로 쓰인 개념은 원래 프로방스어로 '우아한 사랑'을 뜻하는 'fin'amor'였다. 이 용어는 19세기 말에 프랑스어 'amour courtoise', 즉 '궁정 로망스'로 바뀌었다. 음유시인의 노래에 등장하는 세련된 사랑이 거의 절정에 이른 것이다. 궁정 로망스는 열정 때문에 고통을 겪더라도 다양한 종류의 쾌락을 추구했다. 에로틱한 사랑은 생식 기능도 벗어던졌다. 이는 교회에 반하는 움직임이었지만, 교회에서는 이런 쾌락에 어떤 규제도 가하지 않았다. 또한 음유시인의 문학은 에로틱한 새 수사법을 대표했다. 이제 에로티시즘이 음유시인의 문학을 만들어낸 것인지, 아니면 수사법과 음유시인의 문학이 그들이 노래하는 사랑과 열정을 만들어낸 것인지 궁금해진다.

현대인의 정신 측면에서 생각해보면 이런 대담한 성적 유희가 죄의식도 없이 그리스도교 교리 외부에서 행해진 점은 눈여겨볼 만하다. 교회는 이 부분에 아무런 영향력을 행사하지 못했다. 이는 교회와 갈등을 빚는 계기가 되었다. 그런 움직임의 하나로 알비파[•]에 대한 십자군 원정(1208년)이 있었다. 이는 카타르파[•]와 특히 음유시인 문학이 성행하던 옥시탕을 겨냥했다. 프로방스로 진격한 십자군은 너무나 잔인하고 난폭해서 1209년 7월 22일 베지에 지역에서만 2만 명가량의 주민을 학살했다. 이 사건은 카타르파가 교황과 교회 고위 인사를

알비파
Albigensies, '카타르파' 추종 세력.

카타르파
Cathars, 12~13세기 프랑스 남서부 지역과 이탈리아에 널리 확산된 그리스도교 이단 종파. 신마니교의 이원론(세상에는 선과 악이라는 두 가지 원칙이 있으며, 물질세계는 악하다는 이론)을 믿었다.

공격하고 음유시인이 이를 예찬하면서 발단이 되었다. 음유시인의 노래는 비판적 서정시로 받아들여졌고 더욱이 스페인과 카탈루냐의 이슬람교도와 밀접한 관련이 있다고 여겨졌다.

> 십자군이 맹위를 떨치는 동안에도 화해하기 어려운 적으로 자주 묘사된 문화 사이에 더욱 은밀한 의사소통이 진행되고 있었다. 이는 중세가 품고 있는 역설 가운데 하나다. 실제로는 이슬람교와 그리스도교의 영향력이 미치지 않은 무인 지대가 유럽 시예술의 숨겨진 원천 가운데 하나였을 것이다.[1]

마음은 기사도 시대에 나타난 새로운 이상적 감정의 증상이자 상징이며 이미지가 되었다. 이렇게 해서 다음 노래에서 보듯 마음이 특별한 주제로 발달하기에 이르렀다.

> 내 마음은 이제 사랑에 기대리라.
> 그리고 사랑의 구속을 받으며 자유롭게 살아가리라…
> 그는 완전히 죽었을 터,
> 그의 마음이 사랑의 은신처를 제공하지 않으니.
> 사람에게서 사랑이 사라진다면
> 삶에서 도망치는 편이 좋으리라.

사랑이 온전하고 순수한 마음에서 비롯한다면 열정적으로 사랑에 빠진 자는 모든 사회적 · 종교적 규범을 무시할 수 있다. 당시의 감정적 삶에 대항하던 교회는 성적 도덕률로 빠져들었고, 이는 중세가 안고 있던 긴장과 부조화뿐만 아니라 새로운 시, 특히 궁정 로망스의 영향력을 말해주는 증거다.

궁정 로망스

궁정 연애담과 같은 서사시 장르를 로망스라고 부른다. 이런 명칭이 붙은 까닭은 라틴어 대신 사람들이 일상적으로 쓰는 로망어•로 쓰여졌기 때문이다. 궁정 로망스는 아서 왕과 원탁의 기사에 대한 그리스도교 이전의 켈트족이나 브르타뉴•의 전설을 바탕으로 창작되었다. 로망스에서 켈트족 남녀 주인공은 새로운 감정의 환경 안에서 그리스도교와 기사도 시대의 특징적 면모가 혼재된 인물로 그려졌다. 이교도적 요소와 그리스도교적 요소가 혼재된 예로는 성배 이야기를 들 수 있다. 성배는 켈트족의 이교 의식에서 유래했으나 나중에 그리스도의 성배와 동일시되었다. 에로틱하고 감각적인 열정 또한 그리스도교적 요소로 포장함으로써 정당화되고 이상화되었다. 그러나 이런 열정의 이상화와 배양은 근본적으로 그리스도교답지 않았고

로망어
라틴어가 분화하여 이루어진 언어를 통틀어 이르는 말. 로마 제국 멸망 후 분화하여 형성되었는데, 이 가운데 포르투갈어, 스페인어, 프랑스어, 이탈리아어, 루마니아어 등이 한 나라의 공용어가 되었다.

브르타뉴
영국과 인접한 프랑스 서북부 지역으로 당시 켈트족이 차지하고 있던 지역.

그리스도교의 도덕률을 위반했다. 그럼에도 유럽에서는 낭만적 사랑이 감정적 삶의 이상으로 자리잡았다.

열정은 기사도적 서사시를 통해 자라났다. 고트프리트 폰 슈트라스부르크[•]가 독일어로 처음 번안해 옮기면서 많은 결실을 맺은 《트리스탄과 이졸데Tristan und Isolde》(1205~1215)가 좋은 예다. 이 작품에 등장하는 트리스탄과 이졸데의 연애담은 켈트족의 유명한 전설을 기록한 영국의 토머스Thomas 판을 바탕으로 한다. 수세기 전에 성 아우구스티누스가 비난했던 육체적 열정이 되살아난 것이다. 고트프리트만이 이런 시도를 하지는 않았다. 볼프람 폰 에셴바흐Wolfram von Eschenbach는 아서의 기사 가운데 한 사람의 이야기를 담은 《파르치팔Parzifal》(1200~1210)을 썼다. 이 작품은 크레티앵 드 트루아Chrétien de Troyes의 《페르스발: 성배 이야기Perceval, ou Le conte du Graal》(1188~)를 바탕으로 썼다. 트리스탄의 에로틱한 사랑에 부분적으로 반대 입장을 취한 크레티앵은 랜슬롯[•]을 모델로 더 이상화된 로망스를 썼는데, 이 로망스는 당대에 커다란 인기를 끌며 궁정 로망스의 모델이 되었다.

고트프리트 폰 슈트라스부르크
Gottfried von Strassburg, 13세기의 대표적 궁정 서사시 《트리스탄과 이졸데》의 작자로서 영원한 피안에 이르는 기사도적 사랑을 추구했다.

랜슬롯
Lancelot, 아서 왕 이야기에 나오는 뛰어난 기사 가운데 한 사람.

아키텐의 엘레오노르
Eleonore ol' Aquitaine, 프랑스 남서부 최대 공국이었던 아키텐의 윌리엄 10세의 딸로, 나중에 프랑스 왕 루이 7세와 잉글랜드 왕 헨리 2세의 왕비가 되었다.

문학사뿐만 아니라 서구의 정신 활동과 문화에 있어서 크레티앵의 노력은 놀라웠다. 그의 영감에 대해 설명하려면 그가 아키텐의 엘레오노르[•]의 딸인 샹파뉴의 백작부인 마리와 은밀한 관계였다는 사실에 주목해야 한다. 최초의 음유시인 윌리엄이 등장한 곳도 아키

텐 지방이었다. 즉 아랍의 영향력이 켈트족 전통과 서로 영향을 주고받으며 작용하기 시작한 것이다. 크레티앵은 몇 세기를 이어내려오는 아서 왕 문학의 창의적인 기반을 구축한 인물이다. 그는 색다른 마음의 소설 《클리제스Cligès》(1176)를 썼는데, 클리제스는 연인과의 결합에 성공하기 위해 신비의 약을 사용한다. 나중에 셰익스피어의 줄리엣이 사용했다가 실패하고 마는 약과 같은 종류다. 또한 크레티앵은 《페르스발: 성배 이야기》에서 오늘날 문학에까지 등장하는 '성혈과 성배' 전설의 기초를 닦았다. 댄 브라운Dan Brown의 베스트셀러 소설 《다 빈치 코드Da Vinci Code》(2003)에 대한 열광은 그리스도 최후의 날들과 막달라 마리아와의 관계 및 이를 둘러싼 전통에서 유래한다(알자스 바이센부르크의 수사 오트프리트Otfried의 서사시 《복음서》• 참조). 아서 왕 이야기에 얽힌 마법과 신비는 크레티앵 자신의 삶과 죽음에도 스며 있다. 그는 성스럽고 신비스러운 성배에 대해 집필하는 동안 사망했고, 그 뒤 얼마 지나지 않아 화재가 발생하는 바람에 고향인 트루아와 함께 그의 원고 또한 완전히 소실되고 말았다. 그가 사망한 해는 '템플기사단•' 이 영예롭게 싸우던 예루살렘이 함락당한 해이기도 했다. 불완전하거나 유실된 원고, 사라져버린 시체와 비밀스러운 명령만큼 상상력을 자극하는 요소도 없다. 움베르토 에코Umberto Eco가 소설 《장미의 이름The Name of the Rose》(1980)에서 이런 주제를 통해 이끌어낸 효과를 생각해보라. 중세 문학에 바탕을 둔 이 책

《복음서》
Evangelienbuch, 그리스도의 일생을 마치 이교도의 영웅처럼 그린 서사시로, 독일의 전통적 두운법 대신 중세 라틴식 각운을 쓴 최초의 독일어 작품.

템플기사단
Knights Templar, 중세 십자군 시대에 예루살렘 성지 수호에 나선 기사단. 신전기사단, 기사수도회라고도 한다.

제목은 13세기에 선풍적인 인기를 끈 《장미 이야기Roman de la Rose》을 떠올리게 한다.

《페르스발: 성배 이야기》는 성배와 관련한 최초의 기록으로서 로망스의 미완성 연작 형태로 발전했다. 이 작품에는 신비주의와 피의 마법, 기사도와 그리스도교 요소 등이 혼재되어 있다. 성배는 예수가 최후의 만찬에 사용한 잔이고, 예수를 십자가에서 끌어내렸을 때 그의 상처에서 흘러내리는 성혈을 담은 잔이다. 여기서 중요한 점은 중세 전성기에는 세속적 기원을 갖는 피와 심장 숭배가 그리스도교와 뒤섞여 병존했다는 사실이다. 또한 크레티앵의 작품에서 보듯이 서구 문학이 중세 전성기에 새로운 역사적 역할을 담당함으로써 이 두 전통은 오늘날까지도 상상력의 원천이 되고 있다. 전통이 발산하는 도발적인 힘은 또 다른 세계적 베스트셀러 《성혈과 성배Holy Blood, Holy Grail》(1982)에서도 찾아볼 수 있다. 이 작품은 마이클 베이젠트Michael Baigent, 리처드 레이Richard Leigh, 헨리 링컨Henry Lincoln이 공동 집필했는데, 댄 브라운의 책에 영감을 주었고 이 때문에 표절 시비가 일기도 했다. 여러분이 읽고 있는 이 책 또한 어떻게 보면 피와 심장 숭배 전통에 대한 21세기식 응답이라고 볼 수 있다. 심장 숭배의 근원을 찾아 5000년 전으로 거슬러올라가 지금의 이라크에 해당하는 문화의 발상지까지 추적했기 때문이다. 이라크 문화에서는 오만한 권력의 결과로, 또는 서구 문화에서 가치를 둔 미덕의 결핍 때문에 수년 동안 사람들이 피를 흘렸고 그들의 심장은 부풀어 터졌다. 서구 문화에서 오디세우스가 자기 심장에게 열정을 억제하라고 말한 뒤부터 자기성찰과 절제의 기술은 신성한 것으로 칭송받았다. 열정의 문제와 관련하여 궁정 로망스는 서구 문화에서 중요하면서도 매우 모호한 역할을 담당해왔다.

아서 왕 이야기는 배후에 숨어 있는 신화적 의미와 충성의 연대감을 통해 길들여진 열정에 대한 매료를 표현했다. 아서 왕 이야기에서 사랑을 배신한 사람은 모든 것을 배신한다. 이는 오늘날에도 통용되는 원칙이다. 궁정에 알맞은 행동과 기사의 미덕은 모든 사회 규범과 종교 규범의 바탕을 이루는 충성심과 위대한 사랑, 숭고한 심장과 연결되어 있다. 궁정 로망스의 주제는 기사와 영주 사이에 여러 방식으로 발달한 이상적인 충성심과 우정에서, 기사보다 사회적으로 우월한 위치에 있는 선택받은 여성과의 관계로 이동했다. 기사 문학이 출현한 당시의 복잡한 상황과 기사의 낮은 사회적 지위를 고려해보면 이 장르에 속한 연인에게 많은 제약이 따랐으리라 짐작할 수 있다.

그러나 《트리스탄과 이졸데》에서는 이 모든 제약이 사라진 듯 보인다. 고트프리트의 작품에서 트리스탄과 이졸데는 깊은 숲속 사랑의 은신처인 그들만의 동굴에서 만났을 때 에로스와 아가페를 구별하지 않았다. 제단과 침대를 구별하지 않았고 모든 것은 사랑을 위해 존재했다.

그들은 그들만의 동굴에서 사랑과 욕망을 탐닉했다. … 육체와 감각을 너무도 부드럽게 어루만지는, 향유처럼 달콤하고 순수한 헌신과 사랑. 이것이 그들에게는 가장 훌륭한 음식이었다. 진정 그들은 다른 음식은 생각하지도 않았다. 단지 심장이 욕망을 이끌어내고, 눈이 즐거움을 이끌어내고, 육체가 상쾌해하는 것만으로 족했다.[2]

이 작품에서 절정에 이른 사랑은 육체와 영혼의 이중성을 극복하고 지상을 천국으로 바꾼다. "다른 나라 사람들이 천국을 만드는 데 필요하다고 상상하는 바로 그것을 그들은 여기에서 누렸다." 이렇듯 성에 초점이 맞춰져 있는 사랑의 천국에서 두 사람은 사제도 미사도 필요 없다. 두 사람은 새들이 찬송가를 불러주는 자연이라는 대성당 안에서 모든 것을 다 가졌기 때문이다. 욕망이 채워져야 삶의 의미도 실현되고 완성된다.

육체나 영혼을 위해 이보다 더 좋은 음식이 있을까? 그곳에서 남성은 여성과 함께 있었고 여성은 남성과 함께 있었다. 그 밖에 무엇이 필요하겠는가? 그들은 자신이 소유하고자 하는 것을 소유했고 욕망의 목적을 이루었다.[3]

당대의 현상에서 인상적인 점은 이런 생각이 너무나 폭넓게 확산되었다는 사실이다. 《트리스탄과 이졸데》의 열정적 신조는 너무나 멀리 퍼져나가 결국 유럽 문명의 전환을 가져왔다. 《트리스탄과 이졸데》는 고대 이후로 에로스를 인류가 따라야 할 절대적가치로 삼은 첫 작품이었다. 심장은 가장 두드러진 은유이면서 열정이 존재하는 장소가 되었고 세상을 움직이고 만물을 작동하는 힘의 중심이 되었다. 고트프리트는 서문에서만 심장을 서른 번 이상 언급함으로써 이런 심장 예찬을 더욱 부추겼다.

기사도 시대는 사랑의 이상을 통해 감정적 삶에 대한 일종의 기준을 제시했다. 엄격한 규칙 때문에 인간 사랑의 삶이 얼마나 인위적으로 형성될 수 있는지, 또한 얼마나 인위적인 표현방식이 생겨나는지 이 시대는 잘 보여주었다. 무엇이 자연에서 비롯하고 무엇이 문화에서 비롯하는지, 무엇이 마음에서 비롯하고 무엇이 인습에서 비롯하는지 판단하는 일은 쉽지 않다. 이를테면 당시 사랑에 빠진 연인이 의식을 잃는 장면은 판에 박힌 관례적인 표현 방법이다. 《트리스탄과 이졸데》에서처럼 사랑의 불운 때문에 연인이 의식을 잃는 것은 곧 죽음의 전조를 뜻하게 된다. 결국 두 사람은 사랑과 배신, 슬픔 때문에 죽고 만다.

궁정 문학에서는 오해와 계략, 배신과 사회 인습 때문에 연인이 사랑을 이루지 못하고 사랑이 멈추면 심장도 멈춘다. 그러나 궁정 로망스에서는 사랑하는 사람 사이에 배신과 간통 등 모든 것이 허용되고, 이는 음유시인의 서정시에서 허용하는 정도를 훨씬 뛰어넘는다. 연인이 일련의 배신과 속임수에 자주 연루되는 경우에는 그들의 마음이 얼마나 순수하고 온전한지 물어볼 만하다. 트리스탄은 오늘날의 기준에서 보더라도 양심에 걸리는 행동을 많이 했다. 결투에서 이졸데의 삼촌을 죽였고, 음유시인으로서 이졸데 어머니의 총애를 받았지만 결국 신랑 들러리 신분으로 신부를 유혹하고 또한 신부의 유혹에 넘어갔다(이는 3년 동안 효험이 지속되는 묘약을 마신 결과였다). 프랑스어 판에서 트리스탄은 상황이 밝혀지자 수도승이나 은자가 되지 않고 노르망디로 도주해 또 다른 이졸데를 만난다.

아서 왕 주위에는 사랑하는 연인들이 많았고, 따라서 신에 대한 충성만큼이나 불륜의 소지도 많았다. 심지어 아서 왕의 아내인 귀네비어Guinevere조차 기품 있는 랜슬롯을 연인 삼아 부정을 저질렀다. 트리스탄이 열정적인 연인이라면 랜슬롯은 궁정 로망스의 전형이다. 랜슬롯은 귀네비어의 은밀한 연인이 된 뒤에는 사랑에 따르는 모든 고난과 즐거움을 기꺼이 받아들이고, 다른 여성과는 줄곧 관계를 맺지 않았다.

스위스 문화 철학자 드니 드 루즈몽Denis de Rougemont은 궁정 로망스와 낭만적 사랑에는 장애물이 필수조건이라고 주장했다. 힘든 장애물일수록 사랑의 열정 또한 강렬해진다는 것이다. 그러므로 장애물이 설정되고 연인들이 자주 이별함으로써 이별에 따른 고통이 커지며 다시 만나기를 갈망하는 그리움이 쌓이다 보면 단 한 가지 가능한 결과, 즉 죽음에 이른다. 드니 드 루즈몽은 트리스탄과 이졸데는 서로를 사랑한 것이 아니라 사랑을 사랑했다고 말하면서 트리스탄

의 세계에는 자체의 내적 논리가 존재한다고 말한다. 사랑에 대한 사랑에는 훨씬 더 무시무시한 열정, 즉 죽음에의 소망이 담겨 있다. 두 연인은 이 점을 인식하지 못한 채 그저 함께 죽었으면 좋겠다는 하나의 소원을 갖는다. 죽음에 대한 이런 신비주의는 중동과 마니교, 그리고 빛과 어둠, 선과 악의 이원론에 뿌리를 둔다.

그러나 사랑에 대한 기사도적 이상의 약점을 파헤치기 위해 사상사까지 되짚을 필요는 없다. 사상사 또한 모호하기는 마찬가지다. 고대 이후로 맹목적이고 열정적인 사랑은 줄곧 광기의 한 형태로 간주되었다. 그러나 오늘날에 이르러 이 광기는 하나의 전형이 된다. 많은 사람이 순전히 상식에 기초하여 새로운 사랑 유형에는 구조적 결함과 왜곡된 목적이 많다고 말한다. 사랑에 빠지는 것을 사랑한 나머지 이성을 잃은 기사는 사실 스스로를 사랑했을 뿐이고 자신의 고통과 연민을 키웠을 뿐이다. 그는 전쟁터에서 적을 무찌르던 일과 똑같은 방식으로 자신의 귀부인을 정복해야 했다. 기사도 시대에 전쟁과 에로티시즘은 서로 뒤엉켜 혼재했다. 따라서 낭만적 사랑은 이기적 사랑을 키우는 데 일조했고, 서구 문화에서 정복욕과 뜨거운 경쟁심을 형성하는 데도 한몫했다. 열정에 질투가 따르는 까닭은 바로 이 때문이다.

궁정식 구애 또한 궁정에서 벌어진 권력 투쟁의 일부였다. 기사들은 귀부인뿐 아니라 명예와 신망을 차지하기 위해 서로 경쟁했다. 이때 귀부인은 경쟁의 수단이자 목적이었다. 싸움이 전쟁터에

서 궁정으로 옮겨졌을 뿐이다. 이는 사회의 인간화이면서 외부의 것이 내면화하는 일반적 경향의 일부였다. 그러나 싸움과 전투의 은유는 지속되었다. 기사는 고귀한 부인을 정복하고 쟁취하여 자신의 자랑거리로 삼으려 했고, 그녀의 비단 끈을 자기 투구나 창에 묶고 싶어 했다.

에로티시즘에 대한 새로운 관점이 이토록 커다란 영향력을 미친 데는 그리스도교가 강한 동기를 부여했다. 종교와 에로티시즘의 만남은 고통과 열정을 동시에 강화했다.

에로티시즘과 종교 : 아벨라르와 엘로이즈 ◆◆◆

그리스도교와 교회 제도의 내재적 특징은 이상한 방식으로 낭만적 사랑의 기반을 형성했다. 첨탑을 앞세운 고결한 고딕양식 교회들은 당대 인간의 정신을 채우고 자극하는 열정을 상징했다. 힘써 신성을 향해 오르도록 인간을 부추긴 종교적 열정은 12~13세기에 성지를 향한 십자군 원정의 거대한 물결을 이끈 열정과 동일했다. 이때 교황과 교회는 재정적 보상과 영적 보상을 약속하며 십자군을 부추겼다. 두 요소가 혼합된 보상은 예수의 가르침대로라면 축복보다는 저주를 받을 터였다. 가슴에 붉은 십자가를 단 기사들이 십자군을 이끌었다. 서구 세계는 이것이 '신의 뜻'이라는 신념을 갖고 거의 200

년 동안 힘을 합해 '이교도' 이슬람 세력에 대항한 역사상 최초의 전쟁을 감행했다. 이 전쟁에서 수많은 이슬람교도가 학살당했고 그들도 똑같이 십자군에 응수했다.

궁정 문학에서 붉은 십자가는 피와 심장처럼 고통을 의미했다. 음유시인이 에로틱한 열정을 칭송하던 시기에 종교적 고통 또한 강조되고 배양되었다는 사실은 야릇한 우연의 일치가 아닐 수 없다. 중세 전성기에는 십자가에 못박힌 그리스도가 재해석되었다. 이전에는 주로 승리의 예수이자 살아 있는 예수를 묘사했지만, 이제는 죽어가고 고통받는 모습이 강조되기 시작했다. 중세 전성기에 십자가에 매달린 예수의 이미지에서 끌어내는 고통과 괴로움에는 끝이 없었고, 결국 14세기에 들어와서는 고통에 대한 열정적 묘사를 막을 수단이 사라졌다. 이렇게 에로틱한 열정과 종교적 열정은 고통을 매개로 만나 서로 시너지 효과를 발휘했다. 종교와 관련한 당시의 글을 살펴보면 열정이 어떻게 모든 상징과 더불어 중세 전성기에 스며들었는지 알게 된다.

기사도 시대에 연인들이 사용한 여러 이미지와 표현, 은유와 상징이 예수의 사랑으로 옮아간 현상은 결코 놀랍지 않다. 중세 말에 접어들어 그리스도의 심장과 고통과 구원이 직접 연결되면서 그리스도 심장을 자주 언급하게 되었다. 이런 현상은 그리스도 심장에 대한 숭배로 이어졌다. 특히 요한 아른트* 가 이와 관련한 내용을 언급한 17세기에 프로테스

요한 아른트
Johan Arndt, 루터파 경건주의자. 신앙의 실천은 필연적으로 성령의 인도하심과 성령이 충만한 상태에서 성령이 가르치시는 역사에 의존해야 한다는 슈페너Spener의 경건주의 운동에 동참했다.

탄트 국가에서는 마음의 신학과 관련지어 그리스도 심장을 강렬히 추종했다. 사랑을 베풀고 고통받는 그리스도의 마음을 표현하기 위해 심장을 소재로 삼은 사례는 14세기 독일에까지 거슬러올라간다. 1500년쯤에는 사랑으로 불타오르는 예수의 심장이 처음 묘사되었고, 이 이미지는 바로크 시대와 18세기에 널리 퍼졌다. 그리스도의 심장 상징은 중세에 들어와 처음 수백 년 동안 개신교와 가톨릭 국가 모두에 서 아주 널리 확산되었다. 그리스도의 심장은 무수한 제단 벽장식, 그림, 삽화 등에서 주요 소재가 되었다. 이런 현상과 병행하여 화살에 찔린 채 화환에 둘러싸인 성모 마리아의 심장 이미지 또한 그려졌다. 교회에서는 불타는 심장이 광채를 발산했다. 현대인들은 이러한 그리스도교의 열정적 교리 실천을 카리스마• 라는 말로 완곡하게 표현한다. 오늘날 모든 그리스도교 운동 가운데 가장 성공적인 카리스마적 평신도 운동의 뿌리를 추적하면 초기 그리스도교 교회까지 거슬러올라간다. 하지만 그리스도 심장을 숭배하기 시작한 것은 중세 전성기의 기사도 시대에 이르러서였다.

카리스마 Charisma, 본래 그리스도교 용어로 '은혜', '무상의 선물'을 뜻하는 말.

에로티시즘과 종교, 열정과 고통이 연결된 것은 사실 중세 초기에 나온 어느 그리스도교 저술에서였는데, 고통스러운 마음을 뜻하는 각운(마음을 뜻하는 '헤르츠Herz'와 고통을 뜻하는 '슈메르츠Schmerz')이 처음 쓰인 것도 이 작품에서였다. 알자스 바이센부르크의 수사 오트프리트가 쓴 《복음서》가 그것인데, 예수의 삶을 7500여 행의 서사시로 담아냈으나 10세기 중반에 나와 지금은 거의 판독하기 어려운 작품이다. 중세 초기의 어느 작품보다 마음에 대해 많이 언급한 이 책을 통해 마음은 최초로 애정을 가리키는 용어가 되었다. 그럼에도 이 작품에 등장하는 마음은 중세와 르네상스 후반기에 나타나는 예수와 성모 마리아 및 성인의 마음이 아니라 예수에게 마음을 빼앗기고 예수를 위해 눈물 흘린 막달라 마리아의 마음을 가리킨다. 어쨌거나 현대인이 이 작품에서 만나는 사랑은 매춘부에 대한 예수나 바울로의 생각과는 한참 거리가 먼 남녀 간의 사랑이다. 오트프리트의 《복음서》 이후로 많은 문학작품에서 '헤르츠(마음)'와 '슈메르츠(고통)'는 나란히 각운을 이뤄 등장하곤 했다.

중세 이후의 종교적 열정은, 위대한 예술을 낳고 대성당이나 십자군을 낳은 바로 그 열정을 장려하고 정당화했으며 에로틱한 열정을 포함하는 주관적인 감정이었다. 그러므로 감정적 전환은 단순히 궁정 문학의 결과가 아니었다. 감정적 전환의 시기는 에로틱한 열정을 그리스도교적 사랑의 기본인 긍정적이고 자연스러운 열정으로 전환하는 짧은 단계였다. 단 그 열정이 신앙과 은총의 전제조건인 경우에 한했다. 중세에는 종교적 열정과 에로틱한 열정 사이에 미묘한 전환이 이루어졌다.

중세 전성기에 그리스도교의 종교적 열정과 감정을 두드러지게 표현한 인물로는 베르나르두스가 있다. 베르나르두스는 중세 전성기에 커다란 영향력을 행사한 수도원 체제를 수립한 카리스마 넘치는 시토 수도회 수사다. 그는 예수의 삶과 가르침에 영감을 받아 복종, 신앙과 기도, 자제와 순결, 경건과 겸손의 수도사다운 미덕뿐만 아니라 당시 새로운 사랑관의 원천 가운데 하나인 진심 어린 친교를 강조했다. 베르나르두스의 설교 내용은 기본적으로 애덕愛德, 곧 카리타스caritas만을 주제로 했다. 베르나르두스는 사랑을 주고받으려면 지적 인식보다 개인의 신앙 체험과 정서적 공감이 중요하다고 강조했다. 영혼이 거하는 마음은 '자연스러운 애정affectio naturalis'[4]을 제일 먼저 느끼기 때문이라는 것이다. 그는 차가운 마음과 따뜻한 마음의 차이를 다루는 성서적 관점을 바탕으로 사유를 발전시켰다. 사람의 감정을 담지 않는다면 말로 사랑을 표현하는 일은 아무런 의미가 없다. 성 아우구스티누스의 '불안한 마음'이 베르나르두스를 거치면서 위안을 얻은 셈이다. 베르나르두스는 불안한 마음은 신에게서 비롯하기에 신의 마음에서만 휴식을 얻을 수 있다고 믿었다. 또한 그는 차가운 마음의 인간, 사랑할 수 없는 인간, 신의 말을 이해하는 위치에 있는 인간은 존재할 수 없다고 보았다. 결과적으로 그가 설교한 마음의 신학에서는 '애덕의 마음cor caritatis'과 '마음의 애덕caritas cordis'의 상호보완적인 본질이 신성한 사랑을 이루기 위한 세속적이고 인간적인 조건이 되었다.

개신교를 믿은 북부 유럽은 이런 마음의 신학, 감정을 통해 신앙과 구원에 이르는 방식에 영향을 받았다. 이런 영향의 흔적은 17~18세기 찬송가에서 마음을 표현하는 포괄적인 은유에서 찾아볼 수 있다. 이와 동시에 루터는 지성 역시 따뜻하다고 주장했다. 베르나르두스는 영혼과 그리스도의 만남을 마음의 사랑으로 하나가 되는 신랑과 신부의 만남으로 보았다. 신부를 가리키는 상징은 신비스러운 연금술 문학과 개신교 찬송가에서 찾아볼 수 있다.

베르나르두스는 자신이 가르친 대로 살았다. 그를 가리켜 광신자라고 부르는 사람도 있었지만 그는 강렬한 카리스마를 내뿜으며 사람들을 가르쳤다. 베르나르두스는 경건하고 금욕적인 생활 안에서 육체의 물리적 한계를 넘어섰고, 훌륭한 명분이 있을 때는 몸을 사리지 않고 열렬한 대변자 역할을 자청했다. 그러나 전도에 대한 그의 열정은 종교적 열정이 정치적 행동주의에 기반할 때 상황을 더 악화시킨다는 점을 보여주기도 했다. 2차 십자군의 배후 조종자가 다름 아닌 베르나르두스였기 때문이다. 베르나르두스는 이교도 이슬람에 대항하여 싸우라고 유럽 왕가들을 부추겼고, 이렇게 시작된 십자군 운동은 파괴와 폐허를 낳았으며 베르나르두스 자신도 파멸의 길을 걸었다. 그러나 베르나르두스의 투쟁이 승리를 거둔 경우도 있었다. 베르나르두스의 신학을 비판했다 해서 이단 판정을 받은 동시대 신학자 피에르 아벨라르Pierre Abélard, 1079~1142 대한 단죄가 그것이다.

중세 전성기에 발생한 감정적 전환의 강력한 원천은 아벨라르의 자서전《내 고통의 역사 Historia Calamitatum》에서 찾아볼 수 있다.《내 고통의 역사》에서 종교적 사랑과 에로틱한 사랑은 서로 연결된다. 여

기에서 기사와 수도사, 류트를 든 가수와 책을 든 학자, 욕망과 사랑의 갈등은 한 개인 안에서 재현되는데, 사랑의 복잡한 본질이 현대적으로 내면화된 작품이라고 하겠다.

아벨라르는 12세기 전반부에 활약한 중요한 사상가이자 수사학자다. 그런데 이미 서정시인으로 이름을 날리던 38세에 아벨라르는 파리의 풀베르투스Fulbertus 주교의 조카딸인 아름답고 다재다능한 엘로이즈Héloise, 1099~1164를 보고는 "그녀는 연인이 찾는 바람직한 속성을 모두 가지고 있다."며 한눈에 반했다. 아벨라르는 엘로이즈의 가정교사로 있으면서 그녀와 연인 사이가 되었다. 남성이 욕망에 휩싸이면 어떻게 되는지 전혀 알지 못한 상태에서였다.

하지만 아벨라르는 엘로이즈가 임신을 하자 품위 있게 행동하지 못하고 그녀를 교회 인습에 따라 브리타니에 있는 자기 여동생에게 보내버렸다. 엘로이즈는 출산할 때까지 그곳에 머물렀고, 아벨라르는 격분한 엘로이즈의 삼촌 풀베르투스 주교한테서 결혼하라는 압력을 받고서야 청혼을 한다. 그러나 엘로이즈는 아벨라르를 사랑하기 때문에 청혼을 거절한다. 아벨라르에게 불명예를 안겨 경력을 망치거나 학자로서의 앞길을 막고 싶지 않았던 것이다. 어쨌거나 아벨라르는 불명예로 고통을 겪었고, 풀베르투스 주교는 자신의 손상당한 명예와 조카딸을 위해 손수 끔찍한 복수를 하기로 결정했다. 어느 날 한 무리의 사람들이 아벨라르의 침실을 습격하여 그의 성기를 거세했다. 아벨라르는 수치심을 안고 수도원으로 들어갔다.

거세당한 사람은 교회에서 모든 활동이 공식적으로 금지되었다. 이와 동시에 엘로이즈는 수녀원으로 보내졌고 그곳에서 나중에 대수녀원장이 된다.

두 사람의 사랑 이야기는 오늘날까지 전해내려온다. 아벨라르는 몇 년 뒤에 둘의 사랑 이야기를 자서전에 썼는데, 우연한 기회에 엘로이즈가 아벨라르의 글을 입수하게 되었다. 아벨라르의 글을 읽은 엘로이즈는 용기를 내어 아벨라르에게 편지를 썼다. 아벨라르가 엘로이즈를 만나려는 시도를 전혀 하지 않고 침묵을 지킨 지 10여 년 만의 일이었다. 이렇게 두 사람 사이에 오고가기 시작한 편지는 세계 문학사에 남는 유명한 작품이 되었다. 자전적이고 진솔한 아벨라르와 엘로이즈의 고백은 그들보다 750년 앞서 성 아우구스티누스가 쓴 《고백록》의 연장선이지만 육체와 감정적 삶에 대한 그들의 평가는 정반대였다. 엘로이즈는 편지에서 아벨라르와 결혼하지 않으려 한 이유는 진정한 낭만적 정신 때문이었다고 설명하면서 자신의 사랑은 영원할 것이라고 밝혔다. 그녀는 완전하고 충만한 사랑으로 맺어진 연인의 길을 선택했는데, 결혼을 하면 의무가 사랑을 대신하리라 생각했기 때문이다. 그러면서 엘로이즈는 평생 수녀원에서 지내면서 이 같은 동기에 충실하게 생활했다. 그녀에게 아벨라르에 대한 사랑은 신에 대한 사랑보다 더한 삶의 양식이었다.

엘로이즈는 아벨라르에게 보낸 편지에서 열정과 고통, 연민을 포함한 사랑의 여러 측면에 대해 정리했다. 현재의 불운에 대한 슬픔

1 가장 오래된 심장 문화는 고대 이집트 문화다. 고대 이집트 문화에서 심장은 사후에 부활하여 천국에 갈 수 있는지를 결정한다. 가장 널리 알려진 심장 상징은 풍뎅이 모양의 부적 **스카라베**Scarabee다. 스카라베의 형태는 돌과 귀금속부터 투탕카멘의 무덤에서 출토된 아름다운 모자이크에 이르기까지 매우 다양하다.

2 기원전 6세기, **몸이 묶인 프로메테우스의 모습이 새겨진 꽃병.** 이 이미지는 심장(정확히 말하면 당시에는 간)이 무엇을 상징하는지 보여준다. 신화에 따르면 프로메테우스는 인류를 창조하고 기술을 가르쳤으며 지식을 전달했다. 또한 올림포스의 신들에게서 불을 훔쳐 인류에게 주었다. 이 때문에 그는 코카서스 산의 바위에 묶여 제우스의 독수리에게 심장(간)을 쪼여 먹히는 처벌을 당한다. 그의 고통은 끝나지 않는다. 매일 밤 상처가 아물면 다음날 독수리가 다시 쪼아 먹기 때문이다. 그러므로 성서의 타락 신화와 마찬가지로 프로메테우스 신화에서는 지식과 처벌과 고통이 한데 뒤엉킨다.

3 그리스인은 에로틱한 사랑에는 동물적인 사랑부터 신성한 사랑에 이르기까지 몇 가지 계층이 있다고 인식했다. 이런 인식이 없었다면 이 조각상에서처럼 여러 신을 등장시켜 묘사한 에로티시즘은 낮은 취급을 받았을 것이다. 이 조각상은 기원전 100년쯤 작품으로, 미소짓는 작은 에로스와 동물적 욕망을 상징하는 야성의 판과 함께 있는 아프로디테를 묘사했다.

4 **아스텍인이 피라미드 사원 꼭대기에서 심장을 제물로 바치는 장면을 담은 16세기 그림.** 아스텍인은 수천 명에 달하는 젊은이의 심장을 도려내어 태양신에게 제물로 바쳤다. 스페인 정복자들은 이런 인신공양 풍습을 핑계 삼아 인류 역사상 유례를 찾기 힘들 만큼 잔혹하게 아스텍인을 학살했다.

5 인신공양은 아스텍인 고유의 의식은 아니었다. 아스텍인은 마야인을 비롯해 그들이 정복한 땅의 선대 토착민에게서 신과 인신공양을 물려받았다. 왼쪽은 **아스텍인에 앞서 멕시코 고원지대를 10~12세기에 지배했던 '톨텍 문화' 시대의 그림**으로, 몸이 묶인 전쟁포로의 심장을 예리한 돌칼로 도려내는 장면을 묘사하고 있다.

6 북유럽의 호전적인 신 토르와 수확의 여신 프레이야. 교살당한 자의 신 오딘에게 인간을 제물로 바친 북유럽 선조들의 감정을 진정으로 이해할 수 있을까? 노르웨이 신화에 등장하는 위 두 신과 같은 시기의 예수상, 그리고 중세 기사도 시대의 그림을 비교해보면 이해하기 어려울 만큼 완전히 다른 인간과 세계가 존재한다는 사실을 알게 된다.

7 아랍 종교 예술에 등장하는 꽃이 만발한 심장. 모든 신비주의에서 심장은 신성을 획득하는 매개체다. 특히 이슬람교와 수피즘에서 심장의 변형은 신성의 일부가 되기 위한 전제조건이다. 아랍의 종교 예술은 심장이 가진 신성한 힘의 흐름을, 영혼의 불길에 사로잡힌 사람과 꽃이 만발한 심장으로 표현했다.

8 중세 전성기 기사도 시대에 유행하던 음유시인의 문학에서부터 **심장(하트)을 상징으로 삼은 사랑**이 문학 제재로 등장했다. 기사도 시대 동안에 궁정 로망스와 음유시인의 노래는 사랑을 퍼뜨렸고, 손에 무기를 들고 여성을 육체적으로 정복하려는 태도가 세련된 행동과 구애 행위로 대체되었다.

9 위의 **하트 이미지가 등장하는 13세기 그림**처럼 중세 전성기에는 두 사람이 같은 감정을 공유한다는 사실을 표현하기 위해 심장(하트)을 이미지로 사용했다. 크레티앵 드 트루아가 궁정 로망스 《클리제스》에서 묘사했듯이 사랑하는 연인은 상징적인 심장 교환 의식을 치르며 서로의 마음을 전했다.

10 레오나르도 다 빈치, 〈레다와 백조〉, 1510년, 유화. 르네상스 시대에 완성된 가장 관능적인 회화 작품 가운데 하나다. 관능과 숭고를 결합하는 능력에 있어서 당대에 레오나르도 다 빈치를 능가할 만한 화가는 찾아보기 어렵다. 다 빈치는 우화적인 상징을 통해 주제를 표현한다. 구애하는 백조의 눈에 띄게 위로 들어올린 목과 레다를 부드럽게 감싸안은 날개를 통해 남녀 사이의 사랑이 무엇인지 나타낸다. 여기서 성性은 죄로 비치지 않고 삶이 부여하는 성스러운 즐거움의 정수로 보인다. 이 그림은 유혹자 제우스의 신화를 표현한다. 백조로 가장하여 물속에서 나온 제우스는 목욕하고 있는 님프의 여신이자 스파르타의 왕 틴다레오스의 아름다운 아내 레다를 포옹한다. 이렇게 하여 결국 둘 사이에 아름다운 헬레네가 태어난다. 헬레네는 치명적이기는 하지만 너무나 에로틱하고 매력적인 인물이라서 트로이 왕자 파리스가 그랬듯이 그녀를 유혹하는 일은 모든 윤리를 초월한다.

11 **아그놀로 브론치노, 〈비너스, 큐피드, 어리석음과 시간〉**, 1546년, 유화. 내용과 형식 면에서 브론치노는 그리스에서 고대 로마를 거쳐 르네상스로 도약한 화가다. 르네상스 시대의 사랑은 고대보다 더 관능적이었고 신인동형神人同形의 형상으로 묘사되었다. 이 그림에서 쾌락은 고대와는 달리 중앙에 위치하는데, 사실적으로 표현된 관능미는 심미적 양식화와 작품의 우화적 내용 때문에 모호해진다. 이 그림은 열정과 어리석음, 시간과 죽음을 연결함으로써 모든 것이 소멸하고 만다는 것을 상기시킨다.

12 파울 루벤스, 〈십자가에서 내려지는 예수〉, 1616~1617년. 강렬하고 풍부한 표현 수단을 사용하여 그리스도 사랑의 다양한 측면을 표현한 그림. 사실적 묘사가 너무나 강렬한 나머지, 신성함을 표현한 알레고리가 거의 가려졌다. 그림을 보면 그리스도교 상징에서 나중에 점차 심장이 대신하게 되는 자리를 원래 피가 차지하고 있었음을 알게 된다. 사랑과 열정을 위해서는 고통과 고뇌가 필요하다는 점을 피는 장엄하고 극적으로 나타낸다. 이렇듯 사랑의 서로 다른 측면은 예수를 가장 사랑한 인물들에 의해 표현된다. 그들은 예수와 육체적으로 접촉하면서 그의 피를 마시기라도 할 듯한 자세를 취한다. 예수의 어머니는 연민을 대표한다. 화사한 색감의 옷을 입고 자신이 사랑한 사람의 손에 입을 맞추고 있는 막달라 마리아는 에로틱한 사랑을 대표한다. 화가는 막달라 마리아를 예수와 대조적으로 밝은 색채로 처리하여 눈에 띄도록 중심에 배치했다. 제3의 인물로 예수가 사랑한 신앙의 매개자 요한은 소크라테스가 우정(필리아)이라 칭한 사랑을 대표한다.

13 바르톨로메 에스테반 무리요, 〈성 아우구스티누스〉, 17세기, 유화. 이 그림은 고대 이후 심장의 변모를 보여준다. 화살을 갖고 있는 아모르(그리스 신화의 에로스에 해당)가 마치 아기 예수처럼 그려졌다. 에로스가 아프로디테를 따르듯 아모르는 성모 마리아를 따른다. 고대에는 아모르의 화살이 심장을 겨냥하지 않았다. 지안 로렌조 베르니니의 조각상 〈성 테레사의 황홀경〉에서처럼 심장이 인기 있는 소재가 된 것은 중세 전성기와 르네상스, 특히 바로크 시대다. 성 테레사는 천사/아모르인 예수의 화살을 심장에 맞고 황홀경에 빠진다.

14 바로크 시대에는 그리스도교에서 피의 상징이 말 그대로 넘쳐흘렀다. 피와 심장의 상징주의는 지안 로렌조 베르니니의 작품에서 절정을 이룬다. 위 **프랑수아 스피에르의 〈그리스도의 피〉**(1699)라는 유화는 베르니니의 스케치를 바탕으로 완성한 것으로, 베르니니의 조각상 〈성 테레사의 황홀경〉보다는 유명도에서 떨어진다. 신앙심이 깊었던 베르니니는 말 그대로 그리스도의 피로 자기 죄가 씻겨 깨끗해지리라 믿었다.

15 가톨릭 예수회는 심장을 신성한 사랑과 고통, 구원의 이미지로 발전시켰다. 이는 **호세 데 파에스가** 18세기에 그린 장엄한 유화 **〈성 이그나티우스 로욜라와 성 알로이시우스 곤자가와 함께하는 그리스도의 성스러운 심장 경배〉**에 잘 표현되어 있다. 그리스도의 심장 상징을 발전시킨 스페인풍 그림이 멕시코에서 그려진 사실은 역사가 전하는 역설 가운데 하나다. 16세기에 스페인이 멕시코를 정복했는데, 당시 멕시코인의 심장은 스페인 정복자들의 손에 의해 엄청난 피를 흘려야 했기 때문이다.

16 에드바르트 뭉크, 〈이별〉, 1896년. 1890년대에 뭉크는 빛과 어둠의 힘, 생명을 주는 열정과 비이성적이고 파괴적인 열정 사이에서 분열하는 복잡한 인간 존재를 표현주의적 이미지로 그렸다. 그는 감정의 이미지로서 심장을 중심으로 서로 다른 욕망을 소유한 인간관을 이론적으로 구축하기도 했다. 이런 이론을 예술적으로 표현한 작품이 바로 위 그림이다. 이 작품에서 피 묻은 손은 감정적이고 호색적인 심장을 상징한다. 이는 단테를 그린 헨리 홀리데이의 그림 〈단테와 베아트리체〉(1883)와 짝을 이루는데, 헨리 홀리데이의 그림에서 단테는 피렌체 거리에서 순수한 베아트리체를 만나자 자신의 두근거리는 심장에 손을 갖다댄다.

18 앙리 마티스가 자신의 책 《재즈》(1947)에 넣은 삽화 〈이카루스〉. 탁월한 화가인 마티스는 인간 삶의 모든 측면이 심장과 관계있다는 사실을 간단한 붓놀림으로 표현했다. 그림은 이카루스의 신화를 암시한다. 이카루스는 심장의 광채와 자신의 창의력에 고무되어 신을 향해 솟아오른다. 자신이 밀랍으로 만든 날개를 사용하면 중력의 힘을 누를 수 있다며 우쭐해진 이카루스는 더 높이 날아오른다. 하지만 태양에 너무 가까이 다가가자 날개가 녹아 추락하고 만다. 그러나 이 그림의 제목은 '이카루스의 추락'이 아니라 그저 '이카루스'다. 이 작품은 2차 세계대전이 진행되는 동안 가위를 사용하여 제작했다. 태양 대신에 그려넣은 별들은 심장을 공격하는 수류탄 폭발을 연상하게 한다. 광채를 발하는 심장은 피를 흘리며 고통을 겪는 심장이다. 이카루스는 권력과 악정에 맞서다 희생되는 순교자다. 니체는 이를 가리켜 중력의 영靈이 모든 창의적인 힘을 죽이고 좋은 것은 죄다 땅으로 떨어뜨린다고 말했다.

17 민속 예술에서도 심장(하트)은 가장 광범한 상징 가운데 하나다. 위 사진은 **노르웨이 텔레마르크 지방에서 출토된 여성용 전통 복장의 앞치마 끈과 섬세하게 세공한 벨트 버클, 남성용 복장의 짧은 깃**. 이 가운데 깃은 1830년 텔레마르크의 뵈에서 출토되었다.

과 고통은 두 사람이 한때 나누던 사랑의 행복만큼이나 컸다. 엘로이즈는 편지에서 사랑을 배반한 아벨라르를 책망하는 데도 주저함이 없었다. 대수녀원장은 아벨라르가 교사와 가수, 시인으로서의 훌륭한 재능을 악용하여(트리스탄이 악기로 이졸데를 유혹했듯) 순진무구한 아이를 유혹했다고 호되게 꾸짖었다.

할 말이 있다면 해보세요. 아니면 제 느낌과 의심을 모두 말하겠어요. 당신은 제게 우정이 아니라 욕망으로 끌렸고 사랑이 아니라 정욕을 느꼈어요. 그래서 욕망이 멈추자 당신이 보여준 것이 무엇이었든 그 또한 사라지고 말았던 거예요.[5]

이는 엘로이즈에게 이중의 비극이었다. 그녀가 수녀원에 들어간 까닭은 신앙심이나 신에 대한 사랑이 아니라 아벨라르에 대한 사랑 때문이었다. 따라서 엘로이즈는 수녀원에서 보내는 여생에 대해 어떤 보상도 기대하지 않았다.

저는 소녀티를 막 벗을 무렵 수녀가 되겠다고 어려운 맹세를 했습니다. 신앙에서 우러나서가 아니라 바로 당신 때문이었어요. 당신에게 아무런 가치도 인정받지 못한다면 제 수고가 얼마나 헛될는지요! 저는 신에게 아무런 보상도 기대할 수 없습니다. 주님에 대한 사랑에서 우러나 한 일이 아무것도 없기 때문입니다. …신은 알고 계십니다. 당신 말이라면 불길이 타오르는 장소라도 기꺼이 따라가거나 오히려 앞서가리라는 것을요. 제 마음이 저와 함께 있지 않고 당신과 함께 있기 때문입니다.[6]

엘로이즈의 이런 태도는 중세 전성기에 일어난 거대한 전환점을 가리킨다. 육체적이고 인간적이며 세속적인 사랑을 신을 향한 사랑보다 의식적으로 우위에 두었기 때문이다. 그녀가 낭만 시대의 이상적 인물이라는 사실은 조금도 이상할 것이 없다. 장 자크 루소Jean-Jacques Rousseau는 엘로이즈의 사랑 이야기에 완전히 매료된 나머지 1759년에 자기희생적이고 고양된 엘로이즈를 그린 《신新엘로이즈Julie : ou, La Nouvelle Héloïse》를 썼다. 낭만주의의 감정적 이상과 종교적이면서도 세속적이던 기사도 시대부터 이어져내려오는 하나의 계보가 존재하며, 이를 대표하는 엘로이즈의 사랑 이야기는 좀더 뒤에 등장하는 트리스탄 이야기만큼이나 유명했다. 두 사람의 편지 교환은 다시 한 번 닭이 먼저인지 달걀이 먼저인지라는 질문을 불러일으킨다. 두 사람의 사랑 뒤에 감춰진 것이 글이었을까, 아니면 글 뒤에 감춰진 것이 사랑이었을까?

훗날 엘로이즈는 에로틱한 열정과 성적 욕구를 넘어서는 사랑에 있어서 서구인이 진실한 사랑을 어떻게 이해하는지를 보여준 상징적 인물이 되었다. 그녀는 피와 살로 이뤄진 다른 인간 존재를 위해 말과 행동으로 자신을 희생했다. 그녀가 사랑한 신학자 아벨라르는 사랑을 표현하는 데 추상적이고 이론적이었다. 이는 독선적인 자기

중심적 태도를 위장한 것이었다. 하지만 엘로이즈는 자기 마음을 내비쳤기 때문에 인간적 관점에서 구원을 바라볼 수 있었다. 엘로이즈는 한 남성의 이기주의와 이중의 배신뿐만 아니라 세속적 사랑을 비난한 교회와 그리스도교의 태도도 거부했다. 이것이 오늘날에 받아들여지는 엘로이즈의 의미다. 하지만 그녀가 속한 시대는 그녀를 다른 시각으로 바라보았다. 당시에는 많은 사람이 그녀의 편지가 위조되었다고 믿었다. 어느 성직자가, 신을 마음으로 믿지 않고 신에게 등을 돌린 사람에게 경고하기 위해 엘로이즈의 이름을 빌려 편지를 썼다고 보았다. 그렇다 하더라도 후세 사람들이 편지를 쓴 사람의 의도와는 정반대 방향으로 편지를 해석한 셈이므로, 이는 역사가 보여주는 역설의 하나이자 인간 기질의 윤리학이 거둔 승리라고 하겠다.

엘로이즈는 중세 사상을 특징짓는 육체와 영혼의 이원론을 말과 행동으로 거부했다. 아벨라르 또한 유명론•의 영향을 받은 신학으로 이원론에 도전했고, 급기야는 개념론•을 포기하고 유명론을 받아들였다. 유명론은 중세 전성기를 지배하던 신학 및 철학 경향의 하나로, 개념과 사상이 개념 이전에 존재하는 구체적인 개별 현상을 바탕으로 발생한다고 믿었다. 이는 모든 인간이 구원받는다는 '만인구제설'의 이론적 배경이 되기도 했다. 이렇게 해서 아벨라르는 개체의 감각적 세계를 격상시켰다. 그러나 아벨라르가 보여준 놀랍도록 현대적인

유명론
모든 사물은 개체만이 존재하고 보편이란 없다고 보는 이론. 보편개념의 실재를 거부하는 입장이다.

개념론
보편은 초월적 이념이 아니라 개별자들과 함께 그 안에 공존한다고 보는 이론. 즉 개념 안에 보편이 존재한다고 본다.

측면은 개념적 세계 또한 격상시켰다는 데 있다. 그는 개념이란 개체의 세계와 직접 통신함으로써 존재하는 것이 아니라 인간의 이성과 추상 능력에서 비롯한다고 주장했다. 아벨라르는 이런 주장으로 인해 이단으로 낙인찍혔다. 비록 화형은 피했지만 이 과정에서 건강을 해쳤고 결국 생명을 잃기에 이르렀다. 따라서 아벨라르와 엘로이즈는 지금 현재에 충실한 삶을 살면서 죽음을 맞았다고 볼 수 있다. 두 사람의 유해는 19세기에 같은 관에 담겨 파리의 한 공동묘지에 안장되었고, 이로써 두 사람은 죽음을 통해 다시 만났다.

아벨라르와 엘로이즈의 이야기는 중세 전성기에 발생한 감정적 전환뿐 아니라 교회의 전능에 대한 도전도 보여주었다. 또한 성찰과 감각과 경험을 통해 획득한 상식과 개인적 체험, 의식을 떠나서는 어떤 신도 인정하지 않는 자유로운 개인을 지향했다. 마음의 목소리에 충실했던 아벨라르와 특히 엘로이즈는 다가올 시대에 등장할 유럽 지성인의 삶을 특징짓는 용기를 여실히 보여주었다. 그들의 용기는 비록 전통과 모든 형태의 권위에 거스르는 한이 있더라도 개인의 신념과 마음의 목소리를 따랐다. 이렇게 스스로 판단하는 의무와 해방은 감정에서 시작했다.

또한 아벨라르의 신학적 글이 목적이나 의도를 도덕적 행동과 판단의 근간으로 봄으로써 루터 사상의 출현을 예견했다는 점도 새롭게 부각된다. 아벨라르의 이런 태도는 의도의 좋고 나쁨을 결정할 때 행동을 수행하는 정신 상태에 초점을 두었다. 우리는 자신의 동기와 마음의 느낌을 점검할 목적으로 자신의 정신을 발견하는 과정을 자기인식이라 부른다. 매력적인 만큼이나 웅변적이었던 아벨라르의 윤리학에는 '너 자신을 알라Know thyself'라는 고전적인 제목이 붙었다. 아벨라르와 엘로이즈는 자신들이 활동하던 시기에 전성기를 누리던 음유시인 문학에 견줄 만한 종교적 또는 그리스도교적 문학을 대표한다.

아벨라르는 위대한 음유시인이면서 찬송가 작가이기도 했다. 이런 두 가지 면모는 당대의 감정적 전환 및 그것이 미래 문화를 지배할 이상적 사랑의 개념을 어떻게 낳았는지 설명해준다. 우리는 이런 관점을 바탕으로 새로운 유럽인의 마음을 정리할 수 있다.

낭만적 사랑에서의 마음

현대인은 트리스탄 이야기에 등장하는 사랑의 자연스러움을 강조해왔다. 연인은 '자연스럽게' 행동한다. 즉 '자신의 마음에 따른다.' 하지만 마음은 자연스러운 창조물이 아니라 인위적인 창조물이다. 다시 말해서 은유이자 상징이다. 낭만적 사랑은 자연에 대한 예술의 승리를 뜻하며 중세 시대에 마음이 겪은 변화의 결과다.

중세에는 심장이 갈라져 있어서 사람에게는 심장이 두 개였다. 고대 그리스인에게는 각기 다른 이름과 자질을 가진 심장이 여럿 있었다. 이들 심장의 공통점은 모두 구체적이고 육체적으로 경험할 수 있다는 점이다. 중세에 이르러 상징적인 심장이 점차 육체적인 심장에서 분리되었다. 심장과 사랑은 하나가 됐지만 그렇다고 심장과 용기가 서로에게 속한다는 뜻은 아니었다. 심장은 육체적 의미에서 사랑의 장기가 아니라 사랑의 상징이자 동의어였다. 사랑은 심장 박동에 구속받지 않는다. 사랑은 마음에 속하면서 당시에는 인위적이거나 문학적인 산물이었다. 사랑과 에로티시즘은 마음이라 불리기 시작하면서 금기에서 풀려나고 사람들에게 거부감을 덜 안겨주게 되었는데, 이로써 사람들은 사랑에 대해 좀더 자유롭게 이야기했다. 이는 노래하는 사람뿐만 아니라 연인에게도 이점으로 작용했다.

이 같은 심장 은유 이면에는 심장과 피가 가진 마술적인 힘을 바탕으로 하는 오래된 심장 숭배가 존재한다. 피를 섞음으로써 혈맹 관계를 맺는 행위는 심장 마술의 변형으로서 죽을 때까지 의무를 저버려서는 안 된다. 기사가 사랑하는 여인 앞에서 무릎을 꿇고 심장에 손을 얹은 상태로 배신하지 않겠다고 맹세하던 행위는 과거의 심장 교환 의식을 대신한다. 이때 기사의 심장은 여인의 가슴속에서 뛰고 여인의 심장은 기사의 가슴속에서 뛰게 되어, 마치 엘로이즈가 아벨라르에 대해 그랬던 것처럼 상대방이 느끼는 것을 자신도 느꼈다. 그러나 심장(마음)을 교환한다는 개념은 상호적인 사랑의 표현으로 살아남았다. 이졸데는 트리스탄과 몰래 사랑을 나누던 밤이 지나고 헤어져야 했을 때 이렇게 탄식한다. “제 몸은 여기 있지만 제

마음은 당신이 가져가는군요."[7] 연인의 마음이 완전한 사랑으로 하나가 된다는 생각은 종교 문학과 세속 문학에서 모두 찾아볼 수 있다. 교회 또한 누구도 가르지 못하는 결혼이라는 이상적 상태, 즉 결혼 상대자의 마음이 합쳐지는 상태를 권했다. 베르나르두스가 이런 개념을 이끌어냈는데, 그는 영혼과 예수의 만남을 사랑으로 하나되는 신랑과 신부의 만남으로 이해했다.

크레티앵 드 트루아가 쓴 로망스 《클리제스》는 정확히 이 같은 마음(심장)의 교환과 관계있는 작품인데, 상대방에게 마음을 주는 것이 어떤 의미를 갖는지 길게 논의한다. 감정과 감정에 대한 숙고가 인간 본성을 알기 위한 새로운 접근법이 되었다. 의례상의 심장 교환은 감정이입의 표현이기도 했다. 기사도 시대에 이르러 마음의 교환, 즉 마음의 융합을 가리키는 표현은 키스에 의해 의례적으로 또는 상징적으로 전달되었다. 키스는 마음을 융합하여 기사로 하여금 귀부인의 감정에 취약하게 만들면서 그녀의 감정이 마치 자신의 감정인 양 느끼고 반응하도록 했다. 심장이 감각적 사랑의 상징이 되면서 새로운 문학과 궁정 로망스가 소개된 때가 바로 이 시기다. 키스의 기원이 낭만적 사랑이라는 사실을 안다면 오늘날 키스에 대한 폭 좁고 에로틱한 해석을 이해하기가 더 수월해진다. 사자심왕 리처드Richard the Lionheart 시대의 대표적인 시는 이를 이렇게 묘사했다.

부드러운 키스는 마음의 고통과 고뇌를 누그러뜨리네.

그러나 입술의 만남은 곧 피하지 못할 나의 죽음을 뜻하노니,

키스는 슬픔을 가져올 뿐이라네.

오직 그녀만이 줄 수 있는 치유를 가져온다네.

나는 죽을 것이요. 그녀가 새로운 키스로 내 입술을 불붙게 할지 모르니.

대체로 키스는 기사가 귀부인과 나누는 처음이자 마지막 신체 접촉이었고, 나머지 접촉은 구애와 예술을 통해 이루어졌다. 이런 숭고한 행위에서 심장을 은유로 삼은 사랑 자체는 예술의 주요 소재가 되었다. 여기서 심장 개념을 보완한 것은 더욱 세밀한 등급으로 나뉜 이미지와 우화 양식이었다. 그중 가장 눈에 띄는 이미지는 꽃과 장미다. 사랑의 은유적 속성을 가리킨 대상으로는 나이팅게일이나 종달새 같은 새가 있기도 했지만 주로 장미였다. 이는 13세기에 인기를 끈《장미 이야기》제목에도 드러난다. 장미를 마음의 주요 속성으로 보게 된 것은 아랍의 영향이었다.《장미 이야기》는 기욤 드 로리스Guillaume de Lorris가 1230~1245년에 쓴 작품으로 궁정 로망스를 우화 양식으로 표현한 에로틱한 안내서다. 한 젊은이가 막 피어나는 아름다운 장미(젊은 여인들)를 꺾기 위해 사랑의 정원으로 들어가지만 곧 걸림돌에 부딪치는 내용이 묘사된다. 젊은이는 장미를 따도 된다는 허락을 받지 못한다. 미완성 본문에는 "그저 보기만 하고 만지지 마라."는 메시지가 적혀 있다.

그러나 한 세대가 지난 1270~1285년에 장 드 묑Jean de Meun이 완성

한 책 후반부에서 젊은이는 장미를 따도록 허락을 받는다. 이제 사랑이 궁전 밖으로 나와 '자연'과 '새로운 시작'이 넘쳐나는 정원으로 움직인 사실을 눈여겨볼 필요가 있다. 고대와 마찬가지로 특히 파리에서 새로 설립된 대학을 통해 퍼져나가던 새로운 통찰력에 의해 자연의 보편적 힘이 다시 한 번 세상을 지배하게 되었다. 이제 젊은이의 구애 대상은 유부녀가 아니라 결혼할 가능성이 있는 아름다운 젊은 여성으로 바뀐다.

《장미 이야기》 후반부는 위선과 허세부리는 질투, 거짓된 구애 등으로 채워진, 또 몹시 어리석은 행동을 유발하고 자연스러운 사랑을 억제하는 궁정 로망스와 그리스도교적 사랑을 강하게 공격한다. 저자는 이 모든 요소에 대항하면서 사랑하는 두 연인 사이에 우정과 존중을 바탕으로 하는 '진정한' 사랑을 옹호한다. 성행위는 죄가 아니라 자연스러운 행위가 되며, 신과 자연은 다시 한 번 결합한다.

현대인의 관점에서 볼 때 특별히 흥미로운 것은 화살을 가진 아모르가 열정의 상징으로 다시 등장한다는 점이다. 이제 화살은 그 불이 에로틱하든 종교적이든 행복에 넘쳐 불타오르게끔 곧장 심장을 겨냥한다. 《장미 이야기》에는 다양한 유형의 화살이 등장하는데, 이런 원칙에서 벗어나지 않는다. 그렇게 심장의 상징주의는 완벽해진다. 인간적 사랑과 신성한 사랑의 통합은 1300년쯤 이탈리아의 돌체스틸누오보● 라는 새로운 문체에서 절정에 이르렀는데, 대표 작가가 알리기에리 단테 Alighieri

돌체스틸누오보
dolce stil nuovo, 이탈리아어로 '달콤하고 새로운 문체'라는 뜻. 돌체스틸누오보 시는 사랑과 여성 찬미를 대명제로 하는 서정시 운동의 일환으로, 중세 기사도 정신에서 한 단계 뛰어넘어 여성을 숭앙 대상으로 삼는 입장에서 시적 세계를 구축했다.

DanteDante다. 단테에게도 사랑과 영감의 원천은 숭고한 마음이었다.

회화가 르네상스의 유화로 전성기를 맞으면서, 새로운 인간형을 제시하기 위해 누드는 물론 심장과 기타 소재가 회화에 쓰였다. 진정한 의미에서 서구인의 마음이 형성된 시기는 중세 전성기와 르네상스 때라 하겠다. 루터는 진정한 자기정체성을 나타낼 만한 문장紋章을 선택하면서 이미지를 통해 시대의 산물로서의 자기정체성을 증명하려 했다. 그는 장미꽃 문양 속에 태양을 상징하며 환하게 빛나는 심장을 그려넣고, 그 심장 속에 십자가를 그려 넣어 자신의 문장으로 삼았다. 문장 속에서 모든 것이 하나로 합쳐졌다. 인간의 정체성은 인간의 이미지와 상징 안에 존재한다. 인간은 상징의 세계 안에 사는 상징의 존재다. 따라서 세상에 대한 인간의 이미지와 인간에 대한 세상의 이미지를 분리하기는 불가능하다. 마음은 일생에 걸쳐 우리 인간이 품는 마음의 이미지들로 치환된다. 현대의 감정적 삶은 이미지를 주어진 것에 대한 표현으로 인식하면서 자연스러워지고, 심장 상징은 낭만주의 덕분에 감정의 삶과 조화를 이루면서 완벽해진다. 실제로 낭만적이지 못한 관계는 잊혀진다. 일단 창조되고 난 뒤에 인간의 감정적 삶을 형성하는 것은 이미지이고 상징이다. 언어는 언어가 표현하는 것을 창조한다. 이것이 바로 인위적이고 상징적인 언어에 내포된 마술의 측면이다. 이미지와 상징이 만들어낸 관례를 통해 감정이 형성되고 사랑과 감정이 전달되기에 이른 것이다. 독일 철학자 니클라스 루만Niklas Luhmann은 관례가 없다면 감

정도 대부분 존재하지 못할 것이라고 주장한다.[8]

중세 시대에는 심장의 은유화 및 심장 언어의 발달과 더불어 감각의 가치가 높아졌다. 유명론을 통한 철학과 인간 삶의 감각적인 면에 정당한 지위를 부여하는 과학과 예술의 발달은 교회와 다시 한 번 충돌했다. 음유시인의 문학은 사랑을 위해 주관적인 감정과 감각을 드러내고 표현했다. 특히 용감하고 인물도 출중한 기사가 세련되고 아름다운 귀부인을 볼 때면 숭고한 마음에 에로틱한 광채와 갈망이 담겼다. 위대한 음유시인 기로 드 보르네유Guiraut de Borneilh, 1138~1200가 지은 노래는 첫 행에서 감각 중에서도 시각에 새로운 역할을 부여한다.[9]

사랑은 눈을 통해 마음을 차지한다네.
눈은 마음의 정찰병.
눈은 정찰한다네.
그것이 마음을 즐겁게 하기 때문이라네.

감각적인 것, 즉 놀라운 시각과 흥미로운 후각의 세계, 부드러운 형태를 지닌 우아한 육체의 세계, 서로를 감싸안을 만큼 기다란 팔과 따뜻한 육체의 세계에 대한 교회의 비난을 과감하게 무시하고 불타는 광채를 공유하는 사람들에게는 새로운 세계가 펼쳐지기 마련이다. 음유시인의 작품을 통해 발산된 것은 바로 세속적이고 감각적

이면서 매력적인 사랑에 대한 갈구였다. 사람들은 이런 발산 과정을 거치면서 교회의 숨 막힐 듯 답답한 공간에서 뛰쳐나와 자연의 신전으로 들어갔다. 다시 한 번 강조하지만 기사도 시대는 천국 같은 자연을 숭배하며 낭만주의를 예견했다. 자연의 숲에는 사람을 보호하는 나뭇가지와 넓고 탁 트인 하늘 아래 사랑의 밀회를 나눌 만한 부드러운 장소가 있다. 기사도 시대에는 '야외에서al fresco' 라는 단어가 새로운 의미를 띠면서 트리스탄 이야기가 인기를 끌었고, 위대한 독일 음유시인 발터 폰 데어 포겔바이데Walter von der Vogelweide, 1170~1230의 〈보리수 아래에서Unter den Linden〉가 유행했다.

궁정 로망스는 감정적 에너지뿐 아니라 표현력의 해방을 가져왔다. 이를 통해 계몽운동[•]과 특히 낭만주의가 탄생했다. 기사도 시대의 감정적 전환은 낭만주의가 표출되는 데 전제조건이었다. 낭만주의는 스스로를 표현하고 특히 스스로의 감정을 표현할 때만 인간이 존재한다고 주장했다. 그런 의미에서 음유시인의 노래를 시작으로 낭만주의 시대를 거쳐 오늘날에 이르기까지, 특히 1960년대 '전쟁 말고 사랑을 하자Make love, not war' 는 표어를 내세운 히피운동[•]에 이르기까지 꾸준히 이어져온 계보가 존재한다. 이 계보는 지옥의 영원한 육체적 고통을 내세워 인간을 위협하거나 자칭 순교자와 '진정한 신봉자' 에게 상상의 장소에서 영원한 삶을 약속하던 모든 근본주의에 도전한다. 12~13세기의 음유시인 문학과 궁정 로망스는 연인들이 현실에

계몽운동
17~18세기 유럽의 합리주의적 문화운동.

히피운동
Hippi movement. 자연과 자유를 추구하며 기존의 모든 문화적 가치와 생활 태도를 거부하는 반문화 · 반문명 운동.

서 경험하는 세계와 행복을 보여주었다.

그러나 이런 이상적인 사랑은 너무나 절대적이기 때문에 주변의 다른 이미지가 끼어들 여지를 주지 않는다. 이렇듯 문화적으로 결정된 열정은 자연스럽고 영원하고 변하지 않는 것으로 묘사됨으로써 모든 논쟁을 초월하고 사랑에 대한 다른 모든 이미지와 형태보다 우선시되었다. 자연의 편에 서는 사람은 언제나 경쟁 우위에 있었다. 이는 진화론뿐만 아니라 수사학에도 적용된다. 자연적인 것에 대한 트리스탄적 강조는 자제심을 발휘하라는 교회의 가르침과는 달리, 문화 영역 안에서 현대인이 그것을 만끽할 수 있는 배경이 되었다.

그리스도교와 종교는 중세의 감정적 해방 움직임에 대한 반작용으로 자신들의 제도 권력을 행사했다. 종교재판, 이단, 영원한 고통에 대한 선고 등이 대표적이다. 신과 도덕에 호소할 때면 언제나 부당함과 권력 남용이 있기 마련이므로 반대자와 '불신자'는 '진실한 신'의 이름으로 항상 박해받았다. 천국과 지옥에 대해 교회와 다른 견해를 가진 사람을 겨냥하여 '성스러운' 전쟁과 마녀 재판이 자행되었다. 지상의 삶은 무시되었다. 근본주의자, 권력 추구자, 도덕주의자들은 항상 웃음에 부정적이다. 자유와 진리는 언제나 육체 및 즐거움의 발산과 관계있기 때문이다. 공식 그리스도교는 육체와 영혼의 균형을 이루지 못했고, 호메로스가 말한 "꺼지지 않는 웃음의 불길" 속에서 육체를 해방시키지 못했기 때문에 엄숙함만이 만연했다. 동성애 문제도 마찬가지였다. 교회는 중세 전성기에 종교개혁이 이루어진 뒤부터는 동성애를 비난하면서 수도원과 수녀원 같은 폐쇄된 기구를 세웠고, 육체적 욕망에 저항하는 교회의 이런 투쟁은 오히려 서구에서 동성애를 부추기는 결과를 낳았다. 이런 현상은 은혜로운 교회 안에서도 발생했다. 영국 리보 수도원의 성 아엘레드St. Aelred는 신성한 사랑을 탐색하는 한 방법으로 동성애를 찬양했고[10], 사자심왕 리처드는 동성애 성향을 가졌음에도 경건함이나 호전성이 누그러들지 않았다.

일상의 사랑 이야기 ◆◆◆

기사도 시대에 이상적인 사랑으로 여겨진 것은 예외 없이 이성 간의 사랑이었기 때문에 전적으로 남성다운 미덕이나 여성다운 미덕이 장려되었다. 하지만 일상의 에로틱한 사랑은 또 달랐다. 기사도에 입각한 남성끼리의 우정이 성문제에서만큼은 기사도에 항상 합당하지만은 않았고, 수도원에서 이루어지는 남성들만의 금욕 생활이 언제나 정숙하지만도 않았다. 동성애를 비난하는 교회가 실제로 수도원 같은 폐쇄된 기관을 만듦으로써 동성애를 조장하는 데 일조했다는 사실은 역사가 전하는 역설 가운데 하나다. 이런 공공연한 비밀은 도덕적으로나 문화적으로 생각해볼 만한 주제이면서, 에로틱하다고 해서 모두 자연스러운 것은 아니고 도덕적 실천이 반드시 도덕

에 기여하지는 않는다는 진리를 되새기게 한다. 중세에 자연스러운 육체가 억압당하고 육체의 권리가 거부당했기 때문에 동성애가 발생한 것이라고 주장하지 않는 한 말이다. 이는 교회의 기록과 당시 사람들의 성생활을 포함하여 종교재판소가 몇 세기에 걸쳐 수집한 방대한 자료를 보면 알 수 있다.

정신사 고전 가운데 에마뉘엘 르 루아 라뒤리Emmanuel le Roy Ladurie가 쓴 《몽타이유: 한 프랑스 마을의 카타르파와 가톨릭교도Montaillou: Cathars and Catholics in a French Village, 1294~1324》(1975)가 있다. 라뒤리는 피레네 산맥 지역의 몽타이유 마을과 관련한 문건을 조사했다. 그 문건은 종교재판관이자 훗날 아비뇽에서 교황에 취임한 자크 푸르니에Jacques Fournier가 작성한 종교재판 심문 기록이었다. 몽타이유에서 종교재판이 열린 까닭은 이단 종파인 카타르파 때문이었다. 그리스 마니교의 영향을 받은 카타르파는 영혼의 윤회설을 믿었다. 그들의 가르침은 엄격한 이원론에 근거했기 때문에 눈에 보이는 세상을 부패의 한 형태이자 악마의 작품으로 보았다. 이런 견해가 초래하는 역설적인 부작용은 성생활을 포함하여 감각적이고 세속적인 생활 태도 따위는 아무 상관없다는 태도였다. 이런 이단적인 해석의 움직임이 몽타이유에 일자 푸르니에는 마을 사람들을 대상으로 성생활은 말할 것도 없고 일상의 크고 작은 문제에 이르기까지 매일의 생활에 대해 사법 조사를 실시했다.

푸르니에의 보고서는 몽타이유 마을 사람들의 애정 생활을 담았

는데, 이는 공식적인 중세 도덕관에서 크게 벗어날 뿐 아니라 분명 영향을 주었을 궁중 문학의 이상적 사랑에서도 벗어났다. 현대인은 매일 일어나는 온갖 악덕과 미덕에다 자지레한 사랑 이야기를 몽타이유에서 접하게 된다. 몽타이유에서 벌어지는 사랑은 땅으로 내려온 사랑이었다. 땅에서 세속적으로 살아가는 사람들은 육체가 요구하는 것과 교회의 교리가 요구하는 것을 적절히 실용적으로 절충하면서 살았다. 몽타이유에서 성생활은 전혀 금지되지 않았고 마을 사람들 대부분은 보통의 기준을 넘어 성생활을 적극 누렸다. 그들은 이런저런 방식으로 혼전 관계를 맺었고 혼외정사를 즐겼다. 마을 사람들은 시간이 이르거나 늦거나, 한밤중이거나 한낮이거나 가리지 않고 젊은 미혼 여성뿐만 아니라 친척들과도 성생활을 누렸다. 또한 성직자 사이에서도 동성애(푸르니에는 이를 남색Sodomy이라 부른다)가 널리 퍼져 있었다. 마을의 최대 난봉꾼이면서 막강한 영향력을 행사한 인물은 사제인 피에르 클레르그Pierre Clergue였다.

종교재판관이 심문한 여성 가운데는 피에르의 친척인 그라지드 리브Grazide Rives도 포함되었다. 피에르는 그녀의 어머니에게 무언의 동의를 얻어 당시 14~15세에 불과하던 그라지드를 유혹했다. 그라지드조차 그것은 강간이 아니었다고 말하면서 당시 상황을 이렇게 설명했다.

그는 그 뒤부터[추수철에 헛간에서 처녀성을 빼앗은 후에] 다음해 1월까지

> 계속 제 몸에 탐닉했어요. …주로 낮에 성행위를 했어요. 1월이 되자 신부님은 지금은 죽고 없는 남편인 피에르 리지에르에게 저를 시집보냈어요. 그런 뒤에도 남편이 살아 있던 4년 동안 제 몸을 자주 찾았어요. 남편 또한 그 사실을 알았지만 모른 척했죠.(158)

흥미로운 점은 그라지드가 사랑하지도 않는 남자와의 죄스러운 관계에 대해 가지는 생각이다. 그라지드는 당시 기준으로 근친상간과 부정을 저질렀다. 하지만 당시에 유행하던 궁정 로망스를 읽은 적도 없는 그녀가 마치 이를 연상하는 단어를 법정 청문회에서 사용했다.

> "진정한 연인과 잠자리를 함께하는 여성은 모든 죄에서 정화됩니다. … 사랑의 기쁨은 행위를 결백하게 만듭니다. 순수한 마음에서 우러난 행위이기 때문이죠." 그녀는 말을 이었다. "저는 피에르 클레르그와 함께해서 좋았습니다. 그러므로 제 행위가 신을 노엽게 했을 리 없습니다. 그것은 죄가 아닙니다."(159)

라뒤리의 지적에 따르면 그라지드가 자신의 죄를 인식하지 못한 까닭은 궁중 문학의 영향을 받아서가 아니라 성에 대해 상당히 관대한 오키타니아 문화의 영향을 받았기 때문이다. 그라지드에게 성직자와의 성교가 죄악이 되는 경우는 오직 자신에게 욕망이 부족할 때

뿐이다. 두 사람의 열정이 절정에 이르렀을 때 맺은 성관계는 단연코 무죄였다.

그라지드의 경우를 살펴보면 형태와 기능 면에서 인간의 마음과 감정적 삶을 규정하는 것은 문화다. 그라지드는 그리스도교 규범을 바탕으로 자신은 순수한 마음에서 피에르와 성관계를 맺었으니 죄를 지은 것이 아니라고 주장한다. 우리는 이런 주장을 통해 감정적 삶이 상대적이라는 점을 이해하게 된다. 그라지드의 마음은 그녀의 성적 욕구를 표현하면서 문화적 배경까지 알게 해준다.

문화적 존재인 호모사피엔스에게 동성애는 자연스럽지도 않고 영원불멸한 것도 아니다. 다른 시골 지역과 마찬가지로 몽타이유 지방에 동성애가 널리 퍼지지 않았다는 점이 이를 증명한다. 동성애는 중세 전성기에 주로 도시에서 목격되는데, 특히 종교 기관에서 행해졌다.

> 푸르니에는 단호하게 "남색은 젊은이의 출신지와 상관없이 도시에서 행해졌다."고 기록했다. 아르노는 파미에르에서만도 남색에 빠진 사람이 1000명 이상이었다고 말했다. …도시 하나 치고는 너무 많은 수였다. 오키타니아 마을에서 문화적 행동 범위는 그다지 다양하지 않았고 지방에서 동성애는 크게 문제되지 않았다.(147, 149)

몽타이유에서 유일한 동성애자는 프란체스코 수도회 수사인 아르

노 드 베르니올Arnaud de Verniolles이었는데, 그는 규율을 위반했으나 상부에서 면책 특권을 받았다. 아르노의 동성애 상대는 기사의 아들이었는데, 파미에르의 어느 학교에서 몇 주 동안 같은 침대를 쓰면서 동성애자가 되었다. 이런 경험이 아르노 안에 잠재되어 있던 동성애 성향을 자극했고 그는 적극적인 동성애자가 되어 16~18세의 젊은이를 곧잘 유혹해냈다. 다음의 기록으로도 알 수 있듯이 동성애 행위가 항상 정중히 이뤄지지는 않았다. "남색은 퇴비더미 위에서 이루어졌다(몽타이유와 마찬가지로 파미에르 지역의 주택 안마당에는 대부분 퇴비더미가 쌓여 있었다)."(147)

아르노의 경우처럼 상황에 이끌린 동성애 욕구는 진심에서 우러나지도 않았고 더욱 심오한 감정적 수준에서 이뤄지지도 않았다. 그는 오비디우스[•]의 저작과 동성애 경험을 통해 동성애 관계에 대해 정확한 지식을 얻었지만, 거기에서 어떤 사랑도 경험하지 못했다. 그는 증언을 하면서 친구에게 느낀 감정에 대해서는 한마디도 하지 않았다. 또한 당시의 그리스도교는 동성애에 명확한 경계를 그었다.

오비디우스
Ovidius, 기원전 43~기원후 17. 고대 로마의 시인. 사랑의 즐거움을 노래한 연애시로 유명하다. 작품으로는 서사시 《사랑의 기술》, 《변신 이야기》, 《슬픔》 등이 있다.

아르노의 경우에서 보듯이 그리스도교가 공식적으로 인정하는 사랑의 관점에서 보면 동성애는 도착 행위거나 원시 욕망에서 비롯한 행위이며, 어느 쪽이건 중세에는 죄에 해당했다. 아르노 또한 자신의 동성애 성향을 결함으로 보았던 것 같다. 그렇기 때문에 아르노는 현대인이 생각하듯 동성애 관계에 대해 '자연스러운' 감정을 느끼지 못한 것이다. 아르노는 공식적인 그리스도교 도덕률을 거부한 점에서는 그라지드 못지않았다. 하지만 쌍방이 에로틱한 접촉으로 즐거움을 느낀다면 죄가 되지 않는다는 그라지드의 주장은 기사도 시대의 성적 사유에 가까웠다. 아르노와 그라지드를 포함하여 이들과 유사한 생각을 가진 사람들은 자신의 감정대로 행동하기를 좋아했다. 주관적인 욕구를 따르면서 공식적인 죄에 해당하는 행위를 정당화한 이런 점은 새로운 시대의 도래를 알리는 전조였다. 유럽은 개개인이 과거와는 완전히 다른 입장에 속하는 시대에 접어들고 있었다. 이런 주관주의가 없었다면, 모든 권위에서 벗어나 스스로 독립적으로 생각하는 권리가 없었다면, 과학혁명도 르네상스도 일어나지 않았을 것이다. 그러나 동시에 옛것 또한 그대로 존속했다. 유럽은 그리스도교 문화권으로서 종교 문화를 계속 유지했다. 옛것과 새로운 것 사이에 생겨난 이런 긴장은 어느 시대건 유럽 문화에서 계속 이어져온 이원론에서 분명히 드러난다. 르네상스도 예외는 아니었다. 르네상스에서 이원론과 새로운 주관적 사고는 서로를 더욱 강화하는 역할을 했을 것이다.

10장

데카르트의 이원론: 영혼과 심장의 분리

가장 위대한 지성과 가장 따뜻한 마음은
한 사람 안에 공존하지 못한다.
– 프리드리히 니체

현대인은 르네상스의 산물이라고들 한다. 예술, 철학, 과학혁명과 기술혁명을 기준으로 생각한다면 물론 그렇다. 삶을 새롭고 외향적이며 확장적으로 대하는 태도는 유럽인으로 하여금 세계의 다른 지역을 발견하고 정복하면서 다른 문명을 파괴하도록 만들었다. 그런데 이런 변화에 필요한 여건들은 중세 전성기와 그때의 감정적 전환 속에 마련되어 있었다. 그리고 이 모든 과정의 배후에는 성 아우구스티누스가 있다.

정신적 관점에서 볼 때 성 아우구스티누스의 삶과 업적이 가져온 가장 중요한 결과는 인간 정신을 향해 다가오는 힘들의 심리적 내면화다. 그런데 성 아우구스티누스가 표방하는 정신 활동이 문화적 측면에 자취를 남기기까지는 수백 년이 걸렸다. 성 아우구스티누스는 자신이 속한 시대의 내면적 · 정신적 삶을 이해하는 데 여러모로 고립되어 있었다. 이는 오디세우스로 시작하여 소크라테스와 플라톤을 거쳐 성 아우구스티누스까지 이어지며 내면의 삶을 강조하던 자기인식 과정이 1050년 이후에 다시 출현하기까지 수세기 동안 잠행했음을 뜻한다. 1050년이 지나면서 내면의 삶이 다시 한 번 강조되고 양심의 가책이 정신의 주요 개념이 되었다.

그리스도교의 고해 문화는 12~13세기에 가속화되었다. 1215년에 이르자 교회는 모든 신자가 최소한 일 년에 한 번은 개인적으로 고해해야 한다고 공표했다. 중세 사람들은 고해 때문에 '모두 제 탓입니다', '제 영혼에 평화와 구원을 가져오려면 제가 생각으로 죄를 범하고 있음을 인정해야 합니다' 등 언제나 '저'라는 말을 사용해야 했다. 이 말은 내면의 자아에 초점을 맞추고 새로운 주관적 자기이해와 서구 정신의 개인화를 불러왔다.

15세기 회화에서 볼 수 있는 원근법은 세상을 새롭게 보고 인지하는 방법이었다. 새로운 선형적 시간 개념은 개인이 현재의 시선으로 바라보는 사물의 모습이 항상 똑같지 않다는 점을 깨닫게 해주고, 미래가 종말론에 따른 멸망이나 심판의 날을 뜻할 필요가 없으며, 오히려 지구상에서 물질적이고 정신적인 행복을 더 크게 누릴 수도 있음을 깨닫게 해주었다. 이런 생각은 역사 및 개인의 발달에 대한 중세인의 생각과는 달랐고, 낭만주의와 철학자 헤겔Hegel의 등장과

더불어 영향력을 행사했다. 하지만 선형적 시간에는 진보와 발전 개념이 내재한다. 역설적인 이야기지만 근대적인 것은 대부분 사고와 존재의 방식과 관련된 것으로 그리스도교의 산물이다. 비록 자기고백과 죄의식의 형태라 하더라도 개인의 영혼, 자기인식에 대한 집중과 선형적 시간 인식 모두 그리스도교에서 비롯했다.

중세에 이르러 개인적이고 사적인 죄의 개념이 서구 문화의 핵심 관념이 되었다. 서구 문화는 그리스와 노르웨이와 아랍이 그러했듯 수치의 문화가 아니라 자책의 문화였다. 집단적 자책은 서구의 법 체계에 속하지 않고 책임과 도덕성, 고결성에 대한 서구인의 사고방식은 모두 중세 그리스도교에서 비롯했다. 자책은 그리스도교에서 죄라고 부르는 것의 세속적이고 일상화된 변형이다. 그리스도교에서는 모든 죄를 인정하고 고백해야 하기 때문에 이 점이 자기인식 과정에 엄청난 부담으로 작용한다. 자기인식은 아벨라르 윤리학을 대변하는 표현인 '너 자신을 알라'에 잘 표현되었듯 윤리학의 일부로 편입된다. 신은 모든 것을 지켜본다. 우리는 동료 인간이나 세속의 권력, 법률 체계를 우롱할 수는 있어도 신이나 우리 자신을 우롱하지는 못한다(프로이트에 따르면 자아 인식의 욕구가 지나치게 크면 그럴 수도 있다).

역사가 변화하는 데는 대개 오랜 시간이 걸린다. 특히 인간 정신의 변화는 더 그렇다. 마치 오랜 잠복기를 거치는 질병과 같다. 몸에 병원체가 들어오면 시간이 무르익어 적절한 조건이 형성되기를 기다려야 한다. 르네상스 시기도 그랬다. 중세 전성기에 모인 힘이 문화의 모든 수준에서 다각적이고 당당한 형태로 드러났다. 내면을 향했던 중세의 에너지가 내부 폭발의 한계에 이르러 바깥으로 분출되기 시작한 것이다. 모든 것이 뒤집어졌다. 그리스도교적 의미에서 보면 장기간에 걸친 영혼의 분열과 해체를 가져왔다.

해부학 연구의 결과로 육체와 뇌를 새롭게 이해하게 되었지만, 르네상스는 마음을 이해하도록 도왔다. 르네상스는 마음에 대한 새로운 이해의 문을 열었다. 인간 육체의 해부를 동반한 해부학은 과학혁명의 선도 분야가 되었는데, 초기의 해부학적 통찰은 육체와 영혼의 이원론을 해결하기보다는 육체와 영혼의 대립을 키웠다.

데카르트, 육체와 영혼의 이원론

플라톤 이후 인간관은 영혼 아니면 육체에서 출발했다. 더욱이 이성을 겸비한 영혼을 자신의 출발점으로 삼으면 이원론자이고, 육체를 출발점으로 삼으면 이원론자가 아닌 듯 보였다. 이런 현상은 르네상스에도 적용되는데, 주요 대변인으로 두 사람을 들 수 있다. 한 사람은 철학자 르네 데카르트René Descartes, 1596~1650이고, 또 한 사람은 육체 지향적 문필가 미셸 드 몽테뉴 다. 전자는 이원론자였고 후자는 아니었다. 데카르트는 사상사 관점에서 '승리' 했다고 볼 수 있는 철학

적 경향을 대표하고, 몽테뉴는 이중의 의미에서 지성 역사의 저류를 대표한다. 몽테뉴로 이어지는 계보는 호메로스를 비롯하여 빈털털이로 산 냉소적인 디오게네스Diogenes, 중세의 카니발 문화, 최초의 단편 작가 조반니 보카치오Giovanni Boccaccio, 르네상스 시대의 그로테스크한 사실주의자 프랑수아 라블레François Rabelais를 거쳐 내려온다.

이원론을 분석하려면 영혼과 마음의 밀접한 연관성부터 따져봐야 한다. 이때 영혼은 통상 살아 있는 인간에게 존재한다고 여긴다. 하지만 당시 유행하던 믿음에 따르면 인간이 죽으면 영혼은 다른 세상, 즉 피와 살로 이루어진 물질세계 너머에 존재하는 곳에 가고자 육체를 떠난다. 이렇게 두 세계가 있다는 관념은 서구 문화를 움직이는 이원론과 관련하여 그리스도교의 기본 바탕이었다. 그리스도교는 이승과 내세, 영혼과 육체의 이원론, 상징적 절대자인 '신'과 '악마'로 대표되는 선과 악의 이원론을 수립했다. 근본주의자들의 악에 대한 이해는 신의 이름으로 더 많은 악을 초래하는 결과를 낳았다. 서구인은 갖가지 유형의 이원론으로 인해 사상사뿐만 아니라 정치, 교육, 존재의 윤리학 등에서 여러 딜레마에 빠졌다. 지금도 이원론은 심각한 과제다. 비록 오늘날 이원론을 이론적으로나 철학적으로 방어하는 사람은 없지만 이원론적 사고 유형은 여전히 의학, 과학, 기술 분야에 강력한 영향을 미치고 있다.

1967년에 크리스티안 바너드* 박사가 심장 이식 수술에 성공하면서 이제 사람의 심장 이식이 가능해졌는데, 이는 오

크리스티안 바너드 Christiaan Barnard, 세계 최초로 사람을 대상으로 심장 이식 수술에 성공한 남아프리카공화국 의사.

늘날 현대인이 심장에 대해 가지는 의식을 보여준다. 다른 사람에게 심장을 이식하면 인간의 영혼이 심장에 존재한다고 말하기 어렵다. 현대인은 이제 심장이 육체에 피를 공급하는 기관이라는 사실을 알게 되었는데, 이는 감정의 심장을 현대인이 어떻게 생각하는지 알려준다. 과학혁명과 르네상스가 인간의 자아 개념을 장악한 뒤에도 이원론이 오랫동안 살아남은 것은 서구 문화가 가지는 커다란 역설 가운데 하나다. 이런 역설은 어떤 대상을 '정의' 하는 언어의 힘과 관계있고 그에 맞서는 새로운 정의와 이미지를 수립하는 일과 관계있다. 의학 역사에서의 심장이 좋은 예다.

르네상스 시대에 들어서 갈릴레오Galileo의 천문학이 이원론을 과학적으로 뒷받침했고, 아이작 뉴턴Isaac Newton의 이론에 바탕을 둔 데카르트와 그 뒤를 이은 칸트는 이원론을 철학적으로 정당화한다. 이런 측면에서 볼 때 데카르트는 중요한 인물이다. 데카르트는 과학혁명이 일어난 뒤에도 이원론을 버리지 않고 과학적으로나 철학적으로 타당하게 설명함으로써 그리스도교와 새로운 과학을 조화시키려 했다. 그는 그리스도교와의 접목을 통해 이원론에 새로운 생명을 불어넣었다. 데카르트는 자연과학과 종교를 구별했다. 그는 인간의 생각하는 능력(생각하는 실체res cogitans)과 영혼을 연결함으로써 영혼과 육체를 근본적으로 다르게 보았고, 이때 육체는 자연이자 물질(물질적인 실체res extensa)로서 과학으로만 이해된다고 보았다.

이 같은 구별은 데카르트의 육체관에 잘 드러나는데, 그는 육체를

'기계시계' 로 인식했다. 구체적인 육체가 열등해져 기계적인 물질로 축소되면 생각은 순수한 추상으로 치닫는다. 따라서 데카르트는 "나는 생각한다, 고로 나는 존재한다Cogito ergo sum."고 말하면서 현대의 주체는 자의식과 이성적으로 성찰하는 능력을 지닌다고 정의했다. 이는 서구인의 자아 이미지에 커다란 전환점을 가져오면서 현대인에게 깊은 영향을 미쳤다. 이 전환점을 계기로 의식과 자의식 같은 단어뿐만 아니라 다양한 형태로 과잉된 자아에 초점을 맞추는 현상이 발생했다. 1689년에 영국 철학자 존 로크John Locke가 현대적 의미의 이성을 처음 언급했고, 데카르트 이후의 철학적 전통은 모두 이성적인 자의식을 갖추는 일을 인간의 이상으로 다뤄야 했다. 이는 현대 서구인이 세상을 내면에서 바라보기 시작했다는 사실을 알려준다.

그러나 데카르트 자신은 육체와 영혼, 주체와 객체, 의식과 물질의 이원론에 있어서 애매한 입장을 취했다. 데카르트 자신의 이원론에 상반되게, 뇌의 작은 관(송과선)을 통해 육체와 의식의 상호작용을 실제로 볼 수 있다고 주장함으로써 사상사에 커다란 호기심을 불러일으켰다. 현대 이성의 자의식적 주체의 아버지가 1649년에 《영혼의 열정Les passions de l' Ame》과 같은 작품을 남긴 현대 주정주의主情主義의 아버지이기도 하다는 점은 참으로 역설적이다. 데카르트의 이 책 제목은 이원론의 딜레마를 드러내기 때문에 그 자체로도 연구 대상이 된다. '영혼의 열정' 은 비이성적인 것을 통해 이성적인 영혼에 활

력을 부여한다는 인상을 준다. 결과적으로 이성은 영혼으로 하여금 비이성적 감각을 수동적으로 수용하도록 만드는 감정에 반하도록 한다.

열정, 즉 감정에 대한 데카르트의 분류에서 심장은 중요하지 않다. 데카르트가 해석하는 열정은 이성적인 영혼에 속하기 때문이다. 그는 심장이 육체뿐만 아니라 뇌의 온기 유지에 필요한 열을 생성하는 생리학적 열 발생기라고 주장한다. 데카르트가 정중한 표현을 써서 "혈액 순환에 대한 하비의 견해"라고 언급하기는 했지만, 심장에 대한 데카르트의 견해는 여전히 갈레노스에 기대는 측면이 있다. 그래서 데카르트는 이렇게 단언한다.

> 살아 있는 동안 인간의 심장에는 열이 지속적으로 발생하고, 이 열은 정맥혈이 심장 안에 지피는 일종의 불이다. 그리고 이 불은 인간이 하는 모든 신체 움직임의 원리로 작용한다. …피를 움직여 모든 동맥과 혈관으로 매우 빠르게 끊임없이 흐르도록 하는 것이 바로 이 열이다. 심장에서 생성된 열은 동맥과 혈관에 의해 육체의 각 부분으로 전달되어 그것들의 생명 유지 수단으로 작용한다.[1]

정신적 감정은 영혼에 속하기 때문에 영혼(이성적 의식)이 없는 동물에게는 정신적 감동이 없다. 그러므로 동물은 살아 있어도 해부할 수 있다. 즐거움과 마찬가지로 고통도 영혼을 가진 존재만이 경험할

수 있기 때문이다. 다른 감각과 감정은 육체의 '동물적 정신' 에서 비롯하여 실제적으로(기계적으로) 작용하지만 정신적으로 인지되는 경우에만 의미가 있다. 이원론의 딜레마는 데카르트가 주장한 심장과 뇌의 관계를 통해 설명된다. 데카르트는 뇌에 위치한 관을 일컬어 "영혼은 육체의 다른 부위를 통틀어 이 관 외에는 다른 곳에 있지 못한다."고 말하면서 여기에 영혼의 생각하는 능력이 깃들어 있다고 주장했다. 데카르트의 이런 생각은 뇌가 육체에서 아주 큰 비중을 차지하던 르네상스 시대의 해부학과 맥을 같이한다.

데카르트 이후로는 감정과 생각을 분명히 구별하지 않는다. 데카르트가 추론 능력이 있다고 생각한 영혼은 과거에는 전통적으로 심장에 존재한다고 여겼고 그렇게 해서 감정적 삶에 통합되었다. 데카르트보다 나이는 어리지만 동시대에 활동한 파스칼은 다음과 같은 유명한 말을 남겼다. "심장은 이성이 모르는 제 나름의 논리를 가지고 있다." 어쨌거나 파스칼은 신을 아는 능력을 심장에 부여한 심장신학의 대변인이었다. 그러나 데카르트는 영혼이 심장에서 열정을 제공받는다고 여기는 사람들의 견해는 고려할 가치가 없다고 잘라 말했다. 그는 "뇌에서 심장으로 내려가는 작은 신경의 중개를 통해서만 심장이 열정을 느낀다는 사실을 쉽게 관찰할 수 있다."[2]고 주장했는데, 이 주장을 의학적으로 판단해보면 데카르트는 시대를 한참 앞서나간 인물이었다. 그러나 루터는 이성이 합리주의자들의 주장처럼 차가운 것이 아니라 뜨겁다고 강조했고, 이는 파스칼과 같은 입장이었다.

오늘날 관점에서 볼 때 이성의 사용과 의식적 선택을 영혼과 연결한 점은 데카르트 영혼관에서 중요한 부분이다. 데카르트 학파 이전에는 영혼을 심장과 거의 동일하게 실체가 있는 것으로 보았다. 그럼에도 영혼은 신체 장기가 아니라 인간의 사고와 의식, 태도와 행동의 결과물인 고결한 인격의 표현이다. 이런 요소들이 결합하여 이론과 실제가 조화를 이룬 고결성을 형성할 때 인간은 비로소 도덕적 · 개인적으로 온전한 존재가 된다. 심장에 전해지는 고통은 인간이 가장 심오한 사고와 태도로 살아갈 때 경험하게 될 고결성에 흠집을 낸다. 따라서 데카르트가 영혼과 의식적인 생각을 연결한 것은 옳았다. 영혼은 인간이 책임져야 할 인간의 산물이기 때문이다. 생각하는 능력을 주체의 모험이자 한 개인 존재의 기본으로 생각하고 여기에 집중하면 은연중에 '스스로 생각하는' 능력을 사용하려는 욕구가 나타난다. '스스로 생각하라!' 고 호소했던 데카르트는 많은 나라에서 이례적일 만큼 창의력이 분출되던 르네상스를 대표하는 반권위주의자에 속했다.

데카르트는 여러 방면에서 혼란을 수습하여 제자리를 찾아주는 역할을 맡았다. 그는 중세 전성기와 르네상스 시대에 일어난 변화들을 인식론적이고도 방법론적으로 설명해주었다. 조반니 피코 델라 미란돌라• 와 몽테뉴는 데카르트와는 다른 분야에서 활약했지만, 르네상스 시대에 그리스도교 교

조반니 피코 델라 미란돌라
Giovanni Pico della Mirandola, 1463~1494, 이탈리아의 인문주의자 · 철학자. 신플라톤주의와 중세 신학의 조화를 꾀했으며 르네상스의 새로운 인간관과 세계관을 제시했다.

리에서 벗어나 현대의 인간상을 수립하는 데 공헌한 인물들이다. 오늘날 관점에서는 두 사람 모두 중요하다. 그들은 르네상스 시대가 낳은 자기표현 전통의 중요한 대변인이기 때문이다.

11장

몽테뉴: 정신이 깃든 심장

얼굴에 분을 바르는 일은 정말 나쁘다.
마음에도 분을 바르지 않는다면.
– 몽테뉴

인간의 불안정성에 대한 소피스트의 이론도 르네상스 시대에 부흥을 누렸다. 특히 자수성가형 인간에 대한 예찬에서 절정을 이루었다. 가톨릭교회가 수호했던 지구 중심 세계관이 붕괴하자 신 중심 인간관도 붕괴했고, 인간 중심의 세계에서 인간 스스로 창조자가 되었다. 이는 피코 델라 미란돌라가 교황의 비난을 받았던 자신의 유명한 연설문에서 주장한 내용이기도 했다. 그는《인간의 존엄성에 대한 연설De hominis dignitate oratio》에서 자기 본모습대로 자신을 창조하는 일에 대해 이야기했다. 르네상스 시대의 기술자가 기술을 발전시켜 외부 자연을 개량했듯이 인간도 자신의 본질을 개량해야 한다. 피코는 비록 신이 인간을 창조하기는 했지만 어떤 특별한 형태나 기

능 없이, 또 세상의 특정 지역을 지정하지 않은 미결정의 상태로 창조했다고 밝혔다. 또한 인간은 자신에게 주어진 자유의지를 사용하여 스스로 자신의 본질을 결정할 수 있고 그 무엇도 이를 막을 수 없다고 주장했다.

몽테뉴는 피코와 나란히 소피스트의 발자취를 따라가며 자기표현이라는 르네상스 전통을 지켰다. 여기서 몽테뉴가 중요한 까닭은 신학과 이론이라는 폐쇄된 체계에 갇히지 않은 채 인간의 본질에 대해 사유했기 때문이다. 그는 신학과 이론 대신에 개인의 경험, 특히 육체로 겪는 경험과 고대의 기록에 의존했다. 고대 또한 인간이 자신의 본성을 신뢰할 때 발견한 것을 출발점으로 삼았기 때문이다.

몽테뉴는 대단히 르네상스적인 인물로 현대적 주체의 창시자라는 칭호를 놓고 데카르트와 경쟁할 정도다. 하지만 그는 1580년과 1588년에 세 권짜리 《수상록Essais》을 출간함으로써 에세이 장르에서는 독보적인 위치를 차지했다. 몽테뉴는 형식과 내용이 하나라는 점을 처음으로 인식한 사람 가운데 하나다. 그의 인간관과 저술 방식은 밀접한 관련이 있다. 내용이 형식 이전에 주어진 것도 아니고 형식과는 독립적으로 날 때부터 정해진 것도 아니라는 그의 주장은 인간이 주어진 존재라는 믿음에 치명적인 타격을 주었다.

'에세이'라는 장르 이름은 몽테뉴의 자기성찰 방법에서 비롯했다. 몽테뉴는 글을 쓸 때 즉각적인 생각과 가능성과 우연에 자신을 맡김으로써 자유로운 연상을 따라 생각이 흐르도록 놔두었다. 이는 몽테뉴의 새로운 '시도(프랑스어로 에세essai)'였다. 몽테뉴는 에세이를 통해 자신의 모습을 찾고자 했다. "이것은 결코 획득한 것이 아니라 순수하게 내가 가진 본연의 능력을 내보이는 것이다. …그것이 곧 내 상상력인데, 이를 통해 사물이 아니라 나 자신에 대한 지식을 전하고자 한다."[1] 이처럼 유연한 몽테뉴의 실험 원칙은 데카르트와 칸트의 의례적인 방법론과는 다른 인간관을 제시한다.

몽테뉴가 자신의 참모습을 발견하고자 시도하면서 이루어낸 이례적인 발견은 에세이를 통해 한 인간으로서 자신의 모습을 형성하는 가운데 자신의 인식을 체계화한 점이다. 저술과 그 결과물이 작가를 만들어낸 셈이다. 사람들은 몽테뉴가 인간에 대한 고전적 개념을 가지고 에세이를 통한 자기발견의 과제를 시작했다고 말한다. 인간 존재는 애초부터 본질이 정해져 있기에 개념 정의와 언어적 설명을 통해 이해될 수 있다는 것이다. 그러나 몽테뉴는 인간 본질에 대한 적절한 언어 표현을 찾았다고 생각할 때마다 실제 구체화 과정에서 표현이 손가락 사이로 빠져나간다는 사실을 깨달았다. 따라서 그는 자신이 파악한 인간의 모습을 표현하지 못했다. 언어적 정의는 그 안에 이미 대립항을 내포하고 있기 때문에 인간에게 있어서 정의될 수 없는 것을 드러내준다. 존재는 고정된 것에서 벗어나려는 움직임이자 변화이며 "움직임과 행동으로 구성"[2]된다. "우리의 삶은 움직임이다."[3] 《움직이는 몽테뉴Montaigne en Mouvement》[4]의 저자 장 스타로뱅스키Jean Starobinski에 따르면 모든 것이 움직임이라는 설은 몽테뉴가 추구한 새로운 정체성의 근간이었다. 인간적인 모든 것 안에 움직임이 존재한다는 이야기는 모든 것이 '변형의 법칙'에 따라 변화함을 뜻한다. 몽테뉴는 이런 생각과 관련된 개인의 불안정성을 피하기 위해 에세이를 썼다. 그는 글을 통해, 살아가면서 파악하기 어려운 것을 종이에 풀어놓고 상반되는 개념을 동적인 패턴으로 조화시켰다. 어쨌든 몽테뉴는 이것이 출발점이라 믿었다.

인간에 속한 모든 것의 끊임없는 움직임은 일정불변의 것을 파괴하기 때문에, 몽테뉴는 좋든 나쁘든 습관이 가장 안정된 것이라는 결론에 이르렀다. 습관은 상반되는 충동을 맞닥뜨렸을 때 변덕 심한 마음의 균형을 잡아준다. 그러나 습관은 상대적인데다 문화적으로 결정되기 때문에 인간의 감정 반응과 개성을 규제하는 고정된 규범이 되지 못한다. 실천과 분별 있는 사고에 의해 습관이 인간 본성의 필수불가결한 요소가 될 때까지는 말이다. 몽테뉴는 자신이 이상적 인물로 여기고 죽음을 맞이하는 순간에도 평정심을 잃지 않았던 소크라테스와 소小카토•에게서 이런 생각을 이끌어냈다. "우리는 두 사람의 영혼에서 목격한다. …미덕이 완벽하게 자리잡아 그들의 본성으로 스며들어간 사실을."[5] 거듭 시도하며 발달시킨 습관과 미덕은 영혼의 본질이 된다. 몽테뉴는 이렇듯 습관과 사회 법칙, 법률을 강조하면서 전혀 예상 밖의 일은 아니지만 소피즘•에서 발견한 인간관으로 돌아온다. 고대의 소피즘은 우주적이고 자연적인 것(피시스•)에 맞

소小카토
Cato, 기원전 95~기원전 46, 로마의 정치가. 대大카토의 증손자로 스토아 철학을 신봉했으며, 공화정을 옹호하여 카이사르와 싸우다 패하자 자살했다.

소피즘
Sophism, 고대 그리스의 궤변파 철학.

피시스
physis, 그리스 철학에서 자연 자체나 자연의 힘, 사물의 본성을 이르는 말.

서 구축된 것, 이를테면 문화와 관계있는 것을 옹호했다. 실용주의자인 몽테뉴는 소피스트의 상대주의를 방어하는 수단으로 식별력과 판단력을 강조했다.

인간의 본성은 겉보기에만 한결같은 것으로 나타났다. 몽테뉴가 자연적인 것에 접근할 때마다 그것은 이미 형성되었거나, 순수한 인간 본성이 존재하지 않는다는 점이 드러났기 때문이다. 몽테뉴는 인간 안에서 어떤 종류의 우주적 본질도 찾기 어렵다는 결론을 내렸다. 그리고 역설적으로 인간은 자연, 이를테면 동물에게 배워야 한다고 주장했다. 인간의 지나친 추론과 숙고로 자연은 왜곡되고 변화를 겪으며 개인 안에서 구체화되고, 자연 자체의 변화하지 않는 보편적인 모습을 잃는다. "인간의 뛰어난 이성이 아무 곳에나 끼어들고 그 자만심과 모순에 따라 사물의 양상을 지배하고 명령하며, 엉망진창으로 만들고 혼란을 준다. 이제 우리 것은 아무것도 없다. 내가 우리 것이라 부르는 것은 예술작품이다."[6] 몽테뉴는 키케로•의 말을 인용하면서 결론을 내렸다. 인간은 이성을 통해 보편적 실재를 부인하고 자연이 준 것을 조작한다. 그렇기에 이성은 인간에게 고유한 것이 된다.

키케로
Cicero. 로마 최고의 문인이자 정치가, 웅변가.

몽테뉴는 의식적인 이성과 의지라는 인간이 지닌 제2의 본성은 진실하지 않고 단순히 겉모습에 지나지 않는다고 강조했다. 또한 그는 이런 겉모습이 변질되거나 참되지 못한 실체가 아니라 사실상 인간의 진정한 본성임을 주장한 서구인 가운데 하나다. 몽테뉴의 이런 사상은 니체의 등장을 예견한다. 가면은 얼굴이다. 개인이 자신의 형상을 발견했다고 여기는 순간 형상은 스스로를 배반하면서 단순한 겉모습에 지나지 않게 된다는 점은 인간 형성 과정에서 어찌하지 못할 역설이다. 이는 언어로 이루어지는 인식 과정에서 더 분명히 나타나는데, 몽테뉴는 이를 가장 근본적인 인간 형성 과정으로 보았다. 인간이 자신의 모습을 결정하고 정의하는 순간 인간은 인간 자신의 작품이 된다. 그러나 그것은 표면상의 작품에 불과하다. 모든 작품은 인위적인 동시에 다른 작품으로 대체될 수 있다. "내가 주로 묘사하는 것은 내 생각, 즉 행동으로 표현되지 않는 무형의 주제다. 언어라는 무형의 수단으로 내 생각을 나타내는 일이 내가 할 수 있는 전부다."[7] 인간은 언어로 전달되는 작품을 통해서만 진실할 뿐이다. 하지만 언어를 구사하는 존재로서 인간은 모호해지고 자기가 사용하는 표현과 충돌한다. 인간은 의사소통을 통해 일관성 있는 존재로서의 자신을 위태롭게 만든다. 하지만 인간은 작품을 창조하고 작품을 통해, 작품 안에서만 자신을 보여줄 수 있기 때문에 달리 선택할 대안이 없다. 몽테뉴의 에세이가 하나의 문학 장르 이상인 까닭이 바로 여기에 있다.

몽테뉴는 이런 불안정성에 대항하기 위해 양육과 교육을 강조했다. 개인의 형성은 부모의 양육을 통해 어린 시절에 처음 이루어진다. 몽테뉴는 자식에 대한 부모의 사랑에 초점을 맞췄다. 아이들은 생물학적으로나 문화적으로 부모의 작품이다. 몽테뉴는 전혀 냉소

적이지 않으면서 감상에 빠지지도 않는 현실적 태도를 유지하면서 제대로 기른 자녀에 대한 부모의 사랑을 자신의 예술작품에 대한 예술가의 사랑에 비유했다. 몽테뉴는 인간은 자기 자신의 작품이라는 놀랍도록 현대적인 결론을 내렸다. "그렇기 때문에 각자는 어느 정도 자신의 작품 안에 존재한다."[8] 인간에게 주어진 생의 과제는 자신을 하나의 예술작품으로 만드는 일이다. "나는 내 삶을 만들어가는 데 모든 노력을 기울인다. 그것이 내가 할 일이다."[9] 몽테뉴의 이런 사상은 니체의 급진적인 자기창조 이론과 요한 고트프리트 폰 헤르더●와 낭만주의 표현설의 등장을 예견한다.

요한 고트프리트 폰 헤르더
Johann Gottfried von Herder, 18세기 독일의 철학자. 합리주의를 비판하고 자연과 역사의 발전 안에서 신神을 직관하는 입장을 취했다. 인간의 역사는 인도주의 이념의 실현 과정이라고 주장하여 이후 독일의 역사철학, 특히 괴테에게 큰 영향을 끼쳤다.

전통적인 인간관과 존재 내면의 핵심에 대한 믿음을 비교해보면 몽테뉴의 발견은 빈약하다. 그가 끊임없이 응시한 내면의 핵심은 비어 있다. 인식자와 인식 대상의 결핍 때문이다. 따라서 내면 공간의 중심에는 아무것도 없다. 몽테뉴는 자신이 응시한 내면 공간에서 무엇을 발견했는지 결코 말하지 않았다. 진정한 자아라면 자신의 수고를 통해 이르게 되는 그 이상의 것을 철회했다. 그는 모든 객관화에 저항하면서 이렇게 주장했다. "나는 자신과 더 많이 교제하면서 스스로를 알아가는데, 그럴수록 나의 기형에 놀라고 나 자신을 더 이해하기 어려워진다."[10] 우리는 여기서 옛사람과 현대인 사이에 가로놓인 거리를 본다. 몽테뉴는 자아를 자신 안에 존재하지만 정의하기 어려운 어떤 의미로 존재하지는 않는

다고 보았다. 인간은 현실과 언어가 씌우는 여러 가면에 좌지우지되는 듯하다. 진정한 자아에 대한 배신은 도처에 존재한다. 가면을 벗기면 새 가면이 생겨난다. 여기서 몽테뉴의 불안정한 개인에게 안정성과 개성을 제공하는 것은 육체이고 세속의 것이다.

육체의 글과 글의 육체

놀랍게도 몽테뉴는 물리적 육체를 비난하는 중세 그리스도교의 영향을 거의 받지 않은 것처럼 보인다. 그는 육체의 모델을 고대 문화와 그리스 및 로마 문화에서 일부 찾았다. 그는 자신에 대해 특히 자신의 여러 신체적 고통에 대해 글을 써서 신체 개념을 발전시켰다. 그는 과도한 건강 염려증과 자기도취 증세를 보이기도 했지만 자신의 질병과 허약한 육체에 대해 당황스러울 만큼 개인적이지 않은 보기 드문 글쓰기를 보여주었다. 이 능력은 그의 현상학적인 견해와 관계있는데, 자신의 육체 부위와 육체 자체의 경험에 목소리를 실었고 이 목소리는 개인의 사적인 목소리를 뛰어넘었다. 몽테뉴가 육체에 접근한 방법은 자신의 문학적이고도 과학적인 방법을 직접 예시해 보였고 동시대 의학과 첨예하게 달랐다. 몽테뉴의 과학관은 그의 가장 긴 에세이 〈레몽 세봉을 위한 변명Apologie de Raymond Sebond〉에 드러나 있다. 몽테뉴는 육체가 곧 자신이자 개인이고, 개인은 결코 일반

적이거나 보편적일 수 없다고 주장했다. 그는 자연과학의 보편법칙이 적용되는 일반적인 것에 대해 이야기하지 않고 언제나 '나의 육체'에 대해 이야기했다. 개인은 자신의 육체를 아는 유일한 존재다. 육체는 개성과 개인의 정체성이다. 그리고 육체의 어느 부위도 다른 부위보다 열등하거나 가치가 떨어지지 않는다. 인간 육체의 각 부위는 동일하게 인간 모습 그대로를 형성한다. 몽테뉴의 이런 육체관은 육체에 대한 니체의 철학과 육체가 인지 능력을 가졌다는 점을 강조한 20세기 철학적 인간학의 등장을 예견한다.

몽테뉴는 자신을 아는 일, 육체적 존재로서 자신을 아는 일에 진정한 목표를 두었다. 고전 형이상학적 이상(정신)이 고전적으로 육체적인 것, 즉 세속적인 것으로 바뀐 셈이다. "나는 무엇보다도 나 자신을 연구한다. 즉 나의 형이상학과 나의 물리학을 연구한다."[11] 물리학은 형이상학이 되고 반대 경우도 마찬가지다. 육체의 우주는 축소된 대우주다. 따라서 세상을 인식하는 일은 육체를 감각하고 육체를 통해 감각하는 일과 같다. 인간이 감각을 통해 자신의 육체에 대해 알기 전까지는 세상을 아는 것이 아니다. 그런데 철학자와 과학자는 추상적인 추론을 내세워 감각을 잘못 표현하는 경우가 많다. 몽테뉴는 관점을 능력 및 사실적 지식에서 감각으로 이동하고, 추상에서 구체 및 감각으로 이동했다. 데카르트로 하여금 "나는 생각한다, 고로 나는 존재한다."라고 말하도록 자극한 것은 아마도 몽테뉴에게서 은연중에 드러나는 "나는 감각한다, 고로 나는 존재한다."라는 사고였을 것이다. 몽테뉴는 이성적인 추론이 감각적인 감정에 종속된다고 보았고 일반 개념이 아닌 진정한 감각 인상을 바탕으로 자신을 평가했다. 그는 정신적인 것(정신의 능력)을 자신이 가장 잘 아는 육체적인 것과 분리하려 하지 않았다. "육체의 건강에 대해 나보다 더 유용한 경험을 제공할 이는 드물 것이다. 나는 육체의 건강을 예술이나 이론화로 더럽히거나 바꾸지 않고 순수한 형태로 제시한다."[12]

몽테뉴는 육체를 인식론과 인간학 측면에서뿐만 아니라 심미적으로도 높이 평가했다. 그는 육체에서 심리 측면을 제거한 현대 과학과 달리 인간의 자기인식과 결단에 작용하는 육체의 시적 기능을 육체에 돌려주려 했다. 감각적인 육체는 인간으로 하여금 자신의 감정과 사고를 표현하게 해주는 형이상학적 보고다. 기본적으로 몽테뉴의 저술 활동은 대칭적 통합 공식으로 요약된다. 에세이풍의 변형을 거치면서 육체의 글이 글의 육체로 다시 태어나는 셈이다. 육체를 표현하는 일은 곧 진정한 원천으로 돌아가는 일이다. 몽테뉴에 대한 스타로뱅스키의 생각에 따르면 육체를 통해 많은 것을, 표현 가능한 모든 것을 표현할 수 있기 때문이다.

그러나 육체를 통해 모든 것을 표현하기는 어렵다. 몽테뉴의 '에세이'는 모두 자기 육체에 대한 투영과 스케치이자 육체적 인식의 박리와 배설로 읽힌다. 그는 배설의 형이상학에 있어서 라블레 숭배자라 할 만하다. "좀더 점잖게 말해서 너는 단단하고 유동적이며, 언

제나 소화되지 않는, 늙은 정신의 배설물을 담고 있다."[13] 육체의 배설물은 지성이 받쳐주지 않는다면 그가 에세이에서 표현했듯이 매력적인 형태를 취하지 못할 것이다. 이런 이유로 몽테뉴는 육체와 정신의 상호작용을 찬양하면서 둘을 동시에 다룰 필요가 있다고 강조한다. 또한 몽테뉴는 "우리는 살아 있는 사람을 분리하는 잘못을 저지르고 있다."[14]고 말하면서 이원론을 거부한다. 실존적 차원뿐만 아니라 인학 차원에서도 복합적인 모든 삶이 육체와 정신의 상호작용을 바탕으로 한다는 점이 몽테뉴 작품에서 가장 매력적인 요소 가운데 하나다.

인간의 감정이 깃들어 있는 육체와 움직임을 언급하지 않고서 인간의 감정에 대해 이야기하기는 어려울 것이다. 기술적으로 말해서 감정은 인간이 감정을 표현하기 위해 사용하는 이미지다. 이 이미지는 일부가 전체를 대표하거나 호메로스의 인물이 보여주었듯 육체의 어느 한 부위가 전체를 대표하는 등 이미지의 한 유형인 환유로 표현되는 경우가 많다. 그것이 바로 심장이 하는 일이다. 몽테뉴는 육체를 표현하기 위해 사용하는 단어와 이미지가 육체와 그 감각 및 감정에 영향을 미친다고 주장했는데, 이는 몽테뉴의 탁월한 발견 가운데 하나다. 육체의 언어를 통해 언어가 육체를 획득할 때, 언어는 육체에 영향을 미치면서 육체가 거할 수 있고 표현할 수 있는 감정을 형성한다. 언어, 특히 예술의 언어는 육체와 관련된 감정을 발산하고, 새로운 언어적 움직임을 통해 개념과 이미지를 파악하고 통제하며 형성하도록 육체를 움직인다. 이를 편의상 변증법이라 불러도 좋고 상호작용이라 불러도 좋다. 언어와 감정은 계속 변하면서 흐르는 물길과 같다. 이미지는 감정이 유동적인 만큼이나 여러 가지 뜻을 가진다. 하지만 마음의 언어와 언어의 마음 사이의 상호작용은 일정하다.

그러나 이것이 전부는 아니다. 육체는 언어와 감정보다 더 근본적이다. 육체는 언어보다 앞선다. 육체는 인간 모두가 공유하는 것이다. 인간은 모두 육체적 존재이고 감각을 통해 세상을 경험한다. 인간은 서로를 육체로 만나고 육체로 경험한다. 육체는 항상 인간에 대해 예견하고 인간의 모습을 그대로 드러낸다. 이는 언어에서 말이 맡는 역할과 같다. 말은 항상 목소리를 갖고 있고 말의 분위기는 비유적 의미는 물론 문학적 의미를 채색한다.

에로스와 타나토스•:《아르스 모리엔디》•

타나토스
Thanatos, 그리스 신화에서 죽음을 의인화한 신으로, 흔히 죽음의 본능을 가리키는 말로 쓰인다.

《아르스 모리엔디》
Ars Moriendi, '죽는 방법'이라는 뜻의 책자로, 저자로 알려진 이는 크라카우의 마태 주교다. 목판본인데 네덜란드어판과 독일어판이 있다고 한다. 이 책은 사람이 죽음에 임하여 선악의 망념을 끊고 안심하고 세상을 떠나가는 방법을 깨닫게 하는 데 목적을 둔다.

언어를 통해 육체적 열정과 성적 특질에 어떻게 대처할 것인지는 몽테뉴의 최대 과제였던 듯하다. 성적 자극을 언어로 표현하는 일은 결코 쉽지 않다. 성적 자극이 이성을 초월하는 자연적 힘이기도 하지만 전통적으로 문화에서 금기시하는 주제이기 때문이다. 몽테뉴는 이런 금기를 깨면서 사람들

이 생각은 하되 결코 입에 담지 않는 말을 솔직히 털어놓았다. 특히 《수상록》 제3권 5장 〈베르길리우스의 에로틱한 시에 대해〉라는 에세이가 눈에 띈다. 여기서 몽테뉴는 성에 대해 생생하게 쓰고 말한다. 이는 무엇보다 병들고 늙은(그는 당시 사십대였다!) 남성의 에로틱한 불길이, 그의 표현대로, 냉기로 꺼져가는 데 대한 반작용이었다. 그러나 꺼져가는 불길은 이 에세이 몇몇 부분에서 다시 불타올랐다. 이는 회상이기도 하고, 삶이 제공하는 최대 쾌락을 상실하는 일에 대한 반항이기도 하며, 삶을 지탱하는 힘을 마지막으로 직접 경험해보고자 하는 희망이기도 했다.

말과 행동 사이에서 갈등하던 몽테뉴에게는 에로틱한 갈망 또한 언어적 딜레마가 되었다. 무엇보다도 언어는 한때 절정에 이른 에로틱한 사랑의 상실을 위로하기에는 변변찮은 수단이다. 그러나 인간이 사용하는 이 변변찮은 위로의 수단은, 귀족을 거치면서 사랑을 여는 열쇠로 변화한다. 성 그 자체가 언어이기 때문이다. 몽테뉴는 성을 금서禁書에 비유하면서 금지되었기 때문에 더욱 매력적이라고 주장했다. 사람들은 금서를 소유하고 읽고 싶어 한다. 사랑은 금지된 언어이고, 인간 내면에 새겨진 무언의 말이다. 그러나 언어의 이런 힘은 오로지 신성한 시적 영감과 최상의 시만이 표현할 수 있다. 시는 사랑의 최고 무기이고 반대 경우도 마찬가지다. 환상과 소설은 우리에게 풍만한 가치를 지닌 사랑을 제공한다. 몽테뉴의 사상에서 중요한 점은 바로 이것이다. 언어는 사랑을 발산할 뿐만 아니라 본질적으로 소유하지 않은 특별한 가치 또한 부여한다.

> 그러나 내가 이해하는 바로는 에로스의 힘과 가치는 실제보다 시에서 더 활기차고 생명력이 넘친다. "시는 사람을 흥분시키는 재주가 있다."(유베날리스•) 시는 사랑보다 더 호색적이면서 형언하기 어려운 분위기를 재현한다.[15]

유베날리스
Juvenalis, 고대 로마의 풍자시인.

몽테뉴는 육체라는 보고에 대한 현상학적 설명을 통해 언어가 자연적 충동과 새로운 생각을 발산할 수 있음을 보여준다. 에로틱한 묘사가 환상과 관념을 불러일으키고 시가 '갈망하는 손가락'을 가졌다는 사실은 누구도 쉽게 부인하지 못할 것이다. 이는 모든 포르노 산업의 기반이기도 하다. 그러나 인간은 예술을 통해 감각적 즐거움을 승화하기도 하고 연장하기도 한다. 그래서 에로스는 미학이 되고 코미디가 되며 연극이 된다.

단테의 《신곡》은 세계 문학에서 '갈망하는 손가락'이 초래하는 숙명적 결과를 보여주는 가장 유명한 예다. 단테가 지옥에서 처음 만난 사람들은 자기 죄 때문에 지옥에서 영원히 저주를 받아야 하는 운명에 처해 있다. 이들 가운데 한 쌍의 연인은 사랑을 묘사한 문학 때문에 유혹에 넘어갔다. 작품에서 아름다운 프란체스카 다 리미니Francesca da Rimini는 연인인 시동생 파올로Paolo와 자신이 어떻게 죄를 짓고 지옥에 떨어지게 되었는지 설명한다. 두 사람은 호젓하게 앉아 《호수의 랜슬롯Lancelot du Lac》을 읽고 있었다. 귀네비어 왕비와 그녀를 은밀히 사랑하는 기사가 만나는 대목에 이를 때까지는 아무 일도 일어나지 않았다. 이는 《신곡》(5곡, 127~138행) '지옥편' 에 잘 묘사돼 있다.

> 어느 날 우리는 여왕을 사랑한 랜슬롯 이야기를 읽었어요.
> 랜슬롯은 사랑에 깊이 빠져 있었지요. 우리 둘만 있어서
> 거리낄 것이 없다고 여겼어요. 이야기를 읽어가는 동안
> 우리는 여러 번 눈길이 마주쳤지요. 얼굴도 여러 번 붉혔어요.
> 그러나 단 한 순간이 우리를 덮쳤어요. 사랑에 빠진 랜슬롯이
> 오래 기다린 입술에 입 맞추는 대목을 읽었을 때,
> 곁에 있던 그가 부들부들 몸을 떨며 내게 입을 맞추었지요.
> 책과 작가 모두 사랑의 전령사였어요.
> 우리는 그날 더 이상 책을 읽지 못했지요.

프란체스카가 자신의 행동을 정당화하기 위해 시인과 책을 원망하고 궁정 로망스를 부적절하게 다시 읊었다고 해서, 시와 에로티시즘 간의 밀접한 연관을 부인하지는 못한다. 열정을 다루는 문학 이야기는 엘로이즈와 아벨라르 경우처럼 에로틱한 자극으로 작용하기도 하고, 갈망하고 흥분시키는 손가락으로 유혹하기도 하며 짝을 이룬다. 시인이자 가수인 아벨라르는 엘로이즈의 감정을 자극했고 그런 감정을 유지하기 위해 책을 구실로 삼았다. "우리는 책을 펼쳤지

만, 책을 읽기보다는 사랑에 대해 더 많이 이야기했고 말보다는 키스를 더 많이 나누었다. 손은 책장을 넘기기보다 그녀의 가슴을 더 자주 향했다."

몽테뉴의 에세이에서 낱말이 육체가 되고 살이 될 수 있다는 생각은 종교적이거나 형이상학적이지 않고 인류학적으로 평범하다. 그럼에도 언어는 사랑에 대해 완전한 그림을 제공하지 못한다. 언어는 드러내기보다 감추는 것이 더 많기 때문이다. 언어가 감추고 있는 사랑을 에로틱한 언어가 더 많이 드러내려 하는 까닭은 이 때문이다. 몽테뉴에 따르면 육체화를 담당하고 성적 특질을 부여하는 언어의 힘은 마치 아우라처럼 각 단어를 둘러싼 여분의 의미에서 분리되지 못한다. 몽테뉴가 언어와 대상 사이에서 발견한 틈을 메워주는 것은 바로 이런 아우라다. 몽테뉴는 예술을 자연의 이치에 따라 설명했듯이 자연을 인공적인 것으로 만들었다. 그는 베르길리우스와 오비디우스처럼 숭고한 사랑시를 칭송하기도 하고, 욕망을 애정 생활의 중심 요소로 삼기도 했다. "이제 책을 옆에 밀어놓고 좀더 물질적으로 단순히 말해보면 결국 사랑은 원하는 대상을 향한 성적 쾌락의 갈구이고, 비너스는 우리 배에서 분비된 쾌락과 같다."[16]

자연과 예술 사이의 틈이 다시 한 번 드러나고, 이를 언어로 메우려는 시도가 이루어진다. 사랑과 열정은 재빨리 얻어지지 않고 남은 것이라곤 시적 즐거움에 대한 추억뿐이기 때문이다. 필수불가결한 본질은 겉모습에 굴복한다. 시인이자 문필가의 외부 형태는 필수 요

소가 되고 진실이 된다. 그러나 육체의 개입 없이 언어를 활용한다면 정신의 삶 또한 시들어버릴 것이다. 반대 경우도 마찬가지다. 살아 있는 언어는 감각을 자극하고 사물을 은유로 뒤덮는다. 이런 언어가 바로 생각에 살을 덧붙이고 피를 공급하며, 에로틱한 충동을 일깨우고 자극한다. 그래서 에로스는 그렇지 않을 때보다 언어로 표현될 때 더 풍부해진다. 몽테뉴는 이런 언어적 자극이 육체와 정신에 생기를 불어넣는다고 생각했다. 사랑하는 사람이 어루만지는 형태로 나타나는 육체 자극은 개인의 마음속에 다시 이는 메아리와 같다. 몽테뉴는 데카르트처럼 인간의 중심이 두뇌가 아니라 마음이라고 생각했다. 마음은 육체의 현상이면서 인간의 감정과 열정의 증상을 전달한다.

몽테뉴는 육체를 자신이 살고 있는 집으로 보았다. 하지만 이 집의 방들은 비어 있는 것처럼 보인다. 내면의 존재를 파악하는 일은 마치 물을 움켜쥐는 행위와 같다. "자연스럽게 흐르는 것을 쥐어짜고 누를수록 자신이 붙잡으려는 바를 잃게 될 것이다."[17] 인간에게 정체감을 주는 것은 내면적이고 추상적인 것이 아니라 바로 육체다. 육체에 대한 몽테뉴의 표현 가운데 구체적이고 감각적인 언어는 내면에 실재하는 것의 관념과 경험을 상기시킨다. 그리고 이는 몽테뉴가 "말의 공상적 본체"라고 부른 것에서 다시 모습을 드러낸다. 내면의 삶(정신적 삶)은 언어로 창조하는 삶과 다르지 않다. 그런데 몽테뉴에게는 언어가 제공하는 내면의 삶이 애매하게 여겨졌다. 내면의 삶에서 가장 실제적인 측면은 탐구하는 주체가 자신의 자아를 성찰함으로써 자기인식을 이끌어내는 에너지다. 몽테뉴는 진정한 문필가로서 본질이 아닌 것을 통해 본질을 구별했다. 겉모습이나 본질이 아닌 것은 본질을 제한하기 때문에 본질이 아닌 것은 결코 파악되지 않는다.

인간 내면의 존재가 비어 있다는 이론이 회의론자 몽테뉴가 '죽음'을 연습할 목적으로 에세이를 쓰게 된 경위를 설명해줄지도 모르겠다. 죽음에 대한 몽테뉴의 생각은 동시대 사람과 비교해볼 때 독창적이었다. 예를 들어 르네상스 시대의 풍자작가 라블레는 죽음을 개인이 초개인적 존재로 흡수되는 사회 현상으로 보았다. 반면에 그리스도교를 믿은 파스칼은 개인의 구원을 영원의 관점에서 보았고, 죽음이란 죽어가는 사람이 절대적이고 초월적인 존재에 자신을 버리는 일이라 생각했다. 몽테뉴는 역설적인 중간 입장을 취했다. 죽음을 어디까지나 주관적인 개인의 일로 자리매김하면서도 아름답고 영예로운 죽음은 철저하게 개인적이고 초월적인 것이 된다. 그러나 삶을 넘어 이런 단계를 밟으려면 삶과 그 가르침 사이에서 조화를 이루어야 한다. "인간에게 죽음을 가르치는 자는 인간에게 삶을 가르친다."[18] 죽음이란 미지의 세계에 자발적이고 자유롭게 들어서서 세상의 모든 속박에서 자신을 해방시키는 일이다. "죽는 방법을 배운 자는 노예가 되지 않는다. 죽는 방법을 알게 되면 모든 종속과 속박에서 자유로워진다."[19] 이는 정신의 자발적인 이탈을 뜻한다. 다시 말해서 육체 밖으로 나가 전체와 무無 안으로 소멸하는 것이다. 몽테뉴에게 죽음은 전에 쓴 모든 에세이를 통해 준비한 마지막 '에세이'였다. "내 연구의 결실을 죽음에 맡긴다. 이러면 나의 추론이 입에서 비롯했는지 아니면 마음에서 비롯했는지 알게 될 것이다."[20] 몽테뉴의 삶에서 막바지에는 언어만으로 부족했다. 자신에 대해 언어로 말하는 일이 불가능했다. 아니면 모든 힘을 제압하는 강한 언어로써 행한 삶의 마지막 위대한 여행이었다. 그리고 심장의 마지막 정신적 기능이 부각되었다. 죽음의 시점에서 언어는 말과 가능한 모든 사고 표현을 통해 이미 할 일을 마치고 정신을 형성해놓았기 때문에 육체에서 분리되어 중요하지 않게 된다. 몽테뉴는 자신을 구원하는 자신의 능력을 스스로 높이 평가했다. "어느 누구도 내가 하겠노라고 계획했던 것보다 더 완벽하고 철저하게 세상 떠날 준비를 하지 못했고, 좀더 보편적으로 자신을 세상에서 떼어놓지도 못했다."[21]

마음은 생명의 장기다. 하지만 몽테뉴가 생각하기에 마음은 정신의 기능이었고, 인간이 도덕적으로 어떤 자질을 가졌는지는 마음의 반응을 통해 드러난다. 마음의 자발직 표현(의식과 양심)을 억제해온 사람은 죽음에 이르러서는 곤경에 빠진다. 자발적이고 충실한 마음을 표현하기에는 시기적으로 너무 늦었기 때문이다. 수단과 목적에 의한 생각은 소멸할 수밖에 없다. 그 누구도 죽음을 속이지 못하기 때문이다. 《신곡》 마지막 장면에서 가장假裝은 불가능한 것으로 그려진다. 인간은 무조건 자기 자신이어야 한다. 또한 인간이 자기 자신

이라면 그것은 언어에 반영된다.

> 마지막 장면에서 죽음과 인간 사이에 가장이란 있을 수 없다. 인간은 솔직한 언어를 사용해야 하고, 마음 깊은 곳에 좋고 깨끗한 것이 있음을 보여주어야 한다. "마침내 참된 말들이 내 가슴속 깊은 곳에서 밀려올라온다." 인간의 삶에서 이루어지는 행동들이 모두 이 마지막 장면을 기준으로 시도되고 판단되어야 하는 까닭은 이 때문이다. 그날은 최후의 날이고 다른 이들을 모두 심판하는 날이다.[22]

죽음은 아름다운 영혼이 순수한 형태로 완성되는 과정을 그리는 마지막 에세이로서 몽테뉴의 삶을 표현하는 최고의 '작품'이다.

> 우리가 사는 까닭은 죽음 때문이다. 죽음은 우리의 목표에 필요한 대상이다. 죽음을 두려워한다면 자제력을 잃지 않고 한 발짝 앞으로 나가는 일이 어떻게 가능하겠는가? 보통 사람이 취하는 방법은 죽음에 대해 생각하지 않는 것이다. 하지만 이토록 철저한 맹목은 너무나 어리석다![23]

몽테뉴에게 죽는다는 단어는 타동사이기도 하고 자동사이기도 했다. 몽테뉴는 죽는 순간까지 행동과 반성, 능동적 이해와 수동적 이해 사이에서 양립하기 어려운 변증법적 사고를 펼쳤다. 한편으로 삶은 인간에게 주어지고 의식적인 모든 행동에 앞서 인간 내면에

존재한다. 또 한편으로 삶은 다른 모든 행동과 일을 초월하여 존재하는 목표다. 비록 몽테뉴는 죽음을 준비하기 위해 에세이를 썼지만 자신을 계승한 니체와 마찬가지로 죽을 때까지 다음과 같은 좌우명을 주장한 긍정적인 인물이었다. "자기 자신이 되라. 완벽하게 자신이 되고 자신이 누구인지 깨닫고 그렇게 자신을 창조한 자연을 믿어라!"

몽테뉴에게 삶의 임무는 언제나 변증법적으로 이루어졌다. 인간은 자발적으로 자신을 인정해야 하고 자신의 위치를 설정해야 한다. 그리고 이때는 자신에게서 또한 자신에게 속한 것에서 스스로를 자발적으로 해방시켜야 한다. 삶에서 인간의 일은 인간의 현상적이고 육체적인 죽음으로 완성된다. 이런 죽음은 무겁기도 하고 가볍기도 하다. 또한 악덕이 가득 차 있기도 하고 비어 있기도 하다. 몽테뉴가 살았던 삶과 그가 본 대로 묘사한 삶은 서로 상반되면서도 보완한다. 인간은 이해하려 하지만 실패하고 마는 고정적인 것에 대한 생각을 초월하여 유동적인 의미를 파악할 수 있다. 속기 쉬운 겉모습을 초월하여 아름다운 삶의 작품을 창조할 수 있다. 썩기 쉬운 육체는 삶이 공허하고 헛되다는 생각을 초월하여 보편 진리가 드러나는 곳으로 부상한다. 나의 진리는 단순하지만 절대 피할 수 없고, 특유하지만 우주적 본질에 속하며, 전달하기는 불가능하지만 모든 인간 의식의 일부다. 인간은 존재하는 데 있어 필수불가결한 것을 상실했지만 상대적인 것과 현상적으로 구체적인 것을

회복해왔다.[24]

몽테뉴는 인간의 것은 모두 상대적이고 무한히 다른 방식으로 구축된다고 이해했다. 이런 이해를 바탕으로 한 몽테뉴의 회의론은 역사상 드물게 타인에 대한 관용을 촉구했다. 몽테뉴가 살았던 시기는 시민전쟁과 종교전쟁이 벌어지는 등 결코 관용적이지 않았다. 하지만 몽테뉴와 르네상스 정신은 절대주의와 근본주의에 최초로 대항했고, 차츰 더 많은 개인의 자유와 정치의 자유를 획득했으며, 보편적인 인간 권리를 인식하도록 이끌었다. 초점이 종교적인 것에서 인간적인 것으로 이동한 셈이다.

유럽 문화의 이런 움직임은 오늘날 서구인이 유산으로 간직하면서 발을 한쪽씩 담고 있는 계몽주의와 낭만주의 두 경향에서 절정에 이르렀다. 계몽주의와 낭만주의 가운데 어느 정신이 우리 마음에 더 가까운지는 개인의 기질에 따라 다르고 인간성에 대한 견해에 따라 다르다. 이를 은유적으로 표현하면 머리와 심장 사이, 이성과 감정 사이, 도구적 실용성과 심미적 표현성 사이에서 벌어지는 싸움으로 볼 수 있다. 그러나 선구자와 계승자를 포함하여 이성주의 전통과 낭만주의의 갈등 자체가 사고방식의 하나로 자리잡았다. 이런 갈등이 언제나 주된 관심을 끌지는 않았지만 오늘날 서구인에게는 매우 중요하다. 18세기 르네상스와 이성주의, 19~20세기의 실증주의에 이르기까지 여러 학문에서 낭만주의에 뿌리를 둔 사유들은 높은 평가를 받지 못했다. 그 뿌리가 고대와 중세까지 거슬러올라가고 몽테뉴와 괴테가 실천해 보인 유추에 의한 사고방식이 특히 그랬다. 이런 사고방식은 마음의 이성이 어떻게 인식되는지, 마음의 이성이 어떻게 타당한 지식의 원천으로 인정받아왔는지 결론지었다.

12장

르네상스와 연금술에서 낭만주의까지

오, 나의 신부여. 당신이 언젠가 내 심장 옆에 누웠을 때,
내 심장은 꽃처럼 활짝 피어나는 듯했네.
살아 있고 생각하며 꿈꾸는 꽃.
…그 장미 위로 태양의 피가 흘렀네.
달콤한 기쁨에 젖은 토양으로부터 영혼이 자유를 찾았네.
– 헨리크 베르겔란•

헨리크 베르겔란 Henrik Wergeland, 노르웨이 최고의 민족시인. 노르웨이 독립을 상징하는 전설적인 인물로 인도주의 활동, 혁명 이론, 자유에 대한 사랑 등으로 유명하다.

고대와 중세에는 인간이 대우주를 닮은 소우주라고 여겼는데, 이런 사유는 새로운 과학, 심지어 해부학이 주요 실험학문으로 자리잡은 르네상스 시대에도 존속했다. 윌리엄 하비1578~1657는 동물과 인체 실험을 바탕으로 혈액순환론을 주장했다. 그는 1628년 《동물의 심장과 혈액의 운동에 대한 해부학적 연구Exercitatio Anatomica de Motu Cordis et Sanguinis in Animalibus》라는 선구적인 저서를 펴내면서 태양과 심장의 유사성을 주장했다. 행성이 태양 주위를 돌면서 태양한테서 양분을 공급받듯이 혈액은 심장에서 나와 심장으로 다시 돌아간다. 하비는 자연의 우주적 순환에 대한 아리스토텔레스의 이론에서 영감을 얻은 뒤에 자신의 책 8장에서 '혈

액의 순환운동' 에 대해 썼다.

> 우리는 아리스토텔레스가 공기와 비가 천체의 순환 움직임을 따른다고 주장했으니 이 움직임을 혈액 순환이라 부르는 것이 온당할 것이다…. 태양이 세상의 심장으로 불릴 자격이 있는 만큼이나 심장은 생명의 출발점으로서 우리 소우주의 태양으로 불릴 자격이 있다. 피는 심장의 강한 박동으로 움직인다. …심장은 육체의 수호신이고 삶의 바탕이며 모든 사물의 원천으로서 육체에 영양분을 공급하고 육체를 따뜻하게 하며 활성화시킨다.[1]

하지만 기계적인 세계관이 없었다면 하비는 이토록 위대한 발견을 해내지 못했을 것이다. 하비는 1500년 전의 갈레노스처럼 자기가 속한 시대의 은유에 사로잡혀 있었다. 관계와 유사성을 깨닫게 해준 것이 바로 은유였기 때문이다. 새로운 은유는 새로운 관계와 새로운 유추를 뜻한다. 갈레노스는 깨닫지 못했지만 하비는 깨달았던 은유가 바로 펌프였다. 기술적 혁명에 눈을 뜬 하비는 특히 채광용 펌프와 소화용 펌프 등 기계 펌프와 이를 기술적으로 설명하는 일에 몰두했다. 하비는 리듬에 맞춰 움직이는 심장이 호스 역할을 하는 혈관과 더불어 어떻게 작동하는지 관찰하는 동안, 은유에 실험을 더하면 진리가 된다는 인식론적 원칙을 바탕으로 펌프 작용을 유추해냈다. 하비는 손가락을 동맥 위에 올려놓는 등 자신의 육체를 대상으로 실험했는데, 그 결과 혈액이 같은 경로로 돌아오지 않고 한 방향으로만 흐른다는 사실을 알아냈다. 이 발견은 심장의 다른 기능, 심장과 다른 장기와의 상호작용, 특히 간과 폐와의 상호작용을 이해하는 데 초석을 이루었다. 하비는 기계적인 동시에 유추적인 사고방식을 가졌다. 기계역학은 심장이 실제로 어떻게 작동하는지를 발견하는 데 필요한 은유적 사고와 언어를 하비에게 제공했다. 이런 은유적 전환은 사고의 혁신을 가져왔다. 기계펌프와 신성한 영감에 따라 육체의 나머지 부분에 활력을 주는 장기 사이에는 커다란 차이점이 있기 때문이다. 여기서 다시 한 번 언어와 심장 사이의 분명한 연관성을 확인하게 된다. 생리적인 심장도 마찬가지다.

유추에 의해 유기적으로 생각하는 태도가 기계적 세계관이 지배하던 시대에 존속했다. 이런 태도는 모든 것이 상호작용한다는 생각에 기초한다. 유추에 따른 사고는 연금술의 이론적 근거가 되기도 했다. 연금술은 그리스 및 헬레니즘 시대의 연금술을 더 발전시킨 아랍 문화를 거쳐 유럽에 상륙했다. 아랍 문화가 남긴 광범한 의학 문헌을 살펴보면 아랍인은 혈액 순환에 대해 하비가 발견하기 훨씬 이전부터 알고 있었음이 분명하다. 연금술은 여러 학문이 교차하는 일종의 실험으로, 중세 시대의 신비주의와 과학과 종교를 포함한다. 화약과 증류주는 르네상스 시대에 되살아난 연금술의 결실이다.

연금술의 아주 기본 요소는 심장과 태양의 유사성이다. 태양과 심장의 유사성은 여러 문화에 등장하지만 차이점을 눈여겨봐야 한다. 심장이나 피를 제물로 바치는 행위는 형태와 기능 면에서 노르웨이 신화, 이슈타르 전통, 아스텍 전통, 그리스도교 전통이 제각기 달랐다. 하지만 비슷한 점 또한 많았다. 앞에서 살펴보았듯이 태양과 심장의 유추는 수메르 문명과 고대 이집트 문명에서 아스텍 문명에 이르기까지, 또한 유럽의 그리스도교 신비주의와 연금술을 포함하는 종교사와 문화사에서 공통적으로 발견된다.

파라셀수스
Paracelsus, 1493~1541, 스위스의 화학자이자 의학자. '의화학'을 창시했다.

연금술 전통에서 중요한 인물은 파라셀수스 인데, 괴테가 《파우스트Faust》를 집필하기 전에 연구하던 인물이다. 파라셀수스는 교회에 존재하던 또 다른 전통을 대표하는 인물로서 이원론을 강하게 주장하지는 않았다. 그는 만능 천재였다. 연금술사였을 뿐 아니라 과학자였고, 의사인 동시에 의학개혁자였으며, 철학자이면서 신학자였다. 갈레노스의 사혈瀉血이 효과가 없다는 사실을 알아냈고, 갈레노스의 기질 이론에 대해서도 의문을 품었다. 환자를 치료할 때 마약을 진통제로 처음 사용한 인물이 파라셀수스라는 사실을 아는 사람은 드물다.

파라셀수스의 전체론적 사고방식의 중심에는 태양과 심장의 유추가 있다. 대우주와 소우주에 대한 그의 가르침은 아리스토텔레스적 요소와 신플라톤주의 요소, 연금술의 요소를 포함한다. 그는 가장 중요한 신체 부위로 심장과 뇌와 간을 들었고, 심장을 생명의 중심으로 보았다. 인간의 장기는 태양을 공전하는 행성에 해당하기 때문에 심장은 세상의 심장인 태양과 긴밀히 접촉한다. 태양이 움직이면서 지구와 대우주에 생명을 부여하듯이 심장 또한 육체 전체에 활력을 불어넣어 생명을 유지하도록 한다. 그는 "뇌는 심장으로 간 뒤에 심장에서 다시 영적 중심으로 간다."고 썼다.

파라셀수스는 종교재판의 반대가 있었으나 중세 전성기에 일정 위치를 차지한 그리스도교 신비주의 전통을 일부 계승했다. 그 외에 그리스도교 신비주의 전통을 따른 인물로는 힐데가르트 폰 빙겐Hildegard von Bingen, 1098~1179이 중요하다. 어린 시절 그녀는 뇌에서 불꽃이 일어나 안에서 빛을 발하는 불길의 형태로 계시를 받았는데, 이후 시를 쓰고 중세 음악을 되살렸다. 한 수녀원의 원장 자리까지 올랐던 그녀는 매우 독립적인 인물이었고, 감각적인 육체와 본성을 긍정적으로 여겨 죄가 되지 않는다고 생각했다. 남성의 발기한 성기를 창조주를 찬양하는 꽃으로 보는 등 성생활이 성스럽다고 믿었다. 또한 사상사의 조화를 유지하려면 '뇌의 차가움'에 '심장의 따뜻함'이 필요하다고 주장했다.

이 같은 그리스도교 신비주의자들은 꽤 역설적이게도 현실적인 사상가였다. 그들은 삶의 균형을 유지하려면 질서정연한 체계 안에서 어떤 요소와 영향력이 필요한지 궁구했다. 또한 그들은 여성의 지위와 역할을 남성 수준으로 끌어올렸다. 여성과 남성이 함께 전체를 형성한다고 생각했기 때문이다. 힐데가르트와 마찬가지로 파라

셀수스는 영혼이 신의 호흡에 맞춰 숨쉬는 심장 안에 존재한다고 주장했다. 따라서 심장은 삶에서 이중의 중심이었다. 그리스도교 신비주의자 야코브 뵈메Jakob Böhme, 1575~1624도 두 사람과 같은 전통에 속했다. 뵈메는 심장과 태양의 유추를 자주 언급했던 마이스터 에크하르트Meister Eckhart, 1260~1327 이후에 등장한 그리스도교 신비주의자 가운데 가장 널리 알려진 인물이다. 그런데 그리스도교 신비주의자와 연금술사의 유추적 사고는 데카르트의 엄격한 이원론적 해석과 기계적 인과 관계에 따른 사고로 대체되었다. 또한 종교재판은 마이스터 에크하르트를 이단으로 규정했다. 그의 사상이 다신교의 영향을 받았다는 이유에서였다.

신비주의자들은 '신비적 합일unio mystica'을 이루기 위해 심장을 경유한다. 이 점에서는 아랍 이슬람교 문화와 유럽 그리스도교 문화가 같다. 신비주의자들은 암흑으로 둘러싸인 불타는 심장 안에서 계시의 불빛의 원천을 찾는다. 신비주의자들은 눈을 감고 내면에 있는 제3의 눈을 뜨고 명상하면서 심장의 목소리에 귀를 기울인다. 그러면 거대한 열정에 사로잡혀 결국 모든 것이 하나되는 위대한 합일을 경험한다. 심장의 은유는 심리적이고 도덕적인 실존의 틀을 넘어선다. 심장은 종교적이고 신비한 본질을 가진 이른바 초자연적인 고대 전통을 이해하는 열쇠다. 초자연적인 것은 인간의 표현과 이해를 넘어서고, 황홀하도록 매력적이면서 불가항력적으로 두렵고, 어떤 통제에도 지배당하지 않으면서 인간 존재를 사로잡는다.[2] 그리스도교의 힘이 약화됨에 따라 초자연적인 신은 대성당에서 나와 자연의 위대한 신전으로 들어가 낭만주의의 숭고한 자연 숭배에 바탕이 되었다. 이 책 후반부에서는 인간 심장을 숭고하게 만든 현대 심장학에 대해 살펴볼 것이다.

인류학과 더불어 유추를 통해 자연을 이해하는 학파는 아리스토텔레스의 전체론, 네 가지 원소에 대한 엠페도클레스의 가르침, 히포크라테스의 체액론, 갈레노스의 기질론 등의 영향을 받았으나 이원론의 태도는 받아들이지 않았다. 그런데 다혈질은 중세에 특별히 긍정적으로 받아들여졌고, 낭만주의 시대에 이르러서는 낭만적 우울질에 반대되는 격렬한 열정과 동의어가 되었다. 피와 심장이 사고와 정신적 삶의 중심이라는 생각은 예수의 피에 대한 중세의 생각과 연결되어 역사상 유례없는 피의 마술을 창조했고 이는 바로크 회화에 반영되었다.

유럽 문화사의 커다란 역설 가운데 하나는 피와 심장의 상징이 감정의 가치를 끌어내린 갈릴레이와 데카르트의 이원론과 나란히, 또 그 이전에 세를 더 키우며 발달했다는 점이다. 심장의 역사는 유추에 의한 과학사상과 종교적 신비주의에 의해서만 발달하지는 않았다. 이 책에서 기사도 시대의 '감정적 전환'이라 명명한 것이 더 중요한 영향력을 발휘했다. 감정적 전환은 낭만적 사랑을 현대적으로 처음 표현한 셰익스피어의 《로미오와 줄리엣Romeo and Juliet》(1595~1596)을 포함하여 르네상스 후기에 새로운 전성기를 맞이

했다. 사실 셰익스피어가 첫 작품을 쓴 시기는 몽테뉴가 《수상록》을 출간하고 갈릴레오가 혁명적인 천문학상의 관찰과 계산을 하던 시기였다. 하지만 데카르트는 아직 아이에 불과했다. 셰익스피어는 도그마에서 자유로운 새 시대인의 복잡한 영혼과 관련하여 새로운 통찰력을 획득했고, 이를 통해 심장 은유에 새로운 내용을 덧붙였다.

13장

셰익스피어와 조셉 콘래드: 가슴 찢어지는 고통과 텅 빈 가슴

그러나 나의 다섯 지력과 다섯 감각으로도
그대를 섬기려는 어리석은 마음을 돌이키지 못한다네.
겉모습만 남자이기를 그만두려네.
그대의 당당한 마음의 노예가 되고 참담한 하인이 되기 위해.
—윌리엄 셰익스피어

무정한 사랑

현대 유럽인의 이미지를 데카르트보다 드넓게 형성한 인물은 윌리엄 셰익스피어1564~1616와 몽테뉴다. 데카르트가 인간에 대한 이론을 제시했다면 셰익스피어는 실제로 인간이 어떤 모습인지 보여주었다. 셰익스피어는 주변에서 볼 수 있는 일, 말과 행동으로 드러난 선악을 묘사했다. 그는 최초의 현대 심층심리학자로서 인간 저변에 자리한 복잡한 충동, 인간의 태도 및 행동을 좌우하는 동기를 드러냈다. 셰익스피어는 이 모든 것이 심장과 관계있다고 보았다.

후기 작품에서 셰익스피어는 낭만적인 트리스탄풍에다 새로운 사

랑의 유형을 가미했는데 불가사이한 작품인 《햄릿Hamlet》, 《맥베스Macbeth》, 특히 《리어 왕King Lear》이 그 예다. 《리어 왕》에서 심장(마음)은 도덕적이고 실존적인 의미에서 개인의 고결성을 나타내는 징후이자 이미지다. 이 작품에서 심장(마음)을 부순 것은 에로틱한 열정이나 불행한 사랑이 아니라 배반과 억제되지 않는 권력욕이다. 무엇보다 끔찍한 것은 사랑과 신뢰가 배신당한 점이다. 이 배신 모티프는 특히 자식을 향한 부모의 사랑(코델리아Cordelia에 대한 리어의 사랑, 자신의 적출인 에드가Edgar에 대한 글로스터Gloucester 백작의 사랑)과 부모를 향한 자식의 사랑에 적용된다.

리어 왕이 자부심에 넘치기는 하지만 중요한 순간에 판단력과 자기인식이 부족했다는 점은 희곡 도입부에서 비극을 초래하는 계기가 된다. 그는 세 딸에게 자신의 왕국을 나눠주겠다고 약속하면서 자신을 얼마나 사랑하는지 묻는다. 그러나 그에게는 안타깝게도 세 딸 가운데 두 딸의 과장된 위선의 말을 꿰뚫어볼 만한 진실의 눈이 없었다. 두 언니 리건Regan과 고네릴Goneril과 달리, 코델리아Cordelia(여기서 cor는 심장을 뜻한다)라는 깊은 뜻의 이름을 가진 막내딸은 말로 하지 못할 만큼 큰 자신의 사랑을 표현하기 어려웠다. 조건 없는 충직한 마음을 혀로는 도저히 담아내기 어려웠던 것이다. "저는 제 마음을 입으로 토해낼 수 없습니다." 코델리아는 마음과 혀로 표현하는 데는 차이가 있다는 사실을 알았고 마음으로 느끼는 것을 표현할 수가 없었다. 마음은 말로 표현되는 것 이상을 담는데, 이는 도구적

인 표현이나 홍정 수단으로 쓰이기 어렵다. 하지만 이 점을 이해하지 못한 리어 왕은 노발대발하며 코델리아의 상속권을 박탈한다. 다른 두 딸은 코델리아와 정반대 대우를 받았다. 그들은 아버지를 사랑하지도 않으면서 과장된 언어로 사랑을 늘어놓고, 리어 왕은 그들의 속임수를 꿰뚫어보지 못했다. 두 딸의 속마음을 알지 못했던 리어 왕은 고네릴과 리건이 서서히 자신의 그릇된 속내를 드러내자 깊이 상심하고 좌절한 나머지 실성하고 만다.

이로써 희곡의 긴장이 최고조에 달한다. 리어 왕은 자신만만한 노인으로 극 안에서 관객의 존경을 받을 만한 등장인물을 모두 사랑했고 그들의 사랑을 받았기 때문이다. 리어 왕은 초기에는 자신이 측근의 사랑을 받고 있다고 믿었다. 하지만 극의 제1부에서 코델리아를 이해하지 못하고 충성스러운 글로스터와 글로스터의 아들 에드가, 특히 어릿광대와 켄트를 이해하지 못한다. 진실하고 고귀하며 정직한 마음의 소유자인 켄트 백작은 리어 왕이 근거 없이 코델리아를 배척한다는 사실을 깨닫게 하려 애쓰지만 실패하고 만다. 게다가 이런 실패로 인해 커다란 대가를 치르게 된다. 그럼에도 그는 왕을 떠나지 않는다. 그는 가난하고 지저분한 익명의 하인으로 변장하여 왕을 뒤따른다. 반면에 리어 왕은 두 딸과 그 공범들이 점차 권력을 오용하면서 검은 속셈을 드러내자 여러 곤경과 오해에 부딪혀 괴로워하다 미치게 된다.

상황이 비참하기는 글로스터 백작과 그의 아들 에드가의 경우도

마찬가지다. 에드가는 이복형제 에드먼드Edmund의 모함을 받고 아버지에게 버림받는다. 아버지 글로스터 백작은 에드먼드와 그의 공모자들(리건과 그녀의 남편)에게 배신당하고 눈을 잃는다. 마침내 진실이 밝혀지자 글로스터 백작은 자신이 아들 에드가(에드가는 켄트가 왕에게 했듯이 은밀히 아버지를 섬기기 위해 실성한 척했다)에게 부당하게 처신했고 말로 할 수 없는 고통을 안겨주었다는 사실을 깨닫고, 에드가의 가련한 마음이 행복을 빼앗기고 슬퍼했음을 알게 된다.

> 그러나 그의 갈라진 마음은
> 아아, 슬프게도, 너무나 약해서 다툼을 견디지 못하겠구나.
> 극단의 두 열정, 기쁨과 슬픔이
> 미소지으며 터져나온다.(5막 3장)

리어 왕의 행복은 오래가지 못한다. 마지막 장에서 다른 사람의 속임수가 드러나고, 부정직한 딸 하나가 질투심에 불타 다른 딸을 죽이고 자살하기 때문이다. 게다가 코델리아는 두 언니가 동시에 사랑한 에드먼드의 명령으로 죽임을 당하고, 뒤이어 에드먼드는 에드가에 의해 치명상을 입는다. 리어 왕은 자신의 잘못이 초래한 결과가 드러나고 코델리아의 시체를 눈으로 직접 확인하면서 진실과 눈앞의 사실과 자신의 죄를 견디지 못한다. 코델리아가 자신의 상처를 보상받지도 못하고 아버지와 화해하지도 못한 채 죽었기 때문이다.

그러므로 리어 왕의 삶이 무의미하듯이 코델리아의 죽음 또한 무의미하다. 《리어 왕》을 현대극으로 분류하는 까닭이 여기에 있다. 이 작품은 그리스도교 교리와 상관없이 개인의 죄를 다룬다. 그리스도교에서 죄인은 설사 훌륭한 인격을 지녔더라도 벌을 내려달라고 빌고 처벌을 감내해야 한다. 인격만으로는 충분하지 않아 지식과 통찰력을 갖춰야 하고, 사람의 진의를 간파할 수 있어야 하며, 자신의 말과 행동의 결과를 예견해야 한다. 이 모든 것은 리어 왕의 한계를 넘어선다. 그렇기 때문에 리어 왕은 실성할 수밖에 없었던 것이다. 죽어 있는 코델리아를 보는 순간 리어 왕의 심장은 멎고 만다. 그는 화해의 말을 한마디도 건네지 못한 채 숨을 거둔다. 위대한 언어예술가 셰익스피어가 창조한 인물 리어 왕은 보잘것없는 사람으로서 한마디 말도 남기지 못하고 죽음을 맞이한다.

리어 왕을 실성할 지경까지 몰고간 인물은 어릿광대다. 어릿광대는 왕과 코델리아를 사랑했기 때문에 리건과 고네릴에게 나라의 통치권을 넘겨준 리어 왕에게 반항한다. 희곡에서 어릿광대는 권력의 어리석음과 광기에 대한 진실을 전달하는 기능을 담당한다. 어릿광대가 왕과 독자이자 관객에게 집요하게 던지는 질문은 바로 '진실은 무엇인가?', '나는 누구인가?' 이다. 이 두 질문은 길가메시가 절친한 친구 엔키두를 잃고 난 뒤 삶의 의미를 찾아 헤매고, 오디세우스가 자기 자신과 이타카로 돌아가는 길을 찾기 위해 제 심장과 대화를 나눈 뒤부터 문화사의 진보를 이룩하는 힘이 되었다. 하지만 리어 왕은 진실을 듣고 싶어 하지 않는다. 진실을 알게 되면 자신이 감내할 수 있는 것보다 훨씬 무거운 책임을 져야 한다는 것이 하나의 이유였다.

리어 왕 또한 자기 심장에게 이야기한다. 하지만 그곳에 존재하는 지혜를 내보내지는 못한다. 그러므로 리어 왕은 오디세우스와 마찬가지로 슬픔과 고통으로 심장이 부서질까봐 두려운 나머지 심장을 진정시키려 한다. "오, 내 심장이여! 내 끓어오르는 심장이여! 하지만 진정하라!" 이는 희곡에서 부당한 고통을 겪는 다른 사람에게 리어 왕이 전한 대사다. 하지만 리어 왕에게는 특별한 책임이 있다. 지옥을 풀어놓은 장본인이 바로 그 자신이기 때문이다. 리어 왕은 어릿광대가 자신의 상처, 즉 히스테릭한 열정을 자극할 때 스스로 이렇게 진단한다. "오! 이 망할 것이 내 심장을 향해 점점 부풀어오른다! 히스테릭한 열정이여, 끓어오르는 슬픔이여, 잠잠해지라. 너의 힘을 죽여라."(2막 2장) 리어는 마음속 심연을 들여다보고 싶지 않았다. 마음속을 들여다보면 자신과 다른 사람의 적나라한 모습을 보아야 하고, 그 앎을 사용해야 할 것이기 때문이다. 어릿광대는 리어 왕으로 하여금 그렇게 하도록 시도했지만 결국 헛일이었다.

리어 왕은 어릿광대의 집요한 질문을 더 이상 피할 수 없자 도망친다. "나는 내 본성을 잊을 것이다." 자신을 알고 인정하라는 고전적인 요구를 받아들이지 못하고 물러선 것은 리어 왕의 개인적인 비극이다. 이 신성한 명령을 따르지 않은 것은 광기다. "자비로운 하늘

이여! 나를 미치지 않게 하소서. 미치지 않게… 나를 진정시켜주소서. 그래야 미치지 않으리!" 리어 왕은 지성과 진실에 의지하여 결정을 내릴 수 있다고 믿었다. 하지만 리어 왕의 어릿광대가 말했듯이 자신을 진실 밖에 둔 사람은 아무것도 아닌 존재가 되고 바보가 된다(애꾸눈 거인과 싸운 오디세우스처럼). "이제 그대는 아무것도 아니오. 오히려 내가 그대보다 낫소. 나는 바보지만 그대는 아무것도 아니오." 결국 리어 왕은 끈덕지게 자신을 자극하는 어릿광대에게 손을 들 수밖에 없다는 인식에 이른다. 그러고는 자신에게 다음과 같은 고전적인 질문을 던진다.

> 여기 누구라도 나를 아는가? 여기 나는 리어 왕이 아니다.
> 리어 왕이 이렇게 걷고 이렇게 말하던가? 그의 눈은 어디 있는가?
> 그는 생각이 약해졌거나 식별력을 잃었다.
> 아! 자고 있는가 아니면 깨어 있는가?
> 내가 누구인지 말해줄 이는 누구인가?

리어 왕의 질문에 대답해줄 사람은 정신을 잃기 전의 리어 왕을 알던 사람과 더불어 어릿광대다. 어릿광대는 리어 왕의 그림자이기 때문이다. 《리어 왕》에 등장하는 가장 수수께끼 같은 인물은 부정직한 에드먼드다. 에드먼드의 유일한 목표는 권력이고 주요 열정 또한 권력욕이다. 그는 아무도 사랑하지 않고 사랑할 능력도 없다. 그는

정신병자인 동시에 냉소적인 책략가다. 카리스마 넘치는 이 정신병자는 고네릴과 리건을 동시에 유혹한다. 고네릴과 리건의 남편을 제거하고 둘 가운데 하나를 제거한 다음 절대 권력을 거머쥔 왕이 되기 위해서였다.

하지만 마지막 장에서 치명적인 상처를 입고 쓰러진 에드먼드는 자신의 정부가 자신을 위해 죽었다는 소식을 듣고 이렇게 탄식한다. "하지만 에드먼드는 사랑을 받았다. 한 사람이 나를 위해 다른 사람을 독살하고 자살했다." 이 시점에서 에드먼드의 정신이 변화한다. 평생 단 한 번이라도 좋은 일을 하고 싶어진 것이다. "빨리 내 편지를 성으로 보내라. 서둘러라. 리어 왕과 코델리아 공주의 목숨이 경각에 달려 있다. 늦지 않게 보내라." 하지만 너무 늦었다. 극중에서 에드먼드는 인간이 어떤 존재인지를 전하는 드라마틱한 캐릭터다. 그러고는 마침내 자신의 모습을 인정한다. 백작의 지위나 왕좌를 주장하지 않고 자신이 서자에 지나지 않는다는 사실을 인정한 것이다. 이는 에드가가 지적한 모든 비난과 그 이상을 인정할 수 있다는 뜻이기도 했다. 그러나 이것이 가능해진 것은 에드가가 에드먼드의 정체를 폭로하고 그를 권좌에서 영원히 물러나게 했기 때문이다. 권력을 추구하는 사람은 오직 권력에만 고개를 숙이는 법이다.

에드가의 말에 따르면 에드먼드의 사악함은 두 사람의 아버지인 글로스터가 성욕을 충족하려다 사생아를 낳고 만 두려움에서 비롯한다. "그는 그대를 어둡고 사악한 장소에서 태어나게 했다. 그래서

그는 눈을 잃고 말았다." 다시 한 번 강조하지만 고통은 열정의 결과이고 아버지 성욕의 결과이며 에드먼드 권력욕의 결과다. 에드먼드는 마침내 자신의 모습을 인정하면서 출발점으로 돌아온다. 운명의 수레바퀴가 온전히 한 바퀴 돈 것이다. "바퀴가 한 바퀴 돌았고, 나는 여기 있다." 이 말은 이 희곡이 보여주는 인간성에 대한 견해와 더불어 황량하기 그지없다. 어릿광대는 사랑하지 않는 사람만이 진실하고 철저한 자기인식에 이를 수 있다고 외칠 것이다. 그리고 에드먼드의 마지막 진실에서 도움을 받은 사람은 아무도 없다. 현세의 삶을 묘사한 이 비그리스도교적 희곡은 영혼의 구원에 대해 전혀 언급하지 않는다. 셰익스피어는 에드먼드의 심경 변화가 얼마나 무의미한지 보여줌으로써 자신을 그리스도교의 중심 교리에서 분리한다. 신념과 심경의 변화만으로는 누구도 구원받지 못하며, 구원 여부를 결정하는 것은 오직 현실뿐이다.

심장의 문화사에서 볼 때 《리어 왕》은 심장이 서구 문화에서 차지하는 긍정적 의미에 대해 과감히 도전한다. 이 작품은 여러 측면에서 그리스도교 인간관과 인본주의적 인간관의 근간을 뒤흔든다. 셰익스피어는 인간이 자신의 진정한 자아를 보게 되면 실제 삶에서 품은 이상은 절망스러울 만큼 부적절하다는 점을 보여주었다. 셰익스피어가 그리스도교와 인본주의의 이상을 초월하여 독자나 관객에게 보여주고 싶은 점도 바로 이것이다. 인간은 새롭게 깨달은 현실주의가 고대부터 자신이 속한 시대까지 이어지는 역사적 과정의 일부라

고 생각할 수 있다. 이 전체 과정이 셰익스피어가 만든 인간형을 위한 자료가 된다. 고대에는 가능하지 않았을 일이다. 셰익스피어 전문가 해럴드 블룸Harold Bloom은 셰익스피어를 가리켜 '인간의 발명가'라고 말했다. 셰익스피어가 신성한 어떤 권위와도 별개로 우리 시대에 존재하는 인간상을 창조했기 때문이다.[1] 블룸이 주장하길 셰익스피어 이전에는 인간이 존재한다면 셰익스피어 이후에는 복잡한 내면의 삶과 변화 능력을 갖춘 인격이 존재한다. 이때 이후로 인간은 거의 성장하지 않았다. 셰익스피어가 문학에서 묘사했던 복잡한 영혼을 이론적으로 설명한 인물로는 프로이트가 있다.

셰익스피어는 인본주의 시대와 르네상스 후기에 등장하여 복잡한 내면의 삶을 영위하는 현대인의 모습을 처음 제시했다. 몽테뉴, 데카르트와 더불어 인본주의의 아버지를 열거하자면 로테르담의 에라스무스Erasmus와 종교개혁자 마르틴 루터를 꼽을 수 있다. 특히 놀랄 만한 것은 셰익스피어와 동시대 인물이면서 연장자인 몽테뉴와 셰익스피어의 연관성이다. 셰익스피어는 아마도 몽테뉴의 작품을 읽었을 것이다.[2] 니체는 셰익스피어가 당연히 몽테뉴의 작품을 읽었다고 주장했다. 니체 자신도 셰익스피어 작품을 읽었고, 괴테는 자신의 문학적 성취를 셰익스피어의 공으로 돌렸다. 이런 점에서 현대인은 니체가 직접 인물 간의 연관성을 주장한, 몽테뉴와 셰익스피어와 괴테의 연관성을 바탕으로 형성된다. 셰익스피어는 몽테뉴의 작품에서 자신의 회의론을 확인했고, 이런 회의론은 후기의 걸작 희곡들

에서 허무주의로 귀결되는 듯하다. 몽테뉴와 셰익스피어는 인간을 바람처럼 불안정하고 덧없는 존재로 보았다. 그렇기 때문에 몽테뉴의 인물과 (몇몇 예외적인 경우에서) 셰익스피어의 인물은 자신을 변화시킬 수 있었다(햄릿은 항상 그렇게 했다). 그들은 바람소리뿐만 아니라 자기 자신과 타인의 말도 들었다. 그러나 말은 바람처럼 덧없기에 '단순한 말'은 변하지 않고 고정된 모든 것에서 내면의 삶을 앗아간다. 이는 몽테뉴의 언어관이기도 했다. 따라서 심장으로 대표되는, 《리어 왕》에 나타난 내면의 삶이 공허한지 아니면 인간을 인간답게 하는 요소로서 필수적이고 지속적인지가 '문제'다. 비록 그 내면의 삶이 언어의 기능에 지나지 않더라도 말이다.

셰익스피어 작품에서 인간의 어두운 면은 모든 이상주의를 압도한다. 또한 온갖 권력과 욕망이 이런 이상의 자리를 차지한다. 셰익스피어는 권력과 권력욕의 심리를 성충동과 동일한 인간의 근본 추동력으로 인식한 최초의 인물이다. 《리어 왕》에서는 에드먼드와 두 자매 리건과 고네릴이 여기에 속한다. 권력은 인간에게 모든 것을 부여하고, 수치심과 양심을 제거함으로써 돌이키기 어려운 죄를 짓도록 만든다. 권력의 역학에 굴복하는 사람은 누구라도 특정한 논리에 사로잡혀 있다. 힘과 명성을 위해 권력을 추구하는 사람은 누구라도 자발적이지 않고 정직하지 않다. 그들은 수단과 목적에 대해 끊임없이 생각하고, 자신의 진짜 계획을 숨기고 위선적으로 행동하며, 언제나 전술과 전략을 생각한다. 그러므로 권력을 추구하는 이들은 마음을 다해 사랑하는 사람들을 위험한 인물로 생각한다. 《리어 왕》에서 고네릴과 리건, 에드먼드가 고통을 겪는 것은 권력을 키우는 데 자신의 감정을 사용한 결과다. 그들은 마음을 다해 사랑하는 사람들을 실제로는 증오하면서도 마치 사랑한다는 듯 말한다. 그들은 자체로 목적이 되는 것을 소유하지 못하고 사랑을 수단으로 축소시킨다. 그들은 악을 가려내는 척도인 진리의 기생충이다. 불행한 점은 모든 사람이 이 사실을 알지 못한다는 것이다. 악은 단지 노출되었을 때만 무해하기 때문이다.

《리어 왕》의 비극은 낭만적 마음에 대한 보완이면서 대안이다. 낭만적 마음은 에로틱한 목표에 이르기 어려운 불행한 사랑과 열정 때문에 고통을 받는다. 《리어 왕》에서 에로틱한 열정은 순전히 성욕으로 나타나는데, 모든 악의 뿌리로 묘사되곤 한다. 그리스도교에서 낭만적 사랑은 감각적이고 에로틱한 사랑으로 발전하는 반면에 이웃에 대한 그리스도교의 사랑은 《리어 왕》에 등장하는 사랑의 형태와 유사한 변화를 겪는다. 따라서 공감과 연민, 동료 인간 존재에 대한 직관적 존중을 통해 순수하게 세속적이고 대인적인 관계가 이루어진다. 이런 사랑은 우정으로 완벽해진다. 또한 이런 사랑은 세속적이고 현실적인 사랑이다. 따라서 코델리아, 어릿광대, 에드가, 켄트가 지적했듯이 이런 사랑이 지식의 능동적인 힘이 되어 우리로 하여금 관계의 실체를 꿰뚫어보고 모든 사람이 이웃은 아니라는 사실을 깨닫게 해준다.

낭만적 사랑이 이기적 사랑의 한 형태이고 그리스도교의 이웃 사랑이 의무라면 셰익스피어가 표현한 사랑 가운데 가장 심오한 것은 무조건적인 연민과 자기희생이다. 이는 비판하는 반대 의견도 마다하지 않고 사랑하는 사람을 돕기 위해 무엇이든 희생하는 사랑이다. 셰익스피어의 인물들이 거지와 비루한 하인 행세를 한 까닭은 그리스도교 입장에서처럼 자신을 낮추기 위해서가 아니라 자신의 사회적 행복과 경력을 버릴 수 있을 만큼 숭고한 마음을 지녔기 때문이다. 그들은 순전히 외부 상황에 따라 자신의 위장을 결정했다. 이는 소중한 사람이 가장 어려울 때 도울 수 있는 고도로 이성적이고 목표 지향적인 방법이었다. 낭만적 사랑과 달리 동정심이 풍부한 셰익스피어풍 사랑은 남자와 여자 사이의 성적 관계에 국한되지 않았고, 동등한 사람 사이 또는 영적으로 유사한 사람과 개인의 우정 사이에 적용되었다. 고전적 우정인 필리아philia와 동료 인간 존재에 대한 절대적 존중이 탁월한 가치를 지닌 것으로 묘사된 쪽은 가슴 아픈 낭만적 사랑보다는 셰익스피어의 걸작이다.

《리어 왕》은 열정과 사랑에 늘 따라다니는 질문을 던지며 사랑이 사람을 눈멀게 하는지 아니면 반대로 볼 수 있게 만드는지 이야기한다. 《리어 왕》은 눈이 멀어 보지 못하는 사람과 볼 수 있는 사람의 관계를 통해 우의적으로 이 질문에 모호하게 답한다. 눈 먼 것과 사랑을 보는 일의 역설적 관계는 글로스터에게서 문학적이면서 은유적으로 표현된다. 글로스터는 시력이 남아 있었을 때는 에드먼드가 자

신을 배반하고 있다는 사실을 꿰뚫어보지 못했다. 이 사실을 깨닫게 된 때는 시력을 잃고 난 뒤다. 이 희곡에서 절정을 이루는 부분의 하나는 볼 수 있지만 정신적으로 장님인 리어 왕이 시력은 잃었지만 느낌으로 볼 수 있는 글로스터와 만나는 순간이다. 지적으로 냉철한 시력보다 감정적 인식을 우위에 두려는 셰익스피어의 의도는 희곡의 마지막 대사에서 에드가의 입을 통해 전달된다. 에드가는 슬픈 시간이 짓누르는 무게를 견디면서 "말해야 하는 것을 말하지 말고 느끼는 것을 말하라."고 호소한다. 달리 표현하면 리어 왕이 자신의 방식으로 작품 전체에서 그렇게 했듯이 마음의 목소리를 따르라는 것이다. 에드가의 모든 통찰력은 마음에서 비롯한다. 블룸은 플로티노스에 대해 언급하면서 에드가의 통찰력을 "진심에서 우러나는 감화"라고 결론지었다. 이 모호한 감정주의는 셰익스피어가 예견하고 길을 닦아놓은 낭만주의로 발전했다.

볼 수 있는 장님과 현명한 광인, 진실을 말하는 어릿광대가 셰익스피어를 상투적인 수법을 거부하고 문학적인 관례를 깨는 극작가로 만들어준다. 그렇게 해서 《리어 왕》은 우리 자신에 대한 이야기로 만들어진다. 우리 역시 리어 왕과 글로스터가 걸려든 똑같은 함정에 빠져 어릿광대의 비웃음을 사기 때문이다. 저변에 존재하는 여러 동기와 충동과 본능 가운데 일부는 표현되고 일부는 감춰지며, 일부는 진짜고 일부는 가짜다. 인간이 자신을 인정하지 못하는 한 내적 동기와 충동과 본능을 구별하고 다른 사람을 있는 모습 그대로 인정하

기란 불가능하다. '좋은' 사람이 '나쁜' 사람이 되어버리는 경우도 내적 동기를 정확하게 해석하지 못하기 때문이다. 리어 왕은 자신을 제대로 알지 못하기 때문에 다른 사람을 잘못 판단했다. 에드먼드는 있는 그대로의 자신을 받아들이지 않았기 때문에 자신과 다른 사람에게 파괴적인 영향을 미치면서 아무것도 아닌 존재가 되었다.

《리어 왕》은 불행과 배반, 살인, 죽음을 묘사할 뿐 아니라 인간의 기본 가치와 사랑의 본질에 의문을 제기하기 때문에 냉혹하면서도 허무적인 희곡이라 할 수 있다. 《리어 왕》에서 사랑은 불행 정도에 그치지 않는다. 실제로 사랑이 모든 악의 뿌리다! 사랑은 그저 위험하고 헛된 정도가 아니다. 파괴적이다. 리어 왕과 코델리아가 그토록 애절하게 사랑하지 않았더라면 비극은 결코 발생하지 않았을 것이다. 사랑이 클수록 고통도 큰 법이다. 사랑은 모든 상처를 치료하지 못하지만 치명적인 상처를 입힐 수 있다. 여기에는 속죄도 화해도 없다. 리어 왕은 여러 측면에서 18세기 비평가 새무얼 존슨Samuel Johnson의 다음과 같은 거친 말을 확인시켜주었다. "사랑은 바보들의 지혜이고 영리한 자의 어리석음이다." 사랑은 산을 움직일 수도 있을지 모르지만 인간을 죽음에 이르게 하거나 훗날 영국 왕위를 넘겨받은 에드가처럼 죽은 것이나 다름없이 사는 상태에 이르게 한다. 전설에 따르면 실제 에드가 왕은 영국에서 늑대를 없애는 일에 열심이었다고 한다. 여기에는 중요한 사실이 감춰져 있다. 그가 배운 삶의 교훈 가운데 하나가 '인간은 인간에게 있어 늑대다' 였기 때문이다.

여기서 배워야 하는 교훈은 사랑은 '치명적으로 위험하다'는 것이고 사랑과 '사랑의 모든 작용'에서 거리를 두어야 한다는 것이다. 그러나 이는 불가능하다. 인간을 인간답게 만들고 세상을 돌아가게 하는 것이 바로 사랑이기 때문이다. 세상 모르는 순진함과 미몽에서 깨어나는 각성은 희곡에서 되풀이해 등장하는 주제다. 이때 각성은 대체로 절망과 허무주의로 끝맺는다. 코델리아와 함께 희망도 죽는다. 이렇게 하여 우리는 이 작품의 근원적 주제에 이르게 된다. 즉 개인적으로, 도덕적으로, 실존적으로 '심장 없는' 냉혹함heartlessness을 대면하게 된다.

'내 마음을 입으로 토해낼 수 없다' ◆◆◆

《리어 왕》은 말과 말이 가리키는 것의 관계에 대해 새롭게 도덕적 문제를 제기한다. 이런 역할을 하는 것이 예술이기는 하지만, 마음이 올바른 사람은 말이 우리에게 감동을 준다는 사실을 알고 인간답게 만드는 말을 하며 우리를 구성하는 것이 무엇인지 말한다. 즉 인간이 무언가를 말로 표현하려 할 때, 말로 표현되기 이전과 의식 이전의 것이 모습을 드러낸다. 이를테면 인간의 아킬레우스건으로부터 리어와 코델리아의 드라마가 시작된다는 것이다. 여기서 비극의 단초는 '내 마음을 입으로 토해낼 수 없다' 고 느끼는 코델리아의 태도다. 이런 태도는 이집트인에게는 이상적이지만 리어 왕은 이해하지 못한다. 감정적으로 지각하는 심장은 인간 안에 말로 표현하지 못할 무언가가 있다는 사실을 증명한다. 어쨌거나 조건 없는 사랑을 다른 목적의 수단으로 사용하는 사회에서는 그 사랑을 입으로 표현하기 어렵다. 그러나 표현이 내포하는 문제는 대체로 인간 마음의 훨씬 더 깊은 곳에 있다. 인간 내면의 삶에서 가장 친밀하고 귀중한 것을 치밀한 계산 끝에 노출시키는 데 따른 수치심보다 훨씬 더 깊은 곳에 자리한다. 뭐라 표현하기 어려운 것은 개인의 자아이기 때문이다. 유럽인은 스스로 호메로스의 인물과 거리를 두었다. 호메로스에게 육체는 외부의 자아였고 셰익스피어에게 육체는 복잡한 내면 전체였다. 이는 영혼이 온 마음을 차지하는 중세인과 비교해볼 때 새로운 개념이다. 심장은 발단 단계에서 비어 있다. 그것은 허리케인의 눈이자 블랙홀이다. 폭우의 잔잔한 진원지이자 동시에 실제 폭우다. 모든 선이 교차하는 힘의 중심이며 통합된 전체로서 인간 존재를 구성하는 힘의 순수한 기능이다. 이 기능은 또한 더 이상 축소하기 어려울 만큼 포괄적인 것과의 유사성을 인식하는 능력을 가리킨다. 이런 이유로 코델리아는 자신의 마음을 털어놓고 아버지에 대한 사랑을 전달하지 못했던 것이다. 사랑은 간접적으로 전달되어야 한다.

작품 전체에 걸쳐 리어 왕은 코델리아가 표현하지 못하는 것을 간

접적으로 노출하고 나타내며 표현하는 기능을 맡는다. 리어 왕은 코델리아의 마음에 담긴 모든 것을 투영하면서, 은유적이고 정신적으로, 도덕적이고 실존적으로 그것을 표현한다. 그래서 독자나 관객으로 하여금 인간 안에 무엇이 자리하는지, 말로 표현되지 않는 마음의 영역을 수단으로 삼아 훼손하지 않으려면 무엇을 인정해야 하는지 생각하도록 만든다. 따라서 《리어 왕》이 허무주의 작품이 아니라는 점은 분명하다. 침범할 수 없는 내면의 삶을 표현하는 일은 일종의 매춘이다. 이는 셰익스피어 작품의 핵심 개념인데, 햄릿은 "창녀처럼 내 마음을 말로 고백해야" 했을 때 자신을 심하게 책망한다. 인간에게 있어 역설과 고통의 원인은 가장 귀중한 것을 전달하지 못한다는 데 있다. 그래서 신비주의가 은밀한 것이다. 이는 "우리가 표현할 말을 찾으면 그것은 내 마음에서는 이미 죽어 있다."라고 니체가 주장한 근거를 이룬다.

셰익스피어는 어떻게 살인이 벌어지는지, 우연성이 작용하는 세상에서 어떻게 최악의 일이 발생하는지 묘사한다. 그것도 언어로 정확하게 묘사한다. 이는 최악의 사태가 벌어지지 않도록 하기 위해서인데, 최악의 일이 발생한다면 그것은 바로 최악의 상황을 묘사할 말을 더 이상 찾지 못할 때다. 에드가는 "우리가 '이것은 최악이야' 라고 말할 수 있는 한 그것은 최악이 아니오."라고 말한다. 그렇다면 최악의 상황이란 마음속에서 무언가가 죽어 다시는 돌이키지 못하고 자신과 함께 파괴되었기에 더 이상 표현할 방법을 찾지 못할 때

다. 발생할 만한 최악의 상황은 여전히 최악이다. 인간은 발생할 만한 최악의 상황에 대비해야 한다.

루트비히 비트겐슈타인[●]의 정신에 입각하면 모든 것은 언어지만 언어는 모든 것이 아니라고 말할 수 있다. 마음의 역사는 이런 딜레마와 관계가 있어서, 마음의 언어와 언어의 마음 사이에 차이점과 유사성이 존재한다. 인간은 심장에서 곧장 발생하는 마음을 말하고, 그 말이 잘못 사용되거나 말하는 인간의 의도에 반하여 사용되지 않으리라 믿으면서 말한다. 인간끼리의 삶이 모두 이러한데, 사회적 의미에서 이를 지속하기는 불가능하다. 인간은 감정적, 지적, 사실적으로 각기 다른 수준에서 각기 다른 앎을 가지고 존재하기 때문이다. 인간관계에서 차이란 타인이 자신과 다른 견해를 가졌더라도 이를 이해하고 타인을 존중하는 사람들 간에 인정되는 경우가 많다. 이는 공감과 마음과 자신을 초월하는 능력과 관계있다.

루트비히 비트겐슈타인 Ludwig Wittgenstein, 1889~1951. 오스트리아 태생의 영국 철학자. 논리실증주의와 분석철학의 형성에 기여했다.

세상에는 두 가지 유형의 인간이 있는 듯하다. 공감을 하지 못하고 모든 것을 수단으로 바꿔놓으며 발달을 멈춘 모진 인간이 있다면, 공감과 연민과 상상력 등의 능력을 가져서 타인의 입장에서 생각하고 가치 있는 현상에 자신을 버리기도 하는 인간이 있다. 셰익스피어의 인물들은 이 두 유형으로 나뉜다. 이런 구분법을 따르면 선과 악 같은 도덕적이거나 종교적인 범주에 따라 인간을 구별하는 일은 의미가 없다. 이는 도덕적이고 종교적인 모든 근본주의를 초월하여 존재하는, 심리와 인류학 범주에서 나뉘는 수준 차이기 때문이다. 현대인은 자족적이고 우발적인 세상에 남겨져 아무 도움 없이 스스로 헤쳐나가야 할 때, 또 그런 세상에서 무기력한 영혼으로서 사회적 중압감을 느끼고 명분마저 잃을 때 비로소 자신을 발견하게 된다.

셰익스피어는 마음(심장)을 찢어놓는 능력에서 타의 추종을 불허한다. 심장은 죽지만 셰익스피어의 언어와 은유를 통해 살아난다. 그의 희곡에서 심장이 깨지는 소리는 서구 역사에서 오늘날까지 메아리친다. 여러 면에서 셰익스피어의 후기 걸작은 인간을 이해하는 데 전환점이 되었다. 셰익스피어 이후에는 공감 없이 숭고한 마음에 대해 이야기하기가 불가능해졌다. 그러나 인간 본성을 다룬 셰익스피어 작품은 단순히 미몽에서 깨어나는 데 머물지 않고 계몽으로 나아갔다. 그는 누구보다도 명쾌한 통찰력으로 어둠의 핵심을 밝혔다.

'어둠의 핵심'과 '텅 빈 사람들' ◆◆◆

우연찮게도 조셉 콘래드Joseph Conrad, 1857~1924가 《어둠의 핵심Heart of Darkness》의 여정을 시작한 곳은 글로브 극장• 에서 흘러나오는 셰익스피어의 대사가 떠돌던 런던 템스 강이었다. 이 작품에서 콘래드의 분신이자 화자인 주인공 말로Marlow가 인

글로브 극장
Globe theatre, 런던 템스 강 남쪽 기슭에 있는 사우스워크에 세워진 팔각형의 극장. 셰익스피어의 수많은 명작이 이곳에서 무대에 올려졌다.

류와 역사에 대해 이야기하는 서두 부분은 인류의 타락과 어리석음을 말한 셰익스피어 대사의 연장선으로 여겨진다. 콘래드의《어둠의 핵심》은 심리나 문명사 측면에서 볼 때 여러 가지로 전형적인 작품이다. 이 작품은 새로운 세기로 넘어가기 직전인 1899년에 발표되었는데, 인류 역사상 과거 어느 때보다 많은 인간이 전쟁과 테러와 대량학살로 희생되는 공포의 20세기를 미리 경고하는 듯했다. 작품의 서론과 결론에 묘사된 어두운 수평선은 은유적 표현인데, 인류가 새로운 세기로 진입하면서 맞이하게 될 위협적인 미래를 뜻한다.

> 앞바다는 둑처럼 생겨난 먹구름에 막히고, 지구의 가장 멀리까지 이어지는 고요한 수로는 우중충한 하늘 밑에서 침울하게 흐른다. 마치 거대한 어둠의 핵심을 향하는 것처럼 말이다.

콘래드가 이 소설을 발표한 지 100년이 넘게 흐른 오늘날 시점에서 돌아보면 상상 속에서 석양을 본 콘래드는 소설 분야에서 문명비평가 오스발트 슈펭글러•에 필적할 만한 인물인 듯싶다. 슈펭글러는 대표적인 역사서《서구의 몰락Der Untergang des Abendlandes》(1918~1922)에서 문명의 쇠락을 묘사했다.

오스발트 슈펭글러 Oswald Spengler, 독일의 역사가, 문화철학자. 《서구의 몰락》을 통해 문명은 유기체로서 발생 · 성장 · 노쇠 · 사멸의 과정을 밟는다고 주장했다. 이 문화형태학을 근거로 서양 문명의 몰락을 예언했다.

그러나 콘래드의 작품은 과거와 자신이 속한 세대, 정점에 이른 제국주의를 고도로 압축하여 우화적으로 묘사한다. 작품은 식민지 권력이 콩고의 천연 자원을 수탈하고 콩고의 거대한 강을 따라 생활하는 원주민 사회에 굴욕감을 안겨주는 내용을 다루는데, 이것은 서구 문화의 가장 어두운 단면이다. 화자와 그의 이야기가 따라가는 강은 그때까지는 백인이 소유한 지도에서 마지막 텅 빈 공간으로 남은 아프리카의 심장에 이르는 주요 동맥이다. 이 텅 빈 공간은 미지의 암흑세계로서 실제로는 언론인 헨리 스탠리Henry Stanley가 이끈 탐험대가 발견했고, 선교사 데이비드 리빙스턴David Livingstone 박사가 문화적으로나 종교적으로 계몽하려던 곳이었다. 소설에서 조셉 콘래드는 아프리카의 어둠을 계몽하는 일과는 반대되는 이미지를 제시한다.

주인공 말로는 런던에서 출발하여 수탈자 레오폴드 2세가 수장으로 있는 브뤼셀 소재 식민지 회사 본부를 거쳐 콩고의 깊숙한 내륙에 도착한다. 그의 여행은 식민주의자들의 원시적인 동기와 탐욕을 집요하게 벗기는 과정으로 묘사된다. 아프리카를 착취하는 식민주의자들의 모습은 인간의 가장 사악한 면모를 보여준다. 상아는 부와 물질을 향한 욕망, 권력과 명예, 이기심과 탐욕이 인간을 도덕적으로나 감정적으로 부패시키는 모습을 상징한다. 인간은 자신의 목적을 추구하기 위해 시체를 짓밟는 지경에까지 이른다.

콘래드가 이룩한 위대한 업적은 작품의 주제와 인류학적 관점을 외부의(지리적이고 지정학적인 것)에서 내면의 개인적인(심리적이고 도덕적이고 정신적인) 것으로 전환한 데 있다. 작품의 성격이 어둠의 핵심에 대한 묘사에서 마음의 어둠에 대한 묘사로 바뀌기 때문이다.

진정한 어둠은 인간의 내면, 인간의 복잡한 심리와 원시적인 동기 안에 존재한다. 호모사피엔스에게서 문화라는 얇은 껍데기를 벗겨내자마자 태양 아래에 본모습을 그대로 드러내고, 이로써 가장 문명화되고 교육을 잘 받았다고 여겨지던 서구인이 가장 원시적인 인간이 되고 만다. 말로는 콩고 강을 따라 올라가는 여행과 사냥의 동기를 파헤치는 여행 사이의 유사성을 경험하고 "강을 거슬러올라가는 것은 세상의 태초로 거슬러올라가는 여행과 같다."고 말한다. 콘래드는 주인공 말로와 더불어 인간의 깊숙한 심리 상태를 꿰뚫는다. 인간이 본래 지닌 원시적 영혼을 향하는, 통찰력 있는 심오한 여행을 하게 되면서 과거의 원시적인 역사가 되풀이해 나타난다. "사람의 과거가 다시 돌아오는 순간이 존재한다." 낭만적인 시각으로 본다면 원시적이고 거친 본성을 향한 여행의 끝은 낙원과 정글 속 에덴의 정원이어야 하지만 결국 도착한 곳은 모든 것이 허용되는 무법의 정글, 즉 지옥이다. 인간 태초의 본성을 파고들었지만 인간이 근본적으로 선량하다는 사실은 증명하지 못한다. 인간의 저 깊은 곳에 도저히 꿰뚫을 수 없는 어둠이 지배하기 때문이다.

어두운 대륙의 내면(오지)을 향하는 콘래드의 여행은 도덕적 성향에 있어서 단테의 《신곡》과 어깨를 나란히하는 우의적 드라마처럼 보인다. 단테가 지구의 한가운데 존재하는 지옥으로 지하 여행을 감행하듯 콘래드의 인물은 지구의 중심 지역, 다시 말해 지상의 지옥으로 여행을 떠난다. 말로는 단테와 마찬가지로 자신의 악마인 쿠르

츠Kurtz를 찾아간다. 쿠르츠는 '지상을 떠나' 지옥의 땅, 어둠의 핵심, 지옥의 현대적 상징을 향해 앞서간 자다. 말로는 '지옥편'의 단테처럼 어둠의 핵심에서 자기 죄에 대한 저주를 평생 짊어져야 하는 동시대 죄인들, 상아 사냥꾼들, 입신출세주의자들을 만난다. 그들은 자신의 탐욕을 충족하려고 체제에 스스로를 팔아넘긴 자들이다. "그들은 엄청나게 기다란 장대를 손에 쥐고 마치 마법에 걸린 믿음 없는 순례자 무리처럼 썩은 울타리 안에서 이리저리 방황했다. '상아'라는 말이 공중에 울려퍼지고, 속삭임과 한숨이 가득했다. 당신이 봤더라면 그들이 상아에 대고 기도한다고 생각했을 것이다." 처음에는 자신의 멍한 그림자로, 그 다음에는 소름끼치는 그림자로 묘사되면서 어둠의 핵심까지 말로를 끌어당긴 악마는 바로 전설적인 쿠르츠다. 노련한 상인이자 유능한 문명의 대변인 쿠르츠는 이제 콩고 깊숙한 오지에서 병들어 누워 있다. 회사의 명령을 받은 말로는 죽음이 위협하는 정글에서 쿠르츠를 구출하여 문명의 유럽으로 데려와야 한다.

그러나 말로가 마침내 발견한 인간은 화려한 언변의 계몽가가 아니라 신체적, 정신적, 도덕적, 개인적으로 산산이 부서진 인물이었다. 쿠르츠를 발견한 곳은 원주민 거주 지역으로, 추장이나 마술사가 존재하는 변경의 불가사의한 마을이었다. 해골이 주렁주렁 달린 장대가 오두막을 둘러싸고 있고, 밤에는 북이 격렬한 심장 박동처럼 울린다. 원주민들은 말로를 두려워하면서도 좋아하여 그에게 사냥

전리품을 가져다준다. 그리고 에로틱한 열정과 모호한 자유연애의 화신인 원주민 여성이 말로를 사랑한다. 그녀는 음산한 브뤼셀에서 산 송장처럼 사는 쿠르츠의 정숙한 약혼녀와는 정반대다. 그 약혼녀는 활기 넘치는 흑인 여성의 창백한 플라톤적 그림자로서 위대한 사랑과 플라톤의 숭고한 인물의 환영에 의지해 살아간다. 그녀의 고상한 심장은 창백한 석고 심장이고 죽은 심장이며 무기력한 심장이다. 한편 쿠르츠는 정반대의 것에 자신을 던진다. 아무런 제약도 없는 거칠고 어두운 황무지에 자신을 버린다. 사회적으로 말해서 쿠르츠는 타인을 제압하는 권력을 추구하고 부와 욕망, 허영, 명성을 추구하는 알파메일• 이다. 하지만 쿠르츠의 이런 모습은 서구의 이상에 대한 공허한 수사학과 과장된 말과 '은유의 무더기'에 가려진다. 쿠르츠는 인간의 원시적 본성이 되살아나면서 계몽과 자유와 발달이 왜곡된 경우다. 그의 몰락은 서구의 자제심이 존재하기 이전과 그 저변에 놓인 원시적인 것으로 회귀함을 뜻한다. 따라서 쿠르츠는 산산이 조각난다. 그리고 두 세계 사이에서 갈라져 마침내 양쪽의 생활양식을 대표하는 두 가지 악몽 가운데 하나를 선택하도록 강요받는다. 그러나 콘래드와 그의 분신인 말로는 쿠르츠를 악의 화신으로 묘사하지 않는다. 쿠르츠는 메피스토펠레스• 같은 존재도, 파우스트 같은 존재도 아니다. 악마의 화신으로 등장하는 이는 식민지 회사의 지역 책임자이자 중앙역 관리자 스탠리 폴스Stanley Falls인데, 말로에게 밀림 안으

알파 메일
alpha male, 늑대 집단에서 최고 우두머리 수컷이라는 뜻으로 강한 남성을 이르는 말.

메피스토텔레스
Mephistopheles, 독일의 파우스트 전설과 이 전설을 소재로 한 작품에 등장하는 악마의 이름.

로 들어가 쿠르츠를 데려오라고 지시한 사람이다.

폴스는 초판본에서 비중 있는 인물로 등장하지만 마지막 판에서는 주제를 나타내는 인물로만 등장한다. 소설에서 관리자 폴스는 사악함, 다시 말해 마음의 어둠을 이루는 것이 무엇인지 설명하는 기능을 한다. 흥미로운 사실은 현대성을 대표하는 작가인 콘래드가 악을 필수불가결한 것으로 묘사하지 않고 기능적이고 관계적인 것으로 묘사했다는 점이다. 폴스는 악을 나타내는 신화적 존재인 사탄의 도구일 뿐 절대적인 어떤 것도 대표하지 않는다. 그는 악마가 아니라 지나치게 평범한 사람일 뿐이다. 그는 마음을 다해 직장일에 몰두하고 회사를 위해 봉사한다. 그는 삶에서 한 가지 목적만을 추구한다. 조직을 타고 올라가 쿠르츠의 지위를 차지하고 이사로서 당당히 유럽으로 돌아가기. 그는 그 자체로나 혼자서는 아무 존재도 아니다. 그저 자신이 몸담고 있는 직업과 야심과 경력을 통해서만 존재할 뿐이다. 그는 현대인의 영혼을 구분하는 합리화된 사회의 새로운 엘리트이면서 관료적 생활방식을 대표하는 존재다. 사회학자 막스 베버Max Weber는 관료적 생활방식을 현대 사회의 공포로 분석하고 묘사했다. "자지레한 일에 매달리며 좀더 그럴듯한 직업을 갖기 위해 발버둥치는 자그마한 톱니바퀴에 불과한 사람들로 어느 날 이 세상이 가득 찰지도 모른다고 생각하면 끔찍하다." 중앙역 관리자 폴스는 바로 이런 톱니바퀴에 불과한 사람이다. 말로는 그와 이야기할 때마다 마치 권력과 이기심의 영혼, 동기와 계획을 결코 드러내지 않으며 모든 것을 전술과 전략으로 바꾸고 스스로를 무로 만들어버리는 영혼과 대화하는 느낌을 가진다. 말로는 그와 진실한 대화를 나누기 어렵다는 사실을 깨닫는다. 자신의 힘만으로 관리자에게 영향을 미치는 일 또한 불가능했다.

> 나는 허세로 똘똘 뭉친 메피스토펠레스가 계속 말하도록 내버려두었다. 하고자 마음만 먹으면 집게손가락으로 그를 찌를 수 있을 테고 그러면 떠도는 자그마한 먼지 외에는 속에 아무것도 없음을 알게 될 테지.

셰익스피어에게 있어 악을 상징하는 대리석 심장이 현대에 들어와서는 떠도는 먼지로 가득 찬 작은 심장으로 바뀐다. 이는 심장, 곧 마음의 중심을 잃고 가슴이 텅 빈 사람들, 바로 현대인을 뜻한다. 쿠르츠의 악은 다르면서도 좀더 심오한 악이다. 그 또한 가슴이 텅 빈 인간이다. 《어둠의 핵심》은 대륙의 중심을 향한 여행이면서 인간의 중심을 찾아가는 여행이다. 몽테뉴에게 이 내면의 핵심은 비어 있었다. 그러나 쿠르츠의 경우에 이 공허함은 능동의 의미를 띠었다. 쿠르츠는 서구의 핵심적 가치를 버리고 도덕규범을 버림으로써 능동적이고 파괴적인 에너지로 가득 찬 공허의 악을 대표한다. "그것은 그의 속에서 크게 메아리쳤다. 속이 비어 있었기 때문이다." 말로는 힘을 행사하여 쿠르츠를 외부와 내면의 혼돈에서 꺼내와야 했다. 말로는 문명을 향해 강을 따라 내려오는 여정 동안 불치병에 걸린 쿠

르츠와 대화하려 시도한다. 하지만 무無에서 제국을 건설하려는 원대한 꿈을 갖고 과장되게 떠들어대던 사람은 더 이상 말을 하지 못한다. 갈가리 찢긴 영혼의 심연 가장자리에 선 쿠르츠는 정글에서 일어난 일을 말로에게 설명할 수 없다. 그러더니 마지막으로 "무서워! 무서워!"라고 소리친다.

말로가 볼 때 쿠르츠를 구한 것은 바로 이 외마디 말이다. 인간이 입 밖으로 낼 수 있는, 진실에 가장 가까운 말이기 때문이다. 내면에 존재하는 것은 언어를 초월하기에 표현이 불가능하다. 쿠르츠 자신이 경험했듯 이는 깊이를 알기 어려운 선과 악의 근원이다. 공포가 때와 장소를 가리지 않고 어느 누구에게나 나타난다는 사실 또한 공포다. 말로는 쿠르츠가 공포에 대한 인식과 자신을 알고 싶어 하는 마지막 욕구 때문에 구원을 받았다고 생각했다. 정상과는 거리가 멀고 매일 사용하는 말을 뛰어넘어 가늠하지 못할 것을 경험한 뒤라야 의지는 "어둠 속에서 고동치는 심장을 관통해 존재"할 것이다. "쿠르츠는 이 과정을 '무서워! 무서워!'라는 말로 정리하고 판단했다. …이는 무수한 패배와 진저리나는 공포, 가증스러운 만족을 통해 얻은 확언이자 도덕적 승리였다." 말로가 마지막 순간까지 쿠르츠에게 성실을 다한 까닭은 바로 쿠르츠가 인정과 이해라는 서구의 탁월한 이상에 충실했기 때문이다.

물론 말로는 문학작품의 등장인물이고, 조셉 콘래드가 마음의 문화사에서 일익을 담당하는 데 기술적 수단으로 활용된 화자일 뿐이

다. 그렇기에 말로가 들려주는 어둠을 향한 여행 이야기는 비판적으로 해석할 필요가 있다. 어둠을 향한 말로의 여행은 쿠르츠의 유품을 약혼자에게 돌려주기 위해 들른 브뤼셀에서 끝난다. 우리는 말로가 내면의 어둠에서 고생 끝에 가까스로 알게 된 사실과 쿠르츠의 마지막 말 및 그 속뜻에 충실할 것인지 의문을 갖게 된다. 과연 그가 그럴 것인지는 의심스럽다. 말로는 쿠르츠의 약혼녀에게 진실을 전달하지 못할 것이기 때문이다. 말로는 약혼녀와 정중한 대화를 나누고는 "그녀를 보호할 수도 없고 나 자신도 지킬 수 없던 그 의기양양한 어둠 속에서 초자연적인 빛을 발하며 반짝이는 위대한 구원의 환영을 앞에 두고" 복종의 뜻으로 고개를 숙인다. 그리고 약혼녀가 "의지하며 살아갈 것"이 필요하니 쿠르츠의 마지막 말을 들려달라고 하는데도 쿠르츠의 마지막 말이 "무서워! 무서워!"였다는 사실을 말해주지 않는다. 대신 일종의 연민에 마음이 흔들려 "그는 마지막으로 당신 이름을 불렀어요."라고 말한다.

조셉 콘래드는 말로의 입을 통해 거짓말을 함으로써 진실의 무게를 견디지 못하는 인류에 대해 유죄를 선언한다. 계몽주의 시대의 최고 철학자라 할 임마누엘 칸트에 따르면 인간은 계몽사상을 충분히 견뎌낼 만큼 정신적으로 강인하지 못하다. 칸트는 자신의 논문 〈계몽이란 무엇인가?〉(1784)에서 이렇게 주장했다.

> 계몽은 인간이 스스로 자신에게 부과한 미숙함에서 벗어날 때 이뤄진다.

> 미숙함은 타인의 지도를 받지 않고서는 자기 이성을 사용하지 못하는 무능함과 같다. 미숙함은 이해가 부족할 때 생겨나는 것이 아니라 타인의 지도 없는 결단력과 용기가 부족할 때 저절로 생겨난다. '사페레 오데 Sapere Aude(알려는 용기를 가져라)'! 다시 말해 '자신의 이성을 사용할 용기를 가져라.' 이것이 계몽의 모토다.

칸트의 정의에 따르면 인류에 대한 말로의 실패는 의심의 여지가 없다. 말로는 스스로 자초하여 진실을 전하는 데 실패한다. 자신의 이해를 활용할 결단력과 용기가 부족하기 때문이다. 이성적인 빛을 감당할 만한 용기가 마음에 없기 때문에 어둠은 밝혀지지 않는다. 이에 대해 콘래드는 심리적 설명을 시도하는데, 헨리크 입센의 《들오리Vildanden》에 나오는 유명한 말과 일치한다. "평범한 사람에게서 삶의 거짓말을 제거하면 즐거움도 함께 제거된다." "거짓말은 곧 죽음이다."라고 주장했던 콘래드에 따르면 인간성은 더 이상 발전하지 못하고 있다.

콘래드가 인류에 대한 환멸을 나타낸 지 한 세기가 지난 오늘날에는 콘래드의 의견에 부합하는 역사적 증거가 넘쳐나고 있다. 도처에 어둠이 퍼져 있다. 콩고 내륙과 이웃 나라 르완다의 상황이 그러하다. 이 지역에서 1994년에 3개월 동안 대부분 투치족인 90만 명의 무고한 민간인이 후투족 손에 대량학살을 당했다. 오늘날 아프리카에서 최대 대량학살이 발생한 곳은 바로 조셉 콘래드가 어둠의 핵심

이라 부른 검은 대륙에 속한다. 피비린내 나는 역사의 아이러니라 하겠다. 이와 동시에 계몽된 유럽의 발칸반도에서도 '인종청소'라는 이름 아래 수많은 인명이 희생되었는데, 이런 참극은 1995년 7월 스레브레니차 학살●에서 절정에 이르렀다. 하지만 세계는 모두 소극적인 태도로 수수방관할 뿐이었다.

스레브레니차 학살 Srebrenica Massacre, 보스니아 내전 발발 3년째인 1995년 7월 11일에 세르비아군이 보스니아 내 이슬람계 거주 지역인 스레브레니차 마을에서 8000여 명의 보스니아 민간인을 학살한 사건.

콘래드의 어둠을 향한 여행은 소설과 마찬가지로 현실에서도 되풀이되고 있다. 베트남 전쟁을 배경으로 한 프랜시스 포드 코폴라Francis Ford Coppola 감독의 영화 〈지옥의 묵시록Apocalypse Now〉(1979)이 좋은 예다. 이 영화는 콘래드의 소설을 일부 참조했다. 주인공인 윌러드Willard 중위는, 정글에서 정신착란을 일으켜 베트남 원주민을 대량학살한 미군 대령 쿠르츠를 추적해 살해하라는 명령을 받는다. 이 영화는 상부의 명령을 받은 윌러드 중위가 메콩 강을 거슬러올라가는 여정을 담았다. 영화의 쿠르츠는 소설의 쿠르츠와 마찬가지로 정글의 무법 상태에 충실하다. 인간이 '공포'를 받아들이는 방법을 배워야만 전쟁을 성공적으로 수행하리라 믿기 때문이다. 전쟁은 비인간적이기에 그렇다. 이것이 베트남 전쟁의 실상이기도 했다. 자유에 대한 서구의 이상을 지키기 위해 마을 전체가 네이팜탄으로 폐허가 되었다. 쿠르츠 대령은 식민주의자 쿠르츠와 마찬가지로 동물처럼 살고 싸우기 위해 인간성을 거부한 결과 삶이 무의미해지고 공허해졌다는 깨달음에 이른다. 냉혹한 인간은 필연의 법칙에 따라 아무런 제약도 마음의 중심도 없는 텅 빈 인간일 것이다. 코폴라 감독은 이런 어둠의 법칙을 강조하기 위해 쿠르츠의 입을 통해 엘리엇T. S. Eliot의 시 〈텅 빈 사람들The Hollow Men〉을 읊는다. 현대인의 마음의 역사가 가리키는 요점은 바로 이것이다. "자신의 마음을 죽인 사람은 결국 타인을 죽이게 될 것이다."

몽테뉴의 회의론에서 출발하여 셰익스피어의 가슴 찢어지는 고통에서 절정에 이르고, 콘래드와 코폴라의 철저한 냉혹함으로 이어지는 이야기는 각성의 역사이자 염세적인 불신의 역사다. 마음을 선과 악으로 분리한 것은 성서에서 비롯된 사악한 마음의 전통이다. 중세 전성기에는 선량하고 숭고한 마음의 전통이 만들어졌다. 하지만 오늘날 이런 전통에 미래가 있을까? 루소는 선한 마음의 전통에 새로운 토대를 마련하기 위해 이 질문에 답하고자 했다.

14장

루소, 마음의 철학자

열정의 논리는 평범한 사고의 질서를 뒤집고
결론을 전제보다 앞세운다.
– 알베르 카뮈, 《반항적 인간》

셰익스피어와 후기 르네상스 다음에는 18세기 중반의 전前낭만주의와 감상주의, 18세기 후반의 낭만주의, 과도기인 경건주의 등에서 마음을 다루었다.

경건주의는 17세기 말과 18세기 초에 유행한 신앙부흥 운동인데, 루터파 교회의 정통주의에 반대하여 일어났다. 경건주의는 진실하고 개인적이면서 감정적으로 개입하는 그리스도교를 강조했다. 매우 주관적이고 개인적인 경건주의는 감정에 바탕을 둔 믿음과 더불어 낭만주의로 가는 예비 단계였다. 당시 경건주의풍의 바로크 양식 찬송가에는 '마음'이 포함된 합성어가 아주 많았다. '마음 통하는 친구heart-friend', '마음의 눈heart-eye', '어머니 마음mother-heart', '중심부heart-ground' 등이 그런 예다. 경건주의와 당시 널리 확산된 카리스마적 그리스도교 전통이 없었다면 낭만주의가 그토록 열정적이고 감동적이지는 못했을 것이다. 또한 강렬한 경건주의 전통이 낭만주의와 나란히 신교와 재세례파(재침례교)에 영향을 주면서 영국 국교회 사제 존 웨슬리John Wesley로 하여금 감리교 운동을 시작하도록 영감을 주었다.

낭만주의에서 마음은 낭만주의 시대가 대표하는 대부분의 것을 상징한다. 낭만주의라는 이름은 기사도 시대에 발전한 로망스라는 문학 장르에서 이름을 빌려왔다. 전낭만주의의 대표적 문학 장르인 질풍노도•의 시와 감상적 소설 모두 로망스 전통에서 영감을 받아 생겨났다. 낭만주의의 이상적 사랑은 무엇보다도 기사도 시대의 영향을 받았고, 중세 시대에 아벨라르와 엘로이즈가 주고받은 편지의 영향을 직접 받았다. 루소가 1761년에 발표한 서간체 소설 제목이 바로 《신新엘로이즈》다. 루소의 작품 가운데서도 특히 이 작품은 현대인, 즉 주관적이고 감정적인 인간을 형성하는 데 중요한 영향을 미쳤다.

질풍노도
Sturm und Drang, 1770년에서 1780년에 걸쳐 독일에서 일어난 문예운동. 계몽주의에 반항하여 감정의 해방, 독창성, 천재를 주장했다.

그러나 루소만이 폭풍우가 몰아치는 밤을 지내고 공상에 잠기는 낭만적 여름을 창조하지는 않았다. 루소 또한 시대의 산물일 뿐이다. 루소를 배출한 시대는 영국과 프랑스를 선두로 지성과 감성, 이성주의와 감정주의, 쾌락과 실용성이 갈라져 있었다. 감성 예찬은 18세기 초반부터 크게 유행했다. 1740년에 발표되어 초기 현대 소

설 가운데 하나로 꼽히는 새뮤얼 리처드슨Samuel Richardson의 《파멜라Pamela》가 이 시대의 문학 장르인 감상주의 소설이다. 로렌스 스턴Laurence Sterne의 《감상 여행A Sentimental Journey》(1768)은 당시 유행하던 '교육 여행(프랑스와 이탈리아로 떠나는)'을 창안함으로써 낭만주의의 씨를 뿌린 소설이다. 이 장르는 고딕소설을 정점으로 제인 오스틴Jane Austen의 《오만과 편견Pride and Prejudice》(1813)까지 심미적으로나 감정적으로 영국 문학을 지배했다. 낭만주의는 억압된 감정뿐만 아니라 창의적인 힘을 폭발함으로써 바이런G. G. Byron, 셸리P. B. Shelley, 키츠J. Keats, 콜리지S. T. Coleridge, 워즈워스W. Wordsworth 같은 최고의 영국 시인들을 탄생시켰다. 낭만주의 정신과 감정이 서구 문화와 오늘날 세계 문화에 미친 영향력은 아무리 과대평가해도 지나치지 않을 만큼 막대하다.

18세기 중반과 후반의 감상주의 소설은 완전히 새로운 개인, 즉 사생활과 대중을 향해 새로운 태도를 취하는 개인을 만들어냈다. 당시는 부르주아 시대였는데, 사생활과 개인적 고결함을 위해 감정을 억누르고 대중 사회에서 자신을 차단함으로써 사회에서 소외되는 경우가 잦았다. 그러나 반대 경향 또한 존재했다. 감상적인 여주인공이 연민이라는 외향적 감정을 발달시켰기 때문이다. 그들은 비밀을 간직해야만 하는 상황에 고통스러워하면서 이를 고백하고 싶은 충동을 느낀다. 만약 믿을 만한 사람이 주변에 아무도 없다면 자신의 일기 또는 소설에 제 마음을 털어놓는다. 이런 소설은 이렇게 여

성적 장르가 되어 오늘날까지도 여성이 주요 독자층을 형성하고 있다. 감성과 연민이 사랑의 전제조건이기 때문에 당대 남성 또한 나름대로 섬세한 감각과 감성을 개발했는데, 헨리 매켄지 Henry Mackenzie의 《감정적인 남자 The Man of Feeling》(1771)가 대표적이다. 이 새로운 소설 장르가 대중의 인기를 얻으면서 연민이라는 사회적 정서가 새롭게 형성되고 인간 상호간의 개방적인 마음이 수단이자 이상으로 여겨졌다. 비록 동기는 자기연민이었지만 이런 개방적인 마음을 통해 타인의 고통을 연민과 자비심으로 대하는 유연한 태도가 생겨났다. 그러자 감성이 사회적 도덕성을 측정하는 새로운 척도가 되었다. 새로운 감정의 도덕률(그때까지는 도덕철학에서 받아들여지지 않았던)은 규칙과 의무에 대한 칸트의 도덕과 영국 공리주의• 도덕률과는 달랐다. 서구 정신 활동에 남긴 감상주의의 이런 공헌은 그동안 대개 무시되거나 과소평가되었다.

공리주의
Utilitarianism, 주로 19세기 영국에서 유행한 윤리. '최대 다수의 최대 행복'을 추구하는 윤리관이자 정치관.

18세기 중엽 영국과 프랑스에서 부흥한 감성 예찬은 장 자크 루소에게 잘 어울리는 움직임이었다. 루소는 세계를 향한 뜨거운 열정과 자기 고백의 충동을 가진 인물이다. 지식인 사회와 도시 상류사회에서 잘 어울리지 못한 루소는 전원의 삶을 선호했다. 그에게 전원은 외부와 내면의 본질, 감성적 여주인공, 즉 자신의 연인을 만들어낸 배경 및 풍경이 조화를 이루는 곳이었다. 셰익스피어와 회의적인 몽테뉴의 혹독한 현실주의에서 루소의 세계로 옮겨가는 일은 마치 선임자의 열정에 대한 통찰이 존재하지 않는 세상에 진입하는

일과 같다. 시계를 과거로 돌려놓는 일처럼 말이다. 하지만 역사는 결코 직선으로만 움직이지 않기 때문에 인간 발달에 대한 진보적 해석에는 주의를 기울여야 한다. 인간은 모두 자신이 속한 시대의 산물이기 때문이다. 그러나 시대에 따라서는 여느 다른 시대에 비해 진전이 느리고 편파적인 성향이 강하게 나타나기도 한다. 특히 루소와 낭만주의의 일부가 여기에 해당한다.

장 자크 루소는 현대 유럽인의 마음을 형성하는 데 가장 크게 기여한 인물이라는 칭호를 받을 만하다. 루소의 글은 모두 마음과 관계있기 때문이다. 마음은 감정이 존재하고, 사랑의 원천이 되는 동시에 도덕적이고 신성한 의미의 선량함이 담긴 곳이다. 인간에게 가장 심오한 것은 마음속에 숨겨져 있다. 만약 인간에게 무엇이 옳은지 의심이 생긴다면 제 마음의 목소리에 귀를 기울여야 한다. 마음은 신이 자신에게 새겨놓은 법칙에 따라 말하기 때문이다. 루소는 자연을 성서보다 우위에 두었다. 결국 성서는 책에 불과하다는 것이다. 신의 법칙은 책 속에서 어쩌다가 발견되는 것이 아니라 인간 자신의 마음에서 찾아야 한다. 인간을 포함한 자연을 창조한 이가 신이기 때문이다. 따라서 인간이 추구해야 할 목표는 마음이 알고 있는 자연의 법칙을 따르는 것이다. "신은 만물을 선하게 만드셨다. 하지만 만물은 인간의 간섭으로 악하게 되었다."는 문장은 1762년에 출판된 루소의 대표작 《에밀Emile》 제1권 서두에 등장한다. 루소는 이렇게 주장함으로써 원죄에 대한 그리스도교 교리(외부의 구세주가 필요하다는 전제조건)를 거부하고 교회와 투쟁했다. 만약 인간이 무엇이 옳은지 의심을 품게 된다면 그것은 인간이 본래 소유한 도덕적 본능을 사회와 문명이 파괴했기 때문이다.

루소는 오늘날 현대인이 널리 품고 있고 여전히 건재한 생각, 즉 '자연스러운 것'이 최상이고 자연이 가장 잘 안다는 생각의 진원지다. 이는 순수하게 관념적인 사고인데, 루소는 물에는 나름의 논리적인 흐름이 있으므로 심각한 논쟁으로 물을 멈추게 해서는 안 된다고 주장했다. 인식론에서는 이런 생각을 '자연적 오류'라고 부른다. 이것이 오류인 까닭은 자연적 존재에서 인위적 존재로 도약하는 일 자체가 조리에 맞지 않기 때문이다. 즉 인간은 자연에 대한 루소의 묘사를 통해 무엇이 옳고 그른지 가려내지 못한다. 자연을 규범 및 하나의 지도 원칙으로 삼을 때 예상되는 결과는 피비린내 나는 20세기 유럽 역사이기 때문에 이는 지적 세계에서나 정치 차원에서나 그냥 내버려둬서는 안 된다. 이를 인간에게 적용해보면 자연을 형성함으로써 인간이 형성되기 때문에 어떤 것도 자연스럽지 않다.

루소가 "자연으로 돌아가라!"는 말을 했을 때 염두에 둔 것은 인간의 타고난 본성이다. 루소가 '자연적'이라 생각한 것은 시골의 소박한 삶과 전원의 삶이었다. 루소의 자연 예찬은 무엇보다도 '파리를 떠나라'는 외침으로 나타났고, 파리의 퇴폐적인 도시 생활은 인간의 본성을 파멸시킨다고 보았다. 《신엘로이즈》 서문에서 밝히듯이 루소는 아름다운 영혼에 관심을 둔다. "자연은 아름다운 영혼을

창조했지만 사회 제도가 이를 망쳤다." 이런 이유로 루소는 아름다운 영혼을 돌보고 형성하는 새로운 사회를 창조하고 싶었다. 그러려면 새로운 자연관과 문화관이 필요했다.

루소에게서 놀라운 것은 그의 생각 자체라기보다는 그의 생각이 끼친 영향력이다. 루소는 다윈C. Darwin, 마르크스K. Marx, 프로이트, 아인슈타인A. Einstein과 더불어 현대인의 태도에 커다란 영향을 미쳤다. 하지만 그의 원래 저작을 직접 읽은 사람은 아주 드물었기에 그의 영향은 대개 간접적이었다고 봐야 한다. 물론 루소의 일부 작품, 특히 낭만주의의 토대가 된 《신엘로이즈》가 '베스트셀러' 반열에 올라 독자의 사랑을 받기는 했다. 루소는 그가 죽고 나서 얼마 뒤에 일어난 프랑스 대혁명의 정신적 아버지라 불릴 만하다. 하지만 정작 루소 자신은 혁명을 두려워했고, 또 여러 대립하는 정치 세력들이 동시에 그에게서 영감을 끌어오기도 했다. 괴테, 노발리스Novalis, 횔덜린F. Hölderlin을 비롯하여 셸리와 바이런에 이르기까지, 실제 루소가 활동하던 시대의 주요 작가와 추종자들은 루소 사상의 영향을 직접 또 지속적으로 받았다. 왜냐하면 루소가 표방하던 감정 중심의 주관주의는 예술에서 해방 효과를 가져왔고, 이를 통해 고전적인 문체의 요건을 던져버리고 주관적이고 표현적인 필요성뿐만 아니라 억눌린 감정까지도 자유롭게 풀어놓았기 때문이다.

루소는 계몽주의와 부르주아 계급의 기술 지향 이성에 반대했고, 파스칼이 "심장은 이성이 모르는 제 나름의 논리를 가지고 있다."에서 서술한 이성에 대해서도 줄곧 비판했다. 루소의 이상적 사랑 개념이 개입한 시기는 바로 이때다. 루소는 중세와 기사도 시대의 이성적 사랑으로 회귀했고, 이 점에서 그의 사랑관은 반동적이며 심리적으로는 퇴행이다. 루소는 고트프리트가 활동한 지 500년 이상 지나고 셰익스피어의 비극 《로미오와 줄리엣》이 탄생한 지 150년이 훨씬 지난 뒤에야 트라스탄식 사랑을 부활시켰다.

루소는 사랑 이야기 《신엘로이즈》에서 사랑하는 연인을 전원에 있게 했다. 여기서 전원은 기사들의 무대가 된 성城에 견줄 만하다. 그러나 트리스탄과 이졸데가 외부로 추방당한 동안 동굴에서 에로틱한 사랑을 불태웠다면 루소가 그린 사랑은 내면의 추방을 겪는다. 이것이 바로 루소의 현대적 측면이다. 이 작품에서는 사랑 자체가 문제다. 서로 사랑하는 관계였던 쥘리Julie와 평민 출신 가정교사이자 유혹자 생 프뢰Saint-Preux가 서로를 차지하지 못한 까닭은 단순히 계급 차이와 외부의 어려움 때문만이 아니라 그들 스스로 감정과 행동을 자제하고 내면의 방해를 받았기 때문이다. 두 사람의 욕망이 온갖 종류의 규범과 이상적 개념에 짓눌려 방향을 바꾼 것이다.

외부 장애가 상징하는 이 같은 정신적 방해는 열정의 전제조건이다. 정신적 방해와 장벽이 클수록 억눌린 욕구는 더 커지고, 현실에서 결코 실현되지 못할 꿈과 시와 조작된 이상으로 도망치기가 더 쉬워진다. 열정과 욕망으로 이루어진 즉각적인 환경은 간격과 분리와 죽음에 대한 두려움, 그리고 다양한 통제 필요성 때문에 산산이 부서진다.

생 프뢰가 행복한 사랑에 가장 근접한 때는 쥘리를 잃고 나서 그녀의 정원에 들어가도 되었을 때다. 쥘리가 돌보고 가꾸던 자연은 그녀의 피어나는 사랑의 이미지이자 결실이다. 이제 생 프뢰는 쥘리에게 열중하던 나날에서 수년이 흐른 뒤에 사랑의 대상에게서 시간적 · 공간적으로 떨어져 정원을 연인으로 바라본다. 그는 여기서 승화된 사랑과 에로틱한 환상 속에서 커다란 행복을 맛본다. 그는 자기암시를 통해 감동적인 일체감을 느낀다. 이것이 바로 낭만주의다. 낭만적 사랑의 목적은 성행위가 아니라 마음이다. 이런 변화는 불행한 삶을 낳지만 훌륭한 문학을 생산하곤 한다.

루소에게 있어 승화를 지향하는 심리적 동기와 낭만적 영혼은 소설 같은 자전적 작품 《고백록Confessions》에서 비롯했다. 같은 제목을 가진 성 아우구스티누스의 저서는 그리스도교의 고해 전통을 계승했다. 하지만 성 아우구스티누스는 그리스도교 고해 전통을 철저히 뒤집고, 타협하지 않으면서 정직하고 감동적으로 자신을 정당화한다. 그리고 개인으로서 자신의 삶을 투영하여 세속화시켰다. 성 아우구스티누스의 마음은 예수의 사랑의 화살에 맞아 불타올랐다. 하지만 루소는 정숙한 아내의 애원을 등지고 자식들을 고아원에 보낸 뒤에 집, 가족, 고향 등 사실상 모든 것을 잃고서 혼자 버려진 자신에 대한 사랑에 불을 붙였다. 그는 태어난 지 얼마 지나지 않아 어머니를 잃었고, 시계공이었던 아버지는 루소가 읽고 쓸 수 있는 나이가 되기도 전에 자신의 운을 시험해보겠다며 집을 나가버렸다. 감수성이 예민한 루소는 자신이 어린 시절 받은 상처를 깨달았다. 후에 워즈워스는 이런 결과의 법칙을 "아이는 어른의 아버지다."라는 말로 표현했다.

루소는 인간이 자연의 창조물인지 교육의 산물인지 묻는 유럽 인간론의 질문에 야릇한 중간 입장을 취했다. 한편으로는 일생에 걸쳐 작품을 발표하면서 인간이 내면의 본성에 충실하기만 하다면 모든 일이 잘 되리라고 주장했다. 하지만 다른 한편으로는 양육이 인간의 선악을 결정하는 데 제일 중요하다는 점을 일관되게 강조했다. 루소는 《에밀》에서 모든 기술 가운데 가장 유용한 '인간 존재를 양성하는 기술'을 개발하고 싶어 했고, 이 기술의 기본에 대해 제1권에서 "태어날 때 우리에게 부족한 것과 우리가 인간의 영역에서 필요로 하는 것이라고는 교육이라는 선물뿐이다."라고 서술했다. 현대 교육학과 자녀 양육에 커다란 영향을 미친 루소는 《에밀》을 통해 아이의 삶은 어른 삶의 축소판이 아니고 아이는 자신만의 권리를 가지는 세대라고 주장했다.

루소는 "건강한 육체에 건강한 정신이 깃든다."는 말과 함께 육체적 양육의 중요성을 강조하고, 모든 학습과 발달에서 놀이와 동기부여가 매우 중요하다고 강조한 선구자다. 니체가 육체를 재발견하기 한 세기 전에 이미 루소는 가만히 앉아 몸을 움직이지 않는 것이 아이에게 얼마나 해로운 일인지 강조했다. 그는 《에밀》 제2권에서 "아이가 이리저리 뛰어다니고 싶어 할 때 가만히 앉혀두지 말라. 뛰어다니게 하고 마음에 품고 있는 것을 소리치도록 하라."고 말했다. 훗날 니체가 "앉아 있는 것은 성령에 거스르는 죄다."라고 말했을 때 이는 루소가 주장하던 육체 개념의 메아리처럼 들린다. 문명비평가 노르베르트 엘리아스Norbert Elias가 《문명화 과정Über den Prozess der Zivilisation》에서 제시했듯이 루소가 활동할 당시의 자본가 계급과 계몽주의 시대에 가해진 신체적 자발성 및 감각적 충동에 대한 제한을 고려한다면, 루소는 육체적 문제는 물론 정신적 문제에서도 자유로운 인물이었다. 자유로운 생각은 속박 없는 감각과 자발성을 가진 육체를 근거로 생겨나기 때문이다. 그는 《에밀》을 통해 다음과 같이 주장했다. "자연철학에서 우리의 첫 스승은 바로 우리의 손과 발과 눈이다." "생각하는 방법을 배우려면 지력의 도구인 우리의 사지와 감각과 육체 기관을 움직여야 한다." 지력은 감정 및 육체와 상호작용한다는 현대 신경학자의 의견은 루소와 일치한다. 이런 관점에서 루소는 자신의 아동관으로 육체의 덮개를 벗기고자 했다. 육체의 덮개는 고대 그리스에서 영혼적 존재를 발견하면서 생겨났는데, 플라톤과 사도 바울로의 관점에서 육체의 감각을 비난한 그리스도교에서 절정에 이르렀다.

루소의 인간학은 그의 언어와 문체와 분리하기 어렵다. 다른 어느 철학자보다도 루소는 언어의 마음과 마음의 언어가 동전의 양면이라고 인식했다. 루소는 스스로 모든 선의 뿌리라고 여긴 열정과 감정, 그리고 이 같은 지식의 원천에 대해 사용하는 언어 사이에는 상호보완의 관계가 존재한다고 생각했다. 루소는 자신만의 문체를 가지고 스스로 믿는 바를 표현했고, 은유적이고 감정에서 비롯하는 언어를 가지고 글의 분위기를 조성했으며, 감정을 옹호하기 위해 자신의 느낌과 열정을 사용했다. 하지만 마음의 법칙을 옹호하든 자연의 여신 또는 신의 존재를 옹호하든, 항상 감정을 바탕으로 했다. 따라서 루소에게는 삶과 가르침이 일치했다. 루소의 모든 삶과 작품은 자신이 《고백록》에 썼듯이 특별히 '뜨거운 기질'의 표현이었다.

> 두 가지 상반되는 것이 내 안에서 하나가 된다. 그것도 내 자신이 생각하지 못하는 방법으로. 내 기질은 극도로 정열적이고, 내 열정은 생동감 있고 충동적이다. 그러나 내 생각은 무수한 당혹감과 거듭된 생각을 거쳐 서서히 형성된다. 내 마음과 이해가 한 개인에 속한 것이 아니라고 말할지도 모르겠다. 감성은 번개처럼 순식간에 내 영혼을 차지하지만 나를 계몽하기보다는 현혹시키고 당황하게 만든다. 나는 모든 것을 느끼지만 아무것도 보지 못한다. …나는 보는 것에서 비롯하는 어느 것도 알지 못하지만, 기억하는 것에서 비롯하는 것은 모두 안다. 또한 기억하는 것을 제외하고는 어떤 것도 이해하지 못한다.

위 인용문은 낭만주의에서 감정에 우위를 두어야 한다는 루소의 주장이 이원론에 바탕하고 있음을 보여준다. 루소는 이성과 지식을

공격할 때 이성의 철학자 칸트보다 오히려 더 이원론적이다. 루소가 열정과 감정, 사랑과 에로티시즘을 열정적으로 다룬 작품은 진실을 둘러싼 논쟁에서 감정을 사용하는 일이 얼마나 많은 문제를 낳는지 보여준다. 단순히 논리적으로 타당하지 않은 두루뭉술한 논쟁 때문이 아니다. 감정은 진실하지도 않고 그렇다고 거짓도 아니라는 것이 데이비드 흄• 이후의 철학 입장이다. 그러나 감정은 언제나 개입한다. 이는 바로 수사학의 문제다. 감정은 마음에 직접 말하면서 객관적인 성찰 능력을 방해하기 때문이다. 감정은 인간적이다. 니체에 따르면 지나치게 인간적이다. 그러므로 감정은 비판적으로 평가받고 징후에 따라 해석되어야 한다. 루소와 그의 글 자체가 이런 점을 입증한다. 그럼에도 루소의 강점은 감각적으로 경험하고 공감하는 동시에 느끼고 상상하는 그의 주관적인 능력에 있다. 루소는 예전에 어느 누구도 시도해보지 못한 방법으로 주관성을 계발했다. 이렇게 해서 루소는 사상사에서 중요한 위치를 차지했고 후세의 모든 인간관에 강력한 영향을 미치고 있다.

데이비드 흄
David Hum, 영국의 철학자로 감정을 윤리의 중요 동기로 보았다.

루소는 유럽에 '파토스pathos'를 되돌려주었다. 아니 그 이상이었다. 그는 또한 현대적 의미에서 감정이입인 공감을 인류학적 의제로 삼았다. 이는 이번 장의 서두에서 지적했듯이 루소가 활동하던 시대의 감상주의와 완벽하게 조응한다. 문제는 토머스 홉스Thomas Hobbes, 1588~1659가 제기했듯이 인간의 자아중심주의가 동료 인간에 대한 공감과 감정이입으로 억제될 수 있는지 여부다. 이런 점에서 루소를 비롯한 프랑스 계몽주의 철학자들은 어느 정도 염세적이다. 그러나 루소는 독기 어린 볼테르Voltaire와 격렬한 논쟁을 벌이면서, 인간 본성이 원래 감정이입 능력을 가졌고 악과 다른 사람의 고통에 즉각 반응하는 능력도 가지고 있다고 주장한 당대 유일의 철학자였다. 루소의 사상은 마음이 마음에 말을 하는데, 사회와 이론 교육이 그 능력을 파괴한다는 데서 출발한다. 이는 《에밀》 제1권에서 철학자 또는 이론가에 대해 내리는 정의를 바탕으로 한다. "이런 철학자들은 이웃을 사랑하지 않는 길을 찾기 위해서라면 타타르족이라도 사랑할 것이다." 루소가 내놓은 해결책은 친숙한 것에서 시작해 서로에 대한 공감을 키우고 점차로 확대하는 것이다.

인류학적 가설에 따른 타인과의 '해후'의 윤리는 루소 감정주의의 한 측면이다. 이는 여태껏 간과되어왔지만 아마도 그를 새로운 관점에서 조명하는 계기가 될 것이다. 특히 감정이입은 규칙과 의무에 대한 칸트의 윤리학과 더불어 오늘날까지 눈에 띄지 않게 이어져 왔다는 점을 생각해보면 더 그렇다. 감정이입은 20세기 초까지 윤리학에 속한 어휘가 아니었다. 한나 아렌트 또한 홀로코스트holocaust를 다룬 글과 《예루살렘의 아이히만: 악의 평범성에 대한 보고서Eichmann in Jerusalem: A Report on the Banality of Evil》(1961)에서도 감정과 감정이입의 중요성을 강조하지 않았다. 사람이 자발적으로 또한 도덕적으로 적절히 행동하기 위해서는 감정이입이 중요하다는 인식을 갖게 된 때는 현대에 이르러 에마뉘엘 레비나스•가

에마뉘엘 레비나스 Emmanuel Lévinas, 프랑스에 독일 현상학을 소개하고 발전시킨 프랑스 철학자. '타자의 철학'으로 현대 철학사에 큰 자취를 남겼다.

타인과의 조우에 대한 윤리학을 들고 나오면서부터다. 하지만 루소 또한 감정이입, 공감, 대인관계에서 근접성의 중요성을 강조했다. 고통받은 경험이 있거나 고통받고 있는 사람만이 타인의 고통에 공감할 수 있다. 루소의 자전적 글은 공감과 그에 대한 이해와 인식에 대한 개인적 호소로 읽힐 만하다. 우리는 여기서 특정한 프랑스 전통을 접하게 된다. 이는 기사도 시대의 엘로이즈에서 출발하여, 루소와 그가 활동하던 시대에 쓰인 자기동일성의 미학과 눈물을 자아내는 소설을 거쳐, 졸라의 〈나는 고발한다!J'accuse〉와 레비나스의 《타자의 인본주의Humanism of the other》(1995)에 이르는 전통을 뜻한다.

루소의 가르침에 담긴 '공감'의 측면은 그의 열정에 가려져왔다. 루소는 파토스(정념, 정열)가 완전한 인간 존재의 한 측면일 뿐이라는 수사학의 기본을 무시했다. 파토스는 로고스, 즉 이성적이고 보편적인 것과 결합해야 하고, 윤리적으로 자신을 지킬 수 있는 태도인 에토스ethos와도 결합해야 한다는 것이 수사학의 기본이다. 하지만 루소는 도리어 누적되면서 순환하는 열정과 관련된 개념, 연상, 이미지와 자신의 페이소스를 강화하는 데 지성을 사용했다. 이 때문에 루소의 일방적 사고방식이 비판의 대상이 되는 것이다.

모든 사람이 공유하는 것은 연민이라기보다는 고통과 열정이다. 루소는 있는 그대로의 삶의 결과인 고통과 이기적인 목적을 이루지 못한 열정에서 비롯하는 고통을 혼동했다. 그는 공동의 실존적 고통의 조건을 명확하게 밝히려 노력하기보다는 이루지 못한 열정을 북

돈웠다. 이렇게 하여 루소는 사회 안에서 다른 사람과 살아가는 일에 서툴렀고 그러고는 사회를 탓했다. 사실상 자신이 평생 연구를 계속해갈 배경인 문화 안에서 창의적인 힘을 식별해내지 못하고, 문화에 등을 돌리며 "자연으로 돌아가라!"는 퇴행적이고 반동적인 주장을 펼쳤다. 그러나 루소는 만인의 자유로운 문명을 창조하기 위해 이상적인 열정을 발산하며 글을 씀으로써 사람들이 '문화를 향해 앞으로!' 나아갈 수 있는 조건을 마련했다. 이것이 루소가 계속 반대주장을 펼치기는 했어도 자신의 모든 삶과 작품 활동을 통해 추진하려던 목적이었다. 루소가 서구 문화에 부여한 이미지와 상징은 결코 적지 않다. 더욱이 그는 사람들이 원하던 원하지 않던 상관없이 모두가 낭만주의자가 될 만큼 현대인의 마음을 형성하는 데 기여했다. 그러나 문화에 대한 낭만적 개념은 루소의 것이 아니라 독일 철학자 헤르더의 것이었다.

15장

헤르더와 낭만주의

하늘의 무지개를 볼 때마다 내 마음이 설레네.
내 삶이 시작했을 때 그러했고 다 자란 지금도 그러하네.
나이 든 다음에도 그러하리. 그렇지 않다면 차라리 죽는 것이 나으리!
아이는 어른의 아버지.
바라노니, 나의 나날이 자연의 경건함에 하루하루 매이기를.
– 윌리엄 워즈워스

낭만주의는 반지성적이고 반과학적인 것으로 여겨지곤 한다. 그러나 사실상 낭만주의야말로 역사 및 문헌 과학과 문화철학을 창조했다. 게다가 낭만주의는 자연철학을, 인간을 상징의 산물로 보는 새로운 인류학의 토대로 활용했다. 루소가 터전을 마련하고 괴테가 쌓아올린 낭만주의 인류학에서 이론적 토대를 완성한 인물은 낭만주의 철학자 요한 고트프리트 헤르더다.

헤르더는 동시대인 임마누엘 칸트와 논쟁을 벌였고 결국 이 논쟁에서 패배함으로써 칸트의 그림자 같은 존재로 남았다. 그러나 헤르더가 철학에 남긴 공로는 인정해야 한다. 여러 측면에서 생각해볼 때 오늘날 현대인이 맞닥뜨린 문제로 떠오르는, 인간 이해의 토대를 마련한 인물은 사실 칸트라기보다는 헤르더다. 헤르더는 현대인 스스로 인정하고 싶은 정도보다 더 현대인을 낭만적으로 만드는 데 일조했다.

헤르더는 《언어의 기원에 관한 소론Abhandlung über den Ursprung der Sprache》(1772)이라는 논문으로 현대 언어철학을 세웠다. 또한 오늘날에 들어와 인간을 인위적인 상징의 우주에 살고 있는 역사적이고 문화적인 존재로 이해하도록 이끌었다. 언어와 문화, 역사는 헤르더가 발전시킨 인류학의 기반이다. 인간은 불변의 고정된 이미지로 창조되지 않았다. 인간은 자신의 자연적이고 역사적인 조건과 가능성을 바탕으로 스스로 만들어내는 존재다. 또한 인간이 이런 가능성을 어떻게 인식하는지는 자신의 물질적 · 비물질적 표현을 통해 글과 말, 예술과 기술 등에 드러난다. 헤르더가 소개한 낭만적 표현 이론은 찰스 테일러●가 처음 가져와 쓴 용어인 '표현적 전환expressivist turn'을 대표한다.

찰스 테일러
Charles Taylor, 캐나다 출신의 정치철학자. 헤겔을 연구한 테일러는 정체성을 찾기 위해서는 필수적으로 타자에게 인정받아야 하며 상호간의 인정이야말로 인간의 정치적 실존을 규정한다는 '인정 정치학'을 발전시켰다.

생명철학
생명의 본질, 기원, 미래에 대한 철학적 고찰.

세상에 거의 알려지지 않은 이야기인데, 18세기 후반에 발생한 철학적 전환을 가리켜 '코페르니쿠스적'이라고 말한 인물은 칸트가 아니라 헤르더였다. 1765년, 당시 스물한 살의 헤르더는 인류학을 중심으로 하는 철학 프로그램을 발표하고 이를 가리켜 코페르니쿠스적 측면이라 부르면서 평생 이 작업에 매달렸다. "인류에 봉사하려면 모든 철학은 인류학이어야만 한다." 여기에는 훗날 '생명철학●'이라 불리게 될 철학이 포

함되었다.[1]

헤르더와 칸트 사이에는 본질적인 차이가 존재한다. 헤르더는 인간이 감각과 감정을 가진 육체와 더불어 이성뿐만 아니라 본성을 동시에 소유한 사실을 결코 잊지 않았다. 칸트가 지식에 보편타당한 근거를 부여하기 위해 특별히 강조한 이성의 추상적 범주로 세상에 접근했다면 헤르더는 개인의 육체 안에 담긴 감각과 감정을 통해 세상에 접근했다. 칸트는 보편적인 것을 추구했지만 헤르더는 구체적이고 지역적인 것, 즉 관계의 문화를 사상의 출발점으로 삼았다. 헤르더는 육체적이고 생물학적인 다른 본질과 달리 인간은 결정론을 거부하고 보편타당한 법칙을 파기할 수 있다고 강조했다. 그는 이런 사상을 바탕으로 인간을 "자연 안에 방출된 최초의 존재"로 규정했다. 결정론자 관점에서 볼 때 인간은 연약한 본능을 가진 결핍된 존재다. 인간은 이런 결핍을 언어와 이성으로 보충한다. 이는 생존하기 위해 자신의 본질을 변화시키려는 것이다. 헤르더는 언어의 발명이 인간에게는 제2의 기원이라 했고, 제1의 기원은 호모사피엔스 의 창조라고 주장했다. 헤르더와 동시대에 활약했던 전위적인 낭만주의 시인 노발리스가 "마음은 세계와 삶을 여는 열쇠"라고 표현했듯이 마음은 인간의 본질에 접근하는 데 꼭 알맞는 열쇠다.

시대를 앞질러간 헤르더는 이성이 언어와 경험, 역사와 전통에 의존하고 이에 따라 결정된다고 주장했다. 그가 계몽주의와 칸트가 발전시킨 추상적인 이성철학을 평생에 걸쳐 공격한 까닭은 이런 사상 때문이었다. 헤르더는 이성이 언어의 속박을 받고, 언어가 인간적인 모든 것을 결정한다는 주장을 일생 동안 지속적으로 펼쳤다.

> 지구상에 낙원이 있을 수 없듯 언어 없이 순수한 이성이 존재할 수 없다. 마음의 열정, 사회의 모든 태도에도 같은 원리가 적용된다. 언어만이 사람을 인간적으로 만들어왔다. 언어는 말로써 인간 영향력에 이성의 꼬리표를 붙임으로써 인간 영향력의 엄청난 홍수를 봉쇄하기 때문이다.[2]

인간은 언어로써, 언어 안에서 세상을 구현한다. 세상은 언어다. 이런 이유로 헤르더는 '마음의 열정'은 언어에서 분리되지 못한다고 주장했다. 더욱이 마음의 열정과 감정을 언어의 원천이자 기원으로 삼았다. 그는 "마음에 가득 찬 것이 입으로 넘쳐난다."는 표현을 자신의 표현 이론의 인류학적 근거로 삼았다. 진화의 관점에서 볼 때 언어는 감정적인 압력의 결과다. 이는 낭만주의와 인류의 경우에도 마찬가지다.

헤르더는 초기의 글에서부터 모든 삶은 "자신을 표현하려는 충동과 추진력"이라고 정의했다. '마음의 열정'과 열정적인 분출이 더 이상 단순한 자극과 반응의 징후가 아니고 삶의 의미를 위한 정신의 표현이라는 뜻이다. 이런 방식으로 헤르더는 감정적 전환과 표현적 전환을 연결시켰다. 감정적이고 표현적인 것은 동전의 양면과 같고 인상과 표현은 지속적으로 변한다. 인간이 자신의 감정을 표현할 낱말을 발견하고 그것을 언어로 정의하기 시작하면서, 이런 정의는 감정에 역으로 작용하여 헤르더 자신의 용어로 "영향력을 봉쇄"한다. 그러나 한 세기쯤 지난 뒤에 프로이트가 실증했듯이 이렇게 봉쇄한 영향력은 여지없이 폭발한다. 그런데 감정의 분출은 언어에 의해 이해되고 결정될 수 있기 때문에 다시 통제되기도 한다. 이런 창조 과정의 한복판에서 인간의 마음은 형성과 재형성을 거치고 창의적이거나 파괴적인 영향력에 따라 고양되거나 침체된다.

헤르더는 표현적 · 심미적 혁명(예술은 재현mimesis이 아니라 창조poiesis라는)을 통해 플라톤에서 시작된 내재화 과정을 완성하고 강화했다. 즉 세계는 내면에 있고 세상의 중심은 영혼이라는 것이다. 헤르더가 대표하는 코페르니쿠스적 전환이나 표현적 전환은 진정한 의미에서 언어적 전환이다. 그러나 이런 전환이 과학적이거나 인식론적인 자취를 남기게 된 것은 헤르더 이후 200여 년이 지나고서였다. 즉 20세기로 넘어오면서 비트겐슈타인과 동시대 학자들이 "모든 것은 언어다."라는 표어를 내걸고 '언어적 전환'을 제시하면서 인문과학과 사회과학 모두에 변화를 가져왔다. 이런 영향 아래서 오늘날에는 문화적 전환에 대해 이야기하게 되었고, 이런 변화는 언어가 문화를 구성한다고 생각한 헤르더의 정신에서 비롯했다.

낭만주의는 모든 것이 역사적 중재와 발전의 결과라는 사실과, 진정한 인간 존재는 추상화된 철학적 개념이 아닌 각기 다른 구체적 개인이라는 사실을 최초로 깨달은 시대다. 그렇기 때문에 개개인은

모두 지속적으로 자신의 형태를 발견하고 이를 표현해야 한다. 자신의 형태는 결코 단번에 찾아져서 영원히 고정되는 것이 아니기에 늘 다시 고쳐서 재창조해야 한다. 낭만주의와 괴테는 여러 다양한 발전 단계와 더불어 자연과 인간 안에서 자신을 보았다.

16장
괴테: 《파우스트》와 이상적 사랑

산다는 것은 마음과 두뇌 안에서
악마와 싸우는 것이다
– 헨리크 입센

루소의 영향을 받은 작품으로는 요한 볼프강 폰 괴테1749~1832가 질풍노도의 시기에 쓴 《젊은 베르테르의 슬픔Leiden des jungen Werthers》(1774)을 들 만하다. 서간체 소설 형식으로 쓰인 이 작품은 셰익스피어의 《로미오와 줄리엣》의 영향도 받았다. 주인공 베르테르는 자살로 생을 마감한다. 사랑하는 로테Lotte를 얻지 못할 뿐 아니라 베르테르 자신이 칩거하는 이상의 세계, 즉 낭만적 사랑에 로테가 적합하지 않기 때문이다. 현실에서 도피하기는 했지만 베르테르의 목적은 확고하다. 그는 부르주아 계급 및 평범한 사람들과는 다른 세상에 속한 이상적인 사랑을 추구한다. 작품 또한 독자들에게 그렇게 인식되었다. 작품이 발표되었을 당시에 베르테르의 생각은 독자들에게 전염병처럼 번져 많은 젊은이들이 스스로 목숨을 끊는 일이 발생했다. 유럽 질풍노도의 시기에는 일편단심의 열정과 페이소스가 절정을 이루었고, 마음은 에로틱하고 이상적인 의미에서 위대한 사랑을 상징했다.

낭만주의와 서구 문화의 예술적 정점은 괴테의 《파우스트》다. 이 작품에서 괴테는 르네상스 후기와 셰익스피어를 계승했고, 셰익스피어와 동시대인이면서 연장자이자 경쟁자로서 1580년대 말 파우스트 비극에 대해 쓴 크리스토퍼 말로Christopher Marlowe에게서 모티프를 빌려왔다. 괴테의 위대한 작품에 등장하는 메피스토펠레스와 파우스트 모두 셰익스피어의 등장인물에게서 영감을 받아 만들어졌다. 앞서 이 책에서는 《리어 왕》의 등장인물인 냉혹한 에드먼드에 대해 살펴보았다. 에드먼드는 메피스토펠레스의 특징을 가졌고, 코델리아의 모습에 에로틱함을 덧붙여 만든 인물이 그레첸• 이다. 그레첸은 마음의 낭만적인 은유를 통해, 파우스트는 마음과 두뇌의 논리와 긴장을 통해 이해해볼 만하다. 절대적인 사랑, 양심, 개인의 고결함을 대표하는 그레첸의 마음은 파우스트의 배신으로 더럽혀진다. 여기에서 열정과 고통, 사랑과 연민의 상관관계가 나타난다. 이것이 괴테 작품의 중심 모티프다. 마음은 욕구와 고통, 갈망과 슬픔, 모든 형태의 정신적 고통이 등장하는 갈등의 무대다. 그레첸의 마음은 구원받는 영혼을 상징한다. 그녀의 온전하고 순수한 사랑이 다른 사람, 특히 사랑하는 사람을 구원하기 때문이

그레첸
Gretchen, 《파우스트》의 여주인공.

다. 그러므로 그레첸은 서구에서 이상적으로 여기는 사랑의 측면을 압축하여 표현한 인물이다.

《파우스트》에서 그레첸이 자신의 고통을 쏟아내는 장면은 서구 문화의 마음을 표현한다. 그런 마음을 표현한 후렴 가운데 하나가 "평화는 가버렸고, 마음은 아프다."이다 그레첸은 자신과 상반되는 인물인 사악한 메피스토펠레스가 차가운 마음을 가졌음을 깨닫는다. "그의 존재가 내 피를 얼게 만든다. …살아 있는 영혼 가운데 그가 마음으로 소중하게 생각하는 영혼은 없다. …그가 가까이 올 때면 내 마음은 여지없이 닫히고 만다." 사악한 사람은 차갑고 계산적이며 오직 수단과 목적만 생각한다. 괴테는 그레첸이 감옥에서 소리지르는 장면을 묘사하면서 감정을 인간 존재의 척도로 만든다. "당신이 사람이라면 내 비참함을 느껴보라!" 감정이입은 동정적이고 따라서 인간답기 위한 전제조건이다. 《파우스트》에는 "감정이 모든 것이다."라는 대사가 등장한다. 말은 그저 소음이고 공허한 공기일 뿐이다. 마음의 감정은 인간이기 위한 기준이면서 존재의 기초다. 그렇기 때문에 파우스트는 그레첸에게 이렇게 말한다(그녀를 유혹한 일을 일부 사과하면서).

> 그때부터 그대의 마음을 채우라, 그 마음이 얼마나 크던 간에.
>
> 그리고 그대가 축복으로 충만할 때의 느낌으로
>
> 부르라. 그대가 부를 이름으로…

그 이름을 부르라. 더없는 기쁨! 마음! 사랑! 신!

작가로서 괴테는 평생에 걸친 작품 활동을 통해 노발리스, 횔덜린, 훗날 라이너 마리아 릴케Rainer Maria Rilke와 영국 낭만주의자들과 더불어 서구의 은유를 혁신하고 마음의 상징주의를 발전시켰다. 괴테의 작품에서 마음의 은유가 그토록 설득력 있게 심미적 효과를 내는 이유는 여러 가지다. 그 가운데 가장 중요한 이유는 마음의 은유가 괴테 시의 고전적인 표현력 속에 너무나 완벽하게 스며들었기 때문이다. 또한 인류학적으로 그것이 인간의 중심이고 바로 삶 자체이기 때문이다.

괴테의 글에 등장하는 마음은 워낙 다양한 의미를 담고 있기 때문에 은유의 한계를 넘어 상징의 본질을 갖는다. 따라서 왕관에 박힌 보석처럼 안에서부터 작품과 정신을 비추고, 세상에서 인간 존재가 어떤 의미를 갖는지 일깨워준다.

괴테의 작품은 마음의 역사에서 한 전형을 이룬다. 마음의 역사에서 중세 전성기에 감정적 전환이 이루어진 뒤부터 서구 문화에서 주류를 이룬 것은 마음의 은유화 및 감정과 열정의 내재화였다. 괴테는 예술에서 다른 계보를 대표한다. 이 계보는 중세 우의문학(단테와 그리스도교 문학)에서 시작하여 현대의 자율적인 상징 언어로 옮겨왔는데, 단지 예술에 국한하기는 어렵다. 현대의 자율적인 상징 언어는 철학과 현대 과학에서 대안으로 떠오른 인식 방법이기도 하다. 이는 다음 두 가지 유명한 격언에서 묘사된 정통적 정의와 일치한다.

> 상징주의는 외관을 생각으로, 생각을 이미지로 변형한다. 이런 방식으로 이미지 속의 생각은 언제나 무한히 활발하고 접근하기 어려운 상태를 유지한다. 비록 모두 언어로 표현되었을지라도 여전히 표현할 수 없는 상태로 남는다.[1]

> 이것이 진정한 상징주의다. 특정 상징은 꿈이나 그림자가 아니라 불가해한 것의 즉각적인 드러남으로서 좀더 보편적인 것을 나타낸다.[2]

엄청나게 심오한 마음은 상징적 형태로만 드러나는 불가해한 것을 정확히 간파한다. 괴테 자신이 어떤 생각이나 과학적 정의를 뛰어넘어 인간을 인간답게 만드는 것을 상징화할 때처럼 말이다.

괴테의 원대한 목표 가운데 하나는 주체와 객체 사이의 틈을 극복하고, 주관적인 정신이 객관적인 영혼의 일부가 되게끔 하는 것이었다. 객관적인 영혼은 구체적이고 주관적인 표현 없이는 실재하지 못한다. "객관적인 것 역시 '마음에서' 비롯하지 않으면 표현되지 못하듯 근본적으로 가장 주관적인 진리가 형태를 발견하려면 객관적인 것으로 가야 한다."[3] 마음에서 비롯한 것 또한 객관성을 띨 수 있다는 주장은 오늘날 현대인의 믿음과는 상충한다. 그러나 인간의 개인적인 마음이 의미를 가지는 까닭은 바로 인간이 속한 문화에서 대표성을 띠기 때문이다. 주체는 객관적인 영혼에 대한 묘사와 더불어 상징의 보고를 통해 다른 주체와 자신의 마음에 대해 의사소통한다. 이때 필요조건은 바로 신뢰다. 덴마크 철학자 뢰그스트루프K. E. Løgstrup의 설명처럼 의사소통은 개방성과 자발성이 있을 때 이루어지며, 또한 인간이 자발적으로 마음에서 우러나와 '말을 하고' 자신의 말이 스스로를 거스르는 방향으로 사용되지 않으리라는 '신뢰'가 있을 때 이루어진다.[4] 신뢰는 주어지는 또는 객관적인 사랑의 표현으로서 자발적이고 조건 없이 마음에서 마음으로 전해지며 마음을 연 대화에서 질문과 대답을 주고받는 것이다. 괴테는 《파우스트》 1부와 2부에서 객관적인(또는 상호 주관적인) 사회의 조건을 제시했다. 《파우스트》 1부에 다음과 같은 내용이 있다.

> 마음에 영향을 미칠 수 있는 것은 아무것도 없다,
> 감정[마음]에서 비롯한 것이 아니라면.

괴테와 더불어 마음(심장)은 안팎으로 모든 수준에서 인간을 완전무결하게 해주는 감각과 감정기관으로서 실체적 본질을 회복한다. 〈호수에서Auf dem See〉(1775)라는 시에서 보듯 심장의 규칙적 박동은 범신론적인 괴테가 스스로 그 일부라고 느낀 자연의 박동과 일치한다.

나는 신선한 영양분, 새로운 피를
너무도 자유로운 세상에서 빨아들인다.
자연, 얼마나 우아하고 훌륭한가,
자연은 제 가슴을 내게 준다!

괴테의 인간관과 이미지의 세계는 그의 자연관을 이해하지 않고서는 파악하기 어렵다. 괴테의 자연관은 그의 사고를 이루는 초석인 동시에 걸림돌이었다. 괴테는 르네상스, 데카르트, 동시대인이지만 연장자인 칸트와 달리 '유기적' 본질에 관심을 쏟았다. 이 유기적 본질은 원인이 아니라 목적에 따라 이해되어야 한다. 괴테는 하등 생명체에서 고등 생명체에 이르기까지, 단순한 것에서 복잡한 것에 이르기까지 만물이 연속체로 이어져 있다고 생각했는데, 이는 다윈의 등장을 예견한다. 괴테는 이런 생각을 바탕으로 인간의 육체에서 이른바 간악골•(나중에 해부학에서 괴테뼈라고 부르기도 한)을 발견했다. 비록 당시 해부학 관점에서는 인간에게 그토록 '원시적인' 뼈가 있다고는 생각하지 못했지만, 괴대는 그 뼈가 그 위치에 있어야 한다고 보았다. 이를 근거로 괴테는 본질에 대한 원인 중심적 과학 지식의 대안으로 유추적 방법을 개발했다. 인간이 움직이면서 빛과 색을 경험하는 까닭은 눈이 빛에 적응하기 때문이다. "만약 눈이 태양과 같지 않다면 태양의 빛을 볼 수 없을 것이다." 이는 괴테가 20년 넘게 연구한 끝에 발표한 《색채

간악골
間顎骨, 위턱 앞부분에 있는 한 쌍의 뻐. 다른 포유류는 독립된 뼈지만 사람만은 상악골과 붙어 있다.

론Farbenlehre》(1810)에 나오는 유명한 말이다.

인간은 자연의 핵심, 자아의 중심에서 신을 만난다. 괴테가 주장한 태양과 신, 빛과 사랑, 눈과 귀, 마음과 지혜의 유추 체계에서는 마음에도 눈이 있다. 마음의 눈은 괴테의 인류학과 세계관의 핵심 개념으로, 과학적 지식보다는 세상에 대한 비전을 바탕으로 한다. 신성한 존재가 자신의 모습을 드러내는 때는 인간이 마음에 복종하여 내면을 응시하고 마음의 눈으로 생각을 볼 때다. 괴테는 이런 상상의 장면을 전달하는 일이 시인의 몫이라고 생각했다. 연금술사들이 그토록 집착했던 마음의 눈이 감정이입과 상상을 거쳐 얻은 직관의 통찰은 이른바 지성적인 과학 지식보다 더욱 심오하다. 그러므로 신성과 자신 모두를 완전히 파악하려면 자기 내면의 자아, 즉 마음의 심연에 몰입해야 한다. 그래야 이성이 알지 못하는 것을 입증하며 오직 희생적인 사랑을 베풀 때라야 내면의 자아에 이를 수 있음을 깨닫게 된다. 세상을 알고자 했던 파우스트의 끊임없는 노력이 결국 자기인식으로 끝을 맺은 것은 이 때문이다.

'가장 깊숙한 곳에 자리한 창조 에너지를 인지하는 힘' 을 얻으려 애쓰는 사람은 깊고 복잡한 자기 내면을 끝없이 투시하여 '세계가 제공하지 않은 것' 을 마음속에서 발견한다. 그렇게 되면《파우스트》 2부 속죄 장면에 등장하는 명상에 잠긴 교부敎父의 기도를 통해 영감을 받을 것이다.

오, 신이여. 내 어수선한 생각을 잠잠하게 해주십시오.

내 궁핍한 마음에 당신의 빛을 비춰주십시오!

느끼는 마음과 맑은 뇌, 사랑과 이성은 동전의 양면과 같다. 똑같은 신성한 힘이 생각과 마음 모두에 영감을 주기 때문이다. 인류학 측면에서 말하자면 '마음cor'과 '대뇌피질cortex'은 괴테의 시적 우주에서 압운을 이룬다.

슈펭글러가 정확하게 표현했듯이 《파우스트》는 서구 문화에서 현실의 삶을 초월하여 무한을 향하는 충동을 대표한다. 서구인들이 언제나 버둥거리고, 부정적인 의미에서 앞에 매달린 당근을 덥석 물고 싶어 안달하며, 사회에서 항상 위를 향해 오르려 애쓰는 이유가 여기에 있다. 우리는 목적을 이루기 전까지 결코 마음을 놓지 못한다. 하지만 일단 목적을 이루고 나면 성취된 목적은 앞에 놓인 새로운 목적을 이루기 위한 수단으로 전락하고 만다. 평정 상태로 앉아 흩어진 생각과 감정을 한데 모으는 일이 아마도 해결책일 것이다. 이는 돈이 전혀 들지 않고 의미 있는 시간만 필요로 한다.

그러나 유한한 존재인 파우스트는 자기 앞에 있으나 잡을 수 없는 것을 추구하다가 산산조각날 위기에 처한다. 그의 마음은 극도로 불안하다. 목적을 이루기 전까지는 결코 편안해지지 않기 때문이다. 그의 무한한 노력은 저주이면서 구원이다. 그러나 괴테가 마련한 해결책과 구원은 그리스도교적 관습과 다르다. 파우스트가 구원받은

것은 믿음에 의지하거나 타인을 대신하여 고통을 받는 등 구원의 교리를 열성적으로 따랐기 때문이 아니다. 바로 자신을 구원하려 노력했기 때문이다.

결코 노력하기를 그만두지 않는 사람에게
우리는 구원을 베풀 수 있다.

괴테는 젤터Zelter에게 보낸 1831년 6월 9일자 편지에서 "지칠 만큼 지친 고통의 나무"에 매달린 예수의 고통을 "태양 아래서 가장 역겨운 것"이라 말하며 개인적으로 받아들이기를 거부한다. 괴테를 구원한 것은 파우스트에 대한 그레첸의 사랑이다. 본성을 통제하려는 의지에서 드러나는 파우스트의 기질과 목적성, 반생태적인 기업가 정신에 궁극의 안식을 가져다준 것은 바로 어떤 의도도 없고 모든 것을 목적으로 만드는 사랑이다. "모든 사물에 형태를 주고 이를 유지하는 것은 바로 전능한 사랑이다."

《파우스트》는 괴테의 '불안한 마음'이 낳은 창작물이다. 괴테는 성 아우구스티누스와 마찬가지로 자신의 작품을 통해 안정을 구했다. 괴테는 성 아우구스티누스의 《고백록》에 대해 언급하면서 자신의 작품을 "큰 참회의 파편"이라고 말했다. 만약 파우스트가 구원받는다면(괴테가 가진 구원의 힘을 믿기는 하지만 확신하기는 어려우므로) 그것은 현실 너머를 지향하는 마음에 진실했기 때문이다. 그는 성

아우구스티누스와 마찬가지로 무한하고 초월적인 것에서 마음의 평정을 찾았다. 하지만 지상에서 실패한 삶의 배후에는 본성 파괴와 죽음이 도사리고 있다. 독자들은 파우스트라는 인물의 도구적인 기업가 정신을 묘사한 괴테의 놀라운 상상력에 압도당할 것이다. 괴테가 개인적으로 안식을 찾은 곳은 이와는 달랐다. 괴테는 오래 걷고 나서 들르곤 하던 사냥용 오두막집에서 육체와 정신의 안식, 삶의 기나긴 여정 끝에 찾아오는 안식을 찾았고 그때의 느낌을 벽에 연필로 적었다. 그가 남긴 유명한 시들 가운데 한 편이 이렇게 태어났다. 성 아우구스티누스는 신과의 이상적 합일에서 안식을 찾았지만, 범신론자 괴테는 〈나그네의 밤노래Wanderers Nachtlied〉(롱펠로H. W. Longfellow가 1845년에 영어로 번역한)에서 읊었듯이 모든 것에서 자유로워지고 합일 너머 무한으로 용해되어 무한한 우주에서 마음의 평화를 찾으려 했다.

이제 언덕 너머에
고요가 내리고,
나무 꼭대기에서는
숨소리조차
듣지 못하리니.
새는 나무에서 잠이 드네.
기다려라, 그대 또한 곧

새들처럼 쉬게 되리라.

과학사 측면에서 보자면 현대 과학에 대한 괴테의 비평은 실패했다고 말해야 한다. 그러나 인식론 측면에서 자연에 대한 괴테의 상징적이고 유추적인 이해는 양자역학과 언어적 전환을 통해 복권된다. 양자역학과 언어적 전환은 자연에 대한 인간의 이해가 언어와 의인관에 근거함을 가르쳐준다. 또한 인간과 자연에 대한 우리의 이미지와 개념이 우리 자신을 형성하고 자연에 영향을 미친다.

언어의 이런 기능에 대해서는 반대 의견이 제기될 만하다. 즉 감정적 삶과 관련해서 감정의 이론적 정의 여부는 흥미롭지 못한 주제이고, 감정은 지식인들의 분류와 상관없이 독립적으로 존재하기 때문이다. 그러나 인간은 그렇지 못하다. '인식'과 '재인식'은 단순히 언어상 관계있는 두 가지 현상만이 아니다. 인간이 감각하고 느끼는 대상과 방법은 인간의 역사적 상황에 따라 다르고, 다양한 현상을 인지하고 이해하는 방법에 따라 다르기 때문이다. 이는 단순히 심장이나 머리, 이성이나 감정의 문제가 아니라 변화하는 상황에서 이들 사이에 이성적이고 조화로운 균형을 찾고자 하는 문제다. 낭만주의는 인간과 사회를 역사적 변화와 발전의 관점에서 바라본 최초의 태도였다. 낭만주의와 철학자 헤겔에 와서 인간은 본질을 내재한 존재에서 형성되는 과정에 놓인 기능적인 존재로 바뀐다. 즉 '존재하기sein'에서 '되기werden'로의 이동이다. 〈행복한 동경〉(1814)에서 노래

했듯이 괴테는 이 과정의 중요성을 잘 알았다.

'죽어서 이루어지리라!' 라고
그렇게 재촉하지 말라.
그대는 이 어두운 지상에서
그저 쓸쓸한 손님일 뿐.

이런 상황은 니체에 와서 한층 강화되었다. 니체는 인간이 새로운 종種이 되어야 한다고 주장했다.

17장

니체와 푸코, 밸런타인데이와 심장 이식 수술

우리는 다시 배워야 한다, 너무 늦었을지라도.
더 많은 것을 이루기 위해, 다시 느끼기 위해.
–니체, 《여명》

그대는 불태웠지,
마음으로 가는 길을.
그대는 내 뇌에 이르는 열쇠를 가지고 있어.
–밥 딜런, 〈Spirit on the Water〉

몽테뉴가 현대 서구인을 탄생시킨 사람의 하나라면 프리드리히 니체1844~1900는 현대 서구인의 정복자다. 니체는 특정 형이상학과 인본주의 관념론에 입각한 그리스도교 및 플라톤주의 도덕을 바탕으로 한 서구식 인간상을 가차없이 무너뜨렸다. 그는 그리스도교 및 플라톤주의의 전통에 속한 모든 것을, 육체에 근원을 둔 좀더 근본적이고 전前의식적인 생명력과 자발적 이성으로 대체하고 싶어 했다. 그렇다고 인간이 자신의 마음을 따라야 한다는 이야기는 아니다. 또한 마음과 감정과 양심이 과거에서 물려받은 가치와 도덕적 규범과 독립하여 존재하기라도 하듯 니체가 '우리 감정과 양심에 충실해야 한다'고 생각했다는 이야기도 아니다. 니체에 따르면 마음을 따르는 사람은 자신의 마음이 아니라 부모와 전체 사회 환경에서 물려받은 편견과 공감과 반감을 따른다. 니체는 우리가 믿기에 보편타당한 감정과 가치가 역사적으로 결정되고 지나치게 '훌륭한' 또는 효과적인 양육의 결과라고 거듭 주장했다. 따라서 니체는 모든 가치의 재평가를 원한다. 인간은 다르게 느끼기 위해 다시 배워야 한다. 니체는 "인간 안에 존재하는 이성과 경험"[1]을 자신의 신으로 삼았다.

니체는 새로운 인간형을 창조할 수 있고 또 그래야 한다고 말한다. 인간은 변화 가능성을 열어놓은 불완전한 존재이기 때문이다. 인간은 궁극적으로 되어야 할 존재가 아직 못 되었다는 점에서 미완성의 존재다. 이렇듯 인간은 "아직 결정되지 않은 동물"[2]이다. 인간은 아직 개발되지 않고 인식되지 않은, 좀더 나은 존재가 될 만한 잠재력을 가졌다. 이런 이유로 니체는 미완성의 불완전한 인간을 정복하고자 했다. 니체의 '자기표현 이론'은 여기서 출발한다. 니체는 플라톤, 데카르트, 칸트, 계몽주의 전통에 나타나는 인간의 자의식과 주체-정체성을 겨냥해서 서구 문화에 만연한 인간의 절단된 이미지에 반기를 들었다. 소피스트, 몽테뉴, 헤르더, 낭만주의에서 시작하여 니체를 거쳐 포스트모더니즘에 이르기까지 자기표현의 전통은 이성과 예술, 생명의 활력과 여러 이질적인 힘들의 놀라운 가능성을 열어주었다. 이는 인격 발달 과정에서의 자기정체성 차원으로 축소되기 어려운 문제다. 독일 철학자 빌헬름 슈미트Wilhelm Schmid가 삶의 기술의 철학에 대해 설명했듯이 자기표현 전통에서 삶의 기술은 자

의식에 대한 이론적 정의보다 중요하다.[3] 주체가 이성적인 자의식과 자기준거적(스스로 근거가 되는) 정체성으로 결정된다면 스스로 자신의 이미지 안에 갇혀버릴 수 있기 때문이다. 결과적으로 자기동일적 주체의 이상적 개념을 만끽하기가 어렵다.

> '존재의 방랑자'인 현대의 주체는 '자기동일성'으로 복귀하지 못한다. 우리 '자신'인 것처럼 보이는 것과 우리의 '기원'처럼 보이는 것은 우리가 '복귀'하고자 하는 순간 이미 달라지고 사라진다.[4]

자아는 다양한 근원으로 이루어진다. 인간 정체성에는 어떤 핵심도 없다. 삶의 기술은 자기확신에 있지 않다. 구축의 방식으로 자신의 집에서 주인이 되기보다는 완전체를 이루기 위해 반대 세력과 화해해야 한다.[5] 이것이 니체가 이중의 의미에서 평생 과업으로 삼은 계획이다. 이토록 철저하게 사유하는 삶을 살고, 사유를 삶 자체로 생각하는 점에서 니체에 필적할 인물은 없다. 인간은 자신이 원하는 방식대로 자신의 삶을 창조할 수 있는데, 이는 인간이 이질적인 것들로 구성되어 있고 미완성의 존재이기 때문이다. 인간은 자신의 현재 모습과 앞으로 되어가는 모습에 대해 스스로 책임을 져야 한다. 인간은 모두 어느 정도 자신의 삶에 대해 곰곰이 생각한다. 니체는 생각할 만한 가치가 있는 삶을 살고자 했다. 그는 삶을 "생각의 실험적 배열, 삶의 한 방식인 에세이"[6]로 보았다. 그는 그리스도교의 십자가를 끌어내리고 그리스 신화의 아틀라스Atlas처럼 세상을 자신의 어깨로 짊어졌다. 프로메테우스처럼 자유를 어깨에 짊어지고 자신만의 삶의 작품을 창조하는 일이 얼마나 쉬운가를 인류에게 보여주기 위해서 말이다.

니체는 인생의 창의적인 불꽃을 꺼뜨리는 모든 장애물을 극복하기 위해 육체를 출발점으로 삼았다. 그는 호메로스의 인물들에게서 영감을 받았다. 즉 인간이 나체를 가리고 나중에는 플라톤 및 그리스도교 전통에 의해 억압받기 이전의 시대에서 영감을 얻은 것이다. 니체는 자신의 육체 철학으로 서구 문화에 팽배한 육체와 영혼의 이원론에 정면으로 도전했다. 그는 디오니소스를 숭배하던 고대에서 오늘날에 이르기까지, 또한 자신의 선택에 따라 아테네 시장의 쓰레기통 안에서 '개 같은 삶(견유철학)'을 살았던 디오게네스부터 라블레의 카니발리즘Carnivalism과 미하일 바흐친•에 이르기까지 사상사의 저변을 흘러온 '육체적 측면'과 손을 잡았다. 결과적으로 니체는 육체와 영혼의 진정한 관계와 다르게 육체로 하여금 영혼을 섬기도록 만든 전통적 관념론에 반대했다. 니체가 보기에 육체는 위대한 이성이고 합리적인 의식은 자그마한 이성이었다.

미하일 바흐친 Mikhail Bakhtin. 옛 소련의 문예이론가. 형식주의 이론을 발전시켜 독자적인 대화 이론을 제창했다.

니체는 낭만주의의 감상성에 종지부를 찍었다. 그는 감정 자체는 아무것도 아니고 단순히 현상을 따라갈 뿐이기에 인간이 신뢰하기 어려운 주관적인 것의 징후라고 보았다. 니체는 여기에 그치지 않고 이 문제를 더 깊이 파고들었다. 니체는 감정 대신에 그 뒤에 숨은 열정을 찾았고, 합리성 대신에 마음을 반영하는 육체를 찾았으며, 그리스도교의 사랑 대신에 에로스와 욕망을 찾았다. 위장한 이기심일 뿐인 '미안한 감정' 대신에 자발성의 힘을 기르기를 원했다. 그는 마음을 따르지 않고 자기정복 능력을 통해 힘과 자기확신에 이르는 심오한 의지를 따랐다. 또한 거짓된 이상주의의 환멸을 견뎌내고 힘의 의지를 은폐하는 도덕주의를 발가벗기는 현실주의자를 찬양했다.

니체는 육체와 언어(니체는 이 두 가지가 밀접히 연결되어 있다고 생각했다)를 출발점으로 삼은 과거의 인류학적 사고에 주요한 두 경향이 존재한다고 보았다. 언어는 넓은 의미에서 육체를 통해 표현되고, 육체와 언어 모두 개방적이고 미완성일 뿐만 아니라 무수한 형태를 취한다. 육체는 생각과 마찬가지로 예측 불가능하고 즉각적이다. 그러므로 언어는 갑작기 떠오르는 생각, 창의적인 자발성, 실험적인 시도를 북돋울 수 있어야 한다. 이를 바탕으로 위계화된 선형구조 체계를 옹호한 플라톤 및 데카르트 학파에 맞서 '에세이식' 인류학을 제시하고 실천했다. 니체는 이론과 실천에 있어서 몽테뉴와 헤르더의 '인간은 자신의 작품이다'로 상징되는 표현적 인류학을 강조했다.

니체의 사유 가운데 많은 부분은 그의 사후 100년이 지나서까지도 영향력을 잃지 않았다. 이는 20세기에 들어 프로이트가 육체의 충동을 억압하고 금기하는 일이 얼마나 파괴적인 행위인지 보여주었기에 가능했다. 프로이트의 영향을 받은 사회학자 노르베르트 엘리아스는 《문명화 과정》에서 기사도 시대와 르네상스를 거쳐 부르주아 계급의 계몽주의에 이르기까지 나체, 성, 성적 특질과 관계있는 모든 것이 비합리적인 것으로 치부되어 억압되고 새로운 유형의 수치심과 금기로 자리잡은 과정에 대해 설명했다. 인간이 한때 자연과 위협적인 환경에 대해 느끼던 공포와 불안은 오늘날 인간 안에 내면화되었고, 인간은 금기를 깰까 두려워 의식적으로나 무의식적으로 스스로 제한을 가했다. 엘리아스의 주장에 따르면 "외부 강제에서 자기 강제" 및 내면의 단련으로 전환해온 것이다.

프로이트와 엘리아스는 인간 영혼을 사회적 모레스[•]의 산물로 보는 결정론을 대변한다. 이는 특정 사회의 지배적인 이념은 그 경제 상황에 의해 결정된다는 마르크스의 견해와 궤를 같이한다. 반면에 미셸 푸코는 프로이트와 마르크스의 억압 이론을 거부했다. 푸코는 언어가 일반적으로, 특히 현대의 계몽주의에서 어떻게 작용하는지 간파했다. 인간에게는 역사적 · 언어적 · 물질적 · 정신적 구조가 깊이 새겨져 있는데, 푸코는 이 구조 역학에서 주체의 해체, 심지어는 인간성의 죽음에 대해 1970년대부터 이야기해왔다. 이 같은 작업을 통해 그는 플라톤과 사도 바울로에서 출발하여 성 아우구스티누스, 데카르트, 칸트에 이르는 계보를 완성했다. 이성적인 내재화, 자기가능성의 인식 강화를 통해 통제되는 힘은 억제에 그치지 않고 소멸하고 만다. 개인의 이성은 자율적이지

모레스
Mores. 사회 생활에서의 태도나 행동을 규제하는 준거.

않고, 자유로운 내면을 가진 인간은 붕괴되며, 욕망과 결정 조건만이 남는다. 니체의 작품에서처럼 권력은 전능해진다. 푸코의 인류 연구는 권력 구조의 철저한 폭로로 특징지을 만하다.

푸코는 《성의 역사》 제1권에서 자신의 주요 견해뿐 아니라 주제를 다루는 방법론을 제시했다. 그는 사회와 개인이 성을 누리고, 성에 대해 생각하고 말하고 대화하는 방법을 먼저 이해하지 않고서는 성생활과 이와 관련한 감정을 이해하기는 불가능하다고 에둘러 주장했다. 푸코가 그랬듯이 사람들은 성과 사랑을 전달하는 담론을 분석할 수 있다. 담론은 내용과 관련하여 조건을 갖추어 말하고 논쟁하는 방법이다. 따라서 푸코는 '담론의 전개'를 마치 연출하듯 다루었다. 담론으로의 전환과 사회적 · 경제적 관계, 실제 성생활과 담론 주제로서의 성생활 사이에는 기계적인 인과 관계가 존재하지 않는다는 사실을 기억할 필요가 있다. 역사 과정은 결코 인과 관계에 따라 선형적으로 결정되지 않으며, 수시로 일어나는 단절과 동시적이지 않은 과정들 및 갖가지 도약과 역설로 가득하다. 이는 감정과 태도의 변천에도 어느 정도 적용된다.

성의 담론을 역사 과정에서 분석해보면 현대인의 자기이해에 담긴 여러 역설이 드러난다. 사회 제도와 권력 추구자를 위한 미묘한 전략으로 입증되곤 하는 서구 사회의 여러 해방 계획에는 풀리지 않는 아이러니가 존재한다. 푸코는 프로이트와 마르크스의 억압 가설을 거부했다. 오늘날 성이 갖가지 규제의 대상이 될 만큼 일상에서 억압당하지는 않았다는 사실을 그들의 억압 가설이 간과했기 때문이다. 오늘날의 담론 안에서 개인은 상당한 운신의 자유를 누린다. 가장 뛰어난 담론의 연출자이자 배우는 계몽주의였다. 르네상스 이후의 지배 권력은 과거처럼 독단적이고 억압적이기보다는 계몽적이고 개선 가능성이 있으며 해방적이다. 결과적으로 오늘날에는 억압보다 교육이 더 강하게 작용한다. 이를테면 번식 기능과 성 감염의 위험성에 익숙해지고 성행위시 해부학 지식을 바탕으로 쾌락을 조절하는 온갖 기술에 익숙해지면, 교회의 불안 조장 선전만큼이나 효과적으로 여러 가지 불안이 새로 조성된다. 비록 일부 사람들이 그다지 개의치 않아서 계몽주의의 한계를 드러냈지만, 오늘날에는 교회의 성도덕을 아는 것보다 에이즈 감염에 대해 아는 것이 교육 효과가 더 크다. 하지만 계몽주의가 전부는 아니다.

계몽된 서구인은 교육 충동을 해방 담론을 통해 제거해야 함에도 오히려 이를 부추기는 이율배반 속에서 억압당한다고 주장한다. 푸코는 우리가 억압당하는지 여부나 억압당하는 이유에 대해 묻지 않고, 계몽된 서구인이 그토록 오랫동안 억압당한다고 주장하는 이유를 물었다. 푸코가 과거 수세기 동안 성이 담론으로 전환하는 과정을 분석한 일은 놀라운 결과를 낳았다. 긍정적 의미에서든 부정적 의미에서든 성이 담론으로 전환할수록 공적이고 사적인 권력 영역에 더 많은 공간이 생길 것이다. "16세기 말 이후로 '성의 담론화'는 억제되기는커녕, 오히려 반대로 점증하는 자극 메커니즘에 종속되어왔다."[7] 푸코가 18세기에서 발견한, 성의 급격한 담론화 과정은 언어에만 국한되지 않는다. 성적인 생각과 말, 행동을 상세하게 고백하라는 교회의 요구는 성생활에 대한 무차별한 폭로로 이어졌다. 18~19세기의 가장 유명한 사례는 마르키 드 사드[•]와 작자 미상의 《비밀스러운 내 인생My Secret Life》이 털어놓은 고백이다. 후자의 책은 빅토리아 시대에 살았던 한 신사가 성과 관련하여 적은 일기인데, 1884~1894년에 암스테르담에서 처음 출간되었고, 상상의 여지를 남기지 않을 만큼 상세한 묘사를 자랑한다. 르네상스와 종교개혁 이후로 교회와 세속의 기관이 모두 새로운 해부학 및 의학과 어깨를 나란히하면서 성에 대해 이야기하기 시작했다. 성담론은 권위에 의해 영감을 받고 부추김을 받아 끊임없이 확산되었다.

마르키 드 사드 Marquis de Sade, 1740~1814, 프랑스 작가. 성본능을 날카롭게 관찰하여 인간의 자유와 악의 문제를 탐구했다. 그의 이름에서 사디즘이라는 용어가 나왔다.

> 성 검열? 성담론을 더욱더 많이 만들어낼 장치가 마련된 셈이다. …18세기 초에 이르면 정치적으로든 경제적으로든, 기술적으로든 성에 대해 말하라는 부추김이 생겨났다.[8]

그러나 말이 많아진다고 해서 개인의 자유가 반드시 강화되는 것은 아니다. 성문제가 담론화되면서 그리스도교인이든 아니든, 인습에서 자유로워지거나 계몽되었든 아니든, 모든 인간이 선택의 대상이 되고 정체성의 척도가 되면서, 다음의 푸코 이야기처럼 성담론은

사랑보다 더 중요한 위치에 놓이게 되었다. "오래전 서구 세계가 사랑을 발견하고(중세의 '감정적 전환' 등), 죽음도 받아들일 만큼 높은 가치를 사랑에 부여했다. 오늘날 이처럼 높은 위치를, 무엇보다도 가장 높은 위치를 점유한 것은 성이다."[9]

성은 표면 미학surface aesthetics의 외적 기준에 따라 가치를 부여받는 상품이 되었다. 오늘날 마음은 고통과 어우러지고, 영혼은 육체의 외부로 스며든다. 육체가 인간의 영혼이 된다. 역사는 '성적 전환'을 통해 이제 내면에서 외부로 다시 한 번 전환한다. 성은 오늘날 자유로워진 세대에게도 존재하는 억압과 늘 관계있으면서 연인의 성뿐만 아니라 자신의 성, 외관, 육체, 성적 욕망과 이상을 선택하는 자유를 표방한다.

이는 자연스러운 충동을 대체하는 내적 충동의 문제가 아니고, 사람은 모두 자신이 속한 세대의 산물이며, 권력의 새로운 메커니즘은 육체와 성을 겨냥한다고 푸코는 주장했다. "성에 대해 '예'라고 대답하는 것이 권력에 대해 '아니오'라고 대답하는 것과 같다고 생각해서는 안 된다. 오히려 사람은 일반적인 성적 규제 방향을 따른다. …여기서 우리로 하여금 이것이 자신의 '해방'이라고 믿게 한다는 것이 아이러니다." 이것이 푸코가 자신의 책에서 내린 아이러니한 결론이다.

인간에게는 아무것도 자연스럽지 않고 성 또한 마찬가지다. 푸코의 이중 수단에 의해 드러나듯이 인간의 마음은 육체와 성 및 감정

을 담론으로 전환하는 기능도 한다. 이중 수단이 중요한 것은, 이성적이고 과학적이며 심미적인 담론이 배제하면서도 포함하고, 조장하면서도 억제하며, 해방하면서도 예속하는 훈육의 기능을 하기 때문이다. 이런 과정에서 언어가 중재자 역할을 맡는데, 말과 사물을 이어붙여 이성적으로 만들며 이중의 움직임을 만든다. 푸코는 성과 감정에 대한 오늘날의 여러 이론과 마찬가지로 '언어의 마음'과 '마음의 언어'가 상호보완하며 서로를 형성한다고 주장했다.

권력에 대한 푸코의 연구는 권력을 삶의 중심 원칙으로 강조한 니체의 주장과 맥을 같이한다. 푸코는 최근 작품에서 개인이 얼마나 권력 담론을 자신의 이익에 영합하도록 활용할 수 있는지 보여주었다. 개인주의는 고대부터 포스트모더니즘에 이르기까지 서구 사상사를 일관되게 꿰뚫기 때문에 놀랄 만한 이야기는 아니다. 푸코가 서구 사상사에 대해 쓴 《성의 역사》 제3권의 제목 '자기에의 배려'는 서구 문화가 개인에게 초점을 맞춘다는 사실을 반영한다. 그러나 개인의 발전과 해방을 추구하는 사상사가 이내 대중 안에서 개인을 십난 울타리에 가두는 수단이 된다는 점은 놀랍다. 개인의 자유가 집단 행동에까지 이르려면 감정을 통해야 한다. 인간의 마음이 더욱 더 많이 열리고 시장, 제도 권력, 매체 담론이 제공하는 내용으로 쉽게 채워진 점은 후기 모더니즘의 지속적인 특징이다.

계몽주의의 현대적 역할은 개인을 향하고, 개인은 이성을 통해 자유를 성취해야 하며, 자유를 활용하여 정신으로나 물질로나 좀더 나

은 성장에 기여해야 한다. 푸코만이 이런 과정의 역설을 강조하지는 않았다. 막스 베버는 이성적 수단을 통해 각성된 세상이 이성적 수단을 정확하게 사용하여 다시 마법에 걸리는 과정을 보여주었다. 또한 마음이 이런 각성의 주제가 되는 경우는 오늘날 마음의 상징주의에서 이해 불가능한 역사적 · 도덕적 내용을 제거하고 이를 심리적 개념으로 전환하여 비이성적인 것의 투영과 감정의 징후로 축소할 때다. 과학에서 심장은 혈액을 펌프질하는 밸브 달린 근육으로 정의된다. 열정을 감추고 있는 과학은 인간의 마음이 인간에게 무엇을 말하는지 묻지 않는다. 걱정과 의문을 품은 불안한 마음은 생산과 소비의 기계적 시스템을 갖춘 자유 시장에 존재하는 베버의 철창에 갇혀 객관적으로 화석화되었다. 고대인의 마음에 새겨져 삶의 핏자국으로 남은 해독되지 못한 수수께끼 같은 말들은 지워지거나 석판 위 죽은 문자로 덮어씌워졌다.

베버는《프로테스탄티즘의 윤리와 자본주의 정신Die protestantische Ethik und der Geist des Kapitalismus》(베버가 미국을 여행하고서 1904~1905년에 썼고 1930년에 영어로 번역된 책)의 마지막 장에서 이런 예언을 남겼다. "문화 발달의 마지막 단계에서는 이렇게 말해야 마땅할지 모른다. '영혼이 없는 전문가, 마음이 없는 감각주의자. 이런 무無존재는 전에 결코 성취하지 못한 문명 수준에 이르렀다고 상상한다.'" 마음이 이렇게 비워질 때 해부되고 취약하게 열린 마음은 열정의 광채로 다시 채워질지 모른다. 이때 열정의 광채는 멈추라는 양심의 목소리로 억

누리지 못한다. 이렇게 해서 다시 마법에 걸린 열정이 이성적 수단을 지닌 세상을 통제한다. 우리는 추상적이고 사무적인 언어로 표현된 화석화된 마음을 자극하고, 화석화된 마음을 불안한 마음이 품은 의문으로 어지럽히길 원한다. 우리는 기술적이고 이성적인 세상에서 마음을 화석화하는 각성에 맞서기를 원한다. 인간화를 향한 우리의 소망을 파우스트는 이렇게 표현했다. "그때부터 그대의 마음을 채우라, 그 마음이 얼마나 크던 간에. 그리고 그대가 축복으로 충만할 때의 느낌으로 부르라. 그대가 부를 이름으로… 그 이름을 부르라. 더없는 기쁨! 마음! 사랑! 신!"

테오도르 아도르노Theodor W. Adorno와 막스 호르크하이머Max Horkheimer는 모더니즘에서 합리성, 즉 로고스가 어떻게 신화와 비합리성으로 회귀했는지 설명했다. 두 사람은 대표작 《계몽의 변증법Dialektik der Aufklärung》(1947, 미국 망명 중에 집필)에서 이성 중심의 현대 사회에서 합리성이 어떻게 이성에 종속되지 않고 이익을 위한 수단이나 도구로 축소되는지 보여주었다. 그 역사적인 예가 바로 나치즘이다. 나치즘은 유대인 대학살을 위해 현대 과학과 이성적인 관료 정치를 활용했다. 다른 예로는 위 두 사람의 망명을 들 수 있다. 두 사람이 망명지에서 접한 것은 산업사회의 고도로 발달한 기술과 호소력 있는 광고를 사용하여 비판적 사고를 마비시키는 연예 산업과 현대 대중문화였다. 여기서 개인은 숨겨진 이윤 경제의 주체가 된다. 이

때 이윤 경제는 인간이 명백하게 갈망하는 감정적 쾌락과 백일몽을 그것도 짧은 시간 안에 마음과 머릿속에 채워넣는다. 이런 의미에서 볼 때 서구 모더니즘의 두 가지 거대한 경향, 즉 계몽주의와 낭만주의는 21세기 초에 세계에 널리 확산된 현대 소비주의에 영향을 미쳤다.

콜린 캠벨Colin Campbell은 《낭만주의 윤리와 현대 소비주의 정신The Romantic Ethic and the Spirit of Modern Consumerism》(1987)에서 오늘날 소비사회의 역사적 전제조건 몇 가지에 대해 설명했다. 책 제목만 봐도 캠벨이 베버의 《프로테스탄티즘의 윤리와 자본주의 정신》에서 영감을 받았음을 알게 된다. 베버가 자기 수양, 높은 직업윤리, 근검절약의 태도를 갖춘 프로테스탄티즘 윤리가 자본주의의 전제조건이라고 이야기했듯이, 캠벨은 인간과 사상에 대한 낭만적 견해가 오늘날 소비주의의 전제조건이라고 주장했다. 낭만주의와 프로테스탄티즘은 개인의 행복이나 구원에 열중했고 따라서 감정이 중요했다. 고전적인 낭만주의 시대에 감정은 이루기 어려운 위대한 사랑의 배양과 심미적 숭고함을 고양하는 백일몽 형태로 나타난다. 캠벨은 그 시대의 전통고수 흐름에 비판적이던 낭만주의의 독창성이 어떤 변화 과정을 거쳐 과격하고 완고하며 초월적인 특징을 버리고 평범하게 바뀌었는지 설명한다. 낭만적 윤리와 현대 소비주의 정신의 관계에 대한 캠벨의 결론은 상당히 역설적이다.

자기 환상적 쾌락주의라는 꼬리표가 붙은 현대 소비주의는 상상을 통해 만들어지고 누리는 쾌락을 현실에서 경험하기를 갈망한다. 이 갈망은 새로운 것을 끊임없이 소비하도록 만든다. 현실의 삶에 대한 불만족과 새로운 경험에 대한 갈망으로 이루어지는 이런 태도는 현대적 삶의 가장 전형이 되는 행동이면서 패션과 낭만적 사랑과 같은 중심적 관습의 근거가 된다.

현대 소비자에게 새롭고 좋은 것은 지금 이곳, 평범한 매일의 삶이 아닌 항상 다른 곳에 존재한다. 이런 면에서 보자면 낭만주의와 소비주의의 태도가 같다. 이처럼 끊임없이 순환하는 소비자의 감정적 욕구는 시장이 제공하는 여러 제품을 소비함으로써 충족되는데, 이를 가능하게 한 것은 산업사회의 물질적 풍요와 대량생산이다. 패션과 트렌드, 소비재의 지속적 발전에는 자체의 역학이 존재한다. 시장이 제공하는 매력과 쾌락의 대상물이 많을수록 친숙한 매일의 삶은 불만족스러워지고, 새로운 경험에 대한 필요성은 끊임없이 자극받으며 강화될 것이다.

현대인의 관점에서 볼 때 캠벨의 분석은 어떻게 낭만주의가 현세대의 일상적 태도와 감정에 스며들어 암암리에 작용하는 잠재적 영향력이 되었는지 알려준다. 이런 의미에서라면 현대인은 모두 낭만주의자다. 이런 태도의 저변에는 낭만적 사랑이 삶의 모든 관계에 적용되는 규범을 형성한다는 생각이 깔려 있다. 자신의 감정에 충실하라! 낭만주의는 이런 호소를 통해 즉각적 반응에 대한 믿음을 부추긴다. 비판적 사고가 보여주었듯 인간 삶의 모든 것은 중재를 거쳤는데도 말이다. 낭만주의는 감정을 결정적인 동기로 강조하고, 역사적이고 개인적인 이익과 목적과 필요에 의해 동기가 조건화된다는 사실을 감춘 채 인간이 선호하는 것을 자연스러운 것으로 주장한다.

감정은 주관적이다. 그러나 주관주의는 낭만주의에 국한되지 않는다. 이성주의 또한 주관적이다. 인간에게는 자신의 이성을 통하지 않고서는 합리성에 이를 방법이 달리 없기 때문이다. 칸트의 이성철학을 '초월적 주관주의' 라고 부르는 까닭도 여기에 있다. 칸트의 인식론과 상반되는 영국의 경험주의 또한 주관적이다. 그러나 주관적인 경험주의의 근본은 이성이 아니라 감각이다. 경험주의의 주장에 따르면 인간의 모든 지식은 경험을 바탕으로 하고 감각적인 경험을 출발점으로 삼는다. 같은 대상이라도 사람들은 똑같이 경험하거나 느끼지 않기 때문에 지식은 모두 주관적이라 생각된다. 이런 관점은 회의주의로 빠지지 않고 감각과 느낌을 규범으로 삼는다. 이와 비슷하게 인간은 개인과 개인의 경험 및 평가를 규범으로 삼을 수 있다. 인식론에 따르면 타당한 모든 지식은 이를 출발점으로 삼아야 하기 때문이다.

서구 정신 활동과 문화적 태도의 기초를 형성한 주요 사상은 주관주의와 개인주의 요소를 모두 포함한다. 그리스도교는 서구의 윤리와 정의가 그렇듯이 개개인을 지향하면서 언제나 개인의 구원 문제

에 관심을 둔다. 죄는 개인적인 문제다. 집단의 죄에는 서구의 법률 체계가 적용되지 않는다. 서구의 법률 체계는 언제나 개인의 문제에 적용되고, 개인에게 좋은 것은 그 자체로 좋은 것이다. 고전적인 자유주의는 개인이 자신의 이익을 위해 일한다면 모두에게 좋다고 믿었다. 서구 사회에서 자기실현은 매우 자명한 주제이기 때문에 이런 자유주의 이상을 두고 논쟁을 벌일 필요는 없다. 극단으로 치달은 영국의 공리주의는 도덕성 문제를 최대 다수 사람의 기분을 좌우하는 것이 무엇인지 따지는 문제로 만들었다(이는 결과의 윤리학으로 불린다). 17세기 초반에 프랜시스 베이컨은 이런 사고에 바탕을 두고 물질적 복지를 증진하기 위해 자연을 이용하는 기술로서 과학을 발전시키자는 주장을 폈다. 결과적으로 성장 사회에서 일은 물질적 복지를 지속적으로 증진하기 위한 수단에 불과하다. 노르웨이 작가 샤르탄 플뢰그스타Kjartan Fløgstad는 다음과 같은 역설적 주장을 펼쳤다. "우리는 덜 일하기 위해 더 일한다."[10] 목적이 여가이고, 여가의 목적은 곧 삶을 즐기는 것이다. 삶을 즐기는 것은 정서적 행복을 누리는 것이고 모든 측면에서 감각의 자극을 받으며 좀더 새로운 것을 끊임없이 경험하는 일이다. 일과 여가 사이의 이런 균열은 낭만주의까지 거슬러올라간다. 낭만주의는 여러 문학적 묘사를 통해 사회의 틀과 규범 안에서는 행복의 실현이 불가능함을 보여주었다. 그러므로 현대인은 훌륭한 낭만주의자로서 자신의 개인적 행복을 이루기 위해서라면 종종 공동선을 희생할 마음의 준비를 해야 한다. 이와

유사하게 친밀한 관계가 압도하는 분위기에서는 공공의 공간 또한 사유화되고 감정적으로 변화한다.[11] 개인의 삶에 속하는 사적이고 친밀한 관계는 이를 반영하는 대중매체와 더불어 사회적이고 공적인 관계로 옮겨간다.

인간은 자신의 행동과 태도가 객관적으로 볼 때 아무리 비이성적이라 하더라도 그에 합당한 이유와 동기를 갖추고 싶어 한다. 이런 의미에서 인간의 이성적 행동은 사회학과 심리학의 기본 통찰과 관계있다. 이는 또한 소비주의와 경험에 의해 고정된 자기인식을 지향하는 삶의 태도에도 적용된다. 낭만주의와 자유주의적 개인주의는 현대인으로 하여금 이기적 욕망을 추구하기에 더없이 좋은 토양과 자극제를 제공한다. 이런 점에서 현대인은 여전히 마음의 목소리뿐 아니라 낭만주의의 목소리를 따른다고 하겠다.

서구에서 심장과 마음의 상징, 즉 '하트'는 시간과 더불어 변화를 겪으면서 상당한 의미 자원을 축적했다. 따라서 문화 전반에 걸쳐 가장 개인적인 것과 가장 보편적인 것이 만나는 공통의 상징주의를 누구나 마음대로 활용할 수 있다. 이런 보편적 상징주의의 유연성은 하트가 여전히 소비와 오락을 지향하는 오늘날 상업 문명을 특징짓는 상징으로 쓰이는 근거가 된다. 21세기 초에 이르러 마음은 낭만주의 시대 이후로 다시 한 번, 질적으로는 몰라도 최소한 양적으로는 잃어버린 자신의 자리를 되찾았다고 할 수 있겠다. 본래 그리스

도교 성인을 기념하는 축일인 미국의 '밸런타인데이' 풍습이 글로벌 경제의 여파로 전 세계에 퍼져나간 것이 좋은 예다. 마음은 합리성을 추구하는 과정에서 마법에서 깨어나 영혼을 잃어버렸다가 이제 광고라는 수단을 통해 사그라들지 않는 소비 열기 속에서 다시 마법에 빠져들었다.

밸런타인데이 풍습은 고대 말기 그리스도교 사제 발렌티누스St. Valentinus의 전설로 거슬러올라간다. 당시 로마 황제가 결혼 금지령을 내렸는데도 발렌티누스는 젊은 연인을 결혼시켰다. 전해오는 이야기에 따르면 270년 2월 14일 사제는 그 때문에 목숨을 잃었다. 어떤 세속적인 장애물과 억압, 부자유에 무릎을 꿇지 않고 사랑을 찬양했던 발렌티누스의 전설 이야기는 기사도 시대의 이상적 사랑에 부합하면서 계속 이어져내려온다. 사랑하는 사람에게 편지를 보내는 풍습은 15세기 영국에서 시작했다. 1415년에 오를레앙의 찰스 공작이 아내를 위해 지은 시가 사랑하는 사람에게 전해진 최초의 밸런타인데이 편지였다. 당시 공작은 아쟁쿠르 전투에서 생포되어 런던탑에 수감되어 있었다. 공작이 이 시에서 성 발렌티누스의 유명한 전설을 언급하면서부터 새로운 관습이 생겨났다. 성 발렌티누스는 로마 감옥에서 죽기 직전에 상사병에 걸린 교도관의 딸에게 사랑의 편지를 보내면서 '당신의 발렌티누스'라고 서명했다는 이야기였다. 밸런타인데이에 사랑하는 사람에게 편지를 보내는 풍습은 미국으로 들어왔다가 19세기 미국에서 유행하여 점차 상업화되었다. 이제 카드나 편지는 모습을 감추고 대신 꽃이나 책을 선물하면서 사랑을 고백하거나 멋진 선물로 사랑하는 사람의 마음을 차지하려 한다.

이렇게 세속적인 소비 열기와 에로틱한 충동을 정당화하려는 빗나간 방법에 그리스도교 성인이 이용되는 형편이다. 신에게 영감을 받아 이웃 사랑을 찬양했던 베르나르두스와 루터의 마음은 오늘날 가장 부유한 사회만이 참여 가능하고 누구에게도 도움이 되지 않는 소비주의를 상징한다. 이는 어떤 점에서는 역사를 한 바퀴 돌아 제자리로 돌아왔음을 뜻한다. 그래서 심장 상징 하트는 로마의 이교도적 다산 의식에서 유래한 발렌티누스 축일뿐 아니라 고대에는 객관적으로 주어진 것으로서, 중세 전성기에는 주관적이고 내면적인 것으로서, 오늘날에는 상업화된 밸런타인데이 때 눈에 보이는 외적인 형태로서 줄곧 등장한다. 인간의 가장 깊숙한 곳에 자리한 심장은 이제 가장 피상적인 이미지가 되었다. 심장은 그리스도교에서 그리고 예술과 문학에서 하나의 상징으로 등장했지만, 이제는 대중의 취향에 영합하는 상징으로 전락했다. 성 아우구스티누스의 불안한 마음이나 베르나르두스의 사랑과 마음은 현대의 상업적인 마음과는 거리가 멀다. 문화의 핵심인 창의성이 고갈되고 문명이 그저 시간을 흘려보내는 데 그치면 인류가 공유하는 상징은 풍부한 의미를 잃고 평범하게 변하여 신성한 것이 아닌 자기도취의 대상이 되고 만다. 그리고 심장 상징은 이제 소비주의 시대의 상품들과 똑같이 소비된다. 인간이 마음에 대해 더 이상 말하지 못한다면 어떻게 될까? 비트겐슈타인의 말을 살짝 바꾸어 답해보자. 말할 수 없는 곳에서는 마음 깊숙이 '기록' 해두어야 한다.

서구 문화의 어두운 측면들로 마음을 채우지 않으려면 밸런타인데이 같은 진부한 상징성의 이면을 파헤치고, 1부에서 살펴보았듯이 마음(심장)이 다양한 문명에서 원래 어떤 의미를 지녔는지 상기할 필요가 있다. 또한 이븐 아라비의 말처럼 마음이 공격적인 충동과 이기주의뿐만 아니라 광적인 종교적 · 정치적 열정을 포함하여 어떤 형태이든 어떤 사적인 감정과 열정이든 문을 열어놓는다는 사실을 잊지 말아야 한다. 열린 마음은 관용과 의심, 질문과 대화의 조건일 뿐 아니라 세상에 다가가기 위한 조건이기도 하다. 세상에 대한 인간의 근본적인 개방성은 자신에게 주어져 마음에 새겨진 것을 마땅히 보살피기 위한 전제조건이다. 또한 인간은 환경을 적극 보살핌으로써 새로운 사회적 삶의 가능성을 열어야 한다. 이는 한나 아렌트가 《인간의 조건》에서 우리에게 준 가르침이기도 하다. 한나 아렌트는 실존주의적 맥락에서 인간에게는 삶을 새롭게 시작할 가능성이 늘 존재한다고 말한다.

역사적 관점에서 볼 때 개인과 인류의 삶에 새로운 시작을 안겨준 분야는 단연코 현대 의학이다. 심장 수술에 성공한 최근 세대는 '심장을 새롭게 하리라' 는 성서의 약속을 글자 그대로 실현했다. 현대 심장학은 가장 복잡하고 발전한 현대 과학의 대표 주자로서 심장에

대한 현대적 개념을 명확하게 결정했다.

밸런타인데이와 같이 현대 소비사회에서 목격하는 심장(마음)의 상업적 전략은 현대 과학에 의한 세상의 각성을 전제로 한다. 심장의 경우 하비가 혈액 순환 이론을 정립하고, 심장이 열의 원천에서 일종의 펌프로 재정의되면서 그런 각성이 시작되었다. 이와 같은 기계적 이해는 심장이 산소를 담은 혈액을 몸 전체로 펌프질하는 근육이라고 생각하는 오늘날의 관념에 여전히 존속한다. 심장을 포함하여 근육은 가공과 조작의 대상이다. 근육질 몸매를 만들기 위해 단백질 동화 스테로이드를 복용하는 보디빌더뿐 아니라 일류 운동선수들과 건강을 위해 헬스클럽을 찾는 사람들까지 손에 스톱워치를 들고 분당 심장 박동수를 계산함으로써 육체와 심장이 얼마나 건강한지 측정한다. 그리고 심장이 근육 기능을 충분히 발휘하지 못해 산소를 포함한 혈액을 몸 전체로 신속하게 보내지 못하는 경우에는 약물을 주입하여 심장 기능을 강화하고 산소 흡수력을 높인다.

현 세대는 성 상품화의 표면 미학과 보조를 맞추어 외모에 치중한다. 그래서 남녀를 막론하고 성형외과라는 '프로크루스테의 침대•'에 누우려 하고, 주름살 제거나 가슴 성형 수술을 받으며, 지방 흡입술을 받거나 살이 부족한 곳에 살을 덧붙이는 수술도 기꺼이 받으려 한다. 여기서 보듯 오늘날 외모 중심 인간관의 결과이자 징후로서 가슴은 더 이상 마음의 동의어로 사용하기 어렵다. 허영이 미덕인 현대에서 건강

프로크루스테스의 침대
Procrustean bed, 그리스 신화에 등장하는 강도 프로크루스테스는 사람들을 집으로 유인해 침대에 눕히고는 침대보다 짧으면 다리를 잡아 늘리고, 침대보다 길면 다리를 잘랐다. '프로크루스테스의 침대'는 융통성이 없거나 자기가 세운 일방적 기준에 다른 사람들의 생각을 억지로 맞추려는 아집과 편견을 이르는 관용구다.

때문에 행하는 성형 수술과 외모 때문에 행하는 성형 수술 사이에는 미세한 변화가 존재한다. 신선한 장기를 주고받는 문제는 윤리적인 만큼이나 돈과 관계있는 경우가 많다. 오늘날 장기 이식은 거대 산업으로 성장하고 있다. 어쨌거나 장기 이식은 의학과 과학이 이룬 위대한 승리 가운데 하나다. 장기 이식술은 장기를 이식받지 않으면 죽음을 맞을 인간의 생명을 구하기 때문이다. 여기서도 심장 이식은 특히나 화려한 위치를 차지하는데, 의학 역사를 뛰어넘어 인류 문화사에서도 한 자리를 차지한다. 그래서 이 책에서도 하나의 주제로 다루려 한다.

심장 이식이 엄격한 의미에서 의학의 경계를 넘어서는 이유는 심장 상태가 생사에 직접적 영향을 미치고 모든 사람의 영원한 관심사이기 때문이다. 조만간 우리 모두에게 일어날 일이지만 심장이 멈추면 생명도 멈춘다. 어떤 사람들은 심장마비와 혈전증, 심장발작, 고혈압, 높은 콜레스테롤 수치, 감염, 협심증 등 여러 심장 질환 때문에 다른 사람보다 빨리 심장이 멈춘다. 심장과 혈관 장애는 여전히 사람들이 많이 앓는 질환이다. 이런 이유로 심장학에서 이루어지는 모든 진보는 대중에게 커다란 관심거리다.

심장 펌프는 이제 심장의 기능을 알려주는 단순한 은유가 아니다. 예를 들어 현대인이 급성 심장 질환에 걸리면 임시 펌프를 심장에 직접 주입한다(임펠라Impella 심장 펌프는 1분당 혈액 2.5리터를 내보낸다). 임시 펌프는 이제 단순한 은유가 아니다. 심각한 염증이 생긴

심장을 돕기 위해 심실 보조장치인 인공심장을 이식하기도 한다. 그러다 심장이 회복되면 몇 주나 몇 달 후에 인공장치를 떼내면 된다. 인공 심폐 장치가 처음 사용된 것은 1950년대였다. 심장 수술 분야에서 가장 최근에 이룩한 획기적 사건은 이른바 뛰는 심장을 이식한 수술이다. 이는 제공자의 심장을 펌프에 연결하여 적출된 뒤에도 뛰게 하는 동시에 새로운 주인에게 이식하는 동안 영양액을 주입하는 시술이다. 그러나 신의 창조물을 해부하고 실험하는 데 반대하는 교회를 굳이 거론하지 않더라도 성공적인 심장 이식에 이르는 길은 멀고 험난했다.

1967년, 크리스티안 바너드1922~2001 박사가 세계 최초로 심장 이식 수술에 성공했는데, 이는 전 세계 언론에 보도될 만큼 역사적 사건이었다. 최초로 심장 이식 수술을 집도한 의사뿐 아니라, 수술받은 지 18일 만에 폐렴으로 숨진 첫 환자 루이스 워시캔스키Louis Washkansky의 이름을 아직도 기억하는 사람이 많다. 루이스의 새 심장은 끝까지 힘차게 움직였다. 하지만 새 심장에 대한 육체의 거부 반응을 억제하려고 주입한 약물이 거꾸로 면역력을 약화시키고 말았다. 심장 이식 수술을 받은 첫 세대 환자 대부분이 이런 현상을 겪었다. 그러나 1970년대에 들어와 노르웨이 산악 지역을 뒤지던 의학자들은 사이클로스포린cyclosporin이라는 새로운 약제의 성분을 발견했다. 이 약은 기증받은 장기의 거부 반응을 극복하는 데 유용해서 수술 후 감염으로부터 환자를 지킬 수 있었다. 그 덕분에 뒤이은 심

장 이식 수술의 성공 확률은 더 높아졌다. 1980년대 중반까지 심장 이식 수술을 받은 환자의 3분의 2가 수술한 뒤 5년 이상 생존했고, 오늘날에는 생존율이 훨씬 높아졌다.

21세기에 들어서면서 심장 이식 수술은 평범한 일이 되었다. 다만 장기 기증자가 부족할 뿐이다. 이식 수술에 쓸 심장을 보관하는 일도 무척 어렵다. 심장은 통상 사용하는 냉장 보관 방법으로는 쉽게 망가지기 때문이다. 이런 폐단은 앞에서 언급한 뛰는 심장 이식 수술 덕분에 급격히 개선되고 있다. 이 수술 방법은 2006년 여름 영국에서 처음 성공했다. 이 새로운 기술은 수백 킬로미터 떨어진 새 주인에게 이식하기 위해 심장을 수송하는 동안 펌프 기능이 갖춰진 특수 기계에 심장을 부착함으로써 온도를 유지하고 영양분을 공급하면서 계속 박동하게끔 돕는다. 이 심장을 박동시키는 기계는 만성적인 장기 부족 문제를 해결하는 데 유용하게 쓰일 것이다. 하지만 그럴수록 이식되는 심장을 둘러싼 윤리적 딜레마도 증폭되는 형국이다.

과거의 인간관에서는 심장을 인간 불가침성의 상징으로 보았고 신성한 인간 영혼의 화신으로 보았다. 하지만 과거의 인간관이 오늘날 과학적으로 각성된 현대인의 인간관과 확연하게 다르다는 점을 분명하게 보여준 예가 바로 심장 이식 수술이다. 이 책 1부에서는 각기 다른 여러 문화에서 심장과 영혼이 얼마나 가깝게 동일시되었는지 살펴보았다. 그런 문화에서라면 심장 이식 수술은 시행되지 못할 것이다. 개인의 마음과 영혼의 구원을 침해하는 행위로 여길 테니까 말이다. 그리스도교의 성서적 관점에서 보더라도 심장을 죽은 자에게서 떼어 다른 사람의 육체에 집어넣는 일은 문제가 될 수밖에 없다. 교리에 따른다면 이는 분명 신성 모독 행위다. 성서대로라면 인간에게 '새 마음'을 줄 수 있는 이는 신뿐이기 때문이다(〈에제키엘〉, 11장 19~20절). 또한 그리스도교는 살과 피로 이루어진 신성한 육체가 저세상에서 다시 부활한다고 가르치기 때문에 심장 이식은 분명 문제가 된다. 이식된 심장이 부활하고 나면 누구의 육체에 속해야 하는지도 알 길이 없다. 게다가 서구의 낭만주의자들 관점에서 보자면 심장 이식은 악마가 함부로 삶을 주무르는 격이 된다.

1800년쯤 낭만주의 문학에서는 실험 과학의 끔직한 결과를 다룬 공포물이 인기를 끌었다. 이 장르에서 가장 유명한 작품으로는 메리 셸리Mary Shelley가 1816년에 발표한 《프랑켄슈타인, 현대의 프로메테우스Frankenstein, or The Modern Prometheus》가 꼽힌다. 이 작품을 언급하는 까닭은 프랑켄슈타인이 생명을 창조하는 방식(심장에 영혼이 없기 때문에 괴물이 되고 마는)이 현대의 장기 이식을 직접 연상시키기 때문이다. 프랑켄슈타인은 해부실에서 육체 부위를 조합하여 새로운 인간을 창조한다. 오늘날 심장 수술 또한 글자 그대로 또는 문학의 관점에서 이런 각본을 따른다.

21세기 서구인 가운데 과거 메리 셸리가 의학에 품었던 두려움을 느끼는 사람은 거의 없다. 최소한 심장의학에 대해서는 그렇다. 현

대는 마법에서 깨어나 각성된 세계이기 때문이다. 말인즉슨 현대인이 몸의 장기에 종교적이거나 영적인 의미를 덧붙이지 않는다는 뜻이다. 현대인은 장기를 기계적으로만 인식하지 않고 유기적인 전체의 통합 부분으로 생물학 차원에서 인식한다. 그럼에도 장기를 정확하게 특정 기능을 소유한 기관으로 본다. 따라서 현대인은 최소한 원칙적으로는, 정확한 식이요법과 건강한 생활방식을 통해 건강한 심장을 유지하려고 애쓴다. 또한 이런 노력만으로는 충분하지 않다는 듯이 여러 심장 관련 의약품과 심장 수술에 의존한다. 심장 수술 분야에서 획기적인 사건으로 받아들여지는 바이패스bypass 수술(심폐 바이패스 수술은 1950년대 말에 성공했다), 심박 조율기, 혈관 수술, 새로운 심장판막 및 새로운 동맥, 심장판막 질환 및 관상동맥 질환 수술, 그리고 마지막 수단으로 심장 이식 등이 여기에 포함된다.

심장 이식 수술을 받는 것이 심리적으로 문제가 전혀 없지만은 않다. 심장이 '나'의 것이 아니라면 대체 '나'는 누구일까? 그러나 몸이 약물의 도움을 받아 이식된 심장을 거부하지 않는다면 의식적인 개인 또한 이식된 심장을 거부하지 않을 것이다. 따라서 새로운 심장은 인간 존재의 융통성 정도를 보여주는 하나의 예가 된다. 인간은 다양한 부위로 구성되어 있고, 이제 여기에 새로 이식된 장기가 더해져 새로운 정체성을 소유한 육체가 성립한다. 그리고 이 새로운 정체성은 생리적으로나 심리적으로나 지속적으로 변화한다. 육체 자체의 세포가 항상 대체되면서 새로워지기 때문이다.

심장학은 이성적인 과학 수단을 사용하여 인간 육체와 현대 세상에 다시 마법을 건다. 심장 전문의는 현대의 주술사이자 마법사로서 글자 그대로 현대인의 심장을 쥐고 있다. 따라서 현대인의 생명을 손 안에 쥐고 생사를 결정한다. 생사의 경계는 결코 사라지지 않고 다만 옮겨졌을 뿐이다. 수수께끼 같은 요소가 사라진 세상에서 다시 마법에 걸린 분야를 꼽자면 단연코 두뇌와 심장 연구를 들 수 있다. 현대인이 심장 이식에 만족할 만한 특징, 즉 숭고함을 부여하기 위해서는 미학 개념에 의지해야 한다. 《숭고함과 아름다움에 대한 우리 관념의 기원을 향한 철학적 탐구Philosophical Enquiry into the Origin of our Ideas of the Sublime and the Beautiful》(1757)에서 이런 개념의 현대화를 시도했던 에드먼드 버크Edmund Burke는 숭고함에 대해 다음과 같이 정의했다. 인간이 통상적으로 이해하고 통제하는 것을 초월하고, 인간의 의지와는 별개로 외경심을 가지고 굴복하고 따라야 하는 것. 인간은 언제나 심장의 리듬을 따르고 심장과 더불어 움직이기에 심장을 결코 거슬러서는 안 된다. 그러므로 심장의 이중적 의미에서 볼 때 인간은 언제나 자신의 마음을 따라야 하고, 윌리엄 워즈워스가 《서곡The Prelude》(1799)에서 묘사했듯이 "우리 인간의 영혼을 일으켜 세우는 열정"을 경험해야 한다. 워즈워스의 이 고전적인 시에서 마음은 자연과 삶, 육체와 정신의 공통된 리듬을 나타내고, "우리가 심장 박동에서 장엄함을 인식할 때까지" 고통과 두려움을 내포한다. 여기서 '심장 박동' 속에 존재하는 '장엄함'은 이 장에서 설명하려는 인간

적인 숭고함을 표현한다.

심장 이식에서는 모든 것이 심장에 종속되고 심장 박동에 따라야 하며 인간이 자신의 가슴과 경정맥으로 알고 있는 삶의 신비를 따라야 한다. 심장은 어떤 명령이나 소원에도 굴하지 않는다. 인간은 자신이 원하는 일을 하도록 팔과 다리 근육에 명령을 내릴 수 있지만 심장에는 그러지 못한다. 심장은 인간의 의지와는 아무런 상관없이 자발적으로 움직인다. 이것이 바로 심장의 숭고한 점이다. 심장 질환의 구원자였던 크리스티안 바너드의 사망 원인이 심장 질환인 점도 이런 아이러니의 한 예다.

오늘날 우리는 심장 역시 두뇌에 신호를 보내 호르몬을 분비하게 하지만 심장과 피의 기능을 포함하여 인간 전체의 유기체를 통제하는 장기는 두뇌라는 사실을 알고 있다. 하지만 이상하게도 두뇌는 인간이 지각하지 못할 정도로 조용히 작동한다. 감정과 열정은 모두 두뇌에서 유발되지만 두뇌 자체에는 아무런 감정도 존재하지 않는다. 그리고 어떤 충동이 생각을 유발하고 어떤 충동이 감정을 유발하는지는 두뇌가 가진 고도의 복잡성 여부에 따른다. 두뇌에서는 생각과 감정이 서로를 자극하고, 모든 것은 육체의 나머지 부위와 상호작용한다. 이런 현상은 신경생리학자 안토니오 다마지오Antonio R. Damasio가 《데카르트의 오류: 감정, 이성, 인간 두뇌Descartes' Error: Emotion, Reason, and the Human Brain》(1996)에서 설명했듯이 데카르트가 주장한 이원론의 모든 형태를 초월한다. 따라서 마음은 진정으로 두뇌에 존재한다.

이런 관점에서 보면 심장은 '단지' 하나의 증후에 불과하다. 그러나 인간의 감성이 나타나고 반응하는 것은 바로 증후이기 때문에 결정적으로 중요하다. 인간은 심장을 통해 위험이 임박했다는 신호를 받아들이고 선악을 구별하여 냉혹한 인간이 되지 않을 수 있다. 에드거 앨런 포Edgar Allan Poe가 1843년에 발표한 《고자질쟁이의 마음The Tell-Tale Heart》은 심리학의 기초 개념인 투사를 바탕으로 문화적이고 심리적인 현대 역사의 마음에 대해 이야기한다. 무감각한 회백질로 이루어진 두뇌는 인간 존재의 상징인 붉은 심장의 자리를 결코 차지하지 못한다. 최소한 호모사피엔스의 현재 발달 단계에서는 그렇다. 두뇌는 사실일 뿐 증후도 상징도 아니다. 그러나 심장은 증후이고 상징이며 그 이상이다. 심장의 증후와 상징, 감성이 인간의 관심을 끄는 까닭은 이 때문이다. 그러나 심장이 나타내는 기적은 두뇌와의 상호작용으로 더 증대된다. 현대인은 생리학적 측면에서 심장에 대해 개관하게 되었으나 두뇌는 결코 완전히 파악하지 못할 것이다. 두뇌는 거대한 신비체로서 대우주에 존재하는 별의 수만큼이나 많은 세포를 가진 소우주이기 때문이다. 이렇게 하여 인간은 인간 존재에 대한 진정한 수수께끼, 즉 심장과 머리, 이성과 감성 사이의 숭고한 상호작용에 눈을 뜨게 된다. 심장의 특질을 보존하려면 이런 상호작용이 기능적인 체계로 조직되어야 한다. 결론 부분에서 이런 체계를 생각해보았다.

결론

하트와 감정의 순환

아, 헛되지 않으리… 그대는 열정을 사랑했네.
삶과 자연과 더불어 우리 인간의 영혼을 일으켜 세우는 열정을….
그러면서 감정과 생각의 조각들을 정화하고,
그런 단련을 통해 고통과 두려움을 축성하지.
우리가 심장 박동에서 장엄함을
깨달을 때까지.

– 윌리엄 워즈워스, 《서곡》

심장은 인류 문화사에서 특별하면서도 장엄한 위치를 차지해왔다. 심장은 서로 다른 세계관과 인간관을 지닌 다양한 문화에서 주요 상징으로 기능하고, 인간 존재가 속한 광범한 세계, 즉 신체적이면서 정신적이고, 자연적이면서 우주적이며, 종교적이면서 문화적인 배경에서 일종의 중재자 역할을 담당해왔다. 고대 그리스를 제외한 모든 지역에서 심장의 정신적 힘과 상징적 의미는 대단히 중요하다. 세계 어느 곳, 어느 시대든 인간을 인간답게 만드는 데 필수적인 요소가 바로 심장의 상징이었다.

심장의 이미지는 다양한 형태와 기능을 지니지만 그 기원은 하나로 보인다. 살아 있는 인간에게, 또는 주변에서 일어나는 상황에 반응하는 민감하고 따뜻한 심장, 개방적이고 수용적이며 융통성을 갖춘 심장이 그것이다. 심장과 관련한 모든 경험이 심장에 은유적 기능을 부여했으며, 이는 보편적인 현상으로 보인다. 무엇보다도 심장은 인간의 기본 감정, 즉 사랑과 공감, 열정과 고통을 전달한다. 심장은 인간 본성과 고결함이 침해당했을 때 이를 적극 보호하는 기능을 한다. 이 때문에 심장 자체는 하나의 증후나 상징에 머물지 않고 통찰과 인식 능력이 가득한 곳으로 여겨진다. 심장이 갖는 윤리적 기능을 살펴보면 심장이 때로 영혼과 양심의 거처로 여겨지는 이유를 알게 된다.

언어는 심장이 인간의 자기이해와 문화사에서 중대한 비중을 차지하고 있음을 여실히 증명해준다. 아마도 게르만계 언어에서 표현의 가짓수가 가장 많은 낱말로 심장(마음)을 꼽을 수 있을 것이다. 현대인이 매일 사용하는 언어에서 큰 비중을 차지하는 심장 은유는 개인의 특성과 상대방의 인간성에 대해 말해준다. 하지만 심장은 여기에 그치지 않고 심오하여 말로 표현되지 않는 것을 전달하는 매개체다.

만약 마음을 괴롭히는 일이 있다면 마음을 터놓는 대화를 통해 마음의 짐을 내려놓을 수 있다. 언어 표현이란 자신의 말이 자신에게 불리하게 작용하지 않으리라 믿으면서 마음을 털어놓고 의견을 말하는 것이다. 타인이 우리의 신뢰를 왜곡하지 않으리라 믿으면서 솔직하게 말하려는 충동은 삶의 또 다른 현상인 연민이나 수치심과 관련을 맺는다. 연민은 듣는 사람이 말하는 사람과 함께 느끼는 것이고, 수치심은 의사 전달 과정에서 말하는 사람이 불가피하게 드러내는 것을 듣는 사람이 함부로 침해하지 못하도록 한다. 마음과 언어에는 내면에서 말하는 능력과 외부에서 말해지는 능력이 교차하는 상호작용이 존재한다. 즉 궁극적으로 설명하기 어려운 더 큰 본질을 가진 제3의 또는 우주적인 자질을 전달하는 상호관계가 존재한다. 이 점은 수치심에서 잘 드러난다. 수치심은 심장이 나타내는 반응과 직접 관계한다. 심장이 잉여 혈액을 몸속으로 신속하게 내보내기 때문에 사람들은 얼굴을 붉히게 되고 이는 곧 다른 사람 눈에 띈다. 개인에게 완성된 개체로서의 특성과 삶의 의미를 부여하는 이 제3의 자질은 신뢰, 사랑, 수치, 연민 등의 현상과 관계있다. 심장은 이런 현상을 품으면서 그것이 침해당했을 때 증상을 보인다. 덴마크 철학자 뢰그스트루프는 삶을 유지하는 이런 자질을 한데 묶어 "삶의 최상의 표현"이라 불렀다. 만약 이것이 파괴되거나 무시된다면 어떤 일이라도 일어날 수 있다. 냉혹한 사람은 모든 수치심을 내던져버리기 때문이다.

"삶의 최상의 표현"은 심장의 여러 반응을 설명하기도 한다. 심장은 동요하고 흥분하며, 흔들리고 떨리며, 부글부글 끓어오르고 뒤틀린다. 영감을 받아 고양되기도 하고 우울해하거나 상처입고 산산이 부서지기도 한다. 심장은 안팎에서 들려오는 말에 귀를 기울인다. 다른 사람의 말과 자연의 소리, 신성하고 초자연적인 절대자의 소리, 선함과 아름다움과 진실함의 소리를 듣는다. 심장이 이 모든 자질을 지니면서 이 어찌할 수 없는 힘을 재는 감정적 척도로 쓰인다는 사실은 신비롭다. 이런 이유로 심장은 어느 시대건 인간을 매료시켜왔고, 인류학뿐 아니라 우주론과 대부분의 문화와 종교에서 중심 위치를 누려왔다. 심장은 인간의 장기 가운데 가장 예민하고 수용력이 풍부하다. 여러 문화에서 심장이 말로 표현되지 못하는 것에 '귀 기울이는' 장기로 언급되는 까닭은 이 때문이다.

대부분의 종교에서 심장은 '지상'과 '천상'을 중재한다. 지상의 세계 너머의 초자연적인 것은 '신'을 상징한다. 그런데 이 문제에서 인간은 일반적으로 종교의 차원을 받아들이고 삶 속에서 신성한 존재를 위해 자신을 개방한다. 중세 용어로 전적인 타자totaliter aliter를 뜻하는 '신'은 언어로 이해되지도 깨달아지지도 않는다. 그러므로 우리는 이런 존재를 가리켜 정중하게 '신'이라 부른다. 《코란》이 말하듯이 신성한 존재는 "너 자신의 경정맥보다 네게 더 가까운" 존재이고 가장 접근하기 어려운 존재이며 베일에 가려진 존재다. 신은 단지 신비주의의 근거가 되는 존재만은 아니다. 신은 셰익스피어가 《리어 왕》에서 묘사했듯이 인간이 마음속 깊이 알고 있지만 말하지 못하거나 전달하지 못하는 것을 표현하려 할 때 증언하는 마음의 신비 자체다.

낭만주의는 종교와 심리학의 관점에서 마음이 대표하는 모든 것과 감정, 에로티시즘을 끌어안는다. 낭만주의의 감정적 전환은 오늘

날 현대인이 여전히 살고 있는 감정의 문화 안에서 완성된다. 현대인이 경험과 쾌락을 누리며 감각적 자극을 기꺼이 추구할 때 우리는 진부해진 낭만주의 정신과 하나가 되는 셈이다. 우리는 마음의 목소리가 자연적으로 주어졌다고 생각하거나, 인간의 마음에 신성한 것이 각인되어 있다고 생각하는 사람을 낭만주의자라 부를 수도 있다. 낭만주의자는 감정과 정서적 개입을 객관적이고 이성적인 주장보다 우위에 둔다. 서구인의 인간관에서 중심 상징으로 심장을 대체할 만한 것은 없다. 뇌는 상징이 아니라 사실이지만 심장은 사실이자 상징이다.

실상 감정은 육체의 심장에 속하지 않고 인간이 겪는 감정과 열정에 따라 뇌의 여러 부위에서 유발되는 징후다. 몽테뉴와 셰익스피어가 묘사했듯이 감정은 생각과 관념, 목적과 관심사, 기대와 절망에 대한 반응이다. 감정은 새로운 감정을 낳는다. 주관적인 감정적 반응은 개인이 스스로 설정한 목적에 비례한다. 또한 목적의 달성 정도에 비례하고, 관계된 개인의 통찰력과 금욕적 지혜의 정도에 반비례하는 경우가 많다.

또한 감정은 인간 의식이 경험하고 나타내며 적응하는 것이다. 감정은 여러 방식으로 본질을 인식하게 해준다. 그리스인이 횡격막과 심장 사이에 생각이 있다고 여긴 것은 인류학적 관점에서 볼 때 흥미로운 사실이다. 심장(마음)의 감정적 반응과 이성의 통찰력 사이에는 파괴하지 못할 상호작용이 있기 때문이다. 그러므로 상징적인 심장은 정신의 중개자가 된다. 인식이 증가함에 따라 사고와 관념과 감정을 통합함으로써 감각과 지성이 어우러진 하나의 전체상이 만들어지는 것이다. 이렇듯 심장이 중개 역할을 하는 감정은 복잡한 인간 존재에 '정체성'과 '완전성'을 부여한다. 심장은 감각을 통해 세상에 존재할 법한 것들에 대해 말한다. 이것이 바로 인간 심장의 수수께끼다. 그렇기 때문에 '심장이 품은 내면의 목소리'를 거슬러 행동하면 심각한 문제를 유발하게 되고, 제멋대로의 이기심 가득한 마음이나 파토스라 불리는 일방적인 열정에 유혹당하면 위험해진다.

심장은 감각 기관이면서 비육체적 본질을 가진 이미지다. 인간에게는 순수하게 육체도 아니고 순수하게 지성이나 경험도 아닌 것이 존재한다. 우리는 이를 가리켜 정신이나 공통감각(로고스)으로 부른다. 인간은 선이든 악이든 무엇이든 생각할 수 있다. 하지만 인간은 자신이 생각할 수 없는 것에 의해 구속받기도 한다. 생각은 인간에게 당연히 주어지는 것이 아니라 의지와 상관없이 생겨나기 때문이다. 그러니 인간 존재의 조화로움(자신의 양심과 외적인 요구의 상호작용에서 생기는)을 깨지 않으려면 생각에 맞춰 행동을 해야 한다. 여기서 마음은 정신적 중재자일 수도 있고, 인간 존재의 조화가 깨졌을 때 반응하는 이성의 목소리일 수도 있다. 이것은 인간 삶이 내포한 위대한 수수께끼 가운데 하나다.

유동적이고 복합적인 인간 존재는 다양한 차원으로 이루어진다.

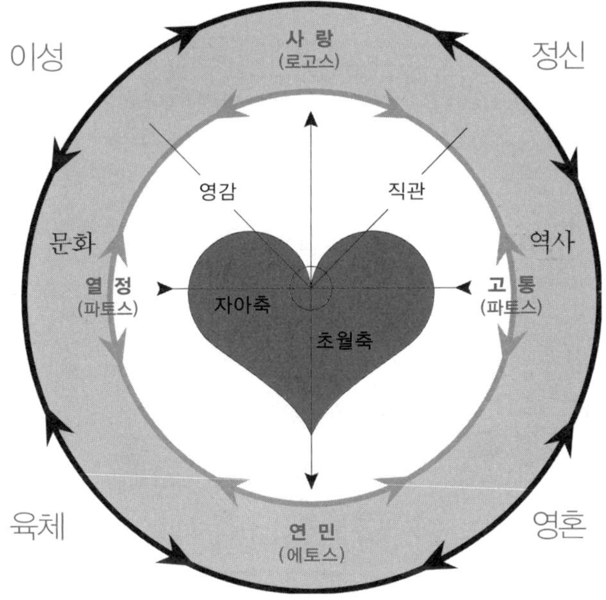

감정의 세계는 이 다양한 차원의 복잡한 상호작용을 바탕으로 하는 하나의 순환으로 설명할 수 있는데, 이 순환은 수평축과 이를 가로지르는 수직축에 의해 네 가지 범주로 나뉜다. 수평축은 자아축으로 자아의 지배를 받는다. 수직축은 자아를 초월한다. 즉 로고스에 대한 사랑을 최종 목적으로 하는 초월적인 축이다. 이는 지성이 순수한 사고로 고양된 것으로서 마음의 중심을 향한 신비의 길이다. 이는 자유로운 영혼의 길로서 자아축의 한계를 뛰어넘어 절대적 보편성으로 상승한다.

이 체계에서 각 축은 서로를 제약하면서 동시에 보완한다. 이때 열정(파토스 pathos)은 그 필연적 결과인 고통(파토스)을 보완한다. 자아를 초월하는 수직축에서 연민sym-pathos은 사랑을 경험했거나 경험할 사람이라면 누구라도 피하기 어렵다. 그러나 사랑의 일부인 연민은, 이기적 목적을 이루지 못했을 때 느끼는 절망감에 따른 고통과 괴로움을 초월한다. 사랑은 타인에게 연민을 느끼는 능력, 즉 감정이입empathy(그리스어 en-pathos에서 나온)이다. 자신을 타인의 입장에 두고 타인과 더불어 느끼기 위해서는 지적 상상력이나 환상이 필요하다. 비지성적인 인간은 감정이입과 상상력이 부족하다. 또한 감정이입은 개인의 도덕과 윤리적 기질(에토스)의 전제조건이 된다. 이기적인 열정과 아집은 목적을 이루기 위해서라면 도덕적으로 옳지 않은 길을 가기 쉽다. 도덕적으로 옳은 것은 이성과 정신이 만나는 보편 진리, 즉 로고스에 의해서만 실현된다. 인간 존재의 목적은 열정의 한정적인 논리를 초월하여 무한한 보편성으로 자신을 끌어올리는 데 있다.

감정의 순환에서 두 주요 축은 중재자인 심장(마음)을 정확히 관통한다. 이때 심장은 인간을 이루는 개별 부분들에서 비롯한 충동들에 징후로서나 인과 관계로서 또는 목적 지향으로서 반응한다. 이런 감정적 반응을 나타내는 대표적인 이미지나 상징으로는 심장을 관통하는 화살이나 칼이 있다. 그러나 감정이 무엇을 표현하는지는 의식적인 숙고를 통해 언제나 구체적이고 명쾌하게 밝혀져야 하고, 개인 차원을 넘어서는 보편적인 것에 깊이 새겨져야 한다. 하지만 일

반적으로는 자기 안의 감정을 진실로 여긴다. 강할수록 더욱 진실하다! 카뮈는 이를 가리켜 열정의 전도된 논리라고 불렀다.

앞의 '감정의 순환' 도식을 보면 감정적 삶의 역학과 차원이 드러난다. 순환이라는 용어는 어떤 감정도 고립되지 않는다는 점을 강조하고, 감정은 서로 다른 육체 부위 및 지성과 영혼과 정신에서 비롯하여 사회, 역사, 문화의 복잡한 과정에서 상호작용하는 감각적 반응임을 말해준다. 사회적이고 문화적인 것을 포함한 언어와 역사는 인간이 헤엄치는 강이다. 이 순환하는 강을 곧장 직선으로 가로지르는 감정은 거의 없다. 예외라면 이기주의의 선형적 축을 따르는 일방적인 열정과 욕망이 있다. 감정과 열정이 인간 존재의 서로 다른 차원끼리 사회적 · 역사적으로 조건화된 상호작용이라는 점은 인간의 태도와 행동에 막대한 영향을 미친다. 보편 이성의 일부인 개인의 지성은 육체와 주관적인 영혼에게서 독립하지 못한다. 인간이 옳게 여기는 바를 실천하지 못하는 이유는, 인간을 움직이는 동기들이 섞이면서 결정적인 순간에 암울해지고 모호해지기 때문이다. 결과적으로 공공선(로고스)에 기여하는 목적에 동의하는 일조차 어렵다. 통찰과 관심의 수준이 워낙 다르기 때문에 인간에게는 공통의 이해와 동기가 부족한 경우가 많다. 또한 인간을 끌어올리는 힘보다는 끌어내리는 힘이 더 큰 것도 사실이다. 니체가 말했듯이 인간의 원시적인 힘은 위로 움직이고 싶어 하지만, "중력의 영靈이 만물을 땅으로 떨어뜨린다."

인간은 복잡한 유기체여서 변화하는 데 시간이 걸린다. 고대 수사학에서 인간을 가리키던 많은 용어는 복잡한 인간 존재를 기술하는 데 지금도 유용하다. 고대 인류학에서 만들어진 이미지들을 인간의 가변적 속성과 역사적 사실성에 대한 현대적 이해와 접목시킨다면 가장 진실하고 효율적인 인류학이 될 것이다. 이렇게 재조정한 인류학의 바탕에는 고통의 선순환이나 악순환이 발생하는 '감정의 순환' 도식이 자리한다.

인간은 단일한 본질이나 단일한 존재를 갖지 않고, 다양한 요소들이 독특한 방식으로 관계를 맺으며 작동하는 우주를 품고 있다. 이런 역동적인 상호작용을 생물학으로는 설명할 수 없다. 마음이 감정적 · 지적 · 윤리적 · 문화적으로 나타내는 내용들로 마음의 역사가 가득 채워질 때 우리는 비로소 온전한 인간 존재를 다루게 된다. 그렇게 마음을 채우고, 마음(심장)을 빌어 정신적으로 이루어지는 모든 것을 상징적으로 표현하는 주체는 인간의 역사적이고 개인적인 이성이다. 다시 셰익스피어의 말을 빌리자면 정신적인 것은 진심 어린 마음을 발산하면서 인간의 육체와 행동에 생기를 불어넣는다.

이렇듯 육체와 영혼, 정신, 이성의 총체가 인간 존재를 이룬다. 우리가 살아가며 사랑할 때, 우리가 자신을 성찰하고 창의성을 발휘하며 본모습을 자각할 때, 또 자신보다 거대한 무언가에 의해 영감을 받고 거기에 스스로를 온전히 내맡길 때 우리 마음으로 느끼는 행복감을 통해 인간은 하나가 된다. 그것이야말로 우리 안에서 고동치는

심장의 위대함이다. 인간이 이기적 열정과 자기보호 본능에 휘둘리지 않고 진리에 대한 사랑으로 움직이는 한, 또 인간의 자연적 · 역사적 기원과 삶의 구조적 조건 및 목적을 이해할 때 얻어지는 가슴 두근거리는 인식의 희열로 움직이는 한, 인간의 불안한 마음은 더욱 성숙하고 깊어진 통찰의 힘으로 변화를 거듭할 것이다. '신의 손가락'(진화와 역사의 수수께끼 같은 역설의 이미지)이 우리 심장에 '너 자신을 알라!'는 문장을 새겨넣기까지 인간은 변화를 멈추지 않을 것이다.

옮긴이의 글

마음먹기에 따라 자신이 사는 세상은 지옥이 되기도 하고 천국이 되기도 합니다. 헨리 홀리데이의 그림 〈단테와 베아트리체〉에 나오는 단테처럼 사랑하는 이를 만나면 심장이 두근거려 자신도 모르게 가슴에 손을 갖다댑니다. 잠든 아가의 손을 살포시 잡으면 마음이 따뜻해지고 비참한 장면을 목격하면 마음이 고통으로 저며옵니다. 그렇다면 '인간의 마음이란 무엇일까요?' 이 책은 이런 의문에 대한 해답을 찾기 위해 저자가 기울인 노력의 결실입니다.

마음의 근원이자 동의어라 할 수 있는 심장은 육체적인 생명의 원천일 뿐만 아니라 인간의 가장 깊은 감정이 깃들어 있는 곳입니다. 따라서 심장은 인간 문화와 역사의 중심으로, 예로부터 문학과 철

학, 예술, 과학의 주제가 되어왔습니다.

저자는 수메르 문명과 이집트 문명, 고대 그리스 문명, 그리스도교, 이슬람교, 아스텍 문화, 노르웨이 문학과 신화, 고대 인도 문화와 힌두교, 이슬람교의 수피즘과 신비주의, 중세의 음유시인과 기사도 시대의 사랑과 열정, 육체와 정신의 이원론, 불교와 도교의 고찰을 통해 각 시대에서의 심장의 의미, 심장과 영혼의 관계를 짚어보며 심장의 신비를 벗기려 했습니다. 또한 르네상스 문학과 몽테뉴, 루소, 데카르트, 헤르더, 니체를 포함하는 현대 철학과 심리학의 고찰을 통해 자유롭고 새로운 세대의 복잡한 영혼에 대한 통찰을 제공하려 했습니다.

이 책의 내용을 잘 갈무리한 저자의 글이 있어 옮겨봅니다. "심장은 동요하고 흥분하며, 흔들리고 떨리며, 부글부글 끓어오르고 뒤틀린다. 영감을 받아 고양되기도 하고 우울해하거나 상처입고 산산이 부서지기도 한다. 심장은 안팎에서 들려오는 말에 귀를 기울인다. 다른 사람의 말과 자연의 소리, 신성하고 초자연적인 절대자의 소리, 선함과 아름다움과 진실함의 소리를 듣는다. 심장이 이 모든 자질을 지니면서 이 어찌할 수 없는 힘을 재는 감정적 척도로 쓰인다는 사실은 신비롭다. 이런 이유로 심장은 어느 시대건 인간을 매료시켜왔고, 인류학뿐만 아니라 우주론과 대부분의 문화와 종교에서 중심 위치를 누려왔다."

이 책에는 다른 문화에 대한 포용력을 갖춤으로써 종교 문제에 따

른 갈등으로 촉발된 폭력과 정치적 테러를 종식시키라는 저자의 메시지 또한 담겨 있습니다. 이 책을 번역하면서 개인적으로는 다양한 신화와 문화, 호메로스의 《일리아스》와 《오디세이아》, 단테의 《신곡》, '트리스탄과 이졸데' 이야기, 엘로이즈와 아벨라르의 사랑 이야기, 셰익스피어의 《리어 왕》, 괴테의 《파우스트》, 조셉 콘래드의 《어둠의 핵심》, 라뒤리의 《몽타이유》, 세계 최초의 심장 이식 수술에 얽힌 이야기 등 놀라우리만치 광범위하고 해박한 내용에 빠져들어 마음껏 지적 호기심을 채울 수 있어 행복했습니다.

낭만주의 시인 노발리스가 말했듯이 "마음은 세계와 삶을 열어", 인간의 본질에 접근하는 열쇠입니다. 저자의 생각처럼 마음을 탐구하고 다스리면 행복한 삶과 따뜻한 세상을 만들 수 있으리라 믿습니다.

2007년 11월

안기순

주註

1장

1. 여기 인용한 시구는 Diane Wolkstein and Samuel N. Kramer, *Inanna: Queen of Heaven and Earth* (New York, 1983)의 번역을 따랐다.

2장

1. Hellmut Brunner, *Das Hörende Herz: Kleine Schriften zur Religions- und Geistesgeschichte Ägyptens* (Freiburg and Göttingen, 1988), pp. 9-10.
2. Jan Assmann, 'Zur Geschichte des Herzens im Alten Ägypten', in G. Berkemer and G. Rappe, *Das Herz im Kulturvergleich* (Berlin, 1996), p. 149.

3장

1. Keld Zeruneith, *Træhesten: Fra Odyssevs til Sokrates: En bevidsthedshistorie*, 2nd edn (Copenhagen, 2002), pp. 57-58.
2. Bruno Snell, 'Die Auffassung des Menschen bei Homer', 'Das Erwachen der Persönlichkeit in der frühgriechischen Lyrik', in *Die Entdeckung des Geistes* [1946], 4th edn (Göttingen, 1975), p. 18.
3. Kai Aalbæk-Nielsen, *Kærlighed i antikken* (Copenhagen, 1999), vol. I, p. 53.

4. Owen Barfield, *History in English Words* [1926] (London, 1954), p. 82.
5. Friedrich Nietzsche, *Die Geburt der Tragödie oder Griechentum und Pessimismus/The Birth of the Tragedy* (1870-71), in Karl Schlechta, *Friedrich Nietzsche: Werke in drei Bänden* [1954] (Darmstadt, 1997), vol. I, p. 36.
6. Friedrich Nietzsche, *Aus dem Nachlass der Achtzigerjahre*, in Schlechta, *Friedrich Nietzsche*, vol. III, p. 792.

4장

1. Friedrich Nietzsche, *Also sprach Zarathustra/Thus Spake Zarathustra* (Harmondsworth, 2003), vol. II, p. 457.
2. Georges Bataille (2001), p. 35.
3. Aurelius Augustinus, *Confessiones, Confessions: Books I-X*, trans. J. G. Pilkington, in *Nicene and Post-Nicene Fathers, Series One,* ed. Philip Schaff, *Volume I, St Augustine, Prolegomena, Life and Work, Confessions, Letters* (Grand Rapids, mi, 1989), bk 2, chap. 3.
4. Ibid., bk 2, chap. 4.
5. Trond Berg Eriksen, *Augustine: Det urolige hjertet* (Oslo, 2000), p. 217.
6. Peter Thielst, *Kødets lyst-tankens list: Kroppens og seksualitetens idéhistorie* (Copenhagen, 2000), p. 113.
7. Ibid., pp. 114, 116.

5장

1. Annemarie Schimmel, *The Triumphal Sun: A Study of the Works of Jalaloddin Rumi* [1978] (London and The Hague, 1980).
2. Farid od Din Attar, *The Conference of the Birds: Mantiq ut-tair* (Boulder, CO, 1971), pp. 321-322.
3. Henry Corbin, *Creative Imagination in the Sufism of Ibn Arabi* [1958] (Princeton, NJ, 1969), p. 221.
4. E. H. Whinfield, ed. and trans., *Masnavi i Ma'navi: The Spiritual Couplets of Maulana Jalalu-' d' Din Muhammed i Rumi* (London, 1898) (또한 muslimcanada.org/sufi/book0rumi.html 참고), V, 3844.
5. Ibid., II, 1157ff.
6. Ibid.

6장

1. Niels Steensgård, *Verden på oppdagelsenes tid 1350-1500, vol. VII of Aschehougs verdenshistorie* (Oslo, 1984), p. 205.
2. G. Berkemer and G. Rappe, *Das Herz im Kulturvergleich* (Berlin, 1996), p. 25.
3. Friedrich Nietzsche, Morgenröte (1881), in Karl Schlechta, *Friedrich Nietzsch;* as *The Dawn/Daybreak: Thoughts on the Prejudices of Morality*, trans. R. J. Hollingdale (Cambridge, 1982), vol. I, p. 18.

7장

1. Claus von See, *Edda, Saga, Skaldendichtung* (Heidelberg, 1981), p. 76.
2. Britt-Mari Näsström, *Blot: Tro og offer i det førkristne Norden* (Oslo, 2001), p. 55.
3. Snorri Sturluson, *Heimskringla*, chap. 31.
4. Von See, *Edda* (1981), pp. 74-75.

9장

1. John Pedersen, Troubadourernes sange (Copenhagen, 2001).
2. Gottfried von Strassburg, *Tristan: With the 'Tristran' of Thomas,* ed. A. T. Hatto (Harmondsworth, 1960), pp. 262-263.
3. Ibid., p. 263.
4. Bernard de Clairvaux, *De Deligendo Deo,* VIII, 23, *On Love to God,* in *S. Bernardi Opera*, ed. Dom J. Leclercq et al. (Rome, 1957-), III, 138, 6.
5. Joseph Campbell, *Creative Mythology: The Masks of God* [1968] (London, 1974), p. 59.
6. Ibid.
7. Chapter 'The Voice of the Nightingale' .
8. Niklas Luhmann, *Liebe als Passion: Zur Codierung von Intimität (1994); Love* as *Passion: The Codification of Intimacy*, trans. Jeremy Gaines and Doris L. Jones (Stanford, CA, 1998), p. 51.
9. Campbell, *Creative Mythology*, p. 177.
10. Theodore Zeldin, *An Intimate History of Humanity* (London, 1998), p. 123.

10장

1. René Descartes, *Les Passions de l' âme (1649); The Passions of the Soul*, trans.

Stephen Voss (Indianapolis and Cambridge, 1995), Part I, Article 8-9.

2. Ibid., Part I, Article 33.

11장

1. Michel de Montaigne, *Essais*, Book II, 10: 296.
2. Ibid., II, 8: 279.
3. Ibid., III, 13: 840.
4. *Montaigne en Mouvement* (Paris, 1993).
5. Montaigne, *Essais*, II, 11: 310.
6. Ibid., II, 12: 438.
7. Ibid., II, 6: 274.
8. Ibid., II, 8: 279.
9. Ibid., II, 37: 596.
10. Ibid., III, 11: 787.
11. Ibid., III, 13: 821.
12. Ibid., III, 13: 826.
13. Ibid., III, 9: 721.
14. Ibid., III, 5: 681.

15 Ibid., III, 5: 645.

16. Ibid., III, 5: 668.
17. Ibid., II, 12: 455.
18. Ibid., I, 20: 62.
19. Ibid., I, 20: 60.
20. Ibid., I, 19: 55.
21. Ibid., I, 20: 61.
22. Ibid., I, 19: 55.
23. Ibid., I, 20: 57-58.
24. After Starobinski.

12장

1. William Harvey, *Movement of the Heart and Blood in Animals: An Anatomical Essay* [1628] (Oxford, 1957), pp. 58-59.
2. Rudolf Otto, *Das Heilige* (1917); trans. as *The Idea of the Holy* (Oxford 1958).

13장

1. Harold Bloom, *Shakespeare: The Invention of the Human* (New York, 1998).
2. Ibid., p. 739.

15장

1. Johann Gottfried Herder, *Werke,* 10 vols (Frankfurt am Main, 1986-), vol. I, p. 134.
2. Ibid., vol. VI, pp. 347-348.

16장

1. Johann Wolfgang von Goethe, *Maximen und Reflexionen*, Hamburger Ausgabe (HA), vol. XII (Hamburg, 1999), p. 470 (aphorism no. 1113).
2. Ibid., p. 471 (aphorism no. 314).
3. Per Øhrgaard, *Goethe: Et essay* (Copenhagen and Oslo, 1999), p. 326.
4. K. E. Løgstrup, *Norm und Spontaneitä* (Tübingen, 1989).

17장

1. Friedrich Nietzsche, *Morgenröte* (1881); *The Dawn/Daybreak: Thoughts on the Prejudices of Morality*, trans. R. J. Hollingdale (Cambridge, 1982) (aphorism 35).
2. Nietzsche, *Beyond Good and Evil*, trans. and ed. Marion Faber (Oxford, 1958) (aphorism 62).
3. Wilhelm Schmid, *Philosophie der Lebenskunst* (Frankfurt am Main, 1998).
4. Peter Sloterdijk, *Kritik der zynischen Vernunft/Critique of Cynical Reason* (Frankfurt am Main, 1983), p. 936.
5. Cf. Ole M. Høystad, 'Identitet eller integritet?' , in S. Time, *Kulturell identitet* (Bergen, 1997).
6. Rüdiger Safranski, *Nietzsche: Biographie seines Denkens/A Biography of his Way of Thinking* (Munich and Vienna, 2000), p. 16.
7. Michel Foucault, *The Will to Knowledge*, vol. 1 of *The History of Sexuality* (1976), trans. Robert Hurley (Harmondsworth, 1998), p. 12.
8. Ibid., p. 23.
9. Ibid., p. 156.
10. Kjartan Fløgstad, *Fyr og flamme* (Oslo, 1980).
11. Richard Sennett, *The Fall of Public Man* (Cambridge, 1977).

참고문헌

· Aalbæk-Nielsen, Kai, *Kærlighed i antikken: I tidens ånd II* (Copenhagen, 1999)

——, *Kærlighed i middelalderen: I tidens ånd II* (Copenhagen, 1999)

· Adorno, Theodor, and Max Horkheimer, *Dialektik der Aufklärung* [1944/1947], *Dialectic of Enlightenment: Philosophical Fragments*, ed. Gunzelin Schmid Noerr, trans. Edmund Jephcott (Stanford, CA, 2002)

· Arendt, Hannah, *The Human Condition* (Chicago, 1958); in German, *Vita Activa oder Vom tätigen Leben* (Munich, 1981)

——, *Der Liebesbegriff bei Augustin* [1928], *Love and Saint Augustine*, ed. Joanna Vecchiarelli Scott and Judith Chelius Stark (Chicago, 1996)

——, *Eichmann in Jerusalem: A Report on the Banality of Evil*, revd. edn (Harmondsworth, 1994)

· Arndt, Johan, *Den sanne kristendom* [1610] (Oslo, 1968)

· Assmann, Jan, *Death and Salvation in Ancient Egypt*, trans. David Lorton (Ithaca, NY, 2005)

——, 'Zur Geschichte des Herzens im Alten Ägypten', in G. Berkemer and G. Rappe, *Das Herz im Kulturvergleich* (Berlin, 1996)

——, *Die Erfindung des inneren Menschen*, with 'Zur Geschichte des Herzens im Alten Ägypten' (Gütersloh, 1993)

· Attar, Farid od Din, *The Conference of the Birds: Mantiq ut-tair* (Boulder, CO, 1971)

· Aurelius Augustinus, *Confessiones, Confessions: Books I-X*, trans. J. G. Pilkington, in *Nicene and Post-Nicene Fathers, Series One*, ed. Philip Schaff, *Volume I, St Augustine, Prolegomena, Life and Work, Confessions, Letters* (Grand Rapids, MI, 1989)

· Austen, Jane, *Pride and Prejudice* (1813)

· Bæksted, Anders, *Nordiske guder og helter* (Oslo, 2002)

· Baigent,Michael, Richard Leigh and Henry Lincoln, *Holy Blood, Holy Grail* [1982] (New York, 1983)

· Bakhtin,Mikhail, *Rabelais and His World* [1965] (Cambridge, MA, and London, 1968)

· Barfield, Owen, *History in English Words* [1926] (London, 1954)

· Bataille, Georges, *L'érotisme* [1957] (Paris, 1970)

· Benthien, Claudia *et al.*, eds, *Emotionalität: Zur Geschichte der Gefühle* (Cologne and Vienna, 2000)

· Berkemer, Georg, and G. Rappe, eds, *Das Herz im Kulturvergleich* (Berlin, 1996)

· Bernard de Clairvaux, *S. Bernardi Opera I-VII*, ed. Dom J. Leclercq *et al.* (Rome, 1957-)

· Bloom, Harold, *Shakespeare: The Invention of the Human* (New York, 1998)

· Böhme, Joachim, *Die Seele und das Ich im homerischen Epos* (Berlin, 1929)

· Bredsdorff, Thomas, *Tristans børn: Angående digtning om kærlighed og ægteskab i den borgerlige epoke* (Copenhagen, 1982)

· Brown, Dan, *The Da Vinci Code* (New York, 2003)

· Brunner, Hellmut, *Das Hörende Herz: Kleine Schriften zur Religions- und Geistesgeschichte Ägyptens* (Freiburg and Göttingen, 1988)

· Burke, Edmund, *A Philosophical Enquiry into the Origin of our Ideas of the Sublime and Beautiful* (1757)

· Campbell, Colin, *The Romantic Ethic and the Spirit of Modern Consumerism* [1987] (Oxford, 1993)

· Campbell, Joseph, *Creative Mythology: The Masks of God* [1968] (London, 1974)

· Cassirer, Ernst, *An Essay on Man: An Introduction to a Philosophy of Human Culture* (New Haven, CT, 1944)

· Ching-Yuen, Loy, The Book of the Heart. Embracing the Tao (Shambhala Publications 1990)

· Cleary, Thomas F. Cleary, Trans., The Essential Tao: An Initiation Into the Heart

of Taoism Through the Authentic Tao Te Ching and the Inner Teachings of Chuang-Tzu (Edison, 1998)

· Conrad, Joseph, *Heart of Darkness*, ed. Robert Kimbrough, 3rd edn (New York and London, 1988)

· Corbin, Henry, *Creative Imagination in the Sufism of Ibn Arabi* [1958] (Princeton, NJ, 1969)

· Damasio, Antonio R., *Descartes' Error: Emotion, Reason and the Human Brain* (London, 1996)

· Dante Alighieri, *The Divine Comedy* (New York, 1909)

· Deleuze, Gilles, *Nietzsche: Et essay + filosofiske tekster* (Oslo, 1985); as *Nietzsche and Philosophy*, trans. Hugh Tomlinson (London, 1983)

· Derrida, Jacques, *Of Grammatology* [1967] trans. Gayatri Chakravorty Spivak (Baltimore, MD, 1976)

· Descartes, René, *Les Passions de l' âme [1649]* as *The Passions of the Soul*, trans. Stephen Voss (Indianapolis and Cambridge, 1995)

· Dielz, Hermann, and Walther Kranz, *Die Fragmente der Vorsokratiker*, vol. I, 18th edn (Zurich and Hildesheim, 1992)

· Duerr, Hans Peter, *Der Mythos vom Zivilisationsprozess/The Myth of the Civilizing Process*, 4 vols: *Nacktheit und Scham* [1988], *Intimität* [1990], *Obszönität und Gewalt* [1993], *Der erotische Leib* [1997] (Frankfurt am Main, 1988-97)

· Dumézil, Georges, *Gods of the Ancient Northmen* (Berkeley, CA, and London 1977)

· Eco, Umberto, *The Name of the Rose* [1980] (London, 1983)

· Eliade,Mircea, *A History of Religious Ideas*, trans. Alf Hiltebeitel and Diane Apostolos- Cappadona, 3 vols (Chicago, IL, 1988)

· Elias, Norbert, *Über den Prozess der Zivilisation* [1939], 2 vols (Frankfurt am Main, 1998-9); as *The Civilizing Process: The History of Manners*, trans. Ed mund Jephcott (New York, 1982).

· Eriksen, Trond Berg, *Nietzsche og det moderne* (Oslo, 1989)

——, *Augustine: Det urolige hjertet* (Oslo, 2000)

· Fløgstad, Kjartan, *Fyr og flamme* (Oslo, 1980)

· Foucault, Michel, *The Will to Knowledge*, vol. I of *The History of Sexuality* [1976], trans. Robert Hurley (Harmondsworth, 1998)

——, *The Use of Pleasure*, vol. II of *The History of Sexuality*, trans. Robert Hurley, 2nd edn (Harmondsworth, 1992)

——, *The Care of the Self*, vol. III of *The History of Sexuality* (New York, 1986)

· Friedrich, Hugo, *Montaigne* (Munich, 1967)
· Goethe, Johann Wolfgang von, *Faust I-II* [1808-32], in *Goethe's Collected Works*, ed. Victor Lange *et al.*, 12 vols (Princeton, NJ, 1994-5)
——, *Selected Poems*, vol. I, ed. and trans. C. Middelton *et al.* (Boston, MA, 1983)
——, *Faust II*, vol. II, ed. and trans. Stuart Atkins (Boston, MA, 1984)
——, *Faust I*, trans. Anna Swanwick, vol. XIX, part 1, ed. C. W. Eliot (New York, 1909-14)
——, *West-Östlicher Divan* (1818)
——, *Maximen und Reflexionen*, Hamburger Ausgabe (HA), vol. XII (Hamburg, 1999)
· Gottfried von Strassburg, *Tristan* (Harmondsworth, 1960)
· Grube, Nikolai, ed., *Maya: Divine Kings of the Rain Forest* (Cologne, 2000)
· Gundelach, Kristen, *Luth og Skalmeie: Fransk poesi fra Middelalderen* (Kristiania, 1920)
· Hagen, Rainer, and Rose-Marie Hagen, *Egypt: People. Gods. Pharaohs* (Cologne, 2002)
· Harvey,William, *Movement of the Heart and Blood in Animals: An Anatomical Essay* [1628] (Oxford, 1957)
· Heinimann, Felix, *Nomos und Physis: Herkunft und Bedeutung einer Antithese im griechischen Denken des 5. Jahrhunderts* (Basel, 1945)
· Herder, Johann Gottfried, *Werke*, 10 vols (Frankfurt am Main, 1986-)
——, *Über den Ursprung der Sprache/On the Origin of Language* [1772], in *Werke*, vol. I.
· Hochschild, Adam, *King Leopold's Ghost: A Story of Greed, Terror and Heroism in Colonial Africa* (Boston, MA, 1999)
· Holberg, Ludvig, *Jeppe paa Bierget* [1722]; as *Jeppe on the Hill; or, The Transformed Peasant*, trans. Waldemar C. Westergaard and Martin B. Ruud (Grand Forks, ND, 1906)
· Homer, *The Iliad*, trans. A. T. Murray, 2 vols (Cambridge, MA, and London, 1965-7)
——, *The Odyssey*, trans. A. T. Murray (Cambridge, MA, and London, 1976-80)
· Hornung, Erik, trans., *Das Totenbuch der Ägypter* (Zurich and Munich, n. d.)
· Høystad, Ole M., 'Identitet eller integritet?', in S. Time, *Kulturell identitet* (Bergen, 1997)
· Kant, Immanuel, *Anthropologie in pragmatischer Hinsicht* [1800], vol. VI of *Immanuel Kant: Werke in sechs Bände*, ed. Wilhelm Weischedel (Darmstadt, 1983)

——, *An Answer to the Question: What is Enlightenment?* (Köningsberg, 1784)

· Krag, Claus, *Vikingtid og rikssamling, 800-1130* (Oslo, 1995)

· Kutscher, Gerdt, ed., *Altaztekische Gesänge* (Stuttgart, 1957)

· Langen, August, *Der Wortschatz des deutschen Pietismus* (Tübingen, 1954)

· Le Roy Ladurie, Emmanuel, *Montaillou: Cathars and Catholics in a French Village, 1294-1324* [1975], trans. Barbara Bray (London 1978)

· Levinas, Emmanuel, *Humanism of the Other* [1995], trans. Nidra Poller (Chicago, IL, 2003)

· Løgstrup, K. E., *Den etiske fordring* [1954]; as *The Ethical Demand* (Notre Dame, IN, 1997)

——, *System og symbol* (Copenhagen, 1982)

——, *Ophav og omgivelse* (Copenhagen, 1984)

——, *Norm und Spontaneität* (Tübingen, 1989)

· Lovejoy, Arthur O., *The Great Chain of Being: A Study of the History of an Idea* [1936] (New York, 2005)

· Luhmann, Niklas, *Liebe als Passion: Zur Codierung von Intimität* [1994], as *Love as Passion: The Codification of Intimacy*, trans. Jeremy Gaines and Doris L. Jones (Stanford, CA, 1998)

· Mackenzie, Henry, *The Man of Feeling* (1771)

· Mauss,Marcel, *Soziologie und Anthropologie. Band II : Gabentausch, Todesvorstellungen, Körpertechniken* (Frankfurt am Main, 1978)

· Mommsen, Katarina, *Goethe und der Islam* (Frankfurt am Main, 2001)

· Montaigne, *Essais I-III* (1580-88); as *The Complete Essays of Montaigne*, trans. Donald M. Frame (Stanford, CA, 1992)

· Morus (Richard Lewinsohn), *Eine Weltgeschichte des Herzens* (Hamburg, 1959)

· Nager, Frank, *Das Herz als Symbol* (Basel, 1993)

· Näsström, Britt-Mari, *Blot: Tro og offer i det førkristne Norden* (Oslo, 2001)

· Nestle, W., *Vom Mythos zum Logos: Die Selbstentfaltung des griechischen Denkens bei Homer bis auf die Sophistik und Sokrates* (Stuttgart, 1940)

· Nietzsche, Friedrich, *Friedrich Nietzsche: Werke*, ed. Karl Schlechta, 3 vols [1954] (Darmstadt, 1997)

——, *Die Geburt der Tragödie oder Griechentum und Pessimismus/The Birth of the Tragedy* [1870-71], vol. I in Schlechta, *Friedrich Nietzsche: Werke*

——, *Aus dem Nachlass der Achtzigerjahre*, vol. III in Schlechta, *Friedrich Nietzsche: Werke*

——, *Morgenröte* [1881], vol. I in Schlechta, *Friedrich Nietzsche; The*

Dawn/Daybreak: Thoughts on the Prejudices of Morality, trans. R. J. Hollingdale (Cambridge, 1982)

——, *Jenseits von Gut und Böse* [1886], vol. II in Schlechta, *Friedrich Nietzsche; Beyond Good and Evil*, trans. and ed. Marion Faber (Oxford, 1998)

——, *Also sprach Zarathustra/Thus Spoke Zarathustra* (Harmondsworth, 2003)

· Nygren, Anders, *Den kristna kärlekstanken/The Christian Concept of Love* [1930-56], cf. his *Agape and Eros* (Philadelphia, 1953)

· Øhrgaard, Per, *Goethe: Et essay* (Copenhagen and Oslo, 1999)

· Olsen, Michel, 'Medeltiden mellan myt och förnuft', *Res Publica*, 11, topic booklet on 'Mentalitethistoria' (Stockholm, 1988)

· Ong, Walter J., *Orality and Literacy: The Technologizing of the Word* (London and New York, 1982)

· Otto, Rudolf, *Das Heilige [1917]; The Idea of the Holy: An Inquiry into the Non-Rational Factor in the Idea of the Divine and its Relation to the Rational*, trans. John W. Harvey (Oxford, 1958)

· Pedersen, John, *Troubadourernes sange* (Copenhagen, 2001)

· Pico della Mirandola, Giovanni, *De Dignitate Homini* [1486]; as *Oration on the Dignity of Man*, trans. A. Robert Caponigri (Chicago, 1956)

· Plato, *Phaidon, Phaidros, Timaios, Symposion, Politeia,* in *Platon: Werke* (Darmstadt, 1990)

——, *Symposium*, trans. Benjamin Jowett [1871] (Oxford, 1920)

· Poe, Edgar Allan, 'The Tell-Tale Heart' [1843], in *The Tell-Tale Heart and other Writings* (New York, 1982)

· Rappe, Guido, *Archaische Leiberfahrungen: Der Leib in der frühgriechischen Philosophie und in aussereuropäischen Kulturen* (Berlin, 1995)

——, and Georg Berkemer, *Herz im Kulturvergleich* (Berlin, 1996)

· Richardson, Samuel, *Pamela* (1740)

· de Rougemont, Denis, *L'amour et l'Occident* [1939]; *Love in the Western World*, trans. Montgomery Belgion, revd. edn (Princeton, NJ, 1995)

· Rousseau, Jean-Jacques, *Julie; ou, la nouvelle Héloïse* [1759-61]; *Julie; or, The New Heloise*, trans. Judith H. McDowell (University Park, PA, 1989)

——, *Émile; ou, de l'éducation* [1762]; as *Emile; or, On Education*, trans. with intro. Allan Bloom (New York, 1979)

——, *Confessions of Jean-Jacques Rousseau* [1770-82], trans. Angela Scholar (Oxford, 2000); also available at etext.library.adelaide.edu.au/r/rousseau transl. W. Conyngham Mallory (eBooks@Adelaide, 2005)

——, *Rêveries du promeneur solitaire* [1782]; *Reveries of a Solitary Walker*, trans. Peter France (London, 1980)

· Safranski, Rüdiger, *Nietzsche: Biographie seines Denkens/A Biography of his Way of Thinking* (Munich and Vienna, 2000)

· Schimmel, Annemarie, *Mystical Dimensions of Islam* (Chapel Hill, NC, 1975)

——, *And Muhammed is His Messenger: The Veneration of the Prophet in Islamic Piety* (Chapel Hill, NC, 1985)

——, *The Triumphal Sun: A Study of the Works of Jalaloddin Rumi* [1978] (London and The Hague, 1980)

· Schmid,Wilhelm, *Philosophie der Lebenskunst* (Frankfurt am Main, 1998)

· Schmitz, Hermann, *System der Philosophie*, vol. II/1, *Der Leib* (Bonn, 1965)

——, 'Die Verwaltung der Gefühle' , in *Emotionalität: Zur Geschichte der Gefühle*, ed. Claudia Benthien *et al.* (Cologne and Vienna, 2000)

——, 'Leibliche Quellen der Herzmetaphorik' , in G. Rappe *et al., Herz im Kulturvergleich* (Berlin, 1996)

· Schmölders, Claudia, ed., *Die Erfindung der Liebe: Berühmte Zeugnisse aus drei Jahrtausenden* (Munich, 1996)

· See, Claus von, *Edda, Saga, Skaldendichtung* (Heidelberg, 1981)

· Seifert, Josef, *Das Leib-Seele Problem* (Darmstadt, 1989)

· Sennett, Richard, *The Fall of Public Man* (Cambridge, 1977)

· Shakespeare,William, *King Lear* [1606-8], ed. R. A. Foakes (Walton-on-Thames, 1997)

· Shelley, Mary, *Frankenstein; or, The Modern Prometheus* (1816)

· Shupak, N., 'Some idioms Connected with the Concept of "Heart" in Egypt and the Bible' , in *Pharaonic Egypt*, ed. Sarah Israelit-Groll (Jerusalem, 1985)

· Sloterdijk, Peter, *Kritik der zynischen Vernunft/Critique of Cynical Reason* (Frankfurt am Main, 1983)

· Snell, Bruno, 'Die Auffassung des Menschen bei Homer' , 'Das Erwachen der Persönlichkeit in der frühgriechischen Lyrik' , in *Die Entdeckung des Geistes* [1946], 4th edn (Göttingen, 1975)

——, *Besprechung von Böhmes Buch 'Die Seele und das Ich im homerischen Epos', Gnomon, 7* (1931)

· Spengler, Oswald, *Untergang des Abendlandes/The Decline of the West* [1918-22] (Munich, 1988)

· Starobinski, Jean, *Montaigne en mouvement* (Paris, 1982-93)

· Steensgård, Niels, *Verden på oppdagelsenes tid 1350-1500, vol. VII of*

Aschehougs verdenshistorie (Oslo, 1984)
· Sterne, Lawrence, *A Sentimental Journey Through France and Italy* (1768)
· Taylor, Charles, *Hegel* (Cambridge, 1975)
——, *Sources of the Self: The Making of Modern Identity* (Cambridge, 1989-92)
· Thielst, Peter, *Kødets lyst-tankens list: Kroppens og seksualitetens idéhistorie* (Copenhagen, 2000)
· Thomae, Karl, *Das Herz im Umkreis des Denkens* (Biberach an der Riss, 1969)
· Trungpa, Chogyam, The Heart of the Buddha (Dharma Ocean Series, 1991)
· Undset, Sigrid, *Fortællinger om kong Arthur og ridderne av Det runde bord/Tales of King Arthur and the Knights of the Round Table* (Kristiania, 1915)
· Vaughan-Lee, Llewllyn, *Transformation des Herzens: Die Lehren der Sufis* (Frankfurt am Main, 1999)
· Vogt, Christian, *Überlegung und Entscheidung: Studien zur Selbstauffassung des Menschen bei Homer* (Berlin, 1931)
· Vonessen, Franz, 'Das Herz in der Naturphilosophie', in Karl Thomae, *Das Herz im Umkreis des Denkens* (Biberach an der Riss, 1969)
· Weber, Max, *The Protestant Ethic and the Spirit of Capitalism*, trans. Talcott Parsons [1930] (New York, 1958)
——, *Max Weber: An Intellectual Portrait*, by Reinhard Bendix [with Weber 1909] (New York, 1960)
· Westaby, Stephen (with Cecil Bosher), *Landmarks in Cardiac Surgery* (Oxford, 1998)
· Whinfield, E. H., ed. and trans., *Masnavi i Ma'navi: The Spiritual Couplets of Maulana Jalalu-'d'Din Muhammed i Rumi* (London, 1898) (또한 muslimcanada.org/sufi/book0rumi.html 참고)
· Williams, Bernard, *Shame and Necessity* (Berkeley, CA, and London, 1993)
· Wolff, Hans Walter, 'Das "Herz" im Alten Testament', in *Menschliches: Vier Reden* (Munich, 1971)
· Wolkstein, Diane, and Samuel Noah Kramer, *Inanna: Queen of Heaven and Earth: Her Stories and Hymns from Sumer* (New York and Cambridge, 1983)
· Wordsworth, William, *The Prelude* [1799] (London, 1851)
· Zeldin, Theodore, *An Intimate History of Humanity* (London, 1998)
· Zeruneith, Keld, *Træhesten: Fra Odyssevs til Sokrates: En bevidsthedshistorie*, 2nd edn (Copenhagen, 2002)

찾아보기